ଓଡ଼ିଆ ବିଶେଷ୍ୟ

ଓଡ଼ିଆ ବିଶେଷ୍ୟ

ଡକ୍ଟର ସ୍ମୃତିରେଖା ମିଶ୍ର
ସନ୍ତୋଷ ତ୍ରିପାଠୀ

BLACK EAGLE BOOKS
2021

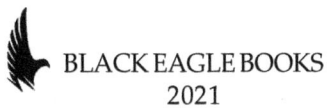

BLACK EAGLE BOOKS

USA address:
7464 Wisdom Lane
Dublin, OH 43016

India address:
E/312, Trident Galaxy, Kalinga Nagar,
Bhubaneswar-751003, Odisha, India

E-mail: info@blackeaglebooks.org
Website: www.blackeaglebooks.org

First International Edition Published by
BLACK EAGLE BOOKS, 2021

ODIA BISHESHYA
by **Dr. Smrutirekha Mishra & Santosh Tripathy**

Copyright © Dr. Smrutirekha Mishra & Santosh Tripathy

All rights reserved. No part of this publication may be reproduced, stored in a retrieval system, or transmitted, in any form or by any means, electronic, mechanical, photocopying, recording or otherwise without the prior permission of the publisher.

Cover & Interior Design: Ezy's Publication

ISBN- 978-1-64560-243-9 (Paperback)

Printed in the United States of America

ଉତ୍ସର୍ଗ

ନନା ଶ୍ରୀଯୁକ୍ତ ସୁବାସ ଚନ୍ଦ୍ର ମିଶ୍ର ଓ

ମା' ଶ୍ରୀମତି ରଜନୀଗନ୍ଧା ମିଶ୍ରଙ୍କୁ...

ଶ୍ରଦ୍ଧେୟା

ସ୍ମୃତିରେଖା

ମୁଖବନ୍ଧ

ଭାଷା ମାଧ୍ୟମରେ ଆମେ ନିଜର ମନର ଅନ୍ତର ଚିନ୍ତାକୁ ଗଢ଼ିଥାଉ ଓ ଭାବକୁ ଅନ୍ୟ ନିକଟରେ ପ୍ରକାଶ କରିଥାଉ। ବକ୍ତା ଓ ଶ୍ରୋତା ପରସ୍ପର ମଧ୍ୟରେ ଭାବବିନିମୟ କରିବା ନିମିତ୍ତ ଖୋଜିଥାନ୍ତି କିଛି ଶବ୍ଦ ଏବଂ ଶବ୍ଦଗୁଡ଼ିକ ଶୃଙ୍ଖଳିତ ଭାବରେ ସଜ୍ଜିତ ହୋଇ ଭାବପ୍ରକାଶ କରିବାରେ ସହାୟକ ହୋଇଥାନ୍ତି। କହିବାକୁ ଗଲେ ପ୍ରତ୍ୟେକ ଜାତି ତା'ର ନିଜର 'ମାତୃଭାଷା'ରେ ଭାବପ୍ରକାଶ କରିବାରେ ଯେତିକି ସହଜ ଅନୁଭବ କରିଥାନ୍ତି ସେତିକି କଷ୍ଟ ବି ଅନୁଭବ କରିଥାନ୍ତି ନିଜର ମାତୃଭାଷାକୁ ବୁଝିବାରେ ଏବଂ ବୁଝାଇବାରେ। କିନ୍ତୁ ଶବ୍ଦକୁ ନେଇ ଖେଳିବାର ଦୁଃସାହସ, ପଦକୁ ବ୍ୟବଚ୍ଛେଦକରି ତା'ର କ୍ଷୁଦ୍ରାତିକ୍ଷୁଦ୍ର ସତ୍ତାକୁ ବିଶ୍ଳେଷଣ କରିବାର ଦୁର୍ବାର ଆଗ୍ରହ ହେତୁ "ଓଡ଼ିଆ ବିଶେଷ୍ୟ" ନାମକ ଏହି ପୁସ୍ତକଟି ପରିଯୋଜିତ ହୋଇଛି।

ନିକଟ ଅତୀତରେ ଓଡ଼ିଆ ଭାଷା ଶାସ୍ତ୍ରୀୟ ମର୍ଯ୍ୟାଦା ଲାଭ କରିଛି। ଖୁବ୍ ଶୀଘ୍ର ଓଡ଼ିଶାରେ ଭାଷାକୁ ନେଇ ବିଶ୍ୱବିଦ୍ୟାଳୟ ପ୍ରଥମଥର ନିମନ୍ତେ ପ୍ରତିଷ୍ଠା ହେବାର ଶୁଭ ସମୟ ଆସିଯାଇଛି। କିନ୍ତୁ ଦୁଃଖର ବିଷୟ ଏହି ଯେ ଓଡ଼ିଆ ଭାଷା ଏ ପର୍ଯ୍ୟନ୍ତ ସରକାରୀ ଭାଷାର ମାନ୍ୟତା କେବଳ କାଗଜପତ୍ରରେ ଲାଭ କରିଛି ସିନା ତାହା ଉପଯୁକ୍ତ ବ୍ୟବହାରିକ ମର୍ଯ୍ୟାଦା ପାଇ ନାହିଁ। ଗଳ୍ପ, କବିତା, ଉପନ୍ୟାସ, ନାଟକ ଆଦି ସାହିତ୍ୟର ବିଭିନ୍ନ ବିଭାଗ ମଧ୍ୟରେ ଏହା ସୀମିତ ରହିଯାଇଛି। ପୁନଶ୍ଚ ପ୍ରତ୍ୟେକ ଓଡ଼ିଆ ନିଜକୁ ଓଡ଼ିଆ ବୋଲି ପରିଚୟ ଦେଉଥିଲେ ମଧ୍ୟ ଓଡ଼ିଆ ଭାଷାକୁ ଭାବପ୍ରକାଶର ମାଧ୍ୟମ ଭାବେ ବ୍ୟବହାର କରୁଥିଲେ ମଧ୍ୟ ଭାଷାର ଭାବନା ସହିତ ନିଜକୁ ଅଙ୍ଗାଙ୍ଗୀ ଭାବରେ ବାନ୍ଧିପାରିନାହାନ୍ତି କି ଆପଣାର ଭାଷିକ ଶୃଙ୍ଖଳାର ଅନେକ ଦିଗ ବିଷୟରେ ଧାରଣା ରଖନ୍ତି ନାହିଁ।

ବ୍ୟାକରଣ ଓ ଭାଷାତତ୍ତ୍ୱ- ଉଭୟଙ୍କୁ ନେଇ ଓଡ଼ିଶା ଭାଷାକୁ ଚିହ୍ନେଇବାର ଏକ ମାନସିକତାକୁ ଏହି ଭାଷିକ ଶୃଙ୍ଖଳାର ଗ୍ରନ୍ଥଟି ଓଡ଼ିଶା ବିଶେଷ୍ୟ ଶୀର୍ଷକରେ

ପ୍ରସ୍ତୁତ ହୋଇଛି । ମୋର ଅଧ୍ୟୟନ, ଗବେଷଣା, ଉଚ୍ଚଶିକ୍ଷା ଧାରାରେ ମୋତେ ଦିଗ୍‌ଦର୍ଶନ ଦେଇ ଆସିଥିବା ପ୍ରଫେସର ସନ୍ତୋଷ ତ୍ରିପାଠୀ ସହଭାଗୀ ଲେଖକୀୟତା ଏ ଗ୍ରନ୍ଥରେ କେତୋଟି କ୍ଷେତ୍ରରେ ସନ୍ନିବିଷ୍ଟ ରହିଛି । ଅନେକ ସମୟରେ ପୁସ୍ତକରେ ଥିବା କେତେକ ଦିଗ ବିଷୟରେ ଡକ୍ଟର ଧନେଶ୍ୱର ମହାପାତ୍ର, ଡକ୍ଟର କୈଳାସ ଚନ୍ଦ୍ର ଟିକାୟତ ରାୟ ସୁପରାମର୍ଶ ବି ଦେଇଛନ୍ତି । ଓଡ଼ିଶା ପଦ ବିଚାର, ଓଡ଼ିଆ ବିଶେଷ୍ୟ ପଦର ସ୍ୱରୂପ, ପ୍ରକାର, ପ୍ରୟୋଗ ଓ ଗଠନ ପ୍ରକ୍ରିୟା ସହିତ ଏହାର ବ୍ୟାବହାରିକ ଦିଗ ବିଷୟରେ ଏ ପୁସ୍ତକଟି ନୂଆ ତଥ୍ୟର ହେବ- ଆଶା ପ୍ରକଟ କରାଯାଉଛି ।

'ବ୍ଲାକ୍ ଇଗଲ୍ ବୁକ୍ସ' ଏହି ପୁସ୍ତକର ପ୍ରକାଶନ ଦାୟିତ୍ୱ ବହନ କରିଥିବାରୁ ତାଙ୍କୁ ଅଭିନନ୍ଦନ ଜଣାଇବା ସହିତ ସାଧୁବାଦ ପ୍ରଦାନ କରୁଅଛି । ମୋ ଲେଖାଟି ସହଲେଖକ ଭାବରେ ପ୍ରଫେସର ସନ୍ତୋଷ ତ୍ରିପାଠୀଙ୍କ ସହିତ ମୋର ଶାଶୁ ଶ୍ରୀମତି ସରସ୍ୱତୀ ହୋତା, ଶ୍ୱଶୁର ଶ୍ରୀଯୁକ୍ତ ବିଶ୍ୱନାଥ ଦାଶ ଓ ସ୍ୱାମୀ ବିଶ୍ୱଜିତ୍ ଦାଶ ଏବଂ ପୁଅ ଇଶାନ୍‌ର ସହଯୋଗ ହିତୈଷୀ ସହାନୁଭୂତିକୁ ସ୍ମରଣ କରୁଛି ।

ପରିଶେଷରେ ଭାଷାଶ୍ରିତ ବିମର୍ଶ ଓ ବ୍ୟାକରଣୋଚିତ ତର୍କଣାର ଏହି ପୁସ୍ତକଟି ଓଡ଼ିଆ ଭାଷାନୁରାଗୀ, ବିଦ୍ୱାନ, ବିଦ୍ୟାର୍ଥୀ, ଗବେଷକ ଓ ସୁଧୀବର୍ଗଙ୍କୁ ସହଯୋଗ କରିପାରିଲେ ପୁସ୍ତକ ପ୍ରଣୟନର ଶ୍ରମ ସାର୍ଥକ ହେବ- ଏ ଆଶା ପ୍ରକଟ କରୁଛି ।

ଧନ୍ୟବାଦର ସହିତ

- ସ୍ମୃତିରେଖା ମିଶ୍ର

ସୂଚିପତ୍ର

ପ୍ରଥମ ଅଧ୍ୟାୟ :
ଓଡ଼ିଆ ପଦପ୍ରକରଣ ଓ ଭାଷା ଶୃଙ୍ଖଳା ୧୧

ଦ୍ୱିତୀୟ ଅଧ୍ୟାୟ :
ଓଡ଼ିଆ ବିଶେଷ୍ୟପଦର ସଂଜ୍ଞା ଓ ପରିସର ୪୩

ତୃତୀୟ ଅଧ୍ୟାୟ :
ଓଡ଼ିଆ ବିଶେଷ୍ୟପଦର ପ୍ରକାରଭେଦ ୬୪

ଚତୁର୍ଥ ଅଧ୍ୟାୟ :
ଓଡ଼ିଆ ବିଶେଷ୍ୟପଦର ଗଠନ ପ୍ରକ୍ରିୟା ଓ ପ୍ରାୟୋଗିକ ବୈଶିଷ୍ଟ୍ୟ ୮୦

ପଞ୍ଚମ ଅଧ୍ୟାୟ :
ବିଶେଷ୍ୟ ଓ ଅନ୍ୟାନ୍ୟ ପଦ ୧୨୯

ଉପସଂହାର ୧୬୫
ସହାୟକ ଗ୍ରନ୍ଥସୂଚୀ ୧୮୦

ପ୍ରଥମ ଅଧ୍ୟାୟ

ଓଡ଼ିଆ ପଦପ୍ରକରଣ ଓ ଭାଷା ଶୃଙ୍ଖଳା

୧.୧ :

ମନୁଷ୍ୟ ତା'ର ଜନ୍ମରୁ ମୃତ୍ୟୁ ପର୍ଯ୍ୟନ୍ତ ଏଇ ସମୟର ଅବଧି ମଧ୍ୟରେ ସୃଷ୍ଟିର ନବଧାରସକୁ ପ୍ରତ୍ୟେକ କ୍ଷେତ୍ରରେ, ପ୍ରତ୍ୟେକ ମୁହୂର୍ତ୍ତରେ ଅନୁଭବ କରିଥାଏ। ସେଇ ରସଗୁଡ଼ିକର ପ୍ରଭାବରେ ସେ କେତେବେଳେ ସେଇ ଦୃଶ୍ୟମାନ ପାରିପାର୍ଶ୍ୱିକ ପରିବେଷ୍ଟନୀରେ ହସେ ତ ପୁଣି କେତେବେଳେ କାନ୍ଦେ। ପୁନଶ୍ଚ କେତେବେଳେ ରାଗେ ତ ପୁଣି କେତେବେଳେ ଶାନ୍ତରୂପ ଧାରଣ କରେ। କିନ୍ତୁ ତା'ର ଏଇ କ୍ରୋଧ, ହର୍ଷ, ହତାଶା, ଆବେଗ ଇତ୍ୟାଦି ବିଚିତ୍ର ବିଚିତ୍ର ଅନୁଭୂତି-ଅନୁଭବକୁ ପ୍ରକାଶ କରିବା ପାଇଁ ସେ ଶବ୍ଦ ଖୋଜେ, ଭାଷାଖୋଜେ ଏବଂ ଏହି ଖୋଜିବାର ପ୍ରୟାସ ତା'ର ଗୋଷ୍ଠୀଗତ ଜୀବନଯାପନ ଶୈଳୀରୁ ଆରମ୍ଭ ହୋଇ କ୍ରମଶଃ କଥିତ ରୂପରୁ ଲିଖିତ ରୂପକୁ ସଂଚରିତ ହୋଇଛି। ପ୍ରଥମେ ଧ୍ୱନି, ଧ୍ୱନିରୁ ବର୍ଣ୍ଣ ଏବଂ ବର୍ଣ୍ଣବିନ୍ୟାସ ପଦ୍ଧତିରୁ ଶବ୍ଦ ସୃଷ୍ଟି। ଭାଷାରେ ବ୍ୟବହୃତ ବର୍ଣ୍ଣମାଳାଗୁଡ଼ିକୁ ଲିପିମାଳା ମଧ୍ୟ କୁହାଯାଏ।[୧]

ବର୍ଣ୍ଣମାଳା ବା ଲିପିମାଳାଗୁଡ଼ିକରୁ ଉଚ୍ଚାରଣଗତ ସାର୍ଥକତା ଓ ଶୃଙ୍ଖଳିତ ବିନ୍ୟାସ ମାଧ୍ୟମରେ ବର୍ଣ୍ଣ ସଜ୍ଜିତ ହୋଇ ମନର ଭାବକୁ ଯେତେବେଳେ ପ୍ରକାଶ କରେ ସେତେବେଳେ ତାହା ଭାବବିନିମୟର ମାଧ୍ୟମ ଭାଷା ହୋଇଥାଏ। ଭାଷା କହିପାରୁଥିବାରୁ ମନୁଷ୍ୟ ସୃଷ୍ଟିର ଅନ୍ୟ ସମସ୍ତ ପ୍ରାଣୀମାନଙ୍କଠାରୁ ସ୍ୱତନ୍ତ୍ର ଓ ଭିନ୍ନ। 'ଭାଷା' ଶବ୍ଦଟି ସଂସ୍କୃତ 'ଭାଷ୍' ଧାତୁରୁ 'ଆ' ପ୍ରତ୍ୟୟ ଯୋଗରେ ଗଠିତ, ଯାହାର ଅର୍ଥ ହେଉଛି ଭାବର ଶାବ୍ଦିକ ପ୍ରକାଶ ବା ବ୍ୟକ୍ତିବାଣୀ। ସୁତରାଂ ମନୁଷ୍ୟ ବ୍ୟତୀତ ଅନ୍ୟ ସମସ୍ତ ପ୍ରାଣୀ ଯେଉଁ ଧ୍ୱନି ସୃଷ୍ଟି କରନ୍ତି ସେଗୁଡ଼ିକ ଅବ୍ୟକ୍ତ ବାକ୍‌ର ଅନ୍ତର୍ଭୁକ୍ତ।

'ଭାଷ୍ ବ୍ୟକ୍ତାୟାଂ ବାଚି' ଅର୍ଥାତ୍ ଧାତୁପାଠ ନିୟମାନୁସାରେ ଭାଷାର ବ୍ୟୁତ୍ପତ୍ତିଗତ ପରିଭାଷା ହେଉଛି – ଉଚ୍ଚାରଣଭିତ୍ତିକ ବଚନ ବିନ୍ୟାସ ଚାତୁରୀ। ସେହିପରି ଇଂରାଜୀରେ ଭାଷାକୁ 'language' କୁହାଯାଏ ଏବଂ ଏହି ଶବ୍ଦଟି ଲାଟିନ୍ ଶବ୍ଦ 'lingua'ରୁ ଉଦ୍ଭୂତ। ଲାଟିନ୍ ଭାଷାରେ 'lingua'ର ଅର୍ଥ ହେଉଛି 'ଜିହ୍ୱା'। ଏହି 'ଜିହ୍ୱା' ମଣିଷର ଧ୍ୱନି ଉଚ୍ଚାରଣକ୍ଷମ ବାଗ୍‌ଯନ୍ତ୍ରର ମୁଖ୍ୟ ଆଧାର ହୋଇଥିବାରୁ ଏହା ସାହାଯ୍ୟରେ ମଣିଷର ବାଗ୍‌ଯନ୍ତ୍ରରେ ଉଚ୍ଚାରିତ ହେଉଥିବା ସୁଚିନ୍ତିତ ଅର୍ଥ ଉଦ୍ଦୀପକ ଧ୍ୱନି ସୃଷ୍ଟିକୁ କେବଳ ଭାଷା ଭାବରେ ଗ୍ରହଣ କରାଯାଏ।

ଭାଷା ମନୁଷ୍ୟର ଭାବବିନିମୟର ଅନ୍ୟତମ ସାଧନ। ଭାଷାକୁ ପ୍ରକାରାନ୍ତରେ ମନୁଷ୍ୟର ନିଶ୍ଚିତ ପ୍ରଯତ୍ନର ଫଳ ଭାବରେ ଗ୍ରହଣ କରାଯାଇପାରେ। ସୁତରାଂ ଭାଷା ହେଉଛି ମାନବର ଉଚ୍ଚାରଣ ସମଅବୟବ ସଂଜାତ ଯାଦୃଚ୍ଛିକ ଧ୍ୱନି ପ୍ରତୀକ ସମୂହର ଅନ୍ୟତମ ବ୍ୟବସ୍ଥା, ଯାହାଦ୍ୱାରା ଏକ ଏକ ନିର୍ଦ୍ଦିଷ୍ଟ ଭାଷା ସମୁଦାୟ ଅନ୍ତର୍ଗତ ଜନସାଧାରଣ ପରସ୍ପର ମଧ୍ୟରେ ବିଚାର ପ୍ରକଟ ବା ଭାବ ବିନିମୟ ନିମନ୍ତେ ସମର୍ଥ ହୋଇଥାନ୍ତି।[୨]

'ଶବ୍ଦ' ହେଉଛି ଭାଷାର କ୍ଷୁଦ୍ରତମ ମୌଳିକ ଏକକ। ଯଦିଓ ଉଚ୍ଚାରଣ ପ୍ରକ୍ରିୟା ଓ ଭାବ ସଂଚରରଣାତ୍ମକ ବିଶେଷତ୍ୱ ଦିଗରୁ ଯେକୌଣସି ଭାଷାର ମୂଳ ଆଧାର ଧ୍ୱନି ଅଟେ। କିନ୍ତୁ ମନର ଭାବକୁ ସାର୍ଥକ ଭାବେ ପରିପ୍ରକାଶ କରିବାର କ୍ଷମତା ଧ୍ୱନିର ନଥାଏ। ତେଣୁ ଅର୍ଥ ପ୍ରକାଶ କରିବାର କ୍ଷମତା ଧ୍ୱନି ସମଷ୍ଟିମୂଳକ ଶବ୍ଦର ରହିଥାଏ। ପୂର୍ଣ୍ଣାଙ୍ଗ ଅର୍ଥ ନିର୍ଦ୍ଧାରଣ ନିମନ୍ତେ ଶବ୍ଦକୁ ବାକ୍ୟାଶ୍ରିତ ବା ବାକ୍ୟସମ୍ବନ୍ଧୀ ହେବାକୁ ପଡ଼େ। ବାକ୍ୟରେ କର୍ତ୍ତା, କର୍ମ, କ୍ରିୟାଦି ସହିତ ଅନ୍ୱିତ ହୋଇ ଶବ୍ଦ ବ୍ୟବହାର ଯୋଗ୍ୟତା ଲାଭକରେ। ବାକ୍ୟରେ ଶବ୍ଦକୁ ଏହି ବ୍ୟବହାରିକ ସମ୍ବନ୍ଧାନ୍ୱିତ ଯୋଗ୍ୟତା ବିଭକ୍ତି ଦେଇଥାଏ। ବିଭକ୍ତି ଆଶ୍ରିତ ହୋଇ ଶବ୍ଦ ବାକ୍ୟ ଅନ୍ତର୍ଭୁକ୍ତ ହେବାଦ୍ୱାରା ବିବିଧ ଅର୍ଥ ମଧ୍ୟରେ ଭାବାନୁସାରୀ ଐକ୍ୟ ପ୍ରତିଷ୍ଠା କରାଇଥାଏ। ସୁତରାଂ 'ଶବ୍ଦ' ଯେତେବେଳେ ବିଭକ୍ତିଯୁକ୍ତ ହୋଇ ବାକ୍ୟ ଏକ ଅଂଶ ସ୍ୱରୂପ ବ୍ୟବହୃତ ହୁଏ, ସେତେବେଳେ ତାହା ପଦର ଯୋଗ୍ୟତା ଲାଭକରେ। ନିମ୍ନୋକ୍ତ ଗୋଟିଏ ଉଦାହରଣରେ 'ପଦ'ର ବ୍ୟବହାରିକ ଦିଗ ସମ୍ପର୍କରେ ଆଲୋଚନା କରାଯାଇପାରେ। ଯଥା –

"ଅଯୋଧ୍ୟା ନଗରୀଟି ରାମଚନ୍ଦ୍ରଙ୍କ ପରି ରାଜାଙ୍କୁ ପାଇ ଧନ୍ୟ ହୋଇଥିଲା।"

ଏଠାରେ ଯଦି 'ଅଯୋଧ୍ୟା ନଗରୀ' ଶବ୍ଦଟିକୁ ବିଚାର କରାଯାଏ ତେବେ ଅଭିଧାର୍ଥ ଦୃଷ୍ଟିରୁ 'ଅଯୋଧ୍ୟା ନଗରୀ' ଏକ ଜୀବନହୀନ ଭୂଖଣ୍ଡର ନାମ। ତେଣୁ ଏକ ଜୀବନବିହୀନ ଭୂଖଣ୍ଡ କିପରି 'ରାମଚନ୍ଦ୍ର'ଙ୍କୁ ପାଇ ଧନ୍ୟ ହେବ। ସୁତରାଂ ଏଠାରେ

ଅଭିଧାର୍ଥ ନିଷ୍ଫଳ ହେଉଥିବାବେଳେ ଯଦି ଭାବାର୍ଥ ଦୃଷ୍ଟିରୁ ବିଚାର କରାଯିବ ତେବେ 'ଅଯୋଧ୍ୟା ନଗରୀ' ଶବ୍ଦଟିରେ 'ଟି' ପ୍ରତ୍ୟୟ ଅର୍ଥାତ୍ ପ୍ରଥମା ବିଭକ୍ତି ଯୋଗ ହୋଇଛି ଏବଂ ଏହାଏକ ପଦରେ ପରିଣତ ହୋଇଥିବାବେଳେ 'ରାମଚନ୍ଦ୍ର'ଙ୍କ ପରି ସୁଶାସକ ପାଇଥିବାରୁ ନଗରୀଟି ଧନ୍ୟ ହୋଇଛି।

ସୁତରାଂ ବିଭକ୍ତି, ପ୍ରତ୍ୟୟ, କାରକ, ସନ୍ଧି, ସମାସ, ଉପସର୍ଗ, କ୍ରିୟା, ଅବୟା ଦି ଦ୍ୱାରା ଶବ୍ଦ ସଂଯୁକ୍ତ ହୋଇ ବାକ୍ୟ ଗଠିତ ହୋଇଥାଏ। ଯଥା –

''ଅତୀତରେ ପବିତ୍ର ଅମରନାଥ ପୀଠକୁ ଭକ୍ତମାନେ ଚାଲିଚାଲି ଯାଉଥିଲେ।''

ଏଠାରେ ଯାଉଥିଲେ – କ୍ରିୟାପଦ ଯାହା ଧାତୁ ଓ ଅବୟସୂଚକ ତଥାକୁ ଅତୀତକୁ ନିର୍ଦ୍ଦେଶିତ କରୁଛି।

ଭକ୍ତ+ମାନେ = ଭକ୍ତମାନେ ପ୍ରଥମା ବିଭକ୍ତି, ବହୁବଚନ ମୂଳକ କର୍ତ୍ତାପଦ।

ଅତୀତ+ରେ = ଅତୀତରେ – କାଳାଧିକରଣେ ସପ୍ତମୀ ବିଭକ୍ତିମୂଳକ ପଦ।

ଚାଲ୍+ଇ+ଚାଲ୍+ଇ = ଚାଲିଚାଲି - ଧାତୁମୂଳକ ଯୁଗ୍ମପଦ।

ଉକ୍ତ ବାକ୍ୟରେ 'ଭକ୍ତ' ଶବ୍ଦରେ ସଂଯୁକ୍ତ 'ମାନେ', ଅତୀତ ଶବ୍ଦରେ ସଂଯୁକ୍ତ 'ରେ', 'ଚାଲ୍' କ୍ରିୟାରେ ସଂଯୁକ୍ତ 'ଇ' ଯା (ଗମ୍ ଧାତୁରୁ ନିଷ୍ପନ୍ନ) ଧାତୁରେ ସଂଯୁକ୍ତ 'ଉଥିଲେ' ଇତ୍ୟାଦି ସମ୍ବନ୍ଧ ନିର୍ଣ୍ଣାୟକ ତତ୍ତ୍ୱ ବା ପ୍ରତ୍ୟୟ। ଏସବୁ ପଦଗୁଡ଼ିକ ସମ୍ବନ୍ଧ ତତ୍ତ୍ୱଯୁକ୍ତ ହେବାଦ୍ୱାରା ବାକ୍ୟରେ ବ୍ୟବହାର ହେବାର ଯୋଗ୍ୟତା ଲାଭ କରିଛି।

ଉକ୍ତ, ଅତୀତ, ଚାଲ୍, ଯା, କ୍ଷେତ୍ର – ଏ ଶବ୍ଦଗୁଡ଼ିକ ଏକ ଏକ ସରଳ ରୂପ। ରେ, ଇ, କୁ, ଉ ଥିଲେ ଇତ୍ୟାଦି ସାହାଯ୍ୟରେ ଏସବୁ ଅର୍ଥକାରୀ ପଦରେ ପରିଣତ ହୋଇଛନ୍ତି।

୧.୨ ରୂପିମ ତତ୍ତ୍ୱ :

ବାକ୍ୟରେ ଶବ୍ଦକୁ ପଦରେ ରୂପାନ୍ତରିତ ହେବାପାଇଁ ପ୍ରଥମେ ଯେଉଁ ଭାଷିକ ମୂଳ-ନିଦାନର ପ୍ରୟୋଜନ ପଡ଼ିଥାଏ ତାକୁ ରୂପିମ (Morpheme) କୁହାଯାଏ। 'ରୂପିମ' ହେଉଛି ଭାଷାର ସର୍ବନିମ୍ନ ଓ କ୍ଷୁଦ୍ରତମ ଅର୍ଥ ପ୍ରକାଶକାରୀ ଏକକ ଅଟେ। ଶବ୍ଦର ମୂଳସତ୍ତା ରୂପିମ। ବ୍ୟବହାରିକ ଦୃଷ୍ଟିରୁ ରୂପିମକୁ ମୁଖ୍ୟତଃ ଦୁଇ ଭାଗରେ ବିଭକ୍ତ କରାଯାଏ। ଯଥା – ମୁକ୍ତରୂପିମ ଓ ବଦ୍ଧରୂପିମ।

ଅର୍ଥ ପ୍ରକାଶ ପାଇଁ ଅନ୍ୟ ଉପରେ ନିର୍ଭର ନ କରି ସ୍ୱାଧୀନ ଭାବରେ ମୁକ୍ତ ପ୍ରକ୍ରିୟାରେ ଯିଏ ନିଜର ଅର୍ଥ ପ୍ରକାଶ କରିପାରେ ସିଏ ମୁକ୍ତ ରୂପିମ। ଘର, ଗଛ, ଫଳ, ଫୁଲ, ପିଲା ଇତ୍ୟାଦି ଏକକ ରୂପିମ ବା ମୁକ୍ତ ରୂପିମର ଉଦାହରଣ। କିନ୍ତୁ ଯେଉଁଠି ରୂପିମ ଅର୍ଥ ପ୍ରକାଶ କରିବାପାଇଁ ଅନ୍ୟ ପ୍ରତ୍ୟୟ ଉପରେ ନିର୍ଭର କରେ ସେଠାରେ ବଦ୍ଧ ରୂପିମ ହୁଏ। ଯଥା – ଘରକୁ, ବାଡ଼ିକୁ, ବିଦ୍ୟାଳୟକୁ, ପଛକୁ,

ପଛରେ, ଆଗକୁ ଇତ୍ୟାଦିରେ। 'ଆଗକୁ' ଶବ୍ଦରେ ଗୋଟିଏ ମାତ୍ର ରୂପିମ (ଆଗ+କୁ) ସଂଯୁକ୍ତ ହୋଇଥିବାବେଳେ ସମୟ ସମୟରେ ଅଧିକ ସଂଖ୍ୟକ ରୂପିମ ଶବ୍ଦରେ ସଂଯୁକ୍ତ ହୋଇଥିବାର ଦେଖାଯାଏ। ଯଥା - ପିଲାମାନଙ୍କୁ (ପିଲା+ମାନଙ୍କୁ), ଏଠାରେ ଦୁଇଟି ରୂପିମର ଯୋଗ ହୋଇଛି।

ବାକ୍ୟରେ ଶବ୍ଦଗୁଡ଼ିକ ମୁକ୍ତ ରୂପିମରେ କର୍ତ୍ତାପଦ ଭାବରେ ଓ କ୍ୱଚିତ କର୍ମବାଚକ ପଦ ରୂପରେ ବ୍ୟବହୃତ ହୋଇଥାଏ। କିନ୍ତୁ ବ୍ୟବହାରିକ ଆବଶ୍ୟକତା ଦୃଷ୍ଟିରୁ ବାକ୍ୟରେ ବଦ୍ଧରୂପିମର ବହୁଳ ପ୍ରୟୋଗ କରାଯାଏ।

(କ) ପ୍ରକୃତି :

ମୂଳଧାତୁ ବା ରୂପିମ ସହିତ ବିଭକ୍ତି ଯୋଗ ହୋଇ ଯେତେବେଳେ ପଦ ନିର୍ମିତ ହୋଇଥାଏ ଏବଂ ତାହା ବାକ୍ୟରେ ବ୍ୟବହୃତ ହେବାପାଇଁ ଯେତେବେଳେ ପଦର ଯୋଗ୍ୟତା ଲାଭକରେ ସେତେବେଳେ ତାକୁ 'ପ୍ରକୃତି' କୁହାଯାଏ। ପ୍ରକୃତି ଏକ ରୂପିମ ଆଶ୍ରିତ ହୋଇଥିବାବେଳେ ତାକୁ 'ସରଳ ପ୍ରକୃତି' କୁହାଯାଏ। କିନ୍ତୁ ଯେତେବେଳେ ଏକାଧିକ ରୂପିମର ସଂଯୋଗରେ ପ୍ରକୃତି ଗଠିତ ହୋଇଥାଏ, ସେତେବେଳେ ତାକୁ 'ବ୍ୟୁତ୍ପନ୍ନ ପ୍ରକୃତି' କୁହାଯାଏ। ସରଳ ପ୍ରକୃତିରେ ବିଶେଷକରି ଆଭିଧାନିକ ଅର୍ଥ ଥାଏ ଏବଂ ଏଗୁଡ଼ିକ ପ୍ରାୟତଃ କର୍ତ୍ତା ପଦବାଚ୍ୟ। କିନ୍ତୁ ଅନେକ ସ୍ଥାନରେ ଧାତୁମୂଳକ ସରଳ ପ୍ରକୃତିର ବ୍ୟବହାର ପରିଦୃଷ୍ଟ ହୁଏ ଏବଂ ଏଗୁଡ଼ିକର ଗଠନ ବଦ୍ଧରୂପିମ ମୂଳକ ହୋଇଥାଏ। ଯଥା - ନଦୀ ଦେଖ୍, ରାମ ଖା, ହରି ଆସ ଇତ୍ୟାଦି। ଏଠାରେ ନଦୀ, ରାମ, ହରି ଇତ୍ୟାଦି ସରଳ ପ୍ରକୃତି ଦୃଷ୍ଟାନ୍ତ ହୋଇଥିବାବେଳେ ଦେଖ୍, ଖା, ଆସ୍ ଇତ୍ୟାଦି ଧାତୁମୂଳକ ସରଳ ପ୍ରକୃତି ଅଟନ୍ତି। କିନ୍ତୁ ଏହି ଧାତୁମୂଳକ ସରଳ ପ୍ରକୃତିରୁ ସଂରଚନା ଧର୍ମକୁ ଯଦି ବିଶ୍ଳେଷଣ କରାଯାଏ ତେବେ ସେଥିରେ ଏକାଧିକ ରୂପିମ ଥିବାର ପରିଦୃଷ୍ଟ ହୁଏ, ଯଥା – ଖ୍+ଆ।

ସରଳ ପ୍ରକୃତିରେ ପ୍ରତ୍ୟୟ ଯୋଗ କରାଯାଇ 'ବ୍ୟୁତ୍ପନ୍ନ ପ୍ରକୃତି' ଗଠିତ ହୋଇଥାଏ, ଯଥା- 'ରାମକୁ ସ୍କୁଲକୁ ଯିବାକୁ ହେଲା'। ଏଠାରେ ରାମକୁ ପଦରେ (ରାମ+କୁ) ସନ୍ଧି ହୋଇଛି। ରାମ ଶବ୍ଦଟି ଏଠାରେ ମୂଳ ରୂପିମ ହୋଇଥିବାବେଳେ 'କୁ' ଦ୍ୱିତୀୟା ବିଭକ୍ତିର ଚିହ୍ନ ଯୋଗ ହୋଇ ଗୋଟିଏ ବ୍ୟୁତ୍ପାଦିତ ପଦ ଭାବରେ ବିବେଚିତ ହୋଇଛି। ସେହିପରି 'ସ୍କୁଲକୁ' ପଦରେ (ସ୍କୁଲ+କୁ) ସନ୍ଧି ହୋଇ ପଦଟି ଗୋଟିଏ ବ୍ୟୁତ୍ପାଦିତ ପଦରେ ପରିଣତ ହୋଇଛି ଏବଂ ବାକ୍ୟରେ ଏହା ଏକ କର୍ମପଦ ଅଟେ। ପୁନଶ୍ଚ 'ଯିବାକୁ ହେଲା' ପଦଟି କ୍ରିୟାପଦକୁ ସୂଚିତ କରୁଛି। ପୁନଶ୍ଚ ଅନ୍ୟ ଏକ ଉଦାହରଣ ନିଆଯାଇପାରେ, ଯଥା – 'ରମା ରାତିରେ ରୁଟିଖାଏ'।

ଏଠାରେ 'ରାତିରେ' ଶବ୍ଦଟିରେ 'ରାତି' ଶବ୍ଦ ସହିତ 'ରେ' ପ୍ରତ୍ୟୟର ସଂଯୋଗ କରାଯାଇଛି। 'ରୁଟି' ଏଠାରେ କର୍ମ। 'ଖାଏ' ଏଠାରେ କ୍ରିୟାପଦ। 'ରାତିରେ' ପଦଟିକୁ ବ୍ୟୁତ୍ପାଦିତ ପଦ ଭାବରେ ଗ୍ରହଣ କରାଯିବ। 'ଖାଏ' ପଦରେ 'ଖା+ଏ'। ଏହା ମଧ୍ୟ ଏକ ବ୍ୟୁତ୍ପାଦିତ ପଦ ଅଟେ। ବ୍ୟୁତ୍ପାଦିତ ପଦର ମୂଳ ଶବ୍ଦରୂପଟିକୁ 'ପ୍ରାତିପଦିକ' କୁହାଯାଏ। ମୂଳ ପ୍ରାତିପଦିକଗୁଡ଼ିକରେ ବିଭକ୍ତି ପ୍ରତ୍ୟୟ ଯୋଗ କରାଯାଇଥାଏ। ଯଥା – କଲମଟି, ଫଳଟି, ତୁମକୁ, ବିଦ୍ୟାଳୟରେ, ତୁମଠାରୁ ଇତ୍ୟାଦି। ଅତଏବ ପ୍ରକୃତି ସରଳ ହେଉ କି ବ୍ୟୁତ୍ପନ୍ନ ହେଉ ସେଥିରେ ଏ, କୁ, ଙ୍କୁ, ମାନଙ୍କୁ, ରେ, ଠାରେ, ଦେଇ, ଦେହି, ର, ଠାଇଁ, ଠେଇଁ ଆଦି ବିଭକ୍ତି ଯୋଗ ହେବାଦ୍ୱାରା ଶବ୍ଦ ଗଠିତ ହୁଏ ଏବଂ ବାକ୍ୟରେ ଶବ୍ଦର ସେହି ପ୍ରାୟୋଗିକ ବା ବ୍ୟବହାରିକ ରୂପକୁ ପଦ କୁହାଯାଏ।

ଉପସର୍ଗ, ପରସର୍ଗ, ଧାତୁ ରୂପିମ, ଶବ୍ଦରୂପିମ, ସର୍ବନାମ ଅନୁସାରେ ବ୍ୟୁତ୍ପନ୍ନ ପ୍ରକୃତି ପଦ ସୃଷ୍ଟି କରାଯାଇପାରେ। ଯଥା –

ଉପସର୍ଗ ବିଶିଷ୍ଟ ବ୍ୟୁତ୍ପନ୍ନ ପ୍ରକୃତି:

ପ୍ରକାର = ପ୍ର+କାର, ଅପ୍+ଚିନ୍ତା = ଅପଚିନ୍ତା, ନିଃ+ଶେଷ = ନିଃଶେଷ, ଉପ+ହାର = ଉପହାର, ଅନୁ+ସନ୍ଧାନ = ଅନୁସନ୍ଧାନ, ପ୍ର, ଅପ୍, ନିଃ, ଉପ, ଅନୁ ଇତ୍ୟାଦି ଓଡ଼ିଆ ଭାଷାରେ ଥିବା କୋଡ଼ିଏ (୨୦)ଟି ଉପସର୍ଗକୁ ନେଇ ଉପସର୍ଗ ବିଶିଷ୍ଟ ବ୍ୟୁତ୍ପନ୍ନ ପ୍ରକୃତିପଦ ଗଠନ କରାଯାଇଅଛି। ସେହିପରି ପରାଶ୍ରୟ (ପର+ଆଶ୍ରୟ), ଅଧି+ଗ୍ରହଣ = ଅଧିଗ୍ରହଣ, ସୁ+ବାସ – ସୁବାସ, ବି+ଶେଷ = ବିଶେଷ, ଉପ+ହାର = ଉପହାର ଇତ୍ୟାଦି। ଏଠାରେ ପର, ଅଧି, ସୁ, ବି, ଉପ ଇତ୍ୟାଦି ଉପସର୍ଗଯୁକ୍ତ ହୋଇ ବ୍ୟୁତ୍ପନ୍ନ ପ୍ରକୃତିପଦ ଗଠିତ ହୋଇଛି।

ପାରସର୍ଗିକ ବ୍ୟୁତ୍ପନ୍ନ ପ୍ରକୃତି :

ସରଳ ପ୍ରକୃତି + ପରସର୍ଗ - ପ୍ରତ୍ୟୟ = ବ୍ୟୁତ୍ପନ୍ନ ପ୍ରକୃତି। ଯଥା –

ଦର୍ଶନ+ଇକ= ଦାର୍ଶନିକ, ସାହିତ୍ୟ+ଇକ= ସାହିତ୍ୟିକ, ତର୍କ+ଇକ= ତାର୍କିକ

ଜଳ+ମୟ = ଜଳମୟ, କର୍ମ+ମୟ = କର୍ମମୟ, ପଙ୍କ+ଇଳ = ପଙ୍କିଳ, ଭସ୍ମ+ସାତ୍ = ଭସ୍ମସାତ୍।

ଅଗ୍ନି+ସାତ = ଅଗ୍ନିସାତ, ବ୍ୟଥା+ଇତ = ବ୍ୟଥିତ, ପୁଷ୍ପ+ଇତ = ପୁଷ୍ପିତ

କଣ୍ଟକ+ଇତ = କଣ୍ଟକିତ, କ୍ଷୁଦ୍ର+ତମ = କ୍ଷୁଦ୍ରତମ, ସର୍ବ+ଦା = ସର୍ବଦା, ଏକ+ଦା = ଏକଦା ଇତ୍ୟାଦି ପରସର୍ଗ ବିଶିଷ୍ଟ ବ୍ୟୁତ୍ପନ୍ନ ପଦ ଅଟନ୍ତି।

ଉଭୟାଶ୍ରିତ ବ୍ୟୁତ୍ପନ୍ନ ପ୍ରକୃତି :

ସରଳ ପ୍ରକୃତି ବିଶିଷ୍ଟ ଶବ୍ଦରେ ଅନୁସର୍ଗ ଓ ପରସର୍ଗ ଯୋଗ କରାଗଲେ ଉକ୍ତ ପଦକୁ ବ୍ୟୁତ୍ପନ୍ନ ପ୍ରକୃତି ପଦ କୁହାଯାଏ । ଯଥା –

ବି+ଦେଶ+ଈ = ବିଦେଶୀ, ବି+ଧର୍ମ+ଈ = ବିଧର୍ମୀ

ଅ+ପାଠ+ଉଆ - ଅପାଠୁଆ, ଉପ+ନଗର+ଇକ = ଉପନାଗରିକ ଇତ୍ୟାଦି ଉଭୟାଶ୍ରିତ ବ୍ୟୁତ୍ପନ୍ନ ପ୍ରକୃତି ପଦର ଉଦାହରଣ ଅଟନ୍ତି ।

ସୁତରାଂ ସରଳ ପ୍ରକୃତିରେ ଯେତେବେଳେ ପ୍ରତ୍ୟୟ ଯୋଗ କରାଯାଏ ସେତେବେଳେ ତାହା ବ୍ୟୁତ୍ପନ୍ନ ପ୍ରକୃତି ହୁଏ । ତେଣୁ ପ୍ରକୃତି କେବଳ ଏକ ଶବ୍ଦ ମାତ୍ର । ତେଣୁ ପଦର ଯୋଗ୍ୟତା ଲାଭ କରିବାକୁ ହେଲେ ଏଥିରେ ବିଭକ୍ତି ପ୍ରତ୍ୟୟ ଯୋଗ ହେବା ଆବଶ୍ୟକ । ଯଥା-

(୧) 'ପୁତ୍ରକଇ କୋଳେ ଧଇଲେ ପାରେଶ୍ୱର ମହରଷି' (ସାରଳା ମହାଭାରତ) ଏଠାରେ 'କଇ' ଦ୍ୱିତୀୟା ବିଭକ୍ତିକର ଚିହ୍ନ ଅଟେ । ପୁତ୍ର ଶବ୍ଦ ସହିତ ଯୋଗ ହୋଇ (ପୁତ୍ର+କଇ) ବ୍ୟୁତ୍ପନ୍ନ ପ୍ରକୃତି ପଦରେ ପରିଣତ ହୋଇଛି ।

(୨) 'ପିଲାଟି ଭୋକରେ କାନ୍ଦୁଛି' । ଏଠାରେ 'ପିଲା' ଶବ୍ଦ ସହିତ 'ଟ' ପ୍ରତ୍ୟୟ ଯୋଗ କରାଯାଇଛି ଏବଂ 'ଟ' ପ୍ରଥମା ବିଭକ୍ତିର ଚିହ୍ନ ଅଟେ । 'ଭୋକ' ଶବ୍ଦ ସହିତ 'ରେ' ପ୍ରତ୍ୟୟର ସଂଯୋଗ କରାଯାଇଛି । ଏଠାରେ 'ରେ' ତୃତୀୟା ବିଭକ୍ତିର ଚିହ୍ନ ଅଟେ । ତେଣୁ ଏଠାରେ 'ପିଲାଟା' ଏବଂ 'ଭୋକ'ରେ ଶବ୍ଦଦ୍ୱୟରେ ବିଭକ୍ତି ସଂଯୁକ୍ତ ହେବାରୁ ଉପରୋକ୍ତ ଶବ୍ଦଦ୍ୱୟରେ ବ୍ୟୁତ୍ପନ୍ନ ପ୍ରକୃତି ପଦରେ ପରିଣତ ହୋଇଛନ୍ତି ।

(ଖ) ପ୍ରତ୍ୟୟ :

ପ୍ରତ୍ୟୟର ଅନ୍ୟ ନାମ ବଦ୍ଧରୂପିମ ଅଟେ । ସାଧାରଣତଃ ପ୍ରତ୍ୟୟ ଦ୍ୱାରା ଶବ୍ଦର ଅର୍ଥ ଏବଂ ରୂପରେ ପରିବର୍ତ୍ତନ ଘଟେ । କିନ୍ତୁ ଏଗୁଡ଼ିକର ଆଭିଧାନିକ ଅର୍ଥ ମୁକ୍ତରୂପିମ ପରି ହୋଇନଥାଏ । ଶବ୍ଦରୂପିମ ସହିତ ପ୍ରତ୍ୟୟଗୁଡ଼ିକ ସଂଯୋଜିତ ହେଲେ ଉକ୍ତ ସମ୍ବନ୍ଧକୁ ବିଭକ୍ତି ସମ୍ବନ୍ଧ କୁହାଯାଏ । କିନ୍ତୁ ଯେତେବେଳେ ଧାତୁ ସହିତ ସମ୍ବନ୍ଧିତ ହୁଏ ସେତେବେଳେ ତାକୁ କ୍ରିୟାସୂଚକ ସମ୍ବନ୍ଧ କୁହାଯାଏ । ମୁକ୍ତରୂପିମ ସହିତ ଏହି ପ୍ରତ୍ୟୟଗୁଡ଼ିକ ଅନୁସର୍ଗ ରୂପରେ ଯଥା- ପ୍ର, ପରା, ଅପ୍, ସମ୍, ନି, ବି ଇତ୍ୟାଦି ଯୋଗ ହୋଇପାରନ୍ତି । ପୁନଶ୍ଚ ପରସର୍ଗ ରୂପରେ ମଧ୍ୟ, ଆ, ଇ, ଈ, ଇକ, ଅକ, ଉଣୀ, ଣୀ, ତ, ତ୍ୱ, ଆଦି ରୂପରେ ଯୋଗ ହୋଇଥାନ୍ତି । ମୂଳ ପ୍ରକୃତି ସହିତ ଏମାନେ ଯୁକ୍ତ ହୋଇ ଶବ୍ଦ ଗଠନ କରୁଥିବାରୁ ଏସବୁ ପ୍ରତ୍ୟୟଗୁଡ଼ିକୁ ବଦ୍ଧରୂପିମ ଭାବରେ ଗ୍ରହଣ କରାଯାଏ । ଯଥା –

ପ୍ର-ଦା+ଅନ = ପ୍ରଦାନ। ଏଠାରେ 'ପ୍ର' ଉପସର୍ଗ ଅଟେ, 'ଦା'- ଧାତୁଅଟେ, 'ଅନ' ଏକ ପ୍ରତ୍ୟୟ ଅଟେ। 'ପ୍ରଦାନ' ଶବ୍ଦଟି ବଦ୍ଧରୂପିମର ଉଦାହରଣ ଅଟେ।

ବିହାର = ବି-ହ+ଅ। ଏଠାରେ 'ବି' ଉପସର୍ଗ ଯୁକ୍ତ ହୋଇ ଶବ୍ଦଟି ସୃଷ୍ଟି ହୋଇଛି।

ପୁନଶ୍ଚ ଧାତୁର ପରେ ମଧ୍ୟ ପ୍ରତ୍ୟୟ ଯୋଗ କରାଯାଇ ଶବ୍ଦଗଠନ କରାଯାଇପାରେ। ଯଥା- 'ପାଠକମାନେ ଶୟନକୁ ତ୍ୟାଗ କରିବା ଉଚିତ୍'। ଏଠାରେ 'ପାଠକ' ଶବ୍ଦଟି ପଠ୍+ଅକ = ପାଠକ ହୋଇଥିବାବେଳେ 'ଶୟନ' ଶବ୍ଦଟି 'ଶୀ+ଅନ' ହୋଇ ଗଠିତ ହୋଇଛି। ଏଠାରେ 'ପଠ୍', 'ଶୀ' ପ୍ରଭୃତି ସରଳ ପ୍ରକୃତିର ଉଦାହରଣ ହୋଇଥିବାବେଳେ ଅକ, ଅନ୍, ଇତ୍ୟାଦି ବ୍ୟୁତ୍ପନ୍ନ ପ୍ରକୃତିର ଉଦାହରଣ ଅଟନ୍ତି। ଯଦି ଏହି ବ୍ୟୁତ୍ପନ୍ନ ପ୍ରକୃତି ପୂର୍ବରୁ 'ଅ' ଲଗାଇ ଦିଆଯାଏ ତେବେ ଅନୁସର୍ଗ ଓ ପରସର୍ଗ ପ୍ରତ୍ୟୟ ମିଶ୍ରିତ ବ୍ୟୁତ୍ପନ୍ନ ପ୍ରକୃତି ପଦ ଗଠିତ ହେବ। ଯଥା - ଅ+ପଠ୍+ଅକ = ଅପାଠକ କିମ୍ବା ଅ+ପାଠ୍+ଉଆ = ଅପାଠୁଆ, ଅ+ସମାଜ+ଇକ = ଅସାମାଜିକ ଇତ୍ୟାଦି।

ସୁତରାଂ ବକ୍ତାର ଭାବପ୍ରକାଶରେ ପ୍ରତ୍ୟୟ ଏକ ଗୁରୁତ୍ୱପୂର୍ଣ୍ଣ ଭୂମିକା ନିର୍ବାହ କରିଥାଏ। ପ୍ରତ୍ୟୟର ବ୍ୟବହାର ଦ୍ୱାରା ଶବ୍ଦର ମୂଳଅର୍ଥ ଓ ସ୍ୱରୂପ ବଦଳିଯାଏ ଏବଂ ତିର୍ଯ୍ୟକ ରୂପରେ ଅର୍ଥ ପ୍ରକାଶିତ ହୋଇଥାଏ। ଯଥା – ଜଗ୍+ଉଆଳ = ଜଗୁଆଳ (୧ମ ଶବ୍ଦ), ଜଗ୍+ଆଳି = ଜଗାଳି (୨ୟ ଶବ୍ଦ)।

ପ୍ରଥମ ଶବ୍ଦଟି ଅର୍ଥ ଗାମ୍ଭୀର୍ଯ୍ୟପୂର୍ଣ୍ଣ ଭାବ ବା ବୃତ୍ତିର ଅର୍ଥ କରିଥିବାବେଳେ ଦ୍ୱିତୀୟ ଶବ୍ଦ ଅନାଦର ବା ସାଧାରଣ ବା ଗୁରୁତ୍ୱ ଶୂନ୍ୟ କାର୍ଯ୍ୟର ଅର୍ଥକୁ ନିର୍ଦ୍ଦେଶିତ କରୁଛି।

କୌଣସି ପ୍ରତ୍ୟୟ ଯେ ଏକ ନିର୍ଦ୍ଦିଷ୍ଟ ଅର୍ଥରେ ଲାଗେ, ତା ନୁହେଁ, ବରଂ ପ୍ରତ୍ୟୟ ବିଭିନ୍ନ ଅର୍ଥରେ ଲାଗିପାରେ। କେଉଁ ଅର୍ଥରେ କେଉଁ ପ୍ରତ୍ୟୟ ଲାଗିବ ତାହା ବକ୍ତାର ଭାବପ୍ରକାଶକୁ ଲକ୍ଷ୍ୟକରି ନିର୍ଣ୍ଣୟ କରାଯାଏ।

(ଗ) ବିଭକ୍ତି :

ବାକ୍ୟର ପ୍ରତ୍ୟେକ ଅଂଶକୁ ପଦ କୁହାଯାଏ। ବାକ୍ୟରେ ପଦଗୁଡ଼ିକୁ ବିଭକ୍ତ କରିବାରେ ଯେଉଁ ବର୍ଣ୍ଣ ବା ବର୍ଣ୍ଣ ସମଷ୍ଟି (ଏ, କୁ, ରେ, ଦ୍ୱାରା, ପାଇଁ, ଉ, ରୁ, ଠାରୁ, ର, ଙ୍କ, ଙ୍କର) ପ୍ରଭୃତି ସାହାଯ୍ୟ କରନ୍ତି ସେଗୁଡ଼ିକୁ ବିଭକ୍ତି କୁହାଯାଏ। ଅର୍ଥାତ୍ ଯାହାଦ୍ୱାରା ପଦପଦ ମଧ୍ୟରେ ଭେଦ ବା ପାର୍ଥକ୍ୟ ନିରୂପଣ କରାଯାଇପାରେ ତାକୁ ବିଭକ୍ତି କୁହାଯାଏ। ବିଭକ୍ତି ଦ୍ୱାରା ପଦଗୁଡ଼ିକ ଅର୍ଥଭିନ୍ନତା ପାଇଥାନ୍ତି। ଯଥା –

''ଲୋକେ ସଂସାରରେ ସ୍ୱାର୍ଥପାଇଁ ବନ୍ଧୁତାକୁ ମଧ୍ୟ ବଳି ଦିଅନ୍ତି।'' ଏହି ବାକ୍ୟରେ ଯେଉଁ ପଦଗୁଡ଼ିକ ଅଛି, ସେଥିରେ ଏ, ଇ, ପାଇଁ, କୁ ଲାଗିଥିବାରୁ ବାକ୍ୟଟି ବିଭକ୍ତ ହେବାରେ ସୁବିଧା ହୋଇଛି। ବାକ୍ୟରେ ପଦଗୁଡ଼ିକୁ ବିଭକ୍ତ ଅର୍ଥାତ୍ ପୃଥକ କରିବା ପାଇଁ ପ୍ରତ୍ୟେକ ପଦରେ ଯେ ବିଭକ୍ତି ଲାଗିବା ନିତାନ୍ତ ଆବଶ୍ୟକ ଅଟେ, ତା ନୁହେଁ କୌଣସି କୌଣସି ପଦରେ ମଧ୍ୟ ବିଭକ୍ତି ଲାଗିଥାଏ। ଅର୍ଥାତ୍ ବିଭକ୍ତି ଉହ୍ୟ ରହିଥାଏ। ଯଥା – 'ରମା ରାତିରେ ରୁଟି ଖାଏ।' ଏଠାରେ 'ରମା' ଏବଂ 'ରୁଟି' ଦୁଇଟି ପଦ ହେଲେ ମଧ୍ୟ ଏଥିରେ ବିଭକ୍ତିର ସଂଯୋଗ ହୋଇନାହିଁ। ଅର୍ଥାତ୍ ବିଭକ୍ତି ଉହ୍ୟ ଥିଲେ ମଧ୍ୟ ଶବ୍ଦଦ୍ୱୟ 'ପଦ' ଭାବରେ ବ୍ୟବହାର ହେବାର ଯୋଗ୍ୟତା ଲାଭ କରିଛନ୍ତି।

ଶବ୍ଦଗୁଡ଼ିକ ବିଭକ୍ତି ଦ୍ୱାରା ସଂଯୋଗ ହେବାରୁ ଅର୍ଥରେ ଭିନ୍ନତା ଆସିଥାଏ। କର୍ତ୍ତା-କର୍ମ, କରଣ, ସଂପ୍ରଦାନ, ନିମିତ୍ତ, ଅପାଦାନ, ବିପ୍ସା, ସମ୍ବନ୍ଧ, ଅଧିକରଣ, ନିର୍ଦ୍ଧାରଣ ଇତ୍ୟାଦି ଅର୍ଥରେ ବିଭକ୍ତ ସାତପ୍ରକାର ବାକ୍ୟାଶ୍ରିତ ପଦ ନିର୍ମାଣ କରିପାରିଥାଏ। ବିଭକ୍ତିକୁ ଚିହ୍ନିବାପାଇଁ ଟି, ଟା, ଏ, ମାନେ, କୁ, ଗୁଡ଼ିକୁ, ଦ୍ୱାରା, କୁ, ମାନଙ୍କୁ, ଠାରୁ, ଠୁଁ, ଠଉଁ, ର, ଗୁଡ଼ିକର, ରେ, ଠାରେ ଇତ୍ୟାଦି ପ୍ରତ୍ୟୟ ବା ବଦ୍ଧରୂପିମ ଗୁଡ଼ିକର ସାହାଯ୍ୟ ନିଆଯାଇଥାଏ। ଯଥା – 'ରାମ ପୁରୀ ଗଲା' ଉକ୍ତ ବାକ୍ୟଟିରେ 'ପୁରୀ' ଶବ୍ଦଟିରେ 'କୁ' ପ୍ରତ୍ୟୟଟି ଉହ୍ୟ ରହିଛି। ସୁତରାଂ 'ପୁରୀ' ଶବ୍ଦଟି 'ଉହ୍ୟ ବିଭକ୍ତି' ଭିତ୍ତିକ ପଦ ହୋଇ ବାକ୍ୟରେ ପଦମର୍ଯ୍ୟାଦା ଲାଭକରିଛି। ଉକ୍ତ ପରିପ୍ରେକ୍ଷୀରେ ଅନ୍ୟ ଏକ ଉଦାହରଣକୁ ଆଲୋଚନା କରାଯାଇପାରେ। ଯଥା –'ଭାରତର ରାଷ୍ଟ୍ରପତି ଉଚ୍ଚଶିକ୍ଷା ବିଭାଗଙ୍କ ତରଫରୁ ୧୫ ତାରିଖରେ ଦିଲ୍ଲୀ ବିଶ୍ୱବିଦ୍ୟାଳୟଠାରେ କୃତି ବିଦ୍ୟାର୍ଥୀଙ୍କୁ ସ୍ୱହସ୍ତରେ ପୁରସ୍କାର ବିତରଣ କଲେ ବା ଦେଲେ।

ସରଳ ପ୍ରକୃତି / ବ୍ୟୁତ୍ପନ୍ନ ପ୍ରକୃତି	**ବିଭକ୍ତି ଚିହ୍ନ**	**ବାକ୍ୟାନୁଗତ ପଦ**
ଭାରତ	ଷଷ୍ଠୀ-ର	ଭାରତର (ସମ୍ବନ୍ଧପଦ)
ରାଷ୍ଟ୍ରପତି	ପ୍ରଥମା-ଶୂନ୍ୟ ପ୍ରତ୍ୟୟ ଉହ୍ୟ ପ୍ରତ୍ୟୟ	ରାଷ୍ଟ୍ରପତି (କର୍ତ୍ତା)
(ଶିକ୍ଷା ବିଭାଗ) ତରଫରୁ	ପଞ୍ଚମୀ - 'ରୁ',	ତରଫରୁ (ଅପଦାନ)
(୧୫) ତାରିଖ	ସପ୍ତମୀ – 'ରେ'	ତାରିଖରେ (ଅଧିକରଣ)
ଦିଲ୍ଲୀ ବିଶ୍ୱବିଦ୍ୟାଳୟ(ଠାରେ)	ସପ୍ତମୀ – 'ରେ'	ଦିଲ୍ଲୀ ବିଶ୍ୱବିଦ୍ୟାଳୟ (ସ୍ଥାନାଧିକରଣ ସପ୍ତମୀ)

ବିଦ୍ୟାର୍ଥୀଙ୍କୁ	ଚତୁର୍ଥୀ - 'ଙ୍କୁ'	ସଂପ୍ରଦାନେ - ଚତୁର୍ଥୀ
ସ୍ୱହସ୍ତ(ରେ)	ତୃତୀୟା – 'ରେ' (ଦ୍ୱାରା)	ସ୍ୱହସ୍ତରେ (କରଣ)
ପୁରସ୍କାର	ଦ୍ୱିତୀୟା – ଶୂନ୍ୟ ପ୍ରତ୍ୟୟ'କୁ' ଉହ୍ୟ ରହିଚି	ପୁରସ୍କାର (କର୍ମ)
ଦେଲେ	ପଦ - ଅନ୍ୱିତ କାରକ	(କ୍ରିୟା)

ଏଠାରେ ପୁରସ୍କାର, ସ୍ୱହସ୍ତ, ବିଦ୍ୟାର୍ଥୀ, ତରଫ, ଓଡ଼ିଶା, ତାରିଖ ଓ ରାଜଭବନ ଏକ ଏକ ସରଳ / ବ୍ୟୁତ୍ପନ୍ନ ପ୍ରକୃତି। ଏହି ପ୍ରକୃତିଗୁଡ଼ିକରେ ଯଥାକ୍ରମେ କୁ (ଉହ୍ୟ ରହିଛି), ରେ (ଦ୍ୱାରା ଅର୍ଥରେ) ଙ୍କୁ, ରୁ, ର, ରେ, ଠାରେ ପ୍ରଭୃତି ୨ୟା, ୩ୟା, ୪ର୍ଥୀ, ୫ମୀ, ୬ଷ୍ଠୀ, ୭ମୀ ବିଭକ୍ତିମୂଳକ ଚିହ୍ନ ବଦ୍ଧରୂପିମ ଭାବରେ ଯୋଗ ହୋଇ ପୁରସ୍କାର, ସ୍ୱହସ୍ତ, ବିଦ୍ୟାର୍ଥୀ, ତରଫ, ଭାରତ, ତାରିଖ, ରାଷ୍ଟ୍ରପତିଭବନ ଆଦି ମୂଳ ପ୍ରାତିପଦିକ ପ୍ରକୃତିଗୁଡ଼ିକୁ (ଶବ୍ଦରୂପିମ ଗୁଡ଼ିକୁ) ବାକ୍ୟାନୁମୋଦିତ ଓ ଭାବାର୍ଥାନୁମୋଦିତ କରିଛନ୍ତି, ବିଭକ୍ତି ଦ୍ୱାରା ବ୍ୟୁତ୍ପନ୍ନ ପ୍ରକୃତି ବାକ୍ୟରେ 'ପଦ' ରୂପରେ ମର୍ଯ୍ୟାଦା ପାଇଥାଏ ଏବଂ ବାକ୍ୟରେ କ୍ରିୟାନ୍ୱିତ ହୋଇ ଭାବପ୍ରକାଶକ ହୋଇଥାଏ। କିନ୍ତୁ ଧାତୁ କୈନ୍ଦ୍ରିକ ସରଳ ପ୍ରକୃତି ବା ମୁକ୍ତ ରୂପିମ ପ୍ରତ୍ୟୟଯୁକ୍ତ ହୋଇ ବ୍ୟୁତ୍ପନ୍ନ ପ୍ରକୃତିରେ ରୂପାନ୍ତରିତ ହୋଇ ବାକ୍ୟରେ କ୍ରିୟାପଦର ମର୍ଯ୍ୟାଦା ପାଇଥାଏ। ଯଥା - ଆସ୍+ଇଲେ - ଆସିଲେ, ଧର୍+ଇବା = ଧରିବା, ଖା+ଇବା = ଖାଇବା, ଗା+ଇବା = ଗାଇବା ଇତ୍ୟାଦି।

ସରଳ ପ୍ରକୃତିରୁ ଓ ବ୍ୟୁତ୍ପନ୍ନ ପ୍ରକୃତିରୁ ବାକ୍ୟଯୋଗ୍ୟ ଶବ୍ଦ ବିଭକ୍ତିଯୁକ୍ତ ହୋଇ 'ପଦ'ର ରୂପଲାଭ କରିଥାଏ। ପଦ ଉଭୟ ଶବ୍ଦ ଓ ଧାତୁକୁ ମୂଳ ପ୍ରକୃତି / ସରଳ ପ୍ରକୃତି / ମୁକ୍ତ ରୂପିମ ଭାବରେ ଗ୍ରହଣ କରିଥାଏ। ଯଥା –

- ସରଳ ପ୍ରକୃତି + ବିଭକ୍ତି = ବିଭକ୍ତି ପ୍ରତ୍ୟୟାନ୍ତ ପଦ। ଯଥା– କାନ+ରେ = କାନରେ, ଫଳ+କୁ = ଫଳକୁ, ମନ+ରୁ = ମନରୁ।
- ବ୍ୟୁତ୍ପନ୍ନ ପ୍ରକୃତି + ବିଭକ୍ତି = ବିଭକ୍ତି ପ୍ରତ୍ୟାୟାନ୍ତ ପଦ। ଯଥା – ହରଣରୁ = ହର୍+ଅଣ+ରୁ, ପାଣ୍ଡିତ୍ୟରେ = ପଣ୍ଡିତ+ୟ+ରେ

ସୁତରାଂ ପ୍ରତ୍ୟୟ ପରି ବିଭକ୍ତି ମଧ୍ୟ ବଦ୍ଧରୂପିମ ଓ ଆଭିଧାନିକ ଅର୍ଥ ରହିତ ଅଟେ। ମାତ୍ର ପ୍ରକୃତି ସହିତ ଯୋଗ ହେବାପରେ ଏଗୁଡ଼ିକ ନିର୍ଦ୍ଦିଷ୍ଟ ବ୍ୟାକରଣ ଅନୁମୋଦିତ ଅର୍ଥରେ ଭାବନିଷ୍ଠ ହୋଇ ପଦ ନିର୍ଦ୍ଧାରଣ କରିଥାଏ। ଶବ୍ଦମୂଳକ ମୁକ୍ତ 'ରୂପିମ'କୁ 'ପ୍ରାତିପଦିକ' କୁହାଯାଏ। 'ଧାତୁ'ବଦ୍ଧ ପ୍ରକୃତି ଭାବରେ ଆଖ୍ୟାୟିତ ହୁଏ। ଏହି ପ୍ରାତିପାଦକ ଓ ଧାତୁମୂଳକ ମୁକ୍ତ ଓ ବଦ୍ଧ ପ୍ରକୃତି ବିଭକ୍ତି ଯୁକ୍ତ ହେବାପରେ 'ପଦ' ଆଖ୍ୟା ପାଇଥାଏ। ପ୍ରାତିପାଦିକ ବା ଶବ୍ଦମୂଳକ ମୁକ୍ତ ପ୍ରକୃତିରେ ଏ, ମାନେ,

ଙ୍କୁ, କି, କୁ, ରେ, ରୁ, ର, ରେ, ଠାରେ ଆଦି ବିଭକ୍ତି ସଂକେତଗୁଡ଼ିକ ସାହାଯ୍ୟରେ ପଦ ନିର୍ମାଣ କରାଯାଏ। ଦେଖ୍, ଶୁଣ୍, ଆସ୍, ପଢ଼୍, ଲେଖ୍, ହସ୍, ଉଠ୍, ଉଡ୍ ଆଦି ବଦ୍ଧ ପ୍ରକୃତି ବା ଧାତୁରୂପିମ ଗୁଡ଼ିକରେ କାଳସୂଚକ / ପୁରୁଷ / ବଚନ ସୂଚକ ବିଭକ୍ତି ଚିହ୍ନ ଆ, ଇଲ୍, ଅକ୍, ଅନ୍ତ, ଉ, ଇ, ଏ, ଅନ୍ତି, ଅନ୍ତୁ, ଇଲେ, ଇଥିଲେ ଇତ୍ୟାଦି ଯୋଗ ହୋଇ କ୍ରିୟାପଦ ଓ କ୍ରିୟା ବିଶେଷ୍ୟ ଓ ବିଶେଷଣାତ୍ମକ ପଦ ନିର୍ମାଣ କରିଥାଏ। ସେହିପରି ଭାବରେ ଧାତୁରେ ତି, ଅଛ, ଅ, ଯ, ଅକ ଇତ୍ୟାଦି ପ୍ରତ୍ୟୟ ଯୋଗେ ବିଶେଷ୍ୟ ପଦ ଗଠିତ ହୁଏ। ଯଥା-

ନଶ୍+ଅ - ନାଶ, ହନ୍+ଅକ = ଘାତକ, ଜପ୍+ଅ = ଜପ

ଭୂ+ଅ = ଭାବ, କୃ+ତି = କୃତି, ଭଜ୍+ତି = ଭକ୍ତି

ଶ୍ରୁ+ତି = ଶ୍ରୁତି, ଦା+ୟ = ଦେୟ, ପଠ+ୟ = ପାଠ୍ୟ

ଦୃଶ୍+ୟ = ଦୃଶ୍ୟ, ଲିଖ୍+ଅକ = ଲେଖକ ଇତ୍ୟାଦି।

(ଘ) ଅବ୍ୟୟ :

ଗୋଟିଏ ବାକ୍ୟରେ ଯେତେବେଳେ ଏକାଧିକ କର୍ତ୍ତା, କର୍ମ, ସମ୍ବନ୍ଧ, ଅଧିକରଣ ଆଦି ରୂପରେ ଭାବପ୍ରକାଶ ପାଇବାକୁ ଥାଏ ସେଥିରେ ସମଭାବାପନ୍ନ ପଦଗୁଡ଼ିକୁ ଭିନ୍ନଭିନ୍ନ କରି ଉପସ୍ଥାପନ କରିବାକୁ ଓ ଭିନ୍ନଭିନ୍ନ ଭାବର ପଦ ମଧ୍ୟରେ ସଂଯୋଗ ସ୍ଥାପନ କରିବାକୁ କେତେଗୁଡ଼ିଏ ସଂଯୋଜକ ରୂପିମ ଓ ବିଭକ୍ତି ଅର୍ଥକାରକ ରୂପିମର ସାହାଯ୍ୟ ନେବାକୁ ପଡ଼ିଥାଏ। ଏହି ସାହାଯ୍ୟକାରୀ ସଂଯୋଜକ ଓ ଅର୍ଥପ୍ରଖ୍ୟାପକ ରୂପିମକୁ 'ଅବ୍ୟୟ' କୁହାଯାଏ। ବିଶେଷ୍ୟ, ବିଶେଷଣ, ସର୍ବନାମ ଓ କ୍ରିୟାପଦରେ ବିଭକ୍ତି, ବଚନ, ପୁରୁଷ, ଲିଙ୍ଗ ବା କାଳ ପ୍ରଭୃତି ଥିବାବେଳେ ଅବ୍ୟୟର ଏସବୁ କୌଣସି ଭେଦନାହିଁ।

ବିଶେଷ୍ୟ – ମନୁଷ୍ୟଙ୍କୁ, ମନୁଷ୍ୟ ଦ୍ୱାରା, ହଂସ-ହଂସୀ

ବିଶେଷଣ – ସୁନ୍ଦର – ସୁନ୍ଦରୀ, ସେବକ – ସେବିକା

ସର୍ବନାମ – ସେ, ସେମାନେ, ତାକୁ, ସେମାନଙ୍କୁ।

କ୍ରିୟା - ପଢ଼େ, ପଢୁଛି, ପଢ଼ିଲେ, ପଢ଼ିବ ଇତ୍ୟାଦି।

କିନ୍ତୁ ଅବ୍ୟୟର କୌଣସି ଭେଦ ନାହିଁ ବା କ୍ଷୟ ମଧ୍ୟ ନାହିଁ। ଓ, ଏବଂ, ଆଉ, ମଧ୍ୟ, ପୁଣି, ବି, ତଥା, ପୁନର୍ବାର, ପୁନଶ୍ଚ, କିନ୍ତୁ, ମାତ୍ର, ତଥାପି, ପରନ୍ତୁ, ଅଥଚ, ସଦା, ସର୍ବଦା, ଅଧୁନା, ସହସା, ତତ୍କ୍ଷଣାତ୍, ଅଦ୍ୟାପି, ଅଦ୍ୟାବଧି, ଯେବେ, କେବେ, ତେବେ, ଏବେ, ଯେଣୁ, ତେଣୁ, ସୁତରାଂ, ବୋଲି, ବାରମ୍ବାର, ପୁନଃପୁନଃ, ମୁହୁର୍ମୁହୁଃ, ଓଃ, ଓହୋ, ଏପରି, ଫଁ ଫଁ, ଗଁ ଗଁ, ଧେତ୍, ଧିକ୍ ଇତ୍ୟାଦି ଉଲ୍ଲେଖଯୋଗ୍ୟ। ଯଥା –

ପାଣିପାଗର ଅନୁକୂଳ ବାତାବରଣ ଦୃଷ୍ଟିରୁ ଦେଖିଲେ କଟକ ଓ ଭୁବନେଶ୍ୱର ଅପେକ୍ଷା ବରଂ ପୁରୀ ଭଲ। ରାମ ଓ ଶ୍ୟାମ ଦୁଇଭାଇ ଅଟନ୍ତି। ଏଠାରେ ବରଂ, ଓ ଇତ୍ୟାଦି ଗୋଟିଏ ଗୋଟିଏ ଅବ୍ୟୟପଦ ଅଟନ୍ତି।

ସୁତରାଂ ଶବ୍ଦ ଓ ଧାତୁମୂଳକ ରୂପିମଗୁଡ଼ିକ ପାରସ୍ପରିକ ଭାବଗତ ସମ୍ବନ୍ଧ ରଖି ବିଭକ୍ତି ଓ ପ୍ରତ୍ୟୟଯୁକ୍ତ ହୋଇ ବାକ୍ୟରେ ଅନ୍ତର୍ଭୁକ୍ତ ହେଲେ ସେସବୁ ମୂଳ ପ୍ରକୃତି ବା ରୂପିମକୁ ପଦ କୁହାଯାଏ।

୧.୩. ପଦଗଠନ ବିଧି :

ଶବ୍ଦ ଓ ଧାତୁରୁ ପଦଗଠନ କରି ବାକ୍ୟରେ ପ୍ରୟୋଗ କରିବାପାଇଁ ଓଡ଼ିଆ ଭାଷାରେ ସାଧାରଣତଃ ଚାରିଗୋଟି ପଦ୍ଧତି ଅବଲମ୍ବନ କରାଯାଇଥାଏ। ଯଥା - ଅଯୋଗାତ୍ମକ, ଅଶ୍ଳିଷ୍ଟ ଯୋଗାତ୍ମକ, ଶ୍ଳିଷ୍ଟଯୋଗାତ୍ମକ, ପ୍ରଶ୍ଳିଷ୍ଟ ଯୋଗାତ୍ମକ ପଦ୍ଧତି।

(କ) ଅଯୋଗାତ୍ମକ ପଦ :

କେତେଗୁଡ଼ିଏ ଶବ୍ଦ ବାକ୍ୟରେ ବଦ୍ଧରୂପିମ ଯୁକ୍ତ ନ ହୋଇ ମଧ୍ୟ ସ୍ୱତନ୍ତ୍ର ଭାବରେ ସମ୍ବନ୍ଧତତ୍ତ୍ୱମୂଳକ ହୋଇପାରିଥାନ୍ତି। ଅର୍ଥାତ୍ ବିଭକ୍ତିର ପ୍ରତ୍ୟକ୍ଷ ଉପସ୍ଥିତି ନଥାଇ ମଧ୍ୟ ବିଭକ୍ତିମୂଳକ ଅର୍ଥ ପ୍ରଦାନରେ ସକ୍ଷମ ହୋଇଥାନ୍ତି। ତେଣୁ ବିଭକ୍ତି ଯୋଗ ହୋଇନଥିବାରୁ ଏ ଧରଣର ସମ୍ବନ୍ଧାତ୍ମକ ବାକ୍ୟସ୍ଥ ଶବ୍ଦରୁ 'ଅଯୋଗାତ୍ମକ ପଦ' କୁହାଯାଏ। ଯଥା- 'ଓଡ଼ିଶାବାସୀ ଧର୍ମପ୍ରାଣ ଅଟନ୍ତି।' ଏଠାରେ 'ଧର୍ମପ୍ରାଣ' ଶବ୍ଦଟି ଏକ ଅଯୋଗାତ୍ମକ ପଦ ଅଟେ।

'ଜଗନ୍ନାଥ ଶାନ୍ତିର ପ୍ରତୀକ ଅଟନ୍ତି'। ଏଠାରେ ଜଗନ୍ନାଥ ଶବ୍ଦରେ ପ୍ରଥମା ବିଭକ୍ତି ଊହ୍ୟ ରହିଛି। କିମ୍ବା 'ପୁରୀ' ଗଲାବେଳେ ବାଟରେ ସାକ୍ଷୀଗୋପାଳ ପଡ଼େ। ଏଠାରେ 'ପୁରୀ' ଶବ୍ଦ ସହିତ 'କୁ' ପ୍ରତ୍ୟୟ ଯୋଗ ନ ହୋଇ ମଧ୍ୟ ଅର୍ଥ ପ୍ରକାଶରେ କୌଣସି ଅସୁବିଧା ହେଉନାହିଁ। ତେଣୁ ବିଭକ୍ତି ଯୋଗ ନହୋଇ ମଧ୍ୟ ବାକ୍ୟରେ ଶବ୍ଦ ବିଭକ୍ତି ଯୋଗ-ଅନୁରୂପ ଅର୍ଥ ପ୍ରଦାନ କରିବାରେ ସମର୍ଥ ହୋଇଛି। ଓଡ଼ିଆ ବ୍ୟାକରଣରେ ଏ ପ୍ରକାର ଶବ୍ଦକୁ ଅଯୋଗାତ୍ମକ ପଦ ଭାବରେ ଗ୍ରହଣ କରାଯାଇଛି। ନର, ଲତା, ସାଧୁ, ମତି, ବୁଦ୍ଧି, ଦେବ, ଗଛ, ନଦୀ ପ୍ରଭୃତି ଭାବ ଓ ନାବବାଚକ ଶବ୍ଦ ଏବଂ ପଠନ, ହସ, ଖା, ପି, ଆ, ଯା, ଦେଖ, ଗା, ନେ, ଦେ ଇତ୍ୟାଦି କ୍ରିୟାବାଚକ ପଦ ମଧ୍ୟ ଅଯୋଗାତ୍ମକ ପଦର ଦୃଷ୍ଟାନ୍ତ।

(ଖ) ଅଶ୍ଳିଷ୍ଟ ଯୋଗାତ୍ମକ ପଦ :

ଶବ୍ଦ ଓ ଧାତୁଗୁଡ଼ିକ ଯେତେବେଳେ ପ୍ରତ୍ୟୟ ଦ୍ୱାରା ସିଧାସଳଖ ସଂଯୁକ୍ତ ହୋଇ

ବାକ୍ୟରେ ବିଭକ୍ତିସୂଚକ ସମ୍ବନ୍ଧତତ୍ତ୍ୱ ସୂଚିତ କରିଥାନ୍ତି, ସେତେବେଳେ ଶବ୍ଦର ସେହି ରୂପକୁ ଅଶ୍ଲିଷ୍ଟ ଯୋଗାତ୍ମକ ପଦ କୁହାଯାଏ। ଯଥା –

- ମିଥ୍ୟା ଭାଷଣ ଦେବା ନେତାମାନଙ୍କର ସଂପ୍ରତି ଗୋଟିଏ ଅଭ୍ୟାସରେ ପରିଣତ ହେଲାଣି।
- ପ୍ରଚୁର ଜ୍ଞାନ ଆହରଣ କରିବାପାଇଁ ଅଧୁନା ବିଦ୍ୟାର୍ଥୀମାନେ ଇଚ୍ଛୁକ ନୁହନ୍ତି।
- ଶିକ୍ଷକମାନଙ୍କୁ ଯଥେଷ୍ଟ ସମ୍ମାନ ଦେବା ପ୍ରକୃତ ବିଦ୍ୟାର୍ଥୀର ପରମ ଦାୟୀତ୍ୱ ଅଟେ।

ଏଠାରେ ଭାଷଣ (ଭାଷ୍+ଅନ), ଜ୍ଞାନ (ଜ୍ଞା+ଅନ), ଶିକ୍ଷକ (ଶିକ୍ଷ+ଅକ) ଇତ୍ୟାଦି ପଦଗୁଡ଼ିକରେ ବିଭକ୍ତିସୂଚକ ପ୍ରତ୍ୟୟ ନଥାଇ ମଧ୍ୟ ଶବ୍ଦ ସହିତ ପ୍ରତ୍ୟୟ ପ୍ରତ୍ୟକ୍ଷ ଭାବରେ ସଂଯୁକ୍ତ ହୋଇ ସମ୍ବନ୍ଧତାତ୍ତ୍ୱିକ ବିଭକ୍ତିସୂଚକ ଅନୁରୂପ ଅର୍ଥ ନିର୍ଦ୍ଧାରଣ କରୁଥିବାରୁ ଏସବୁ ଅଶ୍ଲିଷ୍ଟ ଯୋଗାତ୍ମକ ପଦର ଏକ ଏକ ନିଦର୍ଶନ ହୋଇ ପାରିଛନ୍ତି। ଅତଏବ ବିଭିନ୍ନ ପ୍ରତ୍ୟୟ ଅଶ୍ଲିଷ୍ଟ ବା ଅସଂଯୁକ୍ତ ହୋଇଥିଲେ ମଧ୍ୟ ସରଳ ପ୍ରକୃତି ବା ମୂଳରୂପିମରେ ସାଧାରଣ ପ୍ରତ୍ୟୟ ଯୋଗକରି ଅର୍ଥକାରକ ପଦ ପରିବର୍ତ୍ତନ କରାଯାଇଥିଲେ ମଧ୍ୟ ତାହା ଅଶ୍ଲିଷ୍ଟ ଯୋଗାତ୍ମକ ପଦ ହୋଇଥାଏ।

(ଗ) ଶ୍ଲିଷ୍ଟଯୋଗାତ୍ମକ ପଦ :

ବାକ୍ୟରେ ଅନେକ ପୂର୍ଣ୍ଣାଙ୍ଗ ଶବ୍ଦ ଓ ଧାତୁ ମୂଳକ ପୂର୍ଣ୍ଣାଙ୍ଗ କ୍ରିୟା, କ୍ରିୟାସୂଚକ ବିଶେଷ୍ୟ ଓ ବିଶେଷଣ ପଦ ବ୍ୟବହାର କରାଯାଇଥାଏ। ଏଗୁଡ଼ିକ ବିଭକ୍ତି ଓ ପ୍ରତ୍ୟୟଯୁକ୍ତ ହୋଇ ସମ୍ବନ୍ଧତତ୍ତ୍ୱ କ୍ରମରେ ଭାବାର୍ଥ ସୂଚିତ କରିଥାଏ। ତେଣୁ ପ୍ରତ୍ୟୟ ସଂଯୁକ୍ତି ଦ୍ୱାରା ବ୍ୟୁତ୍ପନ୍ନ ପ୍ରକୃତିର ମୂଳ ପ୍ରକୃତିରେ ଧ୍ୱନ୍ୟାତ୍ମକ ପରିବର୍ତ୍ତନ ଘଟିଥାଏ। ବିଭକ୍ତି ଓ ପ୍ରତ୍ୟୟ ଯୋଗ ହେବା ଦ୍ୱାରା 'ଅ' ସ୍ଥାନରେ 'ଆ', ଔ / 'ଆ' ସ୍ଥାନରେ ଏ, 'ଏ' ସ୍ଥାନରେ – 'ଐ', ତ ସ୍ଥାନରେ – ନ, 'ହ' ସ୍ଥାନରେ 'ଘ' ଇତ୍ୟାଦି ଧ୍ୱନ୍ୟାତ୍ମକ ପରିବର୍ତ୍ତନ ବା ରୂପାନ୍ତର ଘଟିଥାଏ। ବାକ୍ୟରେ ପ୍ରତ୍ୟୟ ଦ୍ୱାରା ରୂପାନ୍ତରିତ ଏ ପ୍ରକାରର ବ୍ୟବହୃତ ଶବ୍ଦକୁ 'ଶ୍ଲିଷ୍ଟ ଯୋଗାତ୍ମକ ପଦ' କୁହାଯାଏ।

(ଘ) ପ୍ରଶ୍ଲିଷ୍ଟ ଯୋଗାତ୍ମକ :

ଓଡ଼ିଆ ଭାଷାରେ ଏପରି କେତେକ ଶବ୍ଦ ରହିଛି, ଯେଉଁଗୁଡ଼ିକ ଉଚ୍ଚାରଣ ଦୃଷ୍ଟିରୁ ଏକକ ଶବ୍ଦପରି ଜଣାପଡୁଥିଲେ ମଧ୍ୟ ବ୍ୟାବହାରିକ ରୂପ ଦୃଷ୍ଟିରୁ ଏଗୁଡ଼ିକ ଏକ ଏକ ଖଣ୍ଡବାକ୍ୟ ପରି ବା ବାକ୍ୟାନୁରୂପ ବ୍ୟାଖ୍ୟାତ୍ମକ ଅର୍ଥ ପ୍ରତିପାଦନ କରିଥାନ୍ତି। ଏହିଭଳି ଭାବାର୍ଥଦ୍ୟୋତକ ସମ୍ବନ୍ଧତତ୍ତ୍ୱ ଗର୍ଭିତ ଶବ୍ଦଗୁଡ଼ିକୁ ବା ଶବ୍ଦ ସମଷ୍ଟିମୂଳକ ପଦଗୁଡ଼ିକୁ ପ୍ରଶ୍ଲିଷ୍ଟ ଯୋଗାତ୍ମକ ପଦ କୁହାଯାଏ। ଯଥା– ହୁକାପିଟା, ବୋଲକରା, ଅକାଳକୁଷ୍ମାଣ୍ଡ,

ନାଟର ଗୋବର୍ଦ୍ଧନ, ଶକୁନି ଇତ୍ୟାଦି। ଏ ପ୍ରକାର ପଦରେ ବିଭିନ୍ନ ପ୍ରକାରର ବା ପ୍ରଜାତିର ଅର୍ଥକାରୀ ଶବ୍ଦର ପ୍ରଶ୍ଲିଷ୍ଟ ବା ପ୍ରକୃଷ୍ଟ ଅର୍ଥ ସଂଯୁକ୍ତ ଘଟିଥାଏ (ବୋଲ + କର+ ଆ), (ମୂଳ ପ୍ରକୃତି + ପ୍ରତ୍ୟୟ) ଇତ୍ୟାଦି। ଏଗୁଡ଼ିକ ପ୍ରୟୋଜନ ଅନୁସାରେ ଆଭିପ୍ରାୟିକ ଅର୍ଥ ପ୍ରଦାନ କରନ୍ତି। ପୁନଶ୍ଚ ବିଭକ୍ତି ସହିତ ଯୋଗ ହୋଇ ଆଭିପ୍ରାୟିକ ଅର୍ଥ ଅନୁସାରେ କ୍ରିୟା ଓ ଅନ୍ୟାନ୍ୟ ପଦ ସହିତ ସମ୍ବନ୍ଧତତ୍ତ୍ୱ ସ୍ଥାପନ କରନ୍ତି।

ଯଥା- "ମୋର ଅଣ୍ଟାଗୁଞ୍ଜାରୁ ମୁଁ ତତେ ଆଦୌ କିଛି ଦେବି ନାହିଁ।"

ଏଠାରେ 'ଅଣ୍ଟାଗୁଞ୍ଜା' ପ୍ରଶ୍ଲିଷ୍ଟ ପଦ ସହିତ ୫ମୀ ବିଭକ୍ତି 'ରୁ' ଯୋଗ କରାଯାଇଛି। ସମ୍ବନ୍ଧତତ୍ତ୍ୱ ଦୃଷ୍ଟିରୁ ବାକ୍ୟରେ ଶବ୍ଦ 'ପଦ'ରେ ରୂପାନ୍ତରିତ ହେବାପାଇଁ ବିଭକ୍ତି ସଂଯୋଗ ହେବା ଏକାନ୍ତ ଅର୍ନିବାର୍ଯ୍ୟ।

ସୁତରାଂ ବାକ୍ୟରେ ବିଭିନ୍ନଧରଣର ପଦ ଦେଶ-କାଳ-ପାତ୍ର ଓ କାର୍ଯ୍ୟକାରଣ ଭିତ୍ତିରେ ସମ୍ବନ୍ଧତତ୍ତ୍ୱ ଦ୍ୱାରା ସହାବସ୍ଥାନ କରିଥାନ୍ତି।

୧.୪ ପଦ ପ୍ରକରଣ :

ଓଡ଼ିଆ ଭାଷାରେ ବ୍ୟାକରଣିକ ସଂରଚନା ଓ ପ୍ରୟୋଗ ଦୃଷ୍ଟିରୁ ପଦକୁ ଦୁଇ ଭାଗରେ ବିଭକ୍ତ କରାଯାଇଛି। ଯଥା- ମୁକ୍ତରୂପିମ ପ୍ରଜାତିକ ପଦ ଯାହା ପଦୋନୁସାରୀ ଓ ବଦ୍ଧରୂପିମ ପ୍ରଜାତିକ ଶବ୍ଦ ଯାହା ଧାତୁଅନୁସାରୀ। ମୁକ୍ତରୂପିମ ପ୍ରଜାତିକ ଶବ୍ଦରେ ପ୍ରତ୍ୟୟ ଓ ବିଭକ୍ତି (ଶବ୍ଦ ବିଭକ୍ତି ପ୍ରତ୍ୟୟ – କୁ, କି, ଙ୍କୁ, ରେ, ଏ, ଙ୍କରେ, ରୁ, ଠାରୁ, ର, ର, ଙ୍କର, କର, ରେ, ଠାରେ ଇତ୍ୟାଦି ଯୋଗହେଲେ ପ୍ରତିପାଦିକ ପଦ ବା ବିଶେଷ୍ୟ, ବିଶେଷଣ ଓ ସର୍ବନାମାଦି ପଦ ସୃଷ୍ଟି ହୁଏ। ଧାତୁରେ ଇବା, ଇଲା, ଥିଲା, ଲେ, ଲି, ବ, ଇବ, ଇବା, ଇଥିବା, ଛି, ଉଛି, ଅଛି, ଛନ୍ତି, ଅ, ଏ ଇତ୍ୟାଦି ପ୍ରତ୍ୟୟ ବା କାଳ-ପୁରୁଷ ବଚନମୂଳକ ବର୍ଣ୍ଣଭଙ୍ଗୀ ଯୋଗ ହେଲେ କ୍ରିୟାପଦ ଏବଂ ଅନ୍ତା, ଅନ୍ତି, ଇଲା, ଇବା, ଅଣି, ଇଷ୍ଣୁ, ତତ ଇତ୍ୟାଦି ଧାତୁମୂଳକ ସରଳ ପ୍ରକୃତି / ବ୍ୟୁତ୍ପନ୍ନ ପ୍ରକୃତି ବା ବଦ୍ଧରୂପିମରେ ସଂଯୁକ୍ତ ହେଲେ କ୍ରିୟାଜ ବିଶେଷଣ ପଦ ଗଠିତ ହୋଇଥାଏ। ବାକ୍ୟରେ ଭାବଭାବ ମଧ୍ୟରେ ସହାୟକ ଓ ସଂଯୋଜକ ରୂପିମ ଭାବରେ ଯେଉଁ ନିର୍ଦ୍ଦିଷ୍ଟ ଅର୍ଥ କ୍ଷମତାସଂପନ୍ନ ଶବ୍ଦ ବ୍ୟବହୃତ ହୋଇଥାଏ ତାକୁ ଅଣରୂପାନ୍ତରିତ ପଦ ବା ଅବ୍ୟୟ ପଦ ଭାବରେ ଗ୍ରହଣ କରାଯାଏ। ଏହିପରି ସମ୍ବନ୍ଧତତ୍ତ୍ୱ ଭିତ୍ତିରେ ଶବ୍ଦ ଓ ଧାତୁକୁ ଆଶ୍ରୟକରି ରୂପାନ୍ତରିତ ହୋଇଥିବା 'ପଦ'କୁ ଛଅ ଭାଗରେ ବିଭକ୍ତ କରାଯାଇପାରେ। ଯଥା –

- ବିଶେଷ୍ୟ, ବିଶେଷଣ, ସର୍ବନାମ – ମୁକ୍ତି ରୂପିମ ପ୍ରଜାତିକ ପଦ
- କ୍ରିୟା, କ୍ରିୟାଜ ବିଶେଷଣ – ବଦ୍ଧରୂପିମ ପ୍ରଜାତିକ ପଦ
- ଅବ୍ୟୟ - ଅଣରୂପିମ ବା ଅଣରୂପାନ୍ତରିତ ପଦ।

୧.୫ ସମ୍ବନ୍ଧତତ୍ତ୍ୱ ଓ ପଦ :

ପଦ ସମଷ୍ଟିମୂଳକ ବାକ୍ୟ ଦୁଇଟି ତତ୍ତ୍ୱକୁ ଆଧାର କରି ଗଠିତ ହୋଇଥାଏ। ପ୍ରଥମତଃ ଅର୍ଥ ତତ୍ତ୍ୱ ହୋଇଥିବାବେଳେ ଦ୍ୱିତୀୟଟି ସମ୍ବନ୍ଧତତ୍ତ୍ୱ ଅଟେ। 'ଅର୍ଥତତ୍ତ୍ୱ' ଶବ୍ଦ ସହିତ ସନ୍ନିବଦ୍ଧ ହୋଇଥିବାବେଳେ 'ସମ୍ବନ୍ଧତତ୍ତ୍ୱ' ପଦ ସହିତ ସଂଶ୍ଳିଷ୍ଟ। ସମ୍ବନ୍ଧତତ୍ତ୍ୱ କ୍ରିୟା ଓ କର୍ତ୍ତାନୁସାରୀ ବିଭକ୍ତି ପଦମାନଙ୍କ ମଧ୍ୟରେ ଅନ୍ୱିତ ଭାବ ରକ୍ଷା କରିବାରେ ସହାୟକ ହୋଇଥାଏ। ଗୋଟିଏ ପଦରେ ଥିବା ଲିଙ୍ଗ, କାଳ, ପୁରୁଷ, ବଚନ, କାରକ ମଧ୍ୟରେ ସଂପର୍କ ସ୍ଥାପନ କରିବା ନିମିତ୍ତ ସମ୍ବନ୍ଧତତ୍ତ୍ୱର ସାହାଯ୍ୟ ନିଆଯାଇଥାଏ। କ୍ରିୟାପଦକୁ କେନ୍ଦ୍ରରେ ରଖି ଅନ୍ୟାନ୍ୟ ପଦମାନଙ୍କର ବିଭକ୍ତିଯୁକ୍ତ ଅର୍ଥ ନିର୍ଣ୍ଣୟ କରିବା ଏବଂ ପଦକୁ କ୍ରିୟାନ୍ୱିତ କରିବାର ବ୍ୟବସ୍ଥାକୁ ସମ୍ବନ୍ଧତତ୍ତ୍ୱ କୁହାଯାଏ। ଏହାଦ୍ୱାରା ବାକ୍ୟରେ ଶବ୍ଦ କ୍ରିୟାନ୍ୱିତ ଅର୍ଥ ପ୍ରତିପାଦକ ହୋଇ ପଦରେ ରୂପାନ୍ତରିତ ହୁଏ।

ଯଥା – "ଦେବୀ ଦୁର୍ଗା ମହିଷାସୁରକୁ ଯୁଦ୍ଧରେ ତ୍ରିଶୂଳ ଦ୍ୱାରା ମାରିଲେ।"

ଉକ୍ତ ବାକ୍ୟରେ ମୋଟ୍‌ଉପରେ ୫ଟି ପଦ ବ୍ୟବହୃତ ହୋଇଛି। ଏଠାରେ ମାରିଲେ – ମୁଖ୍ୟ କ୍ରିୟାପଦ। ଏଠାରେ 'ମାର୍' / 'ମର୍' ଧାତୁର ମୂଳ ପ୍ରକୃତି ଓ ଅତୀତ କାଳାର୍ଥରେ 'ଇଲେ' ପ୍ରତ୍ୟୟ ସହିତ ରହିଛି, ମାର୍ / ମର୍+ଇଲେ = ମାରିଲେ। କିଏ ମାରିଲେ – ଏହି ପ୍ରଶ୍ନ ଦ୍ୱାରା ଯେଉଁ ପଦଟି ସହିତ କ୍ରିୟାପଦର ସମ୍ବନ୍ଧ ସ୍ଥାପିତ ହେଲା ଉକ୍ତ ପଦଟି ହେଉଛି – ଦେବୀ ଦୁର୍ଗା। ଏଠାରେ 'ଦେବୀଦୁର୍ଗା' ହେଲେ କର୍ତ୍ତା ସମ୍ବନ୍ଧୀପଦ। ପୁନଶ୍ଚ ଯଦି କର୍ମର କଥାକୁ ଆଲୋଚନା କରାଯିବ ତେବେ କର୍ମ ଭିତ୍ତିରେ 'ଦେବୀଦୁର୍ଗା' କାହାକୁ ମାରିଲେ ? ସୁତରାଂ ଏ ପ୍ରଶ୍ନର ଉତ୍ତର ସମ୍ବନ୍ଧ ସ୍ଥାପିତ ହେଉଛି କ୍ରିୟା ଭିତ୍ତିରେ 'ମହିଷାସୁର'କୁ। ମହିଷାସୁର+କୁ = ମହିଷାସୁରକୁ – ଏହି ପଦରେ 'କୁ' ବିଭକ୍ତି ପ୍ରତ୍ୟୟଟି କର୍ମ ସମ୍ବନ୍ଧଟିଏ କ୍ରିୟା ଓ କର୍ତ୍ତାନୁସାରେ ନିର୍ଦ୍ଧାରଣ କଲା। ମହିଷାସୁରକୁ କେଉଁଠାରେ ଓ କିପରି ମାରିଲେ – ଏହାର ଉତ୍ତର ପ୍ରାପ୍ତି ଭିତ୍ତିରେ 'ଯୁଦ୍ଧ'ରେ ଓ 'ତ୍ରିଶୂଳ ସାହାଯ୍ୟରେ' ପଦ ସହିତ ନିରୂପିତ ହେଲା। ଯୁଦ୍ଧ+ରେ = ଯୁଦ୍ଧରେ ସ୍ଥାନାର୍ଥରେ ସପ୍ତମୀ ବିଭକ୍ତିର ପ୍ରତ୍ୟୟ 'ରେ' ଯୋଗ ହୋଇ 'ଯୁଦ୍ଧରେ ମାରିଲେ' ସମ୍ବନ୍ଧ ନିର୍ଦ୍ଦିଷ୍ଟ ହେଲା। କାହାଦ୍ୱାରା ବା କିପରି ମାରିଲେ – ଏ ପ୍ରଶ୍ନର ସମ୍ବନ୍ଧସୂଚକ ଉତ୍ତର ପଦ ହେଲା – ତ୍ରିଶୂଳରେ (ତ୍ରିଶୂଳ ଦ୍ୱାରା) ମାରିଲେ। ଏଠି କର୍ମ କ୍ରିୟା ଯେପରି ସାଧିତ ହେଲା ତାହା 'କରଣ ସମ୍ବନ୍ଧ'। ତେଣୁ ବ୍ରହ୍ମାସ୍ତ୍ରରେ (ଦ୍ୱାରା) କରଣକାରକ ଅନୁଯାୟୀ ତୃତୀୟା ବିଭକ୍ତି ସୂଚକ ହୋଇ କ୍ରିୟା ସହିତ ସମ୍ବନ୍ଧିତ ବା ଅନ୍ୱିତ ହେଲା।

ବାକ୍ୟରେ କ୍ରିୟାପଦ ସହିତ ଅନ୍ୟାନ୍ୟ ବିଭକ୍ତି ସଂଯୁକ୍ତ ଶବ୍ଦମାନଙ୍କର ସମ୍ବନ୍ଧ

ନିର୍ଦ୍ଧାରିତ ହେବା ଦ୍ୱାରା ସେସବୁ ଶବ୍ଦ 'ପଦ'ର ଯୋଗ୍ୟତା ପାଇବା ସଙ୍ଗେ ସଙ୍ଗେ ସ୍ୱତନ୍ତ୍ର ଭାବାନୁସାରୀ ଓ ବ୍ୟାଖ୍ୟାନୁସାରୀ ଅର୍ଥ ବୈଶିଷ୍ଟ୍ୟରେ ପରିଚିତ ପାଆନ୍ତି।[୩] 'ପଦ' ନିଜସ୍ୱ ଗୋଟିଏ ସ୍ୱତନ୍ତ୍ର ରୂପପାଇବା ପାଇଁ ଭାଷାର ଅନ୍ୟ ତିନୋଟି ଉପାଦାନ ଧ୍ୱନି, ବର୍ଣ୍ଣ, ଶବ୍ଦ ଉପରେ ନିର୍ଭରଶୀଳ ହୋଇଥାଏ। ଉଚ୍ଚାରଣ ପ୍ରକ୍ରିୟାକୁ ସ୍ପଷ୍ଟ ଭାବରେ ଅବଗତ କରାଇବାର ଶ୍ରୁତିମୂଳକ ଆଧାର ହେଉଛି କଣ୍ଠ, ଜିହ୍ୱା, ତାଲୁକୁ ସ୍ପର୍ଶକରି ମୁଖ ଭିତର ଦେଇ ନିର୍ଗତ ହେଉଥିବା ଧ୍ୱନି। ବର୍ଣ୍ଣର ମୂଳ ଧ୍ୱନି। ଧ୍ୱନିର ନିର୍ଦ୍ଦିଷ୍ଟ ରୂପ ହେଉଛି ବର୍ଣ୍ଣ ଓ ବର୍ଣ୍ଣ ସମୂହର ସାର୍ଥକ ସମାବେଶ ହେଉଛି ଶବ୍ଦ।[୪] ଶବ୍ଦ ମୁଖ୍ୟତଃ ସମୂହ ଗଣଧାରାରେ ନିରୂପିତ ହୋଇଥିବା ଓ କଥନ ଅନୁସାରେ ନିର୍ଦ୍ଦିଷ୍ଟ ହୋଇଥିବା ବାଚ୍ୟାର୍ଥ ମୂଳକ ନାମ ସଂକେତ, ମାତ୍ର ଶବ୍ଦଗୁଡ଼ିକ ଯେତେବେଳେ ଗୋଟିଏ ପରେ ଗୋଟିଏ ମିଳିତ ହୋଇ ଦେଶ, କାଳ, ପାତ୍ର ଓ ପାରିପାର୍ଶ୍ୱିକ ଭାବ-ପ୍ରସଙ୍ଗ-ଘଟଣା ଅନୁସାରେ ଅର୍ଥକାରକ ହୋଇ ବାକ୍ୟରୂପ ପାଇଥାନ୍ତି ସେତେବେଳେ ସେଗୁଡ଼ିକ 'ପଦ' ହୁଅନ୍ତି। ସୁତରାଂ ପଦଗୁଡ଼ିକ ଯେତେବେଳେ କ୍ରିୟାକୁ ଆଧାରି କରି କର୍ତ୍ତା-କର୍ମ-କ୍ରିୟା ବିଧାନରେ ସରଳ ପ୍ରକ୍ରିୟାରେ ସମ୍ବନ୍ଧତତ୍ତ୍ୱର ଶୃଙ୍ଖଳାରେ ସଜ୍ଜିତ ହୁଅନ୍ତି, ସେତେବେଳେ ବକ୍ତାର ଭାବ ପ୍ରକାଶଯୋଗ୍ୟ ବାକ୍ ହେବାକୁ ସେମାନେ ସମର୍ଥ ହୁଅନ୍ତି।[୫]

ମୋଟ ଉପରେ ଓଡ଼ିଆ ଭାଷାରେ ଭାବ ବିନିମୟ ପାଇଁ ଯେଉଁ ସର୍ବନିମ୍ନ ଅର୍ଥ ସଂକେତ ପଦ ଭାବରେ ମିଶାଇ ଗୋଟିଏ ସ୍ୱାଧୀନ ଉକ୍ତିକୁ 'ବାକ୍ୟ' ରୂପରେ ବ୍ୟବହାର କରାଯାଏ ତାହା ନିମ୍ନ ପ୍ରକାରେ ସମ୍ବନ୍ଧିତ :

ବାକ୍ୟ – ସମ୍ବନ୍ଧତତ୍ତ୍ୱ :

୧. କର୍ତ୍ତା → କର୍ମ → ସମାପିକା କ୍ରିୟା – ସେ କଟକ ଗଲେ।

୨. ଭାବସୂଚକପଦ → କର୍ତ୍ତା → ଗୌଣକର୍ମ → ମୁଖ୍ୟକର୍ମ → ସମାପିକା କ୍ରିୟା – ସନ୍ଧ୍ୟାରେ ସେ ବହି କିଣିବାକୁ କଟକ ଗଲେ।

୩. ଅବ୍ୟୟପଦ → ଭାବସୂଚକ / କାଳସୂଚକ / ସ୍ଥାନସୂଚକ ପଦ → କର୍ତ୍ତା → କର୍ମ → ସମାପିକା କ୍ରିୟାପଦ = ପୂର୍ଣ୍ଣାଙ୍ଗ ସ୍ୱାଧୀନ ବାକ୍ୟ – ସାଧାରଣତଃ ବିଦ୍ୟାଳୟରେ ସେ ଜଣେ ଭଲ ଶିକ୍ଷକ ରୂପେ ସମ୍ମାନ ପାଇଥାନ୍ତି।

ସୁତରାଂ ଓଡ଼ିଆରେ ସମ୍ବନ୍ଧତତ୍ତ୍ୱମାନେ ଗୋଟିଏ ସ୍ୱାଧୀନ ବାକ୍ୟରେ କର୍ତ୍ତା, କର୍ମ, ଅବ୍ୟୟ ପଦ, କ୍ରିୟାପଦ, ମଧ୍ୟପଦ, ବିଶେଷଣାତ୍ମକ ପଦ ଯୁକ୍ତ ହେବା ସହିତ ଏପ୍ରକାର ହୋଇ ଶବ୍ଦଗୁଡ଼ିକ କ୍ରିୟା ସମ୍ବନ୍ଧୀ ହୋଇ ଭାବ ଉପସ୍ଥାପନରେ ଶୃଙ୍ଖଳିତ ରୂପପାଇଥାନ୍ତି।

୧.୬ ଓଡ଼ିଆ ଭାଷା ଓ ତା'ର ଶାବ୍ଦିକ ଶୃଙ୍ଖଳା :

ଜନ୍ ବୀମସ୍, ଜର୍ଜ ଗ୍ରୀୟରସନ, ମାକ୍ସମୁଲାର ଓ ସୁନୀତି କୁମାର ଚାଟାର୍ଜୀଙ୍କଠାରୁ ପଣ୍ଡିତ ସୂର୍ଯ୍ୟନାରାୟଣ ଦାସ ଓ ଗୋଲକ ବିହାରୀ ଧଳଙ୍କ ପର୍ଯ୍ୟନ୍ତ ଭାଷାବିତ୍‌ମାନଙ୍କ ସିଦ୍ଧାନ୍ତଙ୍କୁ ଆଧାରି କରି 'ଓଡ଼ିଆ ଭାଷା'ର ମହତ୍ତ୍ୱ, ପ୍ରାଚୀନତା, ଭାଷିକଶୃଙ୍ଖଳା, ବିଶେଷତ୍ୱ, ଶାବ୍ଦିକ ବୈଶିଷ୍ଟ୍ୟ ଓ ପଦପ୍ରକରଣ ଭିତ୍ତିକ ରୂପତାତ୍ତ୍ୱିକ ମୌଳିକ ଲକ୍ଷଣଗୁଡ଼ିକୁ ସନିଷ୍କର୍ଷ ସହ ନିମ୍ନମତେ ଗ୍ରହଣ କରାଯାଇପାରିବ :

- ପୃଥିବୀର ସାତଗୋଟି ଭାଷା ପରିବାର ମଧ୍ୟରୁ ସର୍ବ ବୃହତ 'ଇଣ୍ଡୋୟୁରୋପୀୟ ଭାଷା ପରିବାର'ର ଅନ୍ତର୍ଭୁକ୍ତ ଓଡ଼ିଆ ଭାଷା।
- ଏହି ଭାଷା ପ୍ରନ୍‌ଭାରତୀୟ ଆର୍ଯ୍ୟ ଭାଷାର ପ୍ରମୁଖ ପ୍ରଶାଖା ମାଗଧୀ ଅପଭ୍ରଂଶରୁ ନବୀନ ଭାରତୀୟ ଆର୍ଯ୍ୟଭାଷା ଭାବରେ ଖ୍ରୀଷ୍ଟୀୟ ୭ମରୁ ୧୪ ଶତାବ୍ଦୀ ମଧ୍ୟରେ ପ୍ରତିଷ୍ଠାଲାଭ କରିଛି।
- ଏହି ଭାଷାର ପ୍ରାଚୀନ ସତ୍ତା ଖ୍ରୀଷ୍ଟପୂର୍ବ ଦ୍ୱିତୀୟ ଶତାବ୍ଦୀ ବେଳକୁ ହାତୀଗୁମ୍ଫା ଶିଳାଲେଖ ଓ ଭରତଙ୍କ ନାଟ୍ୟଶାସ୍ତ୍ର ଭିତ୍ତିରେ ଅସ୍ତିତ୍ୱ ଧାରଣ କରିଥିବାର ପ୍ରମାଣ ସୁଲଭ।
- ୨୦୦୦ ବର୍ଷରୁ ଊର୍ଦ୍ଧ୍ୱକାଳ ଧରି ପାଲି > ପ୍ରାକୃତ > ସଂସ୍କୃତ > ଦ୍ରାବିଡ଼ > ଅଷ୍ଟ୍ରିକ > ଆରବୀ > ଶୌରସେନୀ > ଅର୍ଦ୍ଧମାଗଧି > ଅର୍ଦ୍ଧତତ୍ସମ (ଆଦି ଭାରତୀୟ ଭାଷା) > ଯାବନିକ > ୟୁରୋପୀୟ (ଆଦି ବୈଦେଶିକ ଭାଷା) ସଂଯୋଜିତ ହୋଇ ଏକ ଜ୍ଞାନଗର୍ଭକ, ତଥ୍ୟନିଷ୍ଠ, ଭାବ ସମ୍ବର୍ଦ୍ଧିକ ଚଳିଷ୍ଣୁକ୍ଷମ ଭାଷା ରୂପେ ବିବର୍ତ୍ତିତ ହୋଇଆସିଛି। ଶେଷରେ ଏହି ଭାଷାକୁ ମହାଭାରତୀୟ ବିବର୍ତ୍ତନରେ ଏକ ବଳିଷ୍ଠ ପ୍ରାଚୀନତମ ଭାଷା ରୂପେ ଶାସ୍ତ୍ରୀୟ ମାନ୍ୟତା ମିଳିପାରିଛି।[୬]
- ୨୦୦୦ ବର୍ଷ ତଳୁ ଏ ଭାଷା ଉଡ୍ରଜାପ୍ରାକୃତ ବା ଓଡ୍ରବିଭାଷା ରୂପେ ଓଡ଼ିଆ ଜାତିର ଭାବବିନିମୟାତ୍ମକ ଶକ୍ତି ଓ ମାଧ୍ୟମ ଭାବେ ଭୂମିକା[୭] ସଂପାଦନ କରିଆସିଛି।
- ଅଷ୍ଟମ ଶତାବ୍ଦୀରେ ଖୋଦିତ ୨ୟ ଧର୍ମରାଜଙ୍କ ନବିନା ତାମ୍ରଶାସନ, ୧୦୫୧ ମସିହାରେ ଖୋଦିତ ୨ୟ ବଜ୍ରହସ୍ତଙ୍କ ଉରଜାମ ଶିଳାଲେଖ, ୧୨ଶ ଶତାବ୍ଦୀର ଗଣ୍ଡିବେଢ଼ ଶିଳାଲେଖ, ୧୪ଶ ଶତାବ୍ଦୀର ଭୁବନେଶ୍ୱରର ନରସିଂହଦେବ (୪ର୍ଥ)ଙ୍କ ଦ୍ୱୈଭାଷିକ ଶିଳାଲେଖରୁ ପ୍ରନ୍ ଓଡ଼ିଆର ପଦବିନ୍ୟାସ ଓ ଶାବ୍ଦିକ ଶୃଙ୍ଖଳାର ମୌଳିକ ତତ୍ତ୍ୱକୁ ଲକ୍ଷ୍ୟ କରାଯାଇଥାଏ।[୮]

- ମଧ୍ୟଯୁଗୀୟ ବ୍ୟବସ୍ଥାରେ ଓଡ଼ିଆ ଭାଷା ଉଭୟ ପଦ୍ୟ ଓ ଗଦ୍ୟ ପଦ୍ଧତିରେ ସଂସ୍କୃତ ସମକକ୍ଷ ହୋଇପାରିଛି[୯] ଏବଂ ମୋଗଲ – ମରହଟ୍ଟା ଶାସନ କାଳରେ ଯାବନିକ ଭାଷା ଓ ଉପନିବେଶବାଦୀ ଇଂରେଜ ଶାସନ ଧାରାରେ ୟୁରୋପୀୟ ଭାଷାର ସଂସ୍ପର୍ଶରେ ଆସି ଏ ଭାଷାର ବ୍ୟାବହାରିକ ଶାବ୍ଦିକ ପରିମାଣ, ପ୍ରୟୋଗାତ୍ମକ ଅର୍ଥ ନିଷ୍ପତ୍ତିମୂଳକ ବିସ୍ତାରଣ ସମ୍ଭବ ହୋଇଛି।[୧୦]
- ଧ୍ୱନିତାତ୍ତ୍ୱିକ ଶୃଙ୍ଖଳା ଦିଗରୁ ଓଡ଼ିଆ ଭାଷା ସ୍ୱରାନ୍ତମୂଳକ ଏବଂ ସ୍ୱରାଘାତ / ବଳାଘାତ / ସ୍ୱରଭକ୍ତି / ସ୍ୱର ସଂଶ୍ଳେଷ / ସ୍ୱରଲୋପ / ସ୍ୱରାଗମ / ସ୍ୱର ବିପର୍ଯ୍ୟୟ ଭିତ୍ତିରେ ଏହି ଭାଷାର ବାଚନିକତା, ମୁଖରତା ଏବଂ ଅର୍ଥକର ନିଷ୍ପତ୍ତି ନିରୂପିତ ହୋଇଥାଏ। ଯଥା– ତର / ତରା / ତରୀ / ତରୁ / ବକ / ବୋକା / ବୁକା / ବିକା ଇତ୍ୟାଦି ଶବ୍ଦ ଓ ଅର୍ଥଶୃଙ୍ଖଳା ସ୍ୱରାଶ୍ରିତ।
- ଓଡ଼ିଆ ଏଭଳି ଏକ ଭାଷା ଯାହା ଉଭୟ ସମ୍ବନ୍ଧତତ୍ତ୍ୱ ଓ ଅର୍ଥତତ୍ତ୍ୱ ଆଶ୍ରିତ ଚାରିଗୋଟିଯାକ ଭାଷିକ ଶୃଙ୍ଖଳାକୁ ମାନିଥାଏ। ଯଥା –

(କ) ନଈ / ଘର / ଲତା / ନଡ଼ – ଏ ଚାରୋଟି ଶବ୍ଦ ନିରୁତା ଶବ୍ଦ। ଏଗୁଡ଼ିକ ମୁକ୍ତ ଓ ସ୍ୱାଧୀନ ରୂପ। କେବଳ ଧ୍ୱନି ମିଶ୍ରଣରେ ଗଠିତ ଓ ଏକଏକ ନିର୍ଦ୍ଦିଷ୍ଟ ଅର୍ଥ ସଂକେତ ପ୍ରଦାନ କରୁଛି। ଏଗୁଡ଼ିକରେ କିଛିବି ସୂଚକ / ଚିହ୍ନ / ଅର୍ଥକର ସମ୍ବନ୍ଧଯୁକ୍ତ ପ୍ରତ୍ୟୟାଦି ଯୋଗ ହୋଇନାହିଁ। ତେଣୁ ଏଗୁଡ଼ିକ ମୁକ୍ତ ଓ ନିରୁତା ମୌଳଶବ୍ଦ। ଏ ପ୍ରକାର ପଦକୁ ମୁକ୍ତ ରୂପର ଅଯୋଗାତ୍ମକ ପଦ କୁହାଯାଏ।[୧୧] ଯଥା- ନଈ ଓ ଲତା ସମାନ ନୁହେଁ। ଏଠାରେ ନଈ / ଲତା ଶବ୍ଦ ଦୁଇଟିରେ କିଛିବି ଯୋଗ ହୋଇନାହିଁ। ମାତ୍ର ସ୍ୱାଧୀନ ଭାବରେ ଅର୍ଥନିଷ୍ପତ୍ତି କାରକ ହୋଇପାରିଛି। ଏଗୁଡ଼ିକୁ ବା ଏ ପ୍ରକାର ରୂପକୁ ମୂଳରୂପ ତଥା 'ପ୍ରାତିପଦିକ' କୁହାଯାଏ।

(ଖ) ଅନେକ ଶବ୍ଦ ଓଡ଼ିଆ ମୁଖର ଭାଷାରେ ବାକ୍ୟ ନିର୍ଘଣ୍ଟ ପଦ ଭାବରେ ବ୍ୟବହୃତ ହୁଏ; ଯେଉଁଥିରେ ମୂଳ ରୂପରେ କିଛି ନିରର୍ଥକ ବା ଅଶ୍ଳିଷ୍ଟ ସୂଚକ ବା ଚିହ୍ନ ଯୋଗ ହୋଇଥାଏ। ଏହାଦ୍ୱାରା ମୂଳ ରୂପର ଆକୃତି ଓ ଅର୍ଥଗତ ପଦ ପ୍ରକାଶପାଏ। ଏହାକୁ ଅଶ୍ଳିଷ୍ଟ ଯୋଗାତ୍ମକ ଶବ୍ଦ କୁହାଯାଏ। ଯଥା – କାଳ+କ = କାଳକ / ବୀର+ତା = ବୀରତା।

(ଗ) ଅନେକ ପଦରେ ପୂର୍ବାପର ସୂଚକ / ଚିହ୍ନ ସଂଯୁକ୍ତ ହୋଇଥାଏ। ମୂଳରୂପ ଓ ଅର୍ଥଠୁ ଭିନ୍ନ ହୋଇ ଅନ୍ୟଏକ ଅର୍ଥ ଏ ପ୍ରକାର ପଦବିନ୍ୟାସ ବା ଗଢ଼ଣ ଦ୍ୱାରା ସମ୍ଭବ ହୋଇଥାଏ। ଏପ୍ରକାର ଶାବ୍ଦିକ ଶୃଙ୍ଖଳାକୁ ଶ୍ଳିଷ୍ଟ ଯୋଗାତ୍ମକ ରୂପ

କୁହାଯାଏ। ଯଥା - ପଙ୍କ+ଜ = ପଙ୍କଜ / ଜଳ+ଦ = ଜଳଦ ଏଠାରେ ପଙ୍କରୁ ଜାତ ଗେଣ୍ଡା / କଇଁ / ପଦ୍ମ / ଶିଉଳୀ / ଦଳ / ମାଛ ଆଦି କୌଣସିକୁ ବୁଝା ନଯାଇ ନିର୍ଦ୍ଦିଷ୍ଟ ଭାବରେ ପଦ୍ମକୁ ବୁଝାଉଛି। ସେହିପରି ଯିଏ ଜଳଦିଏ। ଯଥା - ନଈ / ପୋଖରୀ / କୂଅ / ଝରଣାକୁ ନ ବୁଝାଇ କେବଳ ମେଘକୁ ଅର୍ଥନିଷ୍ଠ କରୁଛି। ତେଣୁ ଏପ୍ରକାର ଶବ୍ଦ ସଂଯୁକ୍ତ ହେବାପରେ ମୂଳରୂପକୁ ଭିନ୍ନାର୍ଥ କରି ଦେଉଛି।

(ଘ) ବେଳେବେଳେ ଗୋଟିଏ ପଦ ଭିତରେ ବା ଶବ୍ଦ ମଧ୍ୟରେ ଓଡ଼ିଆରେ ଗୋଟିଏ ଗୋଟିଏ ବାକ୍ୟ ବା ଖଣ୍ଡବାକ୍ୟର ଅର୍ଥ ଛପି ରହିଥାଏ। ଶବ୍ଦରେ ଏକାଧିକ ଶବ୍ଦର ଅର୍ଥତତ୍ତ୍ୱ ସଂଯୁକ୍ତ ହୋଇ ରହିଥାଏ। ଏପ୍ରକାର ପଦ ବା ଶବ୍ଦ ରୂପକୁ 'ପ୍ରଶ୍ଲିଷ୍ଟ ଯୋଗାତ୍ମକ' କୁହାଯାଏ। ଯଥା- ପ୍ରକୃଷ୍ଟ ଭାବରେ ଶାସନ ଯିଏ ପରିଚାଳନା କରନ୍ତି → ପ୍ରଶାସକ। ନିର୍ମାଣ କରିବାର ଇଚ୍ଛା → ନିର୍ମିତ୍ସା। ଏସବୁ ଦିଗରୁ ବିଚାର କଲେ ଦେଖାଯାଏ ଓଡ଼ିଆ ଭାଷାରେ ପଦଗୁଡ଼ିକ ପ୍ରାୟତଃ ଏକାପରି। ଯଥା -

୧. କିଛି ଲାଗି ନଥିବା ମୂଳ ରୂପର ଶବ୍ଦ ବା ପଦ - ନର / ଗାଈ/ ଫୁଲ / ଘର (ପ୍ରାତିପଦିକ)।

୨. ମୂଳ ଶବ୍ଦର ପରେ ଯୋଗ ହୋଇଥିବା ଶବ୍ଦ ବା ପଦ - ନର+କୁ = ନରକୁ / ଗାଈ+ଠାରୁ = ଗାଈଠାରୁ / ଫୁଲ+ର = ଫୁଲର / ଘର+ଏ = ଘରେ (ବ୍ୟୁତ୍ପନ୍ନରୂପ)।

୩. ମୂଳଶବ୍ଦ ପୂର୍ବରୁ ଯୋଗ ହୋଇଥିବା ଶବ୍ଦ ବା ପଦ ରୂପ - ଅ+ଶାନ୍ତ = ଅଶାନ୍ତ, କୁ+କାମ = କୁକାମ, ସୁ+ପୁରୁଷ = ସୁପୁରୁଷ, ଅ+କଥା = ଅକଥା, ନିଃ+ରୋଗ = ନିରୋଗ

୪. ମୂଳ ଶବ୍ଦରୂପର ପୂର୍ବରୁ ଓ ପରେ ଯୋଗ ହୋଇ ଗଠିତ ଶବ୍ଦ। ଯଥା - ଅଣ+ପ୍ରଶାସନ+ଇକ = ଅଣପ୍ରଶାସନିକ, ଅ+ସମାଜ+ଇକ+ତା = ଅସାମାଜିକତା, ଅଣ+ହଳଦୀ+ଇଆ = ଅଣହଳଦିଆ।

୫. ଗୋଟିଏ ମୂଳରୂପ ସହିତ ଆଉ ଗୋଟିଏ ମୂଳରୂପ ସଂଯୁକ୍ତ ହୋଇ ଯୁଗ୍ମଶବ୍ଦ ବା ଯୌଗିକଶବ୍ଦ ଗଠନ : ରାତି+ଦିନ = ରାତିଦିନ, ଗଲା+କାଲି = ଗଲାକାଲି, ଟଙ୍କା+ପଇସା = ଟଙ୍କାପଇସା।

୬. ଓଡ଼ିଆରେ ସାର୍ଥକ ଓ ନିରର୍ଥକ ଧ୍ୱନିବା ଉଚ୍ଚାରଣମୂଳକ ସୌହାଦ୍ର୍ୟ ରଖି ଗଢ଼ାଯାଇଥିବା ଶବ୍ଦ ଶୃଙ୍ଖଳା – ଘର+ଫର = ଘରଫର, ବହି+ଫହି = ବହିଫହି

୭. ଓଡ଼ିଆରେ ବିପରୀତାର୍ଥକ ଶବ୍ଦ ମିଶି ଯୁଗ୍ମଶବ୍ଦ ଗଢ଼ାଯାଏ। ଯଥା - ପୁଅ+ଝିଅ = ପୁଅଝିଅ, ଭଲ+ମନ୍ଦ = ଭଲମନ୍ଦ।

୮. ଗୋଟିଏ ମୂଳରୂପ ଶବ୍ଦ ଦ୍ୱିତ୍ୱ ହୋଇ ଓଡ଼ିଆରେ ଯୁଗ୍ମଶବ୍ଦ ଗଠିତ ହୁଏ। ଯଥା – ଘର+ଘର = ଘରଘର, ଗ୍ରାମ+ଗ୍ରାମ = ଗ୍ରାମଗ୍ରାମ, ବଡ଼+ବଡ଼ = ବଡ଼ବଡ଼।

୯. ଧ୍ୱନିମୂଳକ ମୂଳରୁପର ଦ୍ୱିତ୍ୱ ଓ ସାମାନ୍ୟ ସ୍ୱରମୂଳକ ପ୍ରଭେଦ କ୍ରମେ ଓଡ଼ିଆରେ ଯୁଗ୍ମଶବ୍ଦ ବା ଯୁଗ୍ମପଦ ପରିଦୃଷ୍ଟ ହୁଏ। ଯଥା – ଝର+ଝର = ଝରଝର, ଖଡ୍+ଖଡ୍ = ଖଡ଼ଖଡ଼, ଠୋ+ଠୋ = ଠୋଠୋ, ଢୋ+ଢା = ଢୋଢା, ପେଁ+ପାଁ = ପେଁ ପାଁ।

୧୦. ଓଡ଼ିଆରେ ଦୁଇଟି ମୂଳରୂପ ମଝିରେ ସୂଚକ ବା ନିରର୍ଥକ ଚିହ୍ନ ସଂଯୁକ୍ତ ହୋଇ ଯୁକ୍ତପଦ ବା ଯୁଗ୍ମଶବ୍ଦର ଶୃଙ୍ଖଳା ସମ୍ଭାବିତ ହୋଇଥାଏ। ଯଥା – ରାମ+କି+ଶ୍ୟାମ ମୁଁ କାହାକୁ ଜାଣେନା = ରାମ କି ଶ୍ୟାମ ମୁଁ କାହାକୁ ଜାଣେନା। ଏହିପରି – ଗଲା କି ନଗଲା / ଯିବକି ନଯିବ / ହଁକିନାଁ।

ଏଠାରେ ଉଲ୍ଲେଖଯୋଗ୍ୟ ଯେଉଁ ଶବ୍ଦରେ କିଛି ପୂର୍ବାପର ଯୋଗ ନହୋଇ ନିର୍ଦ୍ଦିଷ୍ଟ ଅର୍ଥ ସଂକେତ ରୂପେ ଗଢ଼ା ବାକ୍ୟରେ ତଥା ପଦ ରୂପରେ ବ୍ୟବହୃତ ହୁଏ ତାହାକୁ 'ମୁକ୍ତରୂପିମ' ମୂଳକ ଶବ୍ଦ ବା ପଦ କୁହାଯାଏ।[୧୨] ସେହିପରି ଗୋଟିଏ ମୁକ୍ତ ରୂପିମର ପୂର୍ବରୁ ବା ପରେ ଯେଉଁ ରୂପ ବା ବର୍ଣ୍ଣାଦି ଯୋଗ ହୋଇଥାଏ ସେଗୁଡ଼ିକ ଯୁକ୍ତରୂପିମ ବା ବଦ୍ଧରୂପିମ କୁହାଯାଏ।[୧୩] ମୂଳରୂପିମ ଅର୍ଥଯୁକ୍ତ, ମାତ୍ର ବଦ୍ଧ ବା ସଂଯୁକ୍ତରୂପିମ ନିରର୍ଥକ ହୋଇଥାଏ। ମୂଳରୂପିମରେ ସଂଯୁକ୍ତବଦ୍ଧ ରୂପିମ ଲାଗିବା ଦ୍ୱାରା ମୂଳ ରୂପର ଅର୍ଥତତ୍ତ୍ୱ ବଦଳିଯାଏ। ମୂଳରୂପିମ ସହିତ ବଦ୍ଧରୂପିମ ମିଶିବାପରେ ତାହା ଅର୍ଥ ନିଷ୍ପାଦକ ହୁଏ। ନୂତନ ଶବ୍ଦ ଗଠନ ଓ କାର୍ଯ୍ୟକରଣ ନିମିତ୍ତ ମୂଳ ଶବ୍ଦରେ ବଦ୍ଧରୂପିମ ସଂଯୁକ୍ତ ହୋଇ ଯେଉଁ ଶବ୍ଦଟି ରୂପପାଏ ତାହାକୁ ଭାଷାତତ୍ତ୍ୱ ଦିଗରୁ ବ୍ୟୁତ୍ପନ୍ନ ରୂପିମ ବା ନିଷ୍ପାଦିତ ନୂତନ ଯୁକ୍ତରୂପ ଭାବରେ ବିବେଚନା କରାଯାଏ।[୧୪] ମୂଳରୂପିମରେ ବଦ୍ଧରୂପିମ ପୂର୍ବାପର ଭଙ୍ଗୀରେ ସଂଯୁକ୍ତ ହୋଇ ପାରିଥାଏ। ନିମ୍ନପ୍ରଦତ୍ତ ଉଦାହରଣକୁ ଲକ୍ଷ୍ୟ କରାଯାଇପାରେ।

କ)	**ମୂଳରୂପିମ**	**+**	**ବଦ୍ଧ / ଯୁକ୍ତରୂପିମ**	**=**	**ବ୍ୟୁତ୍ପନ୍ନରୂପ / ନୂତନ ଶବ୍ଦ**
	ଘର	+	ଉଆ	=	ଘରୁଆ
	ପାଠ	+	ଓଇ	=	ପାଠୋଇ
	ଭୋକ	+	ଇଲା	=	ଭୋକିଲା

ଖ)	ବଦ୍ଧରୂପିମ ପୂର୍ବଯୋଗ	+	ମୂଳରୂପ	=	ବ୍ୟୁତ୍ପନ୍ନରୂପ / ନୂତନ ଶବ୍ଦ
	ଅ	+	କାଳ	=	ଅକାଳ
	ବି	+	ଶୁଦ୍ଧ	=	ବିଶୁଦ୍ଧ
	ପ୍ରତି	+	ପକ୍ଷ	=	ପ୍ରତିପକ୍ଷ

ଗ)	ବଦ୍ଧରୂପିମ ପୂର୍ବଯୋଗ	+	ମୂଳରୂପ	+	ବଦ୍ଧରୂପିମ ପରଯୋଗ	=	ନୂତନ ଶବ୍ଦ/ ବ୍ୟୁତ୍ପନ୍ନରୂପ
	ଅଣ	+	ପୁରୁଷ	+	ଆ	=	ଅଣପୁରୁଷା
	ଅ	+	ପାଠ	+	ଓଇ	=	ଅପାଠୋଇ
	ସମ୍	+	କାର	+	କ	=	ସଂସ୍କାରକ

ଏଠାରେ ପ୍ରଦତ୍ତଯୋଗ୍ୟ:

୧. ଭାବୋଚିତ ଉକ୍ତି ନ କହିବା ପୂର୍ବରୁ ଯେଉଁ ପଦଗୁଡ଼ିକ ଧ୍ୱନି ବା ବର୍ଣ୍ଣ ଶୃଙ୍ଖଳାରେ ସଂକେତ ସାର୍ଥକ ରୂପରେ ଗ୍ରନ୍ଥିତ ହୋଇ ରହିଥାଏ ତାହାକୁ 'ଶବ୍ଦ' କୁହାଯାଏ ।[୧୫]

୨. ଶବ୍ଦଗୁଡ଼ିକ କର୍ତ୍ତା + କର୍ମ + କ୍ରିୟା ରୂପରେ ସ୍ୱାଧୀନ ଓ ପୂର୍ଣ୍ଣାଙ୍ଗ ଉକ୍ତିରେ ବାକ୍ୟାଂଶ ହୋଇ ବ୍ୟବହୃତ ହେଲେ 'ପଦ' ଆଖ୍ୟାପାଏ ।[୧୬] ଏହା କେବଳ ଓଡ଼ିଆ ଭାଷା ନିମିତ୍ତ ପ୍ରଯୁକ୍ତ ।

୩. ସାର୍ଥକ ଶବ୍ଦଗୁଡ଼ିକ ଭାଷାର ସର୍ବନିମ୍ନ ଅର୍ଥ ଯୁକ୍ତି ଏକକ ଭାବରେ ମାନ୍ୟତା ପାଇଥାଏ । ଏହି ସାର୍ଥକ କ୍ଷୁଦ୍ରତମ ଏକକକୁ ରୂପିମ (morpheme) କୁହାଯାଏ ।[୧୭] ପ୍ରତ୍ୟେକ ଭାଷାରେ ସ୍ୱର ଓ ବ୍ୟଞ୍ଜନ ବର୍ଣ୍ଣାଶ୍ରିତ ହୋଇ କ୍ଷୁଦ୍ରତମ ରୂପଗୁଡ଼ିକ ସଂରଚିତ ସ୍ୱତନ୍ତ୍ର ଭାବରେ ହୋଇଥାଏ । ଓଡ଼ିଆରେ ମଧ୍ୟ ଶବ୍ଦ ଗଠନରୀତି ସ୍ୱତନ୍ତ୍ର ।

୪. ରୂପିମ ଦୁଇ ପ୍ରକାରର । ଯଥା–

→ ମୁକ୍ତ ରୂପିମ (Free Morpheme)

→ ଯୁକ୍ତ ବା ବଦ୍ଧରୂପିମ (Bound Morpheme)

ଏଠାରେ ଉଲ୍ଲେଖନୀୟ ଯେଉଁ ରୂପିମ ସ୍ୱାଧୀନ ଭାବରେ ଅର୍ଥ ନିଷ୍ପତ୍ତିକାରକ ହୋଇଥାଏ ତାକୁ ମୁକ୍ତ ରୂପିମ ଏବଂ ଯେଉଁ ରୂପିମ ନିରର୍ଥକ ଓ ସାର୍ଥକ ମୁକ୍ତରୂପିମ ସହିତ ମିଶି ଅର୍ଥବହ ନୂତନ ଶବ୍ଦ ଗଠନ କରେ ତାହାକୁ ବଦ୍ଧରୂପିମ କୁହାଯାଏ ।

୫. ଓଡ଼ିଆରେ ଏକକ ରୂପିମ; ଦୁଇ ବା ତିନି ରୂପିମ ବିଶିଷ୍ଟ ଶବ୍ଦ ବାକ୍ୟରେ ପଦବତ୍ ବସିଥା'ନ୍ତି। ଯଥା –

- ରାମ କଟକ ଗଲା > ପ୍ରତ୍ୟେକ ଏକକ ମୁକ୍ତ ରୂପିମ।
- ରାମକୁ କଟକରେ ଦେଖିବାକୁ ମିଳିଲା > ଦୁଇ ରୂପିମ ବିଶିଷ୍ଟ ଶବ୍ଦ।
- ପାଠୁଆ ପାଠୋଇଙ୍କ ସଂଖ୍ୟା ବଢ଼ିଲାଣି – ବହୁରୂପିମ ବିଶିଷ୍ଟ ଶବ୍ଦ।

୬. ମୂଳରୂପିମ ବା ମୁକ୍ତ – ସାର୍ଥକ ରୂପିମଗୁଡ଼ିକ ପରସର୍ଗ / ପୂର୍ବସର୍ଗ / ମଧ୍ୟସର୍ଗ (ପ୍ରିଫିକ୍ସି / ସଫିକ୍ସ୍ / ଇନ୍‌ଫିକ୍ସି) ଗ୍ରହଣ କରି ନୂତନ ଶବ୍ଦ ରୂପରେ ପ୍ରତିଭାତ ହୋଇଥାଏ।

୭. ଆମ ଓଡ଼ିଆ ଭାଷାରେ ବିଭିନ୍ନ ଶବ୍ଦ ଓ କ୍ରିୟାମୂଳକ ଧାତୁ (Noun / Adjective / Verb - stem)ରେ ପରସର୍ଗ ବା ପର ପ୍ରତ୍ୟୟ ଯୋଗ ହୋଇ ନୂତନ ପଦ ଗଠିତ ହୋଇଥାଏ। ନୂତନ ରୂପିମ ବା ପଦଗୁଡ଼ିକ ଗୁଣ, ଅବସ୍ଥା, ଜାତି, ନାମ, ବ୍ୟକ୍ତି, ସଜୀବ, ନିର୍ଜୀବ, ପ୍ରାଣୀ, ଅପ୍ରାଣୀ, ମୂର୍ତ୍ତ, ଅମୂର୍ତ୍ତ, ଗଣନୀୟ, ଅଗଣନୀୟ, ପଦାର୍ଥ, ଅବସ୍ଥା ଓ କ୍ରିୟା ଇତ୍ୟାଦି ଶୀର୍ଷକରେ ପଦ ରୂପରେ ବାକ୍ୟରେ ବିନ୍ୟସ୍ତ ହୋଇଥାଏ।

୮. ଓଡ଼ିଆରେ ମୁକ୍ତରୂପିମୁଗଡ଼ିକ ସ୍ୱତନ୍ତ୍ର ଭାବରେ ପ୍ରାଣୀ-ଅପ୍ରାଣୀ / ମୂର୍ତ୍ତ-ଅମୂର୍ତ୍ତ / ସଜୀବ-ନିର୍ଜୀବ / ନାରୀ-ପୁରୁଷ / ଗଣନୀୟ - ଅଗଣନୀୟ ଭେଦରେ ସାଧାରଣତଃ ପରିଦୃଷ୍ଟ ହୋଇଥାଏ।

କ)	**ପ୍ରାଣୀ**	**ଅପ୍ରାଣୀ**	**ଖ)**	**ମୂର୍ତ୍ତ**	**ଅମୂର୍ତ୍ତ**
	ମଣିଷ	ମାଟି		ଗଛ	ପବନ
	ଗାଈ	ଗଡୁ		ଲୋକ	ମନ୍ଦ
ଗ)	**ଗଣନୀୟ**	**ଅଗଣନୀୟ**	**ନାରୀ**	**ପୁରୁଷ**	
	ନଡ଼ିଆ	ବାଲି	ଆଈ	ଅଜା	
	ବାଘ	ପାଣି	ରଜା	ରାଣୀ	

୯. ଓଡ଼ିଆରେ ସାଧାରଣତଃ କ୍ରିୟା ଓ ବିଶେଷଣ ଧର୍ମ ଭିତ୍ତିରେ ବ୍ୟାକରଣିକ ଲିଙ୍ଗ ନଥିଲେ ବି ମୁକ୍ତ ଓ ସ୍ୱାଧୀନ ଶବ୍ଦ ରୂପିମରେ ପୁରୁଷ (ପୁଂ) ଓ ନାରୀସୂଚକ (ସ୍ତ୍ରୀଲିଙ୍ଗ) ହୋଇ ଅନେକ ମୁକ୍ତ ରୂପିମ ଓ ଗଠିତ ବ୍ୟୁତ୍ପନ୍ନ ରୂପିମ ପ୍ରଚଳିତ ହେଉଥିବାର ଦେଖାଯାଏ। ଯଥା -

ମୁକ୍ତରୂପିମ : ବାପା – ବୋଉ, ଭାଇ – ଭଉଣୀ, ଭାଉଜ, ଦାଦି – ଖୁଡ଼ି

ଗଠିତ ବ୍ୟୁତ୍ପନ୍ନ ମୂଳକ ରୂପିମ (ପଦ) :

ଆ – ଯୋଗରେ - ରସିକ > ରସିକା, ଯୋଗ୍ୟ > ଯୋଗ୍ୟା

ଈ – ଯୋଗରେ – ଛାତ୍ର > ଛାତ୍ରୀ, ଗେଡ଼ା > ଗେଡ଼ୀ, ବଗଲା > ବଗୁଲୀ

ଇକା – ଯୋଗରେ – ବାଳକ > ବାଳିକା, ଲେଖକ > ଲେଖିକା

ଆଣୀ – ଯୋଗରେ – ଠାକୁର > ଠାକୁରାଣୀ, ବାବୁ > ବାବୁଆଣୀ

ଣୀ – ଯୋଗରେ – ଚୋର > ଚୋରଣୀ

ଉଣୀ – ଯୋଗରେ – ଗଉଡ଼ > ଗଉଡୁଣୀ, କମାର > କମାରୁଣୀ

୧୦. ଓଡ଼ିଆରେ ସ୍ୱତନ୍ତ୍ର ଜାତି ବା ସଂଜ୍ଞା ସୂଚକ ମୁକ୍ତ ରୂପିମ ପଦ ପ୍ରଚଳିତ ହୋଇଥାଏ। ଏଗୁଡ଼ିକୁ ଗୋତ୍ର ସୂଚକ ଶବ୍ଦ ବା ରୂପିମ ଭାବରେ ପ୍ରକାଶ କରାଯାଏ। ସେହିପରି ଗଣନୀୟ ସଂଖ୍ୟା ସୂଚକ ମୁକ୍ତ ରୂପିମ ମଧ୍ୟ ଓଡ଼ିଆରେ ସ୍ୱତନ୍ତ୍ର ଭାବରେ ବ୍ୟବହୃତ ହୁଏ। ଉଦାହରଣ ସ୍ୱରୂପ -

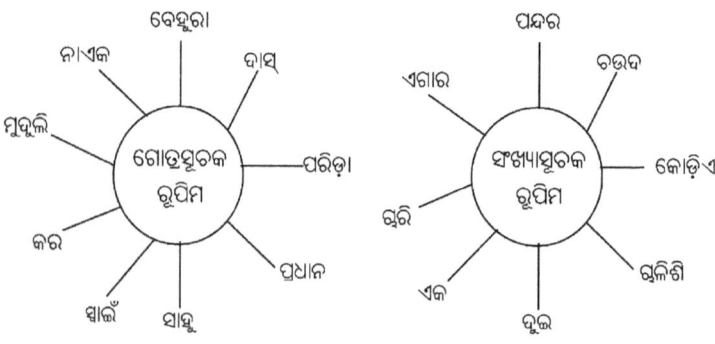

ଏଠାରେ ପ୍ରତିପାଦନଯୋଗ୍ୟ ପ୍ରତ୍ୟେକ ମୁକ୍ତ ରୂପିମମୂଳକ ପଦ ବା ଶବ୍ଦ ହେଉ କି ବଦ୍ଧରୂପିମ ମୂଳକ ଶବ୍ଦ କି ପଦ ହେଉ ସେଗୁଡ଼ିକ ଓଡ଼ିଆରେ ବ୍ୟବହୃତ ସ୍ୱରଧ୍ୱନି, ବ୍ୟଞ୍ଜନଧ୍ୱନି ସଂକେତ ଗୁଡ଼ିକର ପଦ୍ଧତିବଦ୍ଧ ରୂପେ ମିଶିବା ଦ୍ୱାରା ଗଠିତ ହୋଇଥାଏ।[୧୮]

୧.୭ ଓଡ଼ିଆ ପଦ ଶୃଙ୍ଖଳା :

ସାଧାରଣତଃ ଓଡ଼ିଆରେ ଗଠିତ ପଦର ଶୃଙ୍ଖଳା ସ୍ୱର+ସ୍ୱର / ସ୍ୱର+ବ୍ୟଞ୍ଜନ / ସ୍ୱର+ ବ୍ୟଞ୍ଜନ +ସ୍ୱର / ବ୍ୟଞ୍ଜନ+ସ୍ୱର ଏହି କ୍ରମରେ ପଦ୍ଧତିବଦ୍ଧ ହୋଇ ରୂପ ପାଇଥାଏ। ସର୍ବନିମ୍ନ ଧ୍ୱନି ପଦ୍ଧତିକୁ ନେଇ ଓଡ଼ିଆ ଭାଷାର କେତେକ ମୁକ୍ତରୂପିମକୁ ଏଠାରେ ସଦୃଷ୍ଟାନ୍ତ ଲକ୍ଷ୍ୟ କରାଯାଇପାରେ।

ସ୍ୱର + ସ୍ୱର	ସ୍ୱର + ବ୍ୟଞ୍ଜନ	ବ୍ୟଞ୍ଜନ + ସ୍ୱର	ବ୍ୟଞ୍ଜନ+ବ୍ୟଞ୍ଜନ+ସ୍ୱର
ଆ+ଇ = ଆଇ	ଅ +ଖ = ଅଖ	କ + ଉ = କଉ	
ଆଉ	ଆଗ	ଗ + ଇ = ଗଇ	
ଉଇ	ଏବ	ଖ + ଇ = ଖଇ	
ଓଉ	ଈଷ	ଛ + ଉ = ଛଉ	ଚକା
ଉଆ	ଓର	ମ + ଇ = ମଇ	ବଟି
		ଛ + ଇ = ଛଇ	ନଟୁ
		ଜ + ଉ = ଜଉ	ମଠ

୧.୮ ଓଡ଼ିଆ ରୂପିମ ସଂରଚନା ଓ ପଦ ପ୍ରଜାତି :

ଧ୍ୱନି ସଂକେତର ପଦ୍ଧତିବଦ୍ଧ ବସାଣ ଦ୍ୱାରା ଗଠିତ ଓଡ଼ିଆ ଭାଷାର ରୂପିମଗୁଡ଼ିକର ସହଯୋଗରେ ବ୍ୟୁତ୍ପନ୍ନ ହେଉଥିବା ଶବ୍ଦ ବା ବାକ୍ୟୋଚିତ ପଦ ଶୃଙ୍ଖଳାକୁ ସଂରଚନା (structure) ଦିଗରୁ ଚାରି ଭାଗରେ ବିଭକ୍ତ କରାଯାଇପାରେ। ପୂର୍ବରୁ ଆଲୋଚିତ ପ୍ରସଙ୍ଗ ଆଧାରରେ ଓଡ଼ିଆ ରୂପିମାତ୍ମକ ପଦ ପ୍ରକୃତି ସମ୍ବନ୍ଧରେ ନିମ୍ନମତେ ବିଚାର କରାଯାଉଅଛି।

୧. ପଦ ଓ ପ୍ରକୃତି :

ଯେଉଁ ଧ୍ୱନି ସମଷ୍ଟିମୂଳକ ଆକୃତିରେ କୌଣସି ପୂର୍ବାପର ଚିହ୍ନ ବର୍ଣ୍ଣ ସଂକେତ ଯୋଗ ହୋଇନଥାଏ; ମାତ୍ର ସାର୍ଥକ ରୂପଟିଏ ଗଠିତ ହୋଇଥାଏ ତାହାକୁ ମୂଳ ରୂପିମ କୁହାଯାଏ। ସାଧାରଣତଃ ମୂଳରୂପିମ ଯଦି ବିଭକ୍ତି ଓ ଅନ୍ୟାନ୍ୟ ସୂଚକ (ଟି / ଟା / ଟେ / ତ / ମ / ହିଁ / ହେଁ / କି) ଇତ୍ୟାଦି ଗ୍ରହଣ କରିପାରିଥାଏ ତାହାକୁ 'ପ୍ରକୃତି' କୁହାଯାଏ। ପ୍ରକୃତି ଏକ ରୂପିମର ହୋଇଥିଲେ ତାହାକୁ 'ସରଳପ୍ରକୃତି' ଓ ଏକାଧିକ ରୂପିମ ବିଶିଷ୍ଟ ହେଲେ ତାହାକୁ ବ୍ୟୁତ୍ପନ୍ନ ପ୍ରକୃତିର ପଦ ବା ରୂପ କୁହାଯାଏ।[୧୯]

ଓଡ଼ିଆରେ ସରଳ ପ୍ରକୃତିର ସଂରଚିତ ରୂପ ଗୋଟିଏ ରୂପିମର ହୋଇପାରେ। (ନଈ, ମଣିଷ, ସୁନା, ରୂପା, ଖଟ, ବହି) ଏବଂ ଶା, ଖା, ପା, ଆସ, ଦେଖ, ଦେଖା, ନଚା ଆଦି କ୍ରିୟାମୂଳକ ସରଳ ପ୍ରକୃତି ମଧ୍ୟ ବଦ୍ଧରୂପିମ ମୂଳକ ହୋଇପାରେ।

ସରଳ ପ୍ରକୃତିରେ ବିଭକ୍ତି ଅଥବା ପରପ୍ରତ୍ୟୟ ଯୋଗ ହୋଇ ବ୍ୟୁତ୍ପନ୍ନ ପ୍ରକୃତିର ରୂପ ଗଠିତ ହୁଏ। ନିମ୍ନଲିଖିତ ସାରଣୀକୁ ଏହି ମର୍ମରେ ଲକ୍ଷ୍ୟ କରାଯାଉ –

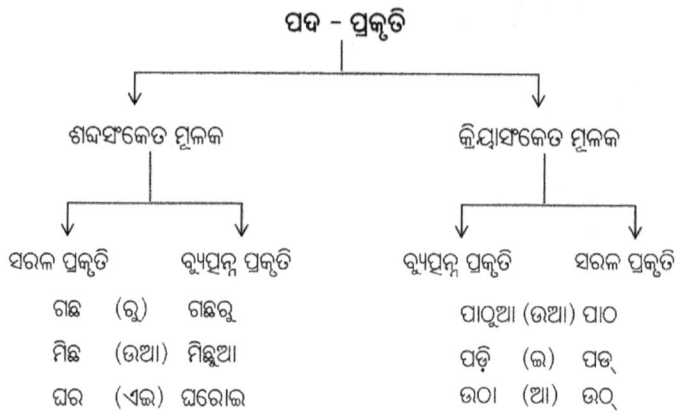

ପଦ - ପ୍ରକୃତି

- ଶବ୍ଦସଂକେତ ମୂଳକ
  - ସରଳ ପ୍ରକୃତି
  - ବ୍ୟୁତ୍ପନ୍ନ ପ୍ରକୃତି
- କ୍ରିୟାସଂକେତ ମୂଳକ
  - ବ୍ୟୁତ୍ପନ୍ନ ପ୍ରକୃତି
  - ସରଳ ପ୍ରକୃତି

ସରଳ ପ୍ରକୃତି		ବ୍ୟୁତ୍ପନ୍ନ ପ୍ରକୃତି	ବ୍ୟୁତ୍ପନ୍ନ ପ୍ରକୃତି		ସରଳ ପ୍ରକୃତି
ଗଛ	(ରୁ)	ଗଛରୁ	ପାଠୁଆ	(ଉଆ)	ପାଠ
ମିଛ	(ଉଆ)	ମିଛୁଆ	ପଢ଼ି	(ଇ)	ପଢ୍
ଘର	(ଏଇ)	ଘରୋଇ	ଉଠା	(ଆ)	ଉଠ୍

୨. ପଦ ଓ ପ୍ରତ୍ୟୟ :

ସାଧାରଣତଃ ଓଡ଼ିଆରେ କେତେକ ରୂପିମ ଯାହାର ଆଭିଧାନିକ ଅର୍ଥ ନଥାଏ ସେଗୁଡ଼ିକ ସରଳ ପ୍ରକୃତି (କ୍ରିୟା + ଶବ୍ଦମୂଳକ)ରେ ଯୋଗ ହୋଇ ବ୍ୟାକରଣିକ ଅର୍ଥ ନିଷ୍ପତ୍ତିକାରକ ହୁଏ। ସେହି ଚିହ୍ନମୂଳକ ବା ସୂଚକଧର୍ମୀ ବର୍ଣ୍ଣ ବା ବର୍ଣ୍ଣମେଳିକୁ 'ପ୍ରତ୍ୟୟ' କୁହାଯାଏ। ପ୍ରତ୍ୟେକ ପ୍ରତ୍ୟୟ ସ୍ୱାଧୀନ ଅର୍ଥ ପ୍ରଦାନ ନକରିପାରୁଥିବାରୁ ସେସବୁ ବଦ୍ଧରୂପିମ ପର୍ଯ୍ୟାୟର। ଏଗୁଡ଼ିକ ମୁକ୍ତ ଓ ସରଳ ରୂପିମରେ ଯୋଗ ହୋଇ ବ୍ୟୁତ୍ପନ୍ନ ପ୍ରକୃତି ଗଠନ କରିଥାଏ। ଯଥା –

ଗାତ + ଉଆ = ଗାତୁଆ

ଅଣ + ବାପ + ଉଆ = ଅଣବାପୁଆ

ପଢ୍ + ଆ = ପଢ଼ା

ଶିବ + ଅ = ଶୈବ

ଏଠାରେ ଉଆ / ଅଉ / ଆ / ଅ ଇତ୍ୟାଦି ପ୍ରତ୍ୟୟ। ଏଗୁଡ଼ିକର ମୌଳ ସଂକେତର ଅର୍ଥ ନାହିଁ। ଏମାନେ ଗାତ / ବାପ / ପଢ / ଶିବ ଆଦି ମୂଳ ପ୍ରକୃତିରେ ପୂର୍ବାପର ବିଧାନରେ ଯୋଗ ହୋଇ ସାର୍ଥକ ପଦ ନିର୍ମାଣ କରିବାରେ ସହଯୋଗ କରୁଅଛନ୍ତି। ଅତଏବ ଯେଉଁ ରୂପିମ ସହଯୋଗକାରକ ତାହା 'ପ୍ରତ୍ୟୟ'।

୩. ପଦ ଓ ବିଭକ୍ତି :

ଭାବପ୍ରକାଶ କାଳରେ ମୁଖ୍ୟ ସରଳ ପ୍ରକୃତି ବା ବ୍ୟୁତ୍ପନ୍ନ ପ୍ରକୃତିର ଶବ୍ଦ ସହିତ ପୁରୁଷ ଓ ବଚନ ସୂଚକ ହୋଇ ଯେଉଁ ନିରର୍ଥକ ପ୍ରତ୍ୟୟ ବା ଚିହ୍ନଗୁଡ଼ିକ ଯୋଗ ହୋଇଥାଏ ଏବଂ ଗୋଟିଏ ପଦଠାରୁ ଆଉ ଗୋଟିଏ ପଦକୁ ଭିନ୍ନ ରୂପରେ ବିଭକ୍ତ

କରି ଚିହ୍ନାଇ ଦିଏ ତାହାକୁ ବିଭକ୍ତି କୁହାଯାଏ। ପ୍ରାୟତଃ ବିଭକ୍ତି ସଂକେତ ବା ଚିହ୍ନଗୁଡ଼ିକ ବଦ୍ଧରୂପିମ ଏବଂ ଏଗୁଡ଼ିକର ନିର୍ଦ୍ଦିଷ୍ଟ ଆଭିଧାନିକ ଅର୍ଥ ସଂକେତ ନଥାଏ।[୨୦] ଏହି ଚିହ୍ନଗୁଡ଼ିକ ସରଳ ପ୍ରକୃତି ଓ ବ୍ୟୁତ୍ପନ୍ନ ପ୍ରକୃତି ସହିତ ଯୋଗ ହୋଇ ବ୍ୟାକରଣିକ ଅର୍ଥ ପ୍ରଦାନ କରିବାରେ ସହଯୋଗ କରିଥାଏ। ଉଦାହରଣ ସ୍ୱରୂପ -

ସରଳ ପ୍ରକୃତି	+	ବିଭକ୍ତି ସୂଚକ	=	ନୂତନ ଶବ୍ଦ
ଫୁଲ	+	କୁ	=	ଫୁଲକୁ ଡାକିବ
ନଦୀ	+	ର	=	ନଦୀର ମାଛ
ହାଟ	+	ଠାରୁ	=	ହାଟଠାରୁ ଦୂରରେ
ପଢ୍	+	ଇଲ୍+ଅ	=	ପଢ଼ିଲ – ତୁମେ ପଢ଼ିଲ
ଉଠ୍	+	ଇବ୍+ଆ	=	ଉଠିବା – ଉଠିବା ଡେରି ହେଲା

ପୁନଶ୍ଚ :

ବ୍ୟୁତ୍ପନ୍ନ ପ୍ରକୃତି	+	ବିଭକ୍ତି ସୂଚକ	=	ନୂତନଶବ୍ଦ / ପଦ
ହଳ+ଇଆ = ହଳିଆ	+	ଠାରୁ	=	ହଳିଆଠାରୁ ଶିଖ
ପାଠ+ଓଇ=ପାଠୋଇ	+	କୁ	=	ପାଠୋଇକୁ ଆଦର ମିଳେ
ହସ୍+ଇବ୍+ଆ = ହସିବା		ପାଇଁ	=	ହସିବାପାଇଁ ମନ ଦରକାର
ଖା+ଇବ+ଆ=ଖାଇବା	+	ଠୁ	=	ଖାଇବାଠୁ ଉଠିଆସିଲା

୪. ଅବ୍ୟୟ :

ଆମ ଭାଷାରେ କ୍ରିୟାବାଚକ / ନାମବାଚକ ପରି ଆଉ ଏକ ପ୍ରକାର ରୂପିମ ବା ଶବ୍ଦରୂପ ବ୍ୟବହୃତ ହୁଏ; ଯାହାର ଅର୍ଥ ପ୍ରତିଟି ଭାବାର୍ଥରେ, କାଳବୋଧରେ ଏକ ବଚନ, ପୁରୁଷ ଓ ଲିଙ୍ଗ କ୍ରମରେ ମୂଳରୂପରେ ଅବିକଳ ରୁହେ।[୨୧] ଏ ପ୍ରକାର ସ୍ଥିର ଧର୍ମର ଅର୍ଥକର ରୂପିମ ପଦଗୁଡ଼ିକୁ ଅବ୍ୟୟ କୁହାଯାଏ। ଓ, ଯେ, ମାତ୍ର, କିବା, ବା, ଯଥା, ତଥା, ଯେପରି, ଯୋଗୁଁ, ହେଲେ ଇତ୍ୟାଦି ଏପ୍ରକାର ରୂପିମର ଏକ ଏକ ଦୃଷ୍ଟାନ୍ତ।

ଓଡ଼ିଆ ଭାଷାରେ ବ୍ୟବହୃତ ଏହି ଚାରିପ୍ରକାର ଶବ୍ଦ ଶୃଙ୍ଖଳାକୁ ଲକ୍ଷ୍ୟକଲେ ଆମେ ଏସବୁର ମୌଳିକ ବଶେଷତ୍ୱ ଗୁଡ଼ିକୁ ନିମ୍ନମତେ ଅନୁଭବ କରିପାରିବା।

- ଓଡ଼ିଆରେ ସମସ୍ତ ପଦ ଦୁଇ ଶ୍ରେଣୀରେ ଗଠିତ ହୁଏ। ଯଥା – ମୁକ୍ତ ପ୍ରକୃତି ଓ ବନ୍ଧ ପ୍ରକୃତି।

ମୁକ୍ତ ପ୍ରକୃତି ରୂପ	**ବନ୍ଧପ୍ରକୃତି ରୂପ**
ଘର	ଘରକୁ
ଖା	ଖାଇଲା
ମୁଁ	ମୋପାଇଁ
ତୁମେ	ତୁମ୍ଭମାନଙ୍କଠାରୁ

- ମୁକ୍ତ ପ୍ରକୃତିଗୁଡ଼ିକ ଆମ ଭାଷାର ସର୍ବନିମ୍ନ ଅର୍ଥଯୁକ୍ତ ଭାଷିକ ଏକକ (Linguistic Unit)। ଏଗୁଡ଼ିକ ସ୍ୱାଧୀନ ଭାବରେ ପ୍ରତ୍ୟକ୍ଷ ବ୍ୟବହୃତ ହୋଇପାରନ୍ତି। ଯଥା – ଗଛ, ନଈ, ଡାଳ ଓଡ଼ିଆରେ କେତେକ ପଦ ଯେକୌଣସି ଅବସ୍ଥାରେ ଅକ୍ଷୁର୍ଣ୍ଣ ଭାବରେ ବିନା ପରିବର୍ତ୍ତନରେ ମୂଳ ରୂପରେ ବ୍ୟବହୃତ ହୁଏ। ଏଗୁଡ଼ିକୁ ଅବ୍ୟୟ କୁହାଯାଏ।
- ଓଡ଼ିଆରେ କେତେକ ପଦ ଯେକୌଣସି ଅବସ୍ଥାରେ ଅକ୍ଷୁର୍ଣ୍ଣ ଭାବରେ ବିନା ପରିବର୍ତ୍ତନରେ ମୂଳ ରୂପରେ ବ୍ୟବହୃତ ହୁଏ। ଏଗୁଡ଼ିକୁ ଅବ୍ୟୟ କୁହାଯାଏ।
- ଓଡ଼ିଆରେ ବନ୍ଧ ପ୍ରକୃତିମୂଳକ ପଦ ଅନ୍ୟ ଏକ ରୂପିମ ସହିତ ଯୁକ୍ତ ହୋଇ ରୂପପାଏ। ଏଗୁଡ଼ିକ ପ୍ରାୟତଃ (ବନ୍ଧ ପ୍ରକୃତିମୂଳକ) ଧାତୁମୂଳକ ବା କ୍ରିୟାଭିତ୍ତିକ।
- ମୁକ୍ତ ପ୍ରକୃତିର ମୂଳରୂପ ଶବ୍ଦମୂଳକ ଏକ ପ୍ରାତିପଦିକ ଭାବରେ ପରିଭାଷିତ ହୋଇଥାଏ।[୨୨] ବନ୍ଧପ୍ରକୃତିମୂଳକ ଧାତୁ ରୂପରେ କାଳ, ବଚନ, ଭାବ, ସଂପନ୍ନ, ଅସଂପନ୍ନ, ଭିତ୍ତିରେ ବାକ୍, ଅନ୍ତ, ଅଛ, ଇ, ଉ, ଅ, ଏ, ଆ, ଇଲେ ଇତ୍ୟାଦି ଲାଗିଥାଏ ଓ ବ୍ୟୁତ୍ପନ୍ନ ରୂପରେ ବନ୍ଧ ପ୍ରକୃତି ରୂପିମ ସ୍ୱରୂପ ଲାଭ କରିଥାଏ। ଯଥା –

ମୂଳଧାତୁ ପ୍ରକୃତି	ସଂପନ୍ନ ସୂଚକ	ଅସଂପନ୍ନ ସୂଚକ	କାଳ / ବଚନ ସୂଚକ	ଉତ୍ପନ୍ନ ରୂପିମ
ଖା	ଇ	—	—	ଖାଇ
ଖା	—	—	ଇଲ୍+ଏ	ଖାଇଲେ
ପଢ୍	—	ଉ	—	ପଢୁ
ପଢ୍	—	—	ଅନ୍ତେ	ପଢ଼ନ୍ତେ
ନାଚ୍	—	—	ଇମ୍+ଅ	ନାଚିବ
ନାଚ୍	ଇ	—	—	ନାଚି
ନାଚ୍	ଉ	—	—	ନାଚୁ

୧.୯ :

ଭାଷାତତ୍ତ୍ୱ ଦିଗରୁ ଓ ବ୍ୟାକରଣିକ ଶୃଙ୍ଖଳା ଅନୁସାରେ ପ୍ରତ୍ୟେକ ଭାଷାର (କଥିତ ଅଥବା ଲିଖିତ ରୂପର ଭାଷା) ସ୍ୱତନ୍ତ୍ର ସଂରଚନା ଥାଏ। ଓଡ଼ିଆ ଭାଷାଭାଷୀଙ୍କ ଭାବୁକ ଶୃଙ୍ଖଳା ବା ସଂରଚନାତ୍ମକ ବିଶେଷତ୍ୱଟି ମୁଖ୍ୟତଃ ସ୍ୱରାନ୍ତମୂଳକ। ସ୍ୱର ଓ ସ୍ୱରାଶ୍ରିତ ବ୍ୟଞ୍ଜନ ଧ୍ୱନି ପ୍ରାଣର ଅର୍ଥପୂର୍ଣ୍ଣ ନ୍ୟୁନତମ ଏକକକୁ 'ରୂପ' କୁହାଯାଏ। ଏହି ନ୍ୟୁନତମ ରୂପ ହେଉଛି ପ୍ରାୟତଃ 'ଶବ୍ଦ' ବାକ୍ୟରେ ବ୍ୟବହୃତ ହେବା ପରେ 'ପଦ' ରୂପରେ ପରିଚିତ ପାଏ।

ପ୍ରତ୍ୟେକ ପଦରେ ମୁକ୍ତ ଅଥବା ବଦ୍ଧ ରୂପର ସଂରଚନା ଉପସ୍ଥିତ ଥାଏ। ଏକାଧିକ ମୁକ୍ତରୂପ ବା ଏକକ ମୁକ୍ତରୂପ ସହିତ ବଦ୍ଧରୂପ ମିଶି ଓଡ଼ିଆରେ ଶବ୍ଦରୂପ ଗଠିତ ହୁଏ। ପୁନଶ୍ଚ ଭାବାତ୍ମକ ଉକ୍ତି ବା ବାକ୍ୟ ନିମିତ୍ତ ବ୍ୟାକରଣିକ ପଦ୍ଧତିରେ ବଚନ, ପୁରୁଷ, କାରକ, ବିଭକ୍ତି, କାଳସୂଚକ ଆଦି ପ୍ରତ୍ୟୟଯୁକ୍ତ ହୋଇ ପଦରୂପ ପାଇଥାଏ।

ଓଡ଼ିଆରେ ଶବ୍ଦରୂପିମଗୁଡ଼ିକ ସରଳ, ଜଟିଳ ଓ ଯୌଗିକ ଭାବରେ ତିନିପ୍ରକାରେ ପଦ୍ଧତିବଦ୍ଧ ହୋଇଥାଏ। ଯଥା –

- ଗୋଟିଏ ରୂପ ଥିଲେ ତାହାର ସରଳରୂପ - ଗଛ, ବହି, ଘର

- ଦୁଇ ବା ତହିଁରୁ ଅଧିକ ରୂପଯୁକ୍ତ ହେଲେ ଜଟିଳରୂପ ବା ଜଟିଳପଦ ଗଠିତ ହୁଏ। ଘର+ଉଆ = ଘରୁଆ / ମାର୍+ଅଣା = ମାରଣା
- ସରଳ ମୁକ୍ତରୂପ ସହିତ ଆଉ ଗୋଟିଏ ମୁକ୍ତରୂପ ଯୁକ୍ତ ହୋଇ ଯୌଗିକ ପଦ / ଶବ୍ଦ ଗଠିତ ହୁଏ। ଯଥା – ଶୀତ+ଦିନ = ଶୀତଦିନ / ଘର+ସଂସାର = ଘରସଂସାର

ଓଡ଼ିଆରେ ବାକ୍ୟର ଦୁଇ ପ୍ରଧାନ ଭାଗ – କର୍ତ୍ତାଭାଗ ଓ କ୍ରିୟାଭାଗ ମଧ୍ୟରୁ ବିଶେଷ୍ୟ, ବିଶେଷଣ, ସର୍ବନାମ ମୁଖ୍ୟତଃ କର୍ତ୍ତା ଭାବରେ ବ୍ୟବହୃତ ହୁଏ। କର୍ତ୍ତା ଓ କର୍ମ ସଂଯୁକ୍ତ ପଦଗୁଡ଼ିକ ହିଁ ବିଶେଷ୍ୟ ବା ବିଶେଷ୍ୟାନୁସାରୀ ବିଶେଷଣ ଓ ସର୍ବନାମ ହୋଇଥାଏ। ବିଶେଷ୍ୟ ଶ୍ରେଣୀର ରୂପିମ ବା ପଦ ରୂପରେ ବଚନ, ଲିଙ୍ଗ, ବିଭକ୍ତି, ପର ଓ ପୂର୍ବ ପ୍ରତ୍ୟୟ ଯୁକ୍ତ ହୋଇଥାଏ। ଅପର ପକ୍ଷରେ କ୍ରିୟା ଭାଗରେ କ୍ରିୟାର ମୂଳରୂପରେ ବାଚ୍ୟ, କାଳ, ଭାବ, ବଚନ ଓ ପୁରୁଷ ସୂଚକଗୁଡ଼ିକ ଯୋଗହୋଇ କ୍ରିୟାମୂଳକ ପଦ ଗଠିତ ହୋଇଥାଏ।

୧.୧୦ ଓଡ଼ିଆ ଶବ୍ଦର ରୂପିମତତ୍ତ୍ୱ ସମ୍ପର୍କରେ ନିଷ୍କର୍ଷ :

ଆମେ ଓଡ଼ିଆ ଭାଷାଭାଷୀଏ ଚିନ୍ତା, ମନୋଭାବ, ଯୁକ୍ତି, ତର୍କ, ମନ୍ତବ୍ୟ ଓ ବଚନ କହିବାବେଳେ କର୍ତ୍ତା, କର୍ମ, କ୍ରିୟା, ବିଶେଷଣ, ସୂଚକ, କାଳୋଚିତ ସୂଚକାଦି ଯାହା ବ୍ୟବହାର କରି ଗୋଟିଏ ବାକ୍ୟ ଗଢୁଛେ ତାହା କେତୋଟି ରୂପିମ ବା ଧ୍ୱନି ସଂକେତର ସାର୍ଥକ ପଦ୍ଧତିବଦ୍ଧ ସଂରଚନା ବା ବିନ୍ୟାସ ମାତ୍ର। ସୁତରାଂ ଓଡ଼ିଆରେ ସ୍ୱର, ବ୍ୟଞ୍ଜନ ଓ ଅଯୋଗବାହ ଧ୍ୱନିଗୁଡ଼ିକ ସଂଯୁକ୍ତ ହୋଇ ଅର୍ଥର ସଂକେତ ସୂଚକ ରୂପେ ପଦ୍ଧତିବଦ୍ଧ ହେଲେ ସେଗୁଡ଼ିକ ରୂପିମ ଗଠନ କରିଥାଏ। ଏବଂ ଏହି ରୂପିମ ବାକ୍ୟରେ ମୁକ୍ତ ରୂପରେ ଅଥବା କିଛି ତହିଁରେ ଯୋଗ ହୋଇ ବ୍ୟୁତ୍ପନ୍ନ ରୂପ ଭାବରେ ବ୍ୟବହୃତ ହୋଇଥାଏ। ଏଗୁଡ଼ିକ ଆମ ଭାଷାର ସର୍ବନିମ୍ନ ସାର୍ଥକ ଏକକର ଦୃଷ୍ଟାନ୍ତ। ମୁକ୍ତରୂପିମ ଆପଣାମତେ ଅର୍ଥନିଷ୍ଠ। ବଦ୍ଧରୂପିମ ନିରର୍ଥକ ଓ ମୁକ୍ତରୂପିମ ଉପରେ ଆଶ୍ରିତ। ମୁକ୍ତ ରୂପିମ ଲିଙ୍ଗ, ବଚନ, ପୁରୁଷ, ନିର୍ଦ୍ଦିଷ୍ଟ-ଅନିର୍ଦ୍ଦିଷ୍ଟ, ଆଦର-ଅନାଦର, ନିଶ୍ଚିତ-ଅନିଶ୍ଚିତ ଆଦି ଅର୍ଥ କାରକ ବଦ୍ଧରୂପିମକୁ ନିଜ ସାଙ୍ଗରେ ଯୋଡ଼ିରଖେ। ନିମ୍ନଲିଖିତ ତିନୋଟିଯାକ ଦୃଷ୍ଟାନ୍ତକୁ ଲକ୍ଷ୍ୟ କରାଯାଇପାରେ –

କ) କେବଳ ମୁକ୍ତରୂପିମ (୧ମ ଦୃଷ୍ଟାନ୍ତ) :

ସ୍ୱର+ସ୍ୱରଧ୍ୱନି = ଆ+ଈ = ଆଈ / ଈ+ଷ = ଈଷ / ଉ+ଇ = ଉଇ / ଓ+ଉ = ଓଉ।

ସ୍ୱର+ବ୍ୟଞ୍ଜନଧ୍ୱନି ଯୁକ୍ତ = ଅ+ଖ = ଅଖ / ଆ+ଗ = ଆଗ / ଓ+ଟ = ଓଟ।

ବ୍ୟଞ୍ଜନ+ବ୍ୟଞ୍ଜନ - (ଅଯୁକ୍ତବ୍ୟଞ୍ଜନ) ବ+ଗ = ବଗ / ଚ+କ = ଚକ / ଗ+ଛ = ଗଛ

ଖ) ବଦ୍ଧରୂପିମମୂଳକ ଶବ୍ଦ : (ବ୍ୟୁତ୍ପନ୍ନ ଶବ୍ଦ)

ମୁକ୍ତରୂପିମ+ବଦ୍ଧରୂପିମ=ବ୍ୟୁତ୍ପନ୍ନମୂଳକ ନୂତନ ଶବ୍ଦ। ଯଥା-

ମୁକ୍ତରୂପିମ	+	ବଦ୍ଧରୂପିମ	=	ନୂଆ ଶବ୍ଦ
ତାଟ	+	ଇ	=	ତାଟି
ବାଟ	+	ଓଇ	=	ବାଟୋଇ
ଖଟ	+	ଉଲୀ	=	ଖଟୁଲି
ବାଲି	+	ଆ	=	ବାଲିଆ

ଗ) ସୂଚକ ସଂଯୁକ୍ତ ରୂପିମ:

ପରସର୍ଗ ଓ ପୂର୍ବସର୍ଗଭିତ୍ତିକ ଯୋଗମୂଳକ ନିରର୍ଥକ ବଦ୍ଧରୂପିମ ଯୋଗ ହୋଇ ଓଡ଼ିଆରେ ପରଯୋଗ ଓ ପୂର୍ବଯୋଗମୂଳକ ରୂପ ଗଠିତ ହୁଏ। ଯଥା –

ବି + ନାଶ = ବିନାଶ ନିଃ + ସନ୍ଦେହ = ନିଃସନ୍ଦେହ

ଦର + ପୋଡ଼ା = ଦରପୋଡ଼ା ଚାଳ + ଉଆ = ଚାଳୁଆ

ମାତ୍ର କେତେକ ରୂପିମରେ ନିଶ୍ଚିତ ଅନିଶ୍ଚିତ ଓ ଆଦର ଅନାଦର ଅର୍ଥକର ନୀରର୍ଥକ ବଦ୍ଧରୂପିମ ଲାଗିଥାଏ। ଯଥା –

ପିଲା + ଟି = ପିଲାଟି ପିଲା + ଟା = ପିଲାଟା

ପିଲା + ଟେ = ପିଲାଟେ ପିଲା + ଟାଏ = ପିଲାଟାଏ

ପିଲା + ଟିଏ = ପିଲାଟିଏ

ମୋଟ ଉପରେ ଓଡ଼ିଆ ଭାଷାରେ ବ୍ୟବହୃତ ଶବ୍ଦମୂଳକ ପ୍ରାତିପଦିକଗୁଡ଼ିକ ତିନିପ୍ରକାର ପଦ ରୂପରେ ଭାଷିକ ଶୃଙ୍ଖଳାରେ ବ୍ୟବସ୍ଥିତ ହୋଇଥାଏ। ଶବ୍ଦମୂଳକ ଓ ଶବ୍ଦାଶ୍ରିତ ପ୍ରାତିପଦକ ମୂଳ ପ୍ରକୃତିରୁ ଯେଉଁ ତିନିପ୍ରକାର ପଦ ସୃଷ୍ଟି ହୁଏ ତାହା ବିଶେଷ / ବିଶେଷଣ / ସର୍ବନାମ ଭାବରେ ପରିଚିତ ହୁଏ।[୨୩] ଧାତୁ ବା ମୂଳ କ୍ରିୟା ପ୍ରକୃତିରୁ ବଚନ, କାଳ, ପୁରୁଷ କ୍ରମରେ ଯେଉଁ ରୂପିମଗୁଡ଼ିକ ସୃଷ୍ଟି ହୁଏ ତାହା ସାଧ୍ୟ ଓ ସିଦ୍ଧ କ୍ରିୟାପଦ ଭାବରେ ଓଡ଼ିଆରେ ଭାବବିନିମୟ ନିମିତ୍ତ ବାକ୍ୟରେ ବା ବାଚନିକ ଉକ୍ତିରେ ଅନ୍ୱିତ କରାଯାଇଥାଏ। ବାକ୍ୟକୁ ସଂଯୁକ୍ତିବୋଧ, ବିଯୁକ୍ତବୋଧକ, ବିକଳ୍ପାୟିତ,

ପରିମାଣସୂଚକ, ବ୍ୟାପ୍ତି-ବୈପରୀତ-ଅନୁକ୍ରମ ଭିତ୍ତିକାଦି ଅର୍ଥନିଷ୍ଠ ରୂପ ଦେବାପାଇଁ ଅପରିବର୍ତ୍ତିତ ରୂପିମରେ ବ୍ୟବହୃତ 'ଅବ୍ୟୟ' ଆମ ଭାଷାର ଅନ୍ୟଏକ ପ୍ରକାର ପଦ। ଏହିପରି ବିଶେଷ୍ୟ, ବିଶେଷଣ, ସର୍ବନାମ, ଅବ୍ୟୟ ଓ କ୍ରିୟା ରୂପରେ ପାଞ୍ଚ ପ୍ରକାର ପଦ ଓଡ଼ିଆ ଭାଷାରେ ବ୍ୟବହୃତ ହୁଏ। ଆଲୋଚ୍ୟ ସନ୍ଦର୍ଭରେ ପ୍ରତିପାଦ୍ୟ ପ୍ରସଙ୍ଗ 'ବିଶେଷ୍ୟ' ପ୍ରକରଣ ହୋଇଥିବାରୁ ପରବର୍ତ୍ତୀ ଅଧ୍ୟାୟରେ 'ଓଡ଼ିଆ ବିଶେଷ୍ୟ ପଦ' ସମ୍ବନ୍ଧରେ ସବିଶେଷ ଅନୁଶୀଳନ କରାଯାଉଅଛି।

■■

ସଂକେତ ସୂଚୀ

୧. (କ) ପ୍ରହରାଜ, ଗୋପାଳଚନ୍ଦ୍ର : ପୂର୍ଣ୍ଣଚନ୍ଦ୍ର ଓଡ଼ିଆ ଭାଷାକୋଷ, ଲାର୍କ ବୁକ୍ସ, ନୂତନ ସଂସ୍କରଣ

(ଖ) ମହାପାତ୍ର, ବିଜୟ ପ୍ରସାଦ : ପ୍ରଚଳିତ ଓଡ଼ିଆ ଭାଷାର ଏକ ବ୍ୟାକରଣ, ବିଦ୍ୟାପୁରୀ, କଟକ, ୨୦୦୭, ପୃ.୨୪

୨. (କ) ସଂକେତିତୋ ଧ୍ୱନିବ୍ରାତଃ ସା ଭାଷେତ୍ୟୁଚ୍ୟତେ ବୁଧୈଃ – ସଂସ୍କୃତ କା ଭାଷା ଶାସ୍ତ୍ରୀୟ ଅଧ୍ୟୟନ - ଚଉଙ୍ଖବା, ୧୯୮୮, ବ୍ୟାସ ଭୋଲାନାଥ। (ଉଦ୍ଧାର)

(ଖ) ତାରାପୋରେୱାଲା, ସାଂସ୍କ୍ରିଟ ସିନ୍‌ଟାକ୍ସ, ଏମ୍. ମନୋହରଲାଲ୍, ଦିଲ୍ଲୀ, ୧୯୬୭, ପୃ.୫୪।

୩. ମହାପାତ୍ର, ବିଜୟ ପ୍ରସାଦ : ପ୍ରଚଳିତ ଓଡ଼ିଆ ଭାଷାର ଏକ ବ୍ୟାକରଣ, ବିଦ୍ୟାଶୀ, କଟକ, ୨୦୦୬, ପୃ.୪୪-୪୬ ଓ ୯୯ରୁ୧୦୧ - ଦ୍ରଷ୍ଟବ୍ୟ।

୪. ସାହୁ, ବାସୁଦେବ : ଭାଷାବିଜ୍ଞାନ, ଫ୍ରେଣ୍ଡସ୍ ପବ୍ଲିଶର୍ସ, ୧୯୯୬ (୨ୟ ସଂସ୍କରଣ), ପୃ.୧୮୯-୧୯୦ ଦ୍ରଷ୍ଟବ୍ୟ।

୫. (କ) ଉଦ୍ଦେଶ୍ୟ ଓ ବିଧେୟ (subject / preadicate) ଅଂଶଭିତ୍ତିରେ ସଫଳ ବାକ୍ୟ କ୍ରିୟାନ୍ୱିତ ହୋଇଥାଏ। -ଦ୍ରଷ୍ଟବ୍ୟ ମହାପାତ୍ର ବିଜୟ ପ୍ରସାଦ, ପ୍ରାଥମିକ ଓଡ଼ିଆ ବ୍ୟାକରଣ, ବିଦ୍ୟାପୁରୀ, ୨୦୦୭, ପୃ.୧୦୪-୧୦୭।

(ଖ) ଇଣ୍ଟ୍ରୋଡେକ୍ଟରୀ ଗ୍ରାମାର (ଓରିଆ ଲାଙ୍ଗୁଏଜ୍) (ଓଡ଼ିୟା ବ୍ୟାକରଣ) ଆମସ୍ ସଟନ, କଟକ, ୧୮୩୧, ପୃ.୫୭-୫୯ ଦ୍ରଷ୍ଟବ୍ୟ।

୬. ମିଶ୍ର, ହରପ୍ରସାଦ : ରୂପସୀ ଓଡ଼ିଆର ରୂପଚର୍ଚ୍ଚା, ବିଜୟିନୀ, କଟକ, ୨୦୧୨, ପୃ.୧୦

୭.	(କ) ପାଢ଼ୀ, ବେଣୀମାଧମ : ଉତ୍କଳ ପ୍ରକୃତ, ୧୯୭୯, ବ୍ରହ୍ମପୁର, ପୃ.୮
(ଖ)	ମିଶ୍ର, ହରପ୍ରସାଦ : ରୂପସୀ ଓଡ଼ିଆର ରୂପଚର୍ଚ୍ଚା, ବିଜୟିନୀ, କଟକ, ୨୦୧୨, ପୃ.୧୧
୮.	(କ) ଚାଟାର୍ଜୀ ଏସ୍. କେ : ଆର୍ତ୍ତବଲ୍ଲଭ ମହାନ୍ତି ମେମୋରିଆଲ୍ ଲେକ୍‌ଚରସ୍, ଓଡ଼ିଶା ସାହିତ୍ୟ ଏକାଡ଼େମୀ, ୧୯୬୬
(ଖ)	ଓଡ଼ିଆଲିପି ଓ ଭାଷାର କ୍ରମବିକାଶ, ତ୍ରିପାଠୀ ଡ. କୁଞ୍ଜବିହାରୀ, ରାଜ୍ୟ ପାଠ୍ୟପୁସ୍ତକ ପ୍ରଣୟନ ସଂସ୍ଥା, ଭୁବନେଶ୍ୱର, ୧୯୮୫, ଦ୍ରଷ୍ଟବ୍ୟ
(ଗ)	ପ୍ରାଚୀନ ଓଡ଼ିଆ ଅଭିଲେଖ, ତ୍ରିପାଠି ଡ. କୁଞ୍ଜବିହାରୀ, ଓଡ଼ିଆ ସାହିତ୍ୟ ଏକାଡ଼େମୀ, ପୃ. ୭,୮,୯
(ଘ)	ଓଡ଼ିଆ ଲିପିର କ୍ରମବିକାଶ, ଓଡ଼ିଆ ସାହିତ୍ୟ ଏକାଡ଼େମୀ, ରାଜଗୁରୁ ସତ୍ୟନାରାୟଣ, ୧୯୬୦, ପୃ. ୨୧
୮.	(କ) ଓଡ଼ିଆ ସାହିତ୍ୟର ଇତିହାସ, ଦାସ, ପଣ୍ଡିତ ସୂର୍ଯ୍ୟନାରାୟଣ, ପୃ. ୧୩
(ଖ)	ବିମସ୍ କପୋରେଟିଭ୍ ଗ୍ରାମାର ଅଫ୍ ଫୋର୍ ଲାଙ୍ଗୁଏଜ୍, ଭଲ୍ୟୁମ୍-୧, ପୃ. ୧୧୯
(ଗ)	ମହାନ୍ତି, ବିଜୟଲକ୍ଷ୍ମୀ : ଓଡ଼ିଆ ଭାଷା, କିତାବ ଭବନ, ଭୁବନେଶ୍ୱର, ପୃ.୪୩-୪୪
୯.	ଉତ୍କଳ ସାହିତ୍ୟର ଇତିହାସ, ରଥ, ତାରିଣୀଚରଣ, ୧୯୨୭, ପୃ.୨୧-୨୨
୧୦.	(କ) ସାହୁ, ବାସୁଦେବ : ଭାଷାବିଜ୍ଞାନ, ଫ୍ରେଣ୍ଡସ୍ ପବ୍ଲିଶର୍ସ, ୧୯୭୮, ପୃ.୧୯୦
(ଖ)	ତ୍ରିପାଠୀ, ପ୍ରଫୁଲ୍ଲ କୁମାର : ବ୍ୟାକରଣ କୋଷ, ଅକ୍ଷର, ୨୦୧୩, ପୃ. ୩୦୬, ୩୨୫
୧୧.	(କ) ତତ୍ରୈବ : ପୃଷ୍ଠା ୩୨୬ ରୁ ୩୨୮
(ଖ)	ତ୍ରିପାଠୀ, ସନ୍ତୋଷ : ଓଡ଼ିଆ ବ୍ୟାକରଣ କଳନା, ପଦପ୍ରକରଣ, ନାଳନ୍ଦା, ୨୦୦୯, ପୃ.୧୮୨-୧୮୪ (ଦ୍ରଷ୍ଟବ୍ୟ)
୧୨.	ତତ୍ରୈବ :
୧୩.	(କ) ମିଶ୍ର, ହରପ୍ରସାଦ : ରୂପସୀ ଓଡ଼ିଆର ରୂପଚର୍ଚ୍ଚା, ବିଜୟିନୀ, ପୃ. ୭୨, ୭୩, ୭୪
(ଖ)	ମିଶ୍ର, ହରପ୍ରସାଦ : ବ୍ୟାବହାରିକ ଓଡ଼ିଆ ବ୍ୟାକରଣ, ପ୍ରାଚୀ ସାହିତ୍ୟ ପ୍ରତିଷ୍ଠାନ, କଟକ, ୨୦୦୭, ପୃ. ୬୭, ୬୮

(ଗ) A course in linguistics, Prasad Tarini, RHI, New Delhi, 2012, P.48-72 (noted)

୧୪. Linguistics – W. B. MC Gregor – FSC, London, 2010, P.56-57

୧୫. (କ) ମହାପାତ୍ର ଧନେଶ୍ୱର : ଆଧୁନିକ ଓଡ଼ିଆ ବ୍ୟାକରଣ, କିତାବମହଲ (ଦ୍ରଷ୍ଟବ୍ୟ)

(ଖ) ତ୍ରିପାଠୀ, ସନ୍ତୋଷ : ସଂଯୋଗ ଅନୁବିଧି, ନାଳନ୍ଦା, ୨୦୦୬, ପୃ. ୪୧୦

(ଗ) ଓଡ଼ିଆ ଭାଷାରେ ଦ୍ରାବିଡ଼ ଭାଷାର ପ୍ରଭାବ, ରାଜ୍ୟ ପାଠ୍ୟପୁସ୍ତକ ପ୍ରଣୟନ ସଂସ୍ଥା, ଭୁବନେଶ୍ୱର, ପୃ.

୧୬. (କ) Language Assersment in practice – Bachman Loyle, Palnen Adraim, Oxford, 2010, Part –II / Part-III, P.137, 247, (noted)

(ଖ) ମାଧ୍ୟମିକ ଓଡ଼ିଆ ବ୍ୟାକରଣ (ଆମ ବ୍ୟାକରଣ), ମାଧ୍ୟମିକ ଓଡ଼ିଆ ଶିକ୍ଷାପରିଷଦ, କଟକ, ୧୯୯୮ (ଦ୍ରଷ୍ଟବ୍ୟ)

(ଗ) ତ୍ରିପାଠୀ, ସନ୍ତୋଷ : ଓଡ଼ିଆ ବ୍ୟାକରଣ କଳନା, ପୃ.୧୯୦

୧୭. ମାଧ୍ୟମିକ ଓଡ଼ିଆ ବ୍ୟାକରଣ, ପୃ.୪୫

୧୮. A course in linguistics, Prasad Tarini, PHI, New Delhi, 2012, P.60, 61, 62 (noted)

୧୯. ତ୍ରିପାଠୀ, ସନ୍ତୋଷ : ଓଡ଼ିଆ ବ୍ୟାକରଣ କଳନା, ପୃ. ୧୮୬-୧୮୭

୨୦. ମହାପାତ୍ର, ବିଜୟ ପ୍ରସାଦ : ପ୍ରଚଳିତ ଓଡ଼ିଆ ଭାଷାର ଏକ ବ୍ୟାକରଣ, ପୃ.୧୬୦-୬୩

୨୧. (କ) ତ୍ରିପାଠୀ, ସନ୍ତୋଷ : ଓଡ଼ିଆ ବ୍ୟାକରଣ କଳନା, ପୃ. ୧୮୮-୧୮୯

(ଖ) ମିଶ୍ର, ହରପ୍ରସାଦ : ରୂପସୀ ଓଡ଼ିଆର ରୂପଚର୍ଚ୍ଚା, ପୃ. ୭୫, ୭୬. ୭୭

୨୨. ଦଳାଇ, ଉପେନ୍ଦ୍ର ପ୍ରସାଦ : ଓଡ଼ିଆ ବ୍ୟାକରଣ ଓ ଏହାର ବ୍ୟାବହାରିକ ଦିଗ, କଟକ, ୨୦୧୩, ପୃ. ୧୩, ୧୪, ୧୫

ଦ୍ୱିତୀୟ ଅଧ୍ୟାୟ

ଓଡ଼ିଆ ବିଶେଷ୍ୟପଦର ସଂଜ୍ଞା ଓ ପରିସର

୨.୧

ପୃଥିବୀରେ ପ୍ରତ୍ୟେକ ଭାଷାର ପଦଶୃଙ୍ଖଳା ବିଧେୟ ଓ ଉଦ୍ଦେଶ୍ୟ ଭିତ୍ତିରେ ଗଠିତ। କର୍ତ୍ତା, କର୍ମ ଓ ଏସବୁର ଉତ୍କର୍ଷ-ଅପକର୍ଷ ନିର୍ଦ୍ଧାରଣକର ବିଶେଷତ୍ୱ ନିର୍ଣ୍ଣାୟକ ଶବ୍ଦକୁ ପଦ ରୂପରେ ଗ୍ରହଣ କରି ବିଶ୍ୱମାନବ ଦ୍ୱାରା ବ୍ୟବହୃତ ଅନ୍ୟାନ୍ୟ ଭାଷା ପରି ଓଡ଼ିଆରେ ବିଧେୟ ଅଂଶ ଗଠିତ। ଯାହାକୁ ନେଇ ଭାବ ଗଠିତ ହୁଏ ସେଗୁଡ଼ିକ ବିଧେୟାଂଶୀ। ଏମାନଙ୍କ ଦ୍ୱାରା ସଂପାଦିତ ହୁଏ ବା ଯେଉଁ ଉଦ୍ଦେଶ୍ୟ ଏମାନେ ସାଧନ କରନ୍ତି ତାହା ଉଦ୍ଦେଶ୍ୟାଂଶୀ। ଉଦ୍ଦେଶ୍ୟାଂଶୀ ସର୍ବଦା କ୍ରିୟାମୂଳକ। କର୍ତ୍ତାଂଶୀ ପଦଗୁଡ଼ିକ କୌଣସି ନା କୌଣସି ନାମ ବା ସଂଜ୍ଞାକୁ ବୁଝାଇଥାଏ। ପ୍ରାଣୀ-ଅପ୍ରାଣୀ, ମୂର୍ତ୍ତ-ଅମୂର୍ତ୍ତ, ଗଣନୀୟ-ଅଗଣନୀୟ କ୍ରମରେ ଏହି ନାମଗୁଡ଼ିକ ଭାଷାରେ ନିର୍ଦ୍ଧାରିତ ସଂକେତ ରୂପେ ଆଭିଧାନିକ ସ୍ୱୀକୃତି ପାଇଥାନ୍ତି। ଏ କାରଣରୁ ଗୋଟିଏ ଭାଷାଭାଷୀ ଭୂଖଣ୍ଡରେ ସମାନ ଓ ମାନକ ସଂକେତରେ ନାମବାଚକ ଶବ୍ଦଗୁଡ଼ିକ ଚଳିଥାଏ। ନାମବାଚକ ଶବ୍ଦଗୁଡ଼ିକ ବାକ୍ୟରେ କର୍ତ୍ତା ଓ କର୍ମ ରୂପରେ ବ୍ୟବହୃତ ହୁଅନ୍ତି। ଏଗୁଡ଼ିକ ଲିଙ୍ଗ, ବଚନ, କାଳ ଓ ଅନୁଜ୍ଞାଦି ଭାବକୁ ସିଧା ଗ୍ରହଣ କରନ୍ତି। ଏଗୁଡ଼ିକୁ ସାଧାରଣତଃ ବିଶେଷ୍ୟ ପର୍ଯ୍ୟାୟଭୁକ୍ତ କରାଯାଏ। ଏହି ବିଶେଷ୍ୟର ବିକଳ୍ପ ସର୍ବନାମ ଓ ବିଶେଷତ୍ୱମୂଳକ ଶବ୍ଦରୂପ ଭାବରେ ବିଶେଷଣକୁ ଭାବ ପ୍ରକାଶବେଳେ ବ୍ୟବହାର କରାଯାଏ। ବିଶେଷ୍ୟ ପଦରେ ହିଁ ପୂର୍ବାପରସୂଚକ ଯୋଗ ହୋଇ ନାନା ବ୍ୟୁତ୍ପନ୍ନ ପଦ ଗଠିତ ହୋଇପାରେ।

ଓଡ଼ିଆ ବିଶେଷ୍ୟପଦର ପରିଭାଷା ଓ ସ୍ୱରୂପ ବିଷୟରେ ଆଲୋଚନା କରିବା ପୂର୍ବରୁ ଏହାକୁ ନେଇ ଓଡ଼ିଆ ଭାଷାର ବିଦ୍ୱାନମାନେ କ'ଣ କିପରି କହିଛନ୍ତି (କେତେକଙ୍କ ମନ୍ତବ୍ୟ) ଏଠାରେ ଉଦ୍ଧାର କରାଯାଉଅଛି –

(କ) **ପୂର୍ଣ୍ଣଚନ୍ଦ୍ର ଓଡ଼ିଆ ଭାଷାକୋଷ:** ବି + ଶିଷ୍ + ଅ = ବିଶେଷ। କୌଣସି ଭାବକୁ ସ୍ୱତନ୍ତ୍ର ଲକ୍ଷଣର କରି ଦେଖାଇବା। xxx ବି + ଶିଷ୍ + ଷ = ବିଶେଷ୍ୟ। ବ୍ୟାକରଣଧର୍ମୀ ବିଶେଷ ଧର୍ମ। xxx ଯେଉଁ ପଦଦ୍ୱାରା କୌଣସି ବ୍ୟକ୍ତିର, ବସ୍ତୁର ବା ସ୍ଥାନର ବୋଧ ଜନ୍ମେ। ଯାହା ପ୍ରତ୍ୟେକର ନିମ୍ନତର ଆଦି କାରଣ।[୧]

(ଖ) **ତରୁଣ ଶବ୍ଦକୋଷ:** ବି – ଶିଷ୍ + ଷ = ବିଶେଷ୍ୟ। ଗୁଣାଦି କ୍ରିୟା ଦ୍ୱାରା ପ୍ରଭେଦ୍ୟ। ବ୍ୟାକରଣରେ ବ୍ୟକ୍ତି-ବସ୍ତୁ ଆଦିର ସଂଜ୍ଞା ନିର୍ଦ୍ଦେଶକ ପଦ।[୨]

(ଗ) **ଶବ୍ଦସିନ୍ଧୁ:** ଗୁଣ ଦ୍ୱାରା ପାର୍ଥକ୍ୟ – ବି ଶିଷ୍ + ଷ। ବ୍ୟାକରଣରେ ୧ ବ୍ୟକ୍ତି, ନାମ, ବସ୍ତୁ ଗୁଣ, ଅବସ୍ଥା, ସ୍ଥାନ ଓ କ୍ରିୟାଦି ନିର୍ଦ୍ଦେଶକ ପଦ।[୩]

(ଘ) **ବ୍ୟାକରଣ କୋଷ:** ଯେଉଁ ପଦ କୌଣସି ଏକ ନାମ ହୋଇଥାଏ; ତାହା ବିଶେଷ୍ୟ।[୪] ଆମସ ସଟନ: Oriya words xxx may be separated into two classes, V12 ବିଶେଷ୍ୟ on words to be discriminated.

(ଙ) **ପଣ୍ଡିତ ନୀଳକଣ୍ଠ ଦାସ:** xxx ଅତଏବ ନାମମାତ୍ର ହିଁ ବିଶେଷ୍ୟ। xxx ବିଶେଷ୍ୟ ଅର୍ଥାତ୍ ଯେ କାରକ, ବିଭକ୍ତି ବା ବିଶେଷଣ ପ୍ରଭୃତି ଦ୍ୱାରା ବିଶେଷିତ ହୋଇପାରେ, ସେଇ ପଦ। ନାମ କାବ୍ୟିକବସ୍ତୁ, ବ୍ୟକ୍ତି, ଜାତି, ଗୁଣ, ଭାବ ପ୍ରଭୃତି ଯେକୌଣସି ନାମ ବୁଝିବାକୁ ହେବ।[୫]

(ଚ) **ଚନ୍ଦ୍ରମୋହନ ମହରଣା:** ଯେଉଁ ପଦରୁ କୌଣସି ପ୍ରକାରର ନାମକୁ ଜାଣିବା ହୋଇଥାଏ ତାହାକୁ ବିଶେଷ୍ୟ ବୋଲାଯିବ।[୬]

(ଛ) **ପଣ୍ଡିତ ସୂର୍ଯ୍ୟନାରାୟଣ ଦାସ:** ବିଭକ୍ତିଯୁକ୍ତ ଶବ୍ଦ ଓ ଧାତୁକୁ ପଦ କୁହାଯାଏ। ବିଭକ୍ତିଯୁକ୍ତ ଶବ୍ଦ ହିଁ ପଦ xxx ଯେଉଁ ପଦ ଦ୍ୱାରା କୌଣସି ବ୍ୟକ୍ତି, ବସ୍ତୁ, ଜାତି, ଗୁଣ ବା କାର୍ଯ୍ୟ ବୁଝାଯାଏ, ତାହାକୁ ବିଶେଷ୍ୟ କୁହାଯାଏ।[୭]

(ଜ) **ପଣ୍ଡିତ ଶ୍ରୀଧର ଦାସ:** ଯେଉଁ ପଦ କୌଣସି ନା କୌଣସି ବ୍ୟକ୍ତି, ଜାତି, ଅବସ୍ଥା, ଗୁଣ ଓ ଭାବର ସଂଜ୍ଞାକୁ ବୁଝାଉଥାଏ, ତାହା ବିଶେଷ୍ୟ ପଦ। (ସର୍ବସାର ବ୍ୟାକରଣ)

(ଝ) **ଡ. ସୁଧୀର ଚନ୍ଦ୍ର ମହାନ୍ତି:** ବିଶେଷ୍ୟ ବ୍ୟକ୍ତି, ବସ୍ତୁ, ଘଟଣା ପ୍ରଭୃତିର ନାମକୁ ବୁଝାଏ। ଏହା କର୍ତ୍ତା, କର୍ମ, ସ୍ଥାନ ଓ ସମୟକୁ ବୁଝାଇଥାଏ।[୮]

(ଞ) **ପଣ୍ଡିତ ଗୋପୀନାଥ ନନ୍ଦଶର୍ମା:** ବ୍ୟକ୍ତି ବା ଦ୍ରବ୍ୟର ସଂଜ୍ଞାବୋଧକ ପଦ ବିଶେଷ୍ୟ ପଦ।[୯]

(ଟ) **ଡକ୍ଟର ବିଜୟ ପ୍ରସାଦ ମହାପାତ୍ର:** ଯେଉଁ ପଦ ଲିଙ୍ଗ, ବଚନ ଓ ବିଭକ୍ତି ଗ୍ରହଣ କରିପାରେ, ତାହା ବିଶେଷ୍ୟ ପଦ। ବିଶେଷ୍ୟ ପଦବି ସୂଚକ ଓ ଗଣକ ଯୋଗ ହୋଇପାରେ।[୧୦]

(ଠ) **ଡ. ଧନେଶ୍ୱର ମହାପାତ୍ର:** ଯେଉଁ ପଦ କୌଣସି ପ୍ରକାର ନାମ (ବର୍ଗ, ବସ୍ତୁ, ବ୍ୟକ୍ତି, ଅବସ୍ଥା, ଗୁଣ, କ୍ରିୟାଦି ନାମ)କୁ ବୁଝାଏ, ତାହାକୁ ବିଶେଷ୍ୟ କହନ୍ତି।[୧୧]

(ଡ) **ଡକ୍ଟର ହରପ୍ରସାଦ ମିଶ୍ର:** ଯେଉଁ ପଦ କୌଣସି ନା କୌଣସି ନାମକୁ ହିଁ ବୁଝାଏ, ତାକୁ ବିଶେଷ୍ୟ ପଦ କହନ୍ତି।[୧୨]

(ଢ) **ଡକ୍ଟର ଉପେନ୍ଦ୍ର ପ୍ରସାଦ ଦଳାଇ:** ଯାହା ବ୍ୟକ୍ତି, ବସ୍ତୁ ଓ ସ୍ଥାନରେ ନାମକୁ ବୁଝାଏ ତାହା ବିଶେଷ୍ୟ।[୧୩]

(ଣ) **ଡକ୍ଟର ବିଜୟଲକ୍ଷ୍ମୀ ମହାନ୍ତି:** "ବାକ୍ୟର କର୍ତ୍ତାଭାଗରେ ଅଂଗବିଶେଷ ଭାବରେ ଥିବା ଶବ୍ଦଗୁଡ଼ିକ ବିଶେଷ୍ୟ। xxx ଏଗୁଡ଼ିକ ସହିତ ବଚନ, ଲିଙ୍ଗ, କାରକ-ପ୍ରତ୍ୟୟ ଯୁକ୍ତ ହୁଏ।"[୧୪]

(ତ) **ସନ୍ତୋଷ ତ୍ରିପାଠୀ:** ବାକ୍ୟରେ ଯାହା ଉଦ୍ଦେଶ୍ୟ ଅଂଶର ମୁଖ୍ୟ ପଦ ଓ ଯାହା ବିଷୟରେ କର୍ମ, ପ୍ରୟୋଜନ, ସମ୍ପର୍କ ନିମିତ୍ତ, କ୍ରିୟା ଓ କାର୍ଯ୍ୟାଦି ଭିତ୍ତିରେ ଯାହା କହିବାକୁ ପଡେ ସେହି ମୁଖ୍ୟ ପଦର ନାମ / ପରିଚିତି / ସଂଜ୍ଞାକୁ ବିଶେଷ୍ୟ କୁହାଯାଏ। ବିଶେଷ୍ୟ ପଦ କୌଣସି ନା କୌଣସି ପ୍ରାର୍ଥୀ ଅପ୍ରାର୍ଥୀ, ଗହଣୀୟ-ଅଗହଣୀୟ, ମୂର୍ତ୍ତ-ଅମୂର୍ତ୍ତର ନିର୍ଦ୍ଦିଷ୍ଟ ସୂଚକ ସଂଜ୍ଞାଟିଏ ହୋଇଥାଏ।[୧୫]

(ଥ) **ତାର୍ନୀ ପ୍ରସାଦ:** Noun is a defined free morphome of any base or stem of word.(A course in linguistics - 49)

(ଦ) **ଉଇଲିୟମ ବି. ମେକ୍‌ଗ୍ରେଜର:** A very large of classes of words which refer to quantities can be headed as chief word in sentences indicating the subject or object. (Linguistics–104)

(ଧ) **ଜନ୍ ବୀମସ୍:** ମୂଳଧାତୁ ଓ ଶବ୍ଦରେ ଅନୁବନ୍ଧ ଯୋଗ୍ୟ ହୋଇ ଯେଉଁ ନାମବାଚକ ଶବ୍ଦ ବ୍ୟବହୃତ ତାହା ବିଶେଷ୍ୟ ପଦ।[୧୬]

(ନ) **ଲେସି:** ଯେଉଁ ପଦ ପ୍ରାଣୀବାଚକ ଓ ଅପ୍ରାଣୀବାଚକ ସଂଜ୍ଞା ହୁଏ ସେହି ପଦ ବିଶେଷ୍ୟ।[୧୭]

(ପ) **ଗ୍ରୀୟରସନ:** ଓଡ଼ିଆରେ ସ୍ଥାନ, ପ୍ରାଣୀ ଓ ଅପ୍ରାଣୀବାଚକ ଏକବଚନ ଓ ବହୁବଚନମୂଳକ ନାମଗୁଡ଼ିକ ବିଶେଷ୍ୟ ପଦ।[୧୮]

(ଫ) **ହାଲେମ:** ବିଭକ୍ତି ଓ କାରକ ଯୋଗର ଶବ୍ଦଗୁଡ଼ିକ ବିଶେଷ୍ୟ। ଏଗୁଡ଼ିକ ପ୍ରାଣୀ-ଅପ୍ରାଣୀ, ଏକବଚନ ଓ ବହୁବଚନ ହୋଇଥାଏ।[୧୯]

୨.୨

ଉପର୍ଯ୍ୟୁକ୍ତ ପରିଭାଷାଗୁଡ଼ିକ ଅନୁଶୀଳନ କଲେ ନିମ୍ନଲିଖିତ ବିଶେଷତ୍ୱଗୁଡ଼ିକୁ ଲକ୍ଷ୍ୟ କରାଯାଇପାରିବ।

(କ) ଭାଷାର ସର୍ବନିମ୍ନ ଅର୍ଥକର ଏକକ ଶବ୍ଦ ଯେତେବେଳେ ଲିଙ୍ଗ ବଚନ କ୍ରମରେ ନିର୍ଦ୍ଦିଷ୍ଟ ସଂଜ୍ଞାର ସଂକେତାର୍ଥକ ରୂପେ ବାକ୍ୟରେ ପ୍ରଧାନ ହୋଇ ବ୍ୟବହୃତ ହୁଏ ତାହା ବିଶେଷ ପଦ।

(ଖ) ବିଶେଷପଦ ବ୍ୟକ୍ତି, ବସ୍ତୁ, ସ୍ଥାନାଦିର ସଂଜ୍ଞାକୁ ସୂଚିତ କରେ।

(ଗ) ନିର୍ଦ୍ଦିଷ୍ଟ ଅର୍ଥ ସଂକେତ କ୍ରମେ ବ୍ୟକ୍ତି, ବସ୍ତୁ, ପ୍ରାଣୀ, ପଦାର୍ଥ, ଗୁଣ, ଭାବ, କର୍ମାଦିର ନାମଟିକୁ ହିଁ ବିଶେଷ୍ୟ ନିର୍ଦ୍ଦିଷ୍ଟ କରିଥାଏ।

(ଘ) କଥନ ବା ଲିଖନ କାଳରେ ଏ ପଦ କର୍ତ୍ତା ଓ କର୍ମ ରୂପରେ ବ୍ୟବହୃତ ହୋଇଥାଏ।

(ଙ) ବ୍ୟକ୍ତିର, ଜାତିର, ସମଷ୍ଟିର, ବସ୍ତୁର, ଗୁଣର, କର୍ମର, ଭାବର, ମୂର୍ତ୍ତ ସଂକେତର, ଅମୂର୍ତ୍ତ ସତ୍ତାର ନାମଗୁଡ଼ିକ ହିଁ ବିଶେଷ୍ୟର ଅନ୍ତର୍ଭୁକ୍ତ।

୨.୩

ପ୍ରାଧାନ୍ୟ ବିସ୍ତାରକ ବା କର୍ତ୍ତୃତ୍ୱ ସ୍ଥାପକ ପଦ ରୂପରେ ଯେଉଁ ପଦ ବାକ୍ୟରେ ନାମ, ବ୍ୟକ୍ତି, ବସ୍ତୁ, ଗୁଣ, ଅବସ୍ଥା, ସ୍ମୃତି, ଚିନ୍ତା, କ୍ରିୟା ଇତ୍ୟାଦି ପ୍ରାଣୀବାଚକ ଏବଂ ଅପ୍ରାଣୀବାଚକ ଶବ୍ଦର ମୂର୍ତ୍ତ ବା ଅମୂର୍ତ୍ତ ଭାବଗୁଡ଼ିକୁ ବୁଝାଏ ବା ଅନୁଭବଗୁଡ଼ିକୁ ପ୍ରକାଶକ୍ଷମ କରିବାରେ ସହାୟତା ପ୍ରଦାନ କରେ ତାକୁ ବିଶେଷ୍ୟପଦ କୁହନ୍ତି।[୨୦] ଭାବବିନିମୟ ନିମିତ୍ତ ବକ୍ତା ଯାହା ବିଷୟରେ କର୍ମ, ପ୍ରୟୋଜନ, ସମ୍ପର୍କ, ନିମିତ୍ତ, କ୍ରିୟା ଓ କାର୍ଯ୍ୟକାରଣ ଇତ୍ୟାଦି ଭିତ୍ତିରେ ଯାହା କହିବାକୁ ଇଚ୍ଛାକରେ, ତାହାର ପ୍ରାଧାନ୍ୟକୁ ପ୍ରଥମେ କୌଣସି ନାମ / ସଂଜ୍ଞା / କର୍ତ୍ତୃସୂଚକ ପରିଚିତଟିଏ ଦେଇଥାଏ।[୨୧] ଏଇ ପରିଚିତ ବା ନାମ ବା ଉପାଧିସୂଚକ ବିଶେଷ ପଦକୁ 'ବିଶେଷ୍ୟ' ପଦ ନାମରେ ଅଭିହିତ କରାଯାଏ। ସୁତରାଂ ପ୍ରତ୍ୟେକ ନିର୍ଦ୍ଦିଷ୍ଟ ଶବ୍ଦ ସଂକେତ ଯଦି ଏକ ନାମର ପ୍ରକାରକୁ ବୁଝାଏ ତାହା ବିଶେଷ୍ୟ ପଦ ହେବ।[୨୨]

ବିଶେଷ୍ୟ ପଦର ପରିସର ବ୍ୟାପକ। ମନୁଷ୍ୟ ତା'ର ଦୈନନ୍ଦିନ ଜୀବନରେ ନିଜର ଭାବ ପ୍ରକାଶ କରିବା ନିମିତ୍ତ ବିଶେଷ୍ୟ ପଦ ଉପରେ ଶତପ୍ରତିଶତ ନିର୍ଭର କରିଥାଏ। ଓଡ଼ିଆ ଭାଷାର ବ୍ୟବହୃତ ହେଉଥିବା ବିଭିନ୍ନ ପଦମାନଙ୍କ ମଧ୍ୟରେ ବିଶେଷ୍ୟ ପଦର ଏକ ସ୍ୱତନ୍ତ୍ର ସ୍ଥାନ ରହିଛି। ଲୌକିକ ଭାଷାଠାରୁ ଲିଖିତ ଭାଷା ପର୍ଯ୍ୟନ୍ତ, 'ବିଶେଷ' ପଦ ସର୍ବ ବ୍ୟାପକ। ଏହାର ପ୍ରାୟୋଗିକ ଗୁରୁତ୍ୱ ଯଥେଷ୍ଟ ରହିଛି। ପୁରାଣ, ଉପନ୍ୟାସ, କାବ୍ୟ-କବିତା, ପ୍ରବନ୍ଧ ଇତ୍ୟାଦିରେ ବିଶେଷ୍ୟ ପଦଗୁଡ଼ିକ ନିତ୍ୟନୂତନ ଏବଂ ଅଭିନବ ଢ଼ାଞ୍ଚାରେ ବ୍ୟବହୃତ ହୋଇଛି। ଏଗୁଡ଼ିକ ପ୍ରାୟତଃ ଆଭିଧାନିକ ସଂଜ୍ଞାସୂଚକ ହୋଇ ନିର୍ଦ୍ଦିଷ୍ଟ ଗୋଟିକର ନାମକୁ ସୂଚେଇ ଥାଏ।[୨୩]

୨.୪ ବିଶେଷ୍ୟ ପଦର ପରିସର:

ବିଶେଷ୍ୟ ପଦ ପ୍ରତ୍ୟେକ ଭାଷାର ନାମସୂଚକ ମୁଖ୍ୟ ଶବ୍ଦ। ଏହି ଶବ୍ଦଗୁଡ଼ିକ ଏକବଚନ, ବହୁବଚନରେ ଅର୍ଥସୂଚକ, ଲିଙ୍ଗାନୁସାରୀ ପ୍ରତ୍ୟୟ, କାଳ ଓ ଭାବ ସୂଚକ ପ୍ରତ୍ୟୟ, ପ୍ରଥମ ପୁରୁଷୀୟ ଓ ତୃତୀୟ ପୁରୁଷୀୟ ସଂଜ୍ଞାଦିକୁ ଧାରଣ କରିଥାଏ। ବାକ୍ୟରେ ମୁଖ୍ୟଅଂଶୀ ପଦ ରୂପରେ କର୍ତ୍ତା / ଓ କର୍ମ ଆକାରରେ ବିଶେଷ୍ୟପଦ ବ୍ୟବହୃତ ହୋଇଥାଏ। ଏହା ଜାତି, ବ୍ୟକ୍ତି, ପ୍ରାଣୀ, ବସ୍ତୁ, ଭାବ, ଗୁଣ ଓ କ୍ରିୟାଦିର ନାମିକ ଓ ସଂଜ୍ଞାସୂଚକ ମୌଳିକ ବା ପ୍ରାତିପଦିକ ଶବ୍ଦରୂପ ଭାବରେ ତିଷ୍ଠି ରହିଥାଏ।

ବିଶେଷ୍ୟପଦ ଏକବଚନର ଅଥବା ସମୂହବାଚକ ଓ ବହୁବଚନାତ୍ମକ ହୋଇ ଭାବୋକ୍ତି ବା ବାକ୍ୟରେ ବିନ୍ୟସ୍ତ ହୁଏ।

ଏବେ ଓଡ଼ିଆ ସାହିତ୍ୟର ୫୦୦ ଶହବର୍ଷର କେତେକ ଲେଖକଙ୍କ ବହୁଚର୍ଚ୍ଚିତ ସାରସ୍ୱତ କୃତିରୁ ବିଶେଷ୍ୟପଦ ଥିବା ପାଠାଂଶ ଉଦ୍ଧାର କରାଯାଉଅଛି।

କ. ଚଣ୍ଡୀପୁରାଣରେ ବିଶେଷ୍ୟପଦର ବ୍ୟବହାର:

'ଚଣ୍ଡୀପୁରାଣ'ରେ ମହିଷାସୁରର 'ଆଜ୍ଞା ପ୍ରତିକା'ରେ ବ୍ୟବହୃତ ହୋଇଥିବା 'ବିଶେଷ୍ୟ' ପଦଗୁଡ଼ିକୁ ଆଲୋଚନା ପରିସର ଭିତରକୁ ଅଣାଯାଇପାରେ। ଯଥା – ''ଶ୍ରୀମୁଖ ଭାଷା ଚିଟାଉ। ଶ୍ରୀକର ନାଥଙ୍କୁ ନମସ୍ତେ ନମସ୍ତେ। ଅନାଦି ଆଦି କଶ୍ୟପ ଗୋତ୍ରୀ। ଶ୍ରୀରାହୁ ବଂଶରେ ଉତ୍ପନ୍ନ। ସିଂହିକା ଶୁଣ କର୍ମେ କୁଳ ଉତକର୍ମ। କଶ୍ୟପ ଋଷି ଆଦି ପାଟ ତାହାଙ୍କ ବଂଶରେ ଉତ୍ପତ୍ତି। ପରମାନନ୍ଦ ମାଧୁର୍ଯ୍ୟ। କୃପାକୁ ଶ୍ରୀଚରଣାଶ୍ରୀତ xxx।''

ଉକ୍ତ ଆଜ୍ଞା ପତ୍ରିକାକୁ ଆଲୋଚନା କଲେ ସଂପୂର୍ଣ୍ଣ ଭାବରେ ଜ୍ଞାତ ହେବ ଯେ 'ବିଶେଷ୍ୟ' ପଦର ବ୍ୟବହାର ଏଠାରେ କିପରି ପୂର୍ଣ୍ଣମାତ୍ରାରେ ହୋଇଛି। ଯଥା – 'ଶ୍ରୀମୁଖ' ପଦରେ (ଶ୍ରୀ+ମୁଖ) ହୋଇଛି। ଏଠାରେ 'ମୁଖ' ମୁହଁକୁ

ବୁଝାଉଥିବାବେଳେ 'ଶ୍ରୀ'ର ଅର୍ଥ ହେଉଛି ସୌନ୍ଦର୍ଯ୍ୟ। ଶ୍ରୀ ସ୍ୱତନ୍ତ୍ର ଭାବରେ ମଧ୍ୟ ଏକ ବିଶେଷ୍ୟପଦ ଅଟେ। କିନ୍ତୁ ଯେତେବେଳେ 'ଶ୍ରୀମୁଖ' ଗୋଟିଏ ବିଶେଷ୍ୟ ପଦ ହୋଇଯାଇଛି ସେତେବେଳେ ଏହା ଶ୍ରୀମୁଖରୁ ନିଃସୃତ ଅର୍ଥାତ୍ ମୁଖନିଃସୃତ ଶବ୍ଦକୁ ବୁଝାଉଛି। ସୁତରାଂ ଏଠାରେ ଶ୍ରୀକର, ନାଥ, ନମସ୍ତେ, ଅନାଦି, କଶ୍ୟପ, ଗୋତ୍ରୀ (ଗୋତ୍ର+ଇ), ଶ୍ରୀରାହୁ, ବଂଶ, ସିଂହିକା, କର୍ମେ (କର୍ମ+ଏ), ଉତ୍ପତ୍ତି, ପରମାନନ୍ଦ, ମାଧୁର୍ଯ୍ୟ, କୃପା, (ଶ୍ରୀଚରଣ+ଆଶ୍ରିତ)ରେ ଶ୍ରୀଚରଣାଶ୍ରିତ ଇତ୍ୟାଦି ପଦଗୁଡ଼ିକ ବିଶେଷ୍ୟ ପଦ ଅଟନ୍ତି।

ଏତଦ୍‌ବ୍ୟତୀତ ଚଣ୍ଡୀପୁରାଣରେ ସନ୍ୟ (ସୈନ୍ୟ), ଆକ୍ରସନ୍ତି (ଆକର୍ଷନ୍ତି), ପଖି (ପକ୍ଷୀ), ଦ୍ରସନ (ଦର୍ଶନ), ସଞ୍ଚପି (ସଂକ୍ଷେପି) ଇତ୍ୟାଦି ବିଶେଷ୍ୟ ପଦର ବ୍ୟବହାର ହୋଇଛି।

ଖ. ସାରଳା ମହାଭାରତରେ ବ୍ୟବହୃତ ବିଶେଷ୍ୟ ପଦ:

ସାରଳାଦାସଙ୍କ ମହାଭାରତରେ ପ୍ରାକୃତ ଭାଷାର ପ୍ରଭାବ ଅଧିକ ପରିମାଣରେ ପରିଲକ୍ଷିତ ହୁଏ। ଉକ୍ତ ପ୍ରାକୃତ ବିଶେଷ୍ୟ ପଦଗୁଡ଼ିକ ହେଲା – ବୟାଣ (ବୟାନ), ଅମଳିଣ (ଅମଳିନ), ଆମେଣ୍ଟଣ (ଆମେଣ୍ଟନ), ମଳିଣ (ମଳିନ), ବଖାଣ (ବ୍ୟାଖ୍ୟାନ), ଈଷାନ୍ୟ (ଐଶାନ୍ୟ), ଘଡ଼ି (ଘଟିକା), ଚକ୍ଷୁ (ଚକ୍ଷୁ), ଆଞ୍ଚୋବନ (ଆଚମନ), ଆଳ (ଘର), ଆଗହୁଁ (ଆଗରୁ), ଧଉର୍ଯ୍ୟ (ଧୈର୍ଯ୍ୟ), ଧାତିକାର (ଶ୍ରୀଘ୍ର), ଝାଟୁଆ (ବର୍ଣ୍ଣୁଆ), ଜମ୍ବୋଦୀପ (ଜମ୍ବୁଦୀପ), ପଞ୍ଚୁମଉଳି (ଶିବ), ବେଭଳ (ବିହ୍ୱଳ), ଓଡ଼ିସା (ଓଡ଼ିଶା), ଏକାଦଶି (ଏକାଦସୀ), ଶ୍ରେଖା (ଶ୍ରେଷ୍ଠ), ଉସତ (ଆନନ୍ଦିତ), କୁଡୁଆ (ମାଟିପାତ୍ର), ଅନମିତ (ଅନିମିତ୍ତ), ଡଗର (ଦୂତ), ହେଠ (ତଳ), ସମ୍ଭାଇ (ସମ୍ଭାବିତ), ରୟଣୀ (ରଜନୀ), ରାୟ (ରାଜା), ରଞ୍ଚନା (ରଚନା), ଯଉବନୀ (ଯୌବନ) ଇତ୍ୟାଦି ବିଶେଷ୍ୟପଦର ବ୍ୟବହାର ଯଥେଷ୍ଟ ପରିମାଣରେ ହୋଇଛି। ଯଦିଓ ଉକ୍ତ ବିଶେଷ୍ୟ ପଦଗୁଡ଼ିକ ପ୍ରାକୃତ ବିଶେଷ୍ୟ ଅଟନ୍ତି। କିନ୍ତୁ ପରବର୍ତ୍ତୀ ସମୟରେ ଭାଷାର କ୍ରମ ବିବର୍ତ୍ତନ ପ୍ରକ୍ରିୟା ଦ୍ୱାରା ଉକ୍ତ ପ୍ରାକୃତ ବିଶେଷ୍ୟ ପଦଗୁଡ଼ିକ ମାନକ ବିଶେଷ୍ୟ ପଦର ମାନ୍ୟତା ଲାଭ କରିଛନ୍ତି।

ସାରଳା ଯୁଗର ପରବର୍ତ୍ତୀଯୁଗ ଅର୍ଥାତ୍ ଯଦି 'ପଞ୍ଚସଖା' ଯୁଗର ସାହିତ୍ୟକୃତି ସମ୍ପର୍କରେ ଆଲୋଚନା କଲେ ଦେଖା ଯିବ ଯେ, ପଞ୍ଚସଖା ଯୁଗର ବରେଣ୍ୟ କବିବୃନ୍ଦ ମଧ୍ୟ ସେମାନଙ୍କ ସ୍ୱଲିଖିତ କାବ୍ୟଗୁଡ଼ିକରେ ବିଶେଷ୍ୟପଦର ବହୁଳ ପ୍ରୟୋଗ କରିବାକୁ ମଧ୍ୟ ଭୁଲିନାହାନ୍ତି।

ଗ. ଜଗନ୍ନାଥ ଦାସଙ୍କ 'ଭାଗବତ'ରେ ବ୍ୟବହୃତ ବିଶେଷ୍ୟପଦ:

ବହେଣୀ (ଭଉଣୀ), ପୋଏ (ପୁତ୍ର), ରାଢ (ନିର୍ଦ୍ଦୟ), ପିଅର (ପିତା), ସରି (ସଦୃଶ), ଶୟଳ (ସଂସାର), ଆକଟ (ଜରୁରୀ), ଢମାଳି (ପରିହାସ), ଅଡ଼ା (ଅନିଷ୍ଟ), କାଛେ (ନିକଟରେ), ପାଣ୍ଡୋଇ (ଜୋତା), ଓଡ଼ିଆଣୀ (ଅଳକାଂର ବିଶେଷ), ମଢିଆଳ (ଧୋବା), ସୀମସ୍ଥାନ (ମସ୍ତକ), ଧାତିକାରେ (ଶୀଘ୍ର), ନିଉଛାଳି (ପୂଜା), ପୃଥକି (ପଥିକ), ଶିକଡ (ଡେର), ଘଟ(ଦେହ) ଇତ୍ୟାଦି।

ଏହିପରି 'ଭାଗବତ'ରେ ବିଶେଷ୍ୟ ପଦଗୁଡ଼ିକ ବ୍ୟାପକ ଭାବରେ ବ୍ୟବହୃତ ହୋଇଛି।

ବଳରାମ ଦାସଙ୍କ 'ଦାଣ୍ଡୀରାମାୟଣ'ରେ 'ବିଶେଷ୍ୟ' ପଦର ପ୍ରୟୋଗ –

ତଦ୍‌ଭବ ବିଶେଷ୍ୟ ପଦ: ତ୍ରିପୁତି (ତୃପ୍ତି), କୁରୁମ (କୂର୍ମ), ସାହେର (ସାଗର), ମୋକ୍ଷ (ମୁଖ୍ୟ), ପୋଖରୀ (ପୁଷ୍କରିଣୀ), ଅଟାଳି (ଅଟ୍ଟାଳିକା), ଅଗାଦ (ଅଗାଧ), ହିଆ (ହୃଦୟ), ନହୁବଳ (ନଥବଳ), ସୁବନ୍ୟ (ସୁବର୍ଣ୍ଣ)

ଦେଶଜ ବିଶେଷ୍ୟ ପଦ: ଗୁଳଗୁଞ୍ଜା, ଇଲୁଣି, ଖୋରା, କଡ଼ି, ହୁଳହୁଳି, ମୁଡୁକି, ଠାବ, କଲିକତା ଇତ୍ୟାଦି।

ପ୍ରାଚୀନ ବିଶେଷ୍ୟ ପଦ: ମଢିଆ, ପାରୁଆ, ପରିଘାଇ ଇତ୍ୟାଦି।

ବୀପ୍‌ସାତ୍ମକ ବିଶେଷ୍ୟ ଶବ୍ଦ: ଟହଟହ, ଘନଘନ, ଲାଜଲାଜ, ଛନଛନ ଇତ୍ୟାଦି।

ଯୁଗ୍ମ ବିଶେଷ୍ୟପଦ:ଉଠାଉଠି, ଗଡ଼ାଗଡ଼ି, କୋଡାକୋଡି ଇତ୍ୟାଦି।

ଘ. 'ବ୍ରହ୍ମାଣ ଭୂଗୋଳ'ରେ ବ୍ୟବହୃତ ବିଶେଷ୍ୟପଦ:

ଯେ କାଳେ ନଥିଲା ସଂସାର। ନଥିଲେ ଚନ୍ଦ୍ର ଦିବାକର॥
ନଥିଲା ଦିବସ ରଜନୀ। ନଥିଲା ଭୂବନ ମେଦିନୀ॥
ଆଦ୍ୟରୁ ନଥିଲା ପବନ। ନଥିଲେ ଶୂନ୍ୟ ତାରାଗଣ॥
ନଥିଲେ ଦେବାସୁର ନର। ନଥିଲା ସଂସାର ପ୍ରଚ୍ଚର॥
ନଥିଲା ଜଳସ୍ଥଳ ତିଳ। ନଥିଲା ଗଗନ ମଣ୍ଡଳ॥
ନଥିଲା ବରୁଣ କୁବେର। ନଥିଲେ ତେଜ ଆଉ ନୀର॥

ଏଠାରେ ସଂସାର, ଚନ୍ଦ୍ର, ଦିବାକର, ଦିବସ, ରଜନୀ, ଭୂବନ, ମେଦିନୀ, ଆଦ୍ୟ, ପବନ, ଶୂନ୍ୟ, ତାରାଗଣ, ଦେବାସୁର, ନର, ଜଳସ୍ଥଳ, ଗଗନ, ବରୁଣ, ନୀର ଇତ୍ୟାଦି ବିଶେଷ୍ୟ ପଦର ବ୍ୟବହାର ଯଥେଷ୍ଟ ପରିମାଣରେ ହୋଇଛି।

ପୁରାଣ ଯୁଗରେ ଅଚ୍ୟୁତାନନ୍ଦଙ୍କ 'ହରିବଂଶ'କୁ ଯଦି ବିଚ୍ଚର କରାଯାଏ,

ତେବେ ସେ ମଧ୍ୟ 'ବିଶେଷ୍ୟ' ପଦ ବ୍ୟବହାର କରିବାରେ ପଶ୍ଚାତ୍‌ପଦ ଦେଖାଇନାହାନ୍ତି। 'ହରିବଂଶ'ରେ ସ୍ତମ୍ଭନ, ମୋହନ, ବଶୀକରଣ, ଉଚ୍ଚାଟନ, ବ୍ୟଞ୍ଜନ, ପାଦୁକା, କଡି ଇତ୍ୟାଦି ବିଶେଷ୍ୟ ପଦର ବ୍ୟବହାର ହୋଇଛି। ପୁନଶ୍ଚ ଶିକ୍ଷା ପ୍ରସଙ୍ଗରେ ମଧ୍ୟ ବେଦାନ୍ତ, ବ୍ୟାକରଣ, ମୀମାଂସା, ଅମରକୁମର, ଜ୍ୟୋତିଷ ଇତ୍ୟାଦି ବିଶେଷ୍ୟ ପଦର ବ୍ୟବହାର କରାଯାଇଛି। ଏତଦ୍‌ବ୍ୟତୀତ ଯୁଦ୍ଧବିଦ୍ୟା ସମ୍ବନ୍ଧୀୟ ବହୁ ବିଶେଷ୍ୟପଦର ବ୍ୟବହାର 'ହରିବଂଶ' ପୁରାଣରେ ଦେଖିବାକୁ ମିଳେ।

ଙ.   ଉପେନ୍ଦ୍ର ଭଞ୍ଜଙ୍କ କବିତାରେ ବିଶେଷ୍ୟର ପ୍ରୟୋଗ:

ଉତ୍କଳୀୟ ପଲ୍ଲୀ ଜୀବନର ସୁଖ-ଦୁଃଖ, ହର୍ଷ-କାନ୍ଦ, ବିବାହ-ଉତ୍ସବ, ଓଷା-ବ୍ରତ, ଶିଳ୍ପ-ବାଣିଜ୍ୟ, ଖାଦ୍ୟପେୟ ଓ ନାରୀଙ୍କର ବେଶଭୂଷା ତଥା ଅଳକାଂର ମଣ୍ଡନ ବିଧି ପ୍ରଭୃତିର ପ୍ରାଞ୍ଜଳ ଚିତ୍ର ପ୍ରଦର୍ଶନ କରିବା ନିମିତ୍ତ କବି ସମ୍ରାଟ ଉପେନ୍ଦ୍ରଭଞ୍ଜ ମଧ୍ୟ ବିଶେଷ୍ୟ ପଦର ପ୍ରୟୋଗକୁ ଆଦୌ ଭୁଲିନାହାନ୍ତି। ଯଥା –

କାବ୍ୟ-ନାୟିକା ଲାବଣ୍ୟବତୀର ଜନ୍ମୋତ୍ସବ ପ୍ରସଙ୍ଗରେ ଉପେନ୍ଦ୍ରଭଞ୍ଜ ଅତି ଚମତ୍କାର ଭାବେ ବିଶେଷ୍ୟ ପଦର ପ୍ରୟୋଗ କରିଛନ୍ତି। ଯଥା –

"ଧାତ୍ରୀ ଧରିତ୍ରୀ ଭୂଷାକୁ ନାଭିଚ୍ଛେଦ କରି
ଗଣକ ଗଣେ ବସିଣ ଜାତକ ବିଚରି ଯେ,
ସୂତିକା ଗୃହରେ ଯେତେ ବିଧି ଶେଷକଲେ
ଦଶବିଂଶ ଦିନେ ଦୋଳି ଶୟନ ବହିଲେ ଯେ।" (ଲାବଣ୍ୟବତୀ)

ଏଠାରେ ଧାତ୍ରୀ, ଧରିତ୍ରୀ, ନାଭି, ଜାତକ, ସୂତିକା, ଗୃହ, ଦଶବିଂଶ, ଦୋଳି, ଶୟନ ଇତ୍ୟାଦି ବିଶେଷ୍ୟପଦ ଗୁଡ଼ିକର ପ୍ରୟୋଗ କରାଯାଇଛି।

ସେହିପରି ତତ୍କାଳୀନ ସମୟରେ ଓଡ଼ିଆ ଘରେ ପ୍ରଚଳିତ ଥିବା ଖାଦ୍ୟଦ୍ରବ୍ୟ ସମ୍ପର୍କରେ ସୂଚନା ଦେବାକୁଯାଇ କବି ବିଶେଷ୍ୟ ପଦର ସାହାଯ୍ୟ ନେଇଛନ୍ତି। ଯଥା–

"ଝିଲୀ, ଖଜା, ଖଇର, ଚୁର, ନାଡୀ
ଲଡ୍ଡୁ, ବସନ୍ତ, ଆରିଷା, ପାପୁଡି।
ଜଗନ୍ନାଥ ବଲ୍ଲବ ହଂସ କେଳି
ମନୋହର ଡାଳିମ୍ବ ସରପୁଳୀ,
ଖଜା ପେଡା ଦିବ୍ୟ ପୁରୀ ତ୍ରିପୁରୀ
ଖଣ୍ଡମଣ୍ଡା କାନ୍ତିପୁର ଇଣ୍ଡୁରି।" (ଚନ୍ଦ୍ରକଳା - ଅଷ୍ଟମ ଛାନ୍ଦ)

ଏଠାରେ ଝିଲୀ, ଖଜା, ଆରିଷା, ଲଡ୍ଡୁ, ଜଗନ୍ନାଥ ବଲ୍ଲବ, ଡାଳିମ୍ବ, ସରପୁଳୀ, ଖଜା, ପେଡା, ଖଣ୍ଡମଣ୍ଡା, ଇଣ୍ଡୁରି, ପୁର, ପୁରୀ ଇତ୍ୟାଦି ଏକ ଏକ ବିଶେଷ୍ୟ ପଦ ଅଟନ୍ତି।

ଉପେନ୍ଦ୍ର ଭଂଜଙ୍କ ସମସାମୟିକ କବି ଦୀନକୃଷ୍ଣ, ଅଭିମନ୍ୟୁ ସାମନ୍ତସିଂହାର ତତ୍ ପରବର୍ତ୍ତୀ ସମୟରେ କବିସୂର୍ଯ୍ୟ ବଳଦେବ ରଥ, ବନମାଳୀ, ଗୌରଚରଣ, ଗୌରହରି, ଗୋପାଳକୃଷ୍ଣ ପ୍ରଭୃତି ଗୀତିକବିଙ୍କ ଲେଖନୀରେ ବିଶେଷ୍ୟ ପଦକୁ ନେଇ ଚମତ୍କାରିତା ପ୍ରକାଶ ପାଇଛି। ଯଥା –

"କି ହେଲାରେ, କହିତ ନୁହଇ ଭାରତୀରେ
କାଲି ଯା ଦୂରରୁ ଦେଖି କଳନା କଲା ମୋ ଆଖି
କଳା ଇନ୍ଦୀବର ଆରତିରେ।" (କିଶୋର ଚନ୍ଦ୍ରାନନ ଚମ୍ପୁ–କବିସୂର୍ଯ୍ୟ)

ଏଠାରେ ଭାରତୀ, ଦେଖି, ଦୂର, କଳନା ଇତ୍ୟାଦି ଏକ ଏକ ବିଶେଷ୍ୟ ପଦ ଅଟନ୍ତି। କବି ଗୋପାଳକୃଷ୍ଣ ମଧ୍ୟ ତାଙ୍କ ଗୀତିକବିତାରେ ବିଶେଷ୍ୟ ପଦ ବ୍ୟବହାର କରିବାରେ ଚମତ୍କାରିତା ଦେଖାଇବାକୁ ଭୁଲି ନାହାନ୍ତି। ଯଥା –

''ଉଠିଲୁ ଏଡେ ବେଗି କାହିଁକିରେ ଦୁଃଖିଧନ
ଦଧି ମନ୍ଥାଇ ଦେବୁ ନାହିଁକିରେ
ଦେହ ପାଶୋରି ଦଣ୍ଡେ ନିଦ ନଗଲୁ ଏଡେ
ବିଟୋଳ ହେଲୁ ମୋର ପାଇଁ କିରେ।'' (ଗୋପାଳ କୃଷ୍ଣ)

ଏଠାରେ ବେଗି, ଦୁଃଖିଧନ, ଦଧି, ଦେହ, ନିଦ ଇତ୍ୟାଦି ଏକ ଏକ ବିଶେଷ୍ୟ ପଦ ଅଟନ୍ତି।

ପୁନଶ୍ଚ ଉପେନ୍ଦ୍ର ଭଂଜ ସମସାମୟିକ କବି ଦୀନକୃଷ୍ଣଙ୍କ କବିତାକୁ ବିଚାର କଲେ ଦେଖାଯିବ ଯେ, କୃଷ୍ଣ ଦାସ କବି ଦୀନକୃଷ୍ଣ କିପରି ଭାବରେ ବିଭିନ୍ନ ଚମତ୍କାର ବିଶେଷ୍ୟ ପଦ ଦ୍ୱାରା କାବ୍ୟର ଚମତ୍କାରିତା ପ୍ରତିପାଦନ କରିଛନ୍ତି। ଯଥା –

''ଜଗନ୍ନାଥ ଯେ ଷୋଳକଳା
ତହୁଁ କଳାଏ ନନ୍ଦବଳା
କଳାକୁ ଷୋଳକଳା କରି
ଗୋପେ ବିହରେ ନରହରି।''

ଏଠାରେ ଜଗନ୍ନାଥ, ଷୋଳକଳା, ନନ୍ଦବଳା, ଗୋପେ, ନରହରି ଇତ୍ୟାଦି ଏକ ଏକ ଚମତ୍କାର ବିଶେଷ ପଦ ଅଟନ୍ତି।

୨.୬ ଆଧୁନିକ ଲେଖକଙ୍କ ରଚନାରେ ବିଶେଷ୍ୟ ପଦ:

ରୀତିଯୁଗର ପରବର୍ତ୍ତୀ ଯୁଗ ଅର୍ଥାତ୍ ରାଧାନାଥ ଯୁଗର କଥାକୁ ଯଦି ଆଲୋଚନା କରାଯାଏ ତେବେ ରାଧାନାଥ ଯୁଗର କବିମାନେ ମଧ୍ୟ ବିଶେଷ୍ୟ ପଦର ବ୍ୟବହାର କରିବାକୁ ଭୁଲିନାହାନ୍ତି। ଯଥା –

"ସୁନ୍ଦର ତୃପ୍ତିର ଅବସାଦ ନାହିଁ
ଯେତେ ଦେଖୁଥିଲେ ନୂଆ ଦିଶୁଥାଇ।" (ଚିଲିକା)

ଏଠାରେ ସୁନ୍ଦର, ତୃପ୍ତି, ଅବସାଦ, ନୂଆ ଇତ୍ୟାଦି ଏକ ଏକ ବିଶେଷ୍ୟ ପଦ ଅଟନ୍ତି।

ରାଧାନାଥଙ୍କ ପରବର୍ତ୍ତୀ ସମୟରେ କବି ଗଙ୍ଗାଧରଙ୍କ କାବ୍ୟକବିତାକୁ ବିଶ୍ଳେଷଣ କରାଯିବ ତେବେ ଦେଖା ଯିବ ଯେ ସ୍ୱଭାବକବି ଗଙ୍ଗାଧର ମଧ୍ୟ ବିଶେଷ୍ୟପଦର ଯଥେଷ୍ଟ ପ୍ରୟୋଗ କରିଛନ୍ତି ତାଙ୍କର କାବ୍ୟ କବିତା ଗୁଡ଼ିକରେ । ଯଥା –

"ମୁଁ ତ ଅମୃତ ସାଗର ବିନ୍ଦୁ
ନଭେ ଉଠିଥିଲି ତେଜି ସିନ୍ଧୁ
ଖସି ମିଶିଛି ଅମୃତ ଧାରେ
ଗତି କରୁଛି ଯେ ଅକୂପାରେ।"

ଏଠାରେ ଅମୃତ, ସାଗର, ବିନ୍ଦୁ, ନଭେ, ସିନ୍ଧୁ ଇତ୍ୟାଦି ଏକ ଏକ ବିଶେଷ୍ୟ ପଦ ଅଟନ୍ତି।

ଗଙ୍ଗାଧରଙ୍କ ସମସାମୟିକ ମଧୁସୂଦନ ରାଓ ମଧ୍ୟ ତାଙ୍କର ଅନେକ ଗ୍ରନ୍ଥରେ ବିଶେଷ୍ୟ ପଦର ପ୍ରୟୋଗ କରି ନିଜର ଚମତ୍କାରିତା ପ୍ରଦର୍ଶନ କରିଛନ୍ତି। ଯଥା –

"ହେ ସତ୍ୟ, ହେ ଧ୍ରୁବତାରା କୋଟି ଜଗତର
ହେ ନିଖିଳ ମୂଳାଧାର ଅସୀମ ସୁନ୍ଦର
ସେତୁ ରୂପେ ଧରିଅଛ ସର୍ବଚରାଚର
ଅପାର, ରହସ୍ୟମୟରେ, ଜୟ ବିଶ୍ୱମ୍ଭର।"

ଏଠାରେ ସତ୍ୟ, ଧ୍ରୁବତାରା, ସୁନ୍ଦର, ରହସ୍ୟମୟ ଇତ୍ୟାଦି ଏକ ଏକ ବିଶେଷ୍ୟ ପଦ ଅଟନ୍ତି।

ମଧୁସୂଦନ ରାଓଙ୍କ ସମସାମୟିକ'ଫକୀରମୋହନ ସେନାପତିଙ୍କ ଉପନ୍ୟାସଠାରୁ ଗଳ୍ପ, କବିତା ପର୍ଯ୍ୟନ୍ତ ପ୍ରତ୍ୟକ ସୃଷ୍ଟିରେ ବିଶେଷ୍ୟ ପଦର ବ୍ୟବହାର ପରିଲକ୍ଷିତ ହୋଇଥାଏ।

ପରବର୍ତ୍ତୀ ସମୟରେ ଅର୍ଥାତ୍ ଯଦି ସତ୍ୟବାଦୀ ଓ ସବୁଜ ଯୁଗର ସାହିତ୍ୟକୁ ବିଚାର କରାଯାଏ ତେବେ ସେଥିରେ ମଧ୍ୟ କବିମାନଙ୍କ ଲେଖନୀରେ ବିଶେଷ୍ୟପଦର ଯଥେଷ୍ଟ ପ୍ରୟୋଗ ହୋଇଥିବା ଲକ୍ଷ୍ୟ କରାଯିବ। ଯଥା –

"ସର୍ବଗ୍ରାସୀ କାଳ ପ୍ରାଚୀନ ଉତ୍କଳ
କଳା କଉଶଳ କରେ ଗରାସ
ବୈଭବ କଙ୍କାଳ ବିଲୋକି ଅନିଳ
ପାଇଥିବ ପ୍ରାଣେ ଗଭୀର ପ୍ରାସ।"

(କାରାକବିତା, ଗୋପବନ୍ଧୁ ଦାସ)

ଏଠାରେ ସର୍ବଗ୍ରାହୀ, କାଳ, ପ୍ରାଚୀନ, ଉତ୍କଳ, କଳା, କଉଶଳ, ବୈଭବ, ଅନିଳ, ଗଭୀର ଇତ୍ୟାଦି ଏକ ଏକ ବିଶେଷ୍ୟ ପଦ ଅଟନ୍ତି।

ଅନୁରୂପ ଭାବରେ ମଧ୍ୟ ପଣ୍ଡିତ ନୀଳକଣ୍ଠଙ୍କଠାରୁ ଆରମ୍ଭ କରି ଜାତୀୟ କବି ବୀରକିଶୋର, ଗୋଦାବରୀଶ, ପଦ୍ମଚରଣ ପଟ୍ଟନାୟକ ପ୍ରଭୃତି ମଧ୍ୟ ସେମାନଙ୍କ କାବ୍ୟ କବିତାରେ ବିଶେଷ୍ୟ ପଦର ପ୍ରୟୋଗରେ ଚମତ୍କାରିତା ଦେଖାଇବାକୁ ଆଦୌ ଭୁଲିନାହାନ୍ତି।

ପଦ୍ମଚରଣ ପଟ୍ଟନାୟକଙ୍କ 'ଧଉଳି ପାହାଡ଼'ରେ ଜାତୀୟ ଭାବନା ସୃଷ୍ଟି ନିମିତ୍ତ ବହୁ ବିଶେଷ୍ୟ ପଦର ବ୍ୟବହାର କରିଛନ୍ତି। ଯଥା –

"ଧଉଳି ପାହାଡ଼, ଧଉଳି ପାହାଡ଼
କାହିଁକି ମଉନେ ରହିଛ ଆଜି
ଦରିଆ ବାଲିରେ କେତେ ଖୋଜୁଥିବ
ଅତୀତ ଗୌରବ – ରାଜି ?"

ଏଠାରେ ଧଉଳି ପାହାଡ଼, ଦରିଆ, ବାଲି, ଅତୀତ, ଗୌରବ ଇତ୍ୟାଦି ଏକ ଏକ ବିଶେଷ୍ୟ ପଦ ଅଟନ୍ତି।

ପରବର୍ତ୍ତୀ ସମୟରେ ଯଦି ସବୁଜ ଯୁଗର ସବୁଜ ସାହିତ୍ୟକୁ ବିଶ୍ଳେଷଣ କରାଯିବ ତେବେ ସ୍ପଷ୍ଟ ଭାବରେ ଅନୁମିତ ହେବ ଯେ ବିଶେଷ୍ୟ ପଦଗୁଡ଼ିକ କିପରି ସେମାନଙ୍କର ପ୍ରାଧାନ୍ୟ ବିସ୍ତାର କରିଛନ୍ତି। –

"ଏହି ଭସ୍ମ ଅବଶେଷ ଉପରେ ମୁଁ ରଚିବି ନନ୍ଦନ
ମର୍ତ୍ତ୍ୟରେ ଅମରାବତୀ ଜଡ଼ଦେହେ ଜୀବନ ସ୍ପନ୍ଦନ।"

(ପ୍ରଳୟ ପ୍ରେରଣା-ଅନ୍ନଦାଶଙ୍କର ରାୟ)

ଏଠାରେ ଭସ୍ମ, ଅବଶେଷ, ନନ୍ଦନ, ମର୍ତ୍ତ୍ୟ, ଅମରାବତୀ, ଜୀବନ, ସ୍ପନ୍ଦନ ଇତ୍ୟାଦି ଏକ ଏକ ବିଶେଷ୍ୟପଦ ଅଟନ୍ତି।

ସେହିପରି ରୋମାଣ୍ଟିକ୍ ରହସ୍ୟବାଦୀ କବି ବୈକୁଣ୍ଠ ନାଥ ପଟ୍ଟନାୟକଙ୍କ କବିତାରେ ମଧ୍ୟ ବିଶେଷ୍ୟ ପଦର ବ୍ୟବହାରରେ ଚମତ୍କାରିତା ପରିଦୃଷ୍ଟ ହୁଏ। ଯଥା –

"ପଉଷତରୁ ମୁଁ ଗୋ ପଳିତ ମୋ ପତର
ନିରାଶା ପରଶରେ ଝରିଛି ଅକାଳରେ
ନାହିଁତ ତେବେ ତିଳେ ମୋ ମଣି ମୋ ହୃଦୟେ।"

(ଯାତ୍ରା ସଂଗୀତ)

ଶଂସିତ ପଦ୍ୟରେ ବ୍ୟବହୃତ ପଉଷତରୁ, ପତର, ନିରାଶା, ପଇଶ (ସ୍ପର୍ଶ), ଅକାଳ ଇତ୍ୟାଦି ବିଶେଷ୍ୟ ପଦଗୁଡ଼ିକର ଚମତ୍କାର ବ୍ୟବହାର କରାଯାଇଛି।

ସେହିପରି କାଳିନ୍ଦୀଚରଣ ପାଣିଗ୍ରାହୀଙ୍କ କବିତାକୁ ସମୀକ୍ଷା କଲେ ସ୍ପଷ୍ଟ ହେବ ଯେ କବି ମଧ୍ୟ ଯଥେଷ୍ଟ ପରିମାଣରେ ବିଶେଷ୍ୟ ପଦଗୁଡ଼ିକର ବ୍ୟବହାର କରାଯାଇଛି। ଯଥା –

''ହଳଦୀ ଅଳତା ଲଗାଇ ମୁଣ୍ଡବାନ୍ଧି ଯତନେ
ଗ୍ରାମ ସୀମନ୍ତିନୀ ଆଦରେ ରହିଁଥିବେ ଗଗନେ।''

ଉକ୍ତ ପଦ୍ୟରେ ହଳଦୀ, ଅଳତା, ମୁଣ୍ଡ, ଗ୍ରାମ, ସୀମନ୍ତିନୀ, ଗଗନ ଇତ୍ୟାଦି ଗୋଟିଏ ଗୋଟିଏ ବିଶେଷ୍ୟ ପଦ ଅଟନ୍ତି। ପରବର୍ତ୍ତୀ ସମୟରେ ଯଦି ପ୍ରଗତୀବାଦୀ ଯୁଗର କାବ୍ୟ କବିତାକୁ ଆଲୋଚନା କରାଯାଏ ତେବେ ଦେଖାଯିବ ଯେ ଭଗବତୀ ଚରଣ ପାଣିଗ୍ରାହୀ, ଅନନ୍ତ ପଟ୍ଟନାୟକ, କାଳୀଚରଣ ପଟ୍ଟନାୟକ, ଗୁରୁପ୍ରସାଦ ମହାନ୍ତି ଇତ୍ୟାଦି କବିମାନଙ୍କ କାବ୍ୟରେ ବିଶେଷ୍ୟ ପଦ ଗୁଡ଼ିକର ବ୍ୟବହାର ପରିଲକ୍ଷିତ ହୋଇଛି। ଯଥା –

''ସର୍ବହରା ଦଳ ଚଳ ଚଳ ଶରତର
    ଚୂର ଦୂର ଜଞ୍ଜିର କାରାରେ
କଣ୍ଠେ ଖେଳୁ ହେ ତବ ବିଦ୍ୟୁତ ଦ୍ୟୁତି
    ନବବକ୍ଷେ ବିକାଶ ପ୍ରୀତିଧାରାରେ
ମତ୍ତ ପାଗଳ ସମ ହସ ଅନୁପମ
    ବୈଶାଖୀ ଘୂର୍ଣ୍ଣିର ତୁଲରେ।'' (ସର୍ବହରା)

ଶଂସିତ ପଦରେ ସର୍ବହରା, ଦଳ, ଜଞ୍ଜିର, କାରା, ନବବକ୍ଷେ, ବିକାଶ, ପ୍ରୀତିଧାରା, ମତ୍ତ, ପାଗଳ, ଅନୁପମ, ବୈଶାଖୀ, ଘୂର୍ଣ୍ଣି ଇତ୍ୟାଦି ଶବ୍ଦଗୁଡ଼ିକ ବିଶେଷ୍ୟ ଅଟନ୍ତି।

ସେହିପରି ଯଦି ସଚ୍ଚିରାଉତରାୟଙ୍କ କବିତାକୁ ଆଲୋଚନା କରାଯାଏ ତେବେ ଦେଖାଯିବ କବି ମଧ୍ୟ ବିଶେଷ୍ୟପଦଗୁଡ଼ିକୁ ବ୍ୟବହାର କରିବାକୁ ପଶ୍ଚାତ୍‌ପଦ ହୋଇନାହାନ୍ତି। ଯଥା –

"ତୁମେ ଦେଖିଅଛ ଶିଳାରେ ତା'ର ତ ରମ୍ୟକଳାର ରୂପ
ମୁଁ ଦେଖୁଛି ତହିଁ କୋଟି କଙ୍କାଳ ଭଗ୍ନ ବୁକୁର ସ୍ତୁପ।
xxx ।" (କୋଣାର୍କ)

ଉକ୍ତ ପଦ୍ୟରେ ଶିଳା, ରମ୍ୟକଳା, କଙ୍କାଳ, ଭଗ୍ନବୁକୁ, ସ୍ତୁପ ଇତ୍ୟାଦି ଗୋଟିଏ ଗୋଟିଏ ବିଶେଷ୍ୟ ପଦ ଅଟନ୍ତି।

୨.୭ ଆଧୁନିକ ଯୁଗର ଶେଷ ଭାବରେ ଲେଖକଙ୍କ ଦ୍ୱାରା ବିଶେଷ୍ୟପଦର ବ୍ୟବହାର:

ପୁନଶ୍ଚ ଗୁରୁପ୍ରସାଦ ମହାନ୍ତି, ରଘୁନାଥ ଦାସ, ମନମୋହନ ମିଶ୍ର ଇତ୍ୟାଦି କବିଙ୍କ କବିତାକୁ ଆଲୋଚନା ପର୍ଯ୍ୟାଲୋଚନା କଲେ ସ୍ପଷ୍ଟ ଭାବରେ ପରିଲକ୍ଷିତ ହେବ ଯେ ଆଧୁନିକ ଯୁଗର କବିମାନେ ମଧ୍ୟ ବିଶେଷ୍ୟ ପଦର ପ୍ରୟୋଗର ଚମତ୍କାରିତା ଦେଖାଇଛନ୍ତି। ଯଦି ଗୁରୁପ୍ରସାଦ ମହାନ୍ତିଙ୍କ 'ସମୁଦ୍ରସ୍ନାନ' କବିତା ସଂକଳନ ଉପରେ ଦୃଷ୍ଟିପାତ କରାଯାଏ, ତେବେ ବିଶେଷ୍ୟ ପଦଗୁଡ଼ିକର କିପରି ବ୍ୟବହାର କରାଯାଇଛି ତାହା ସ୍ପଷ୍ଟ ପ୍ରତୀୟମାନ ହେବ। ଯଥା –

"ହେ ଅକ୍ରୁର ହେ ଉଦ୍ଧବ ସଖା ମୋର ପ୍ରାଣର ଦୋସର
ରୁହ ରୁହ ଛିଡ଼ାହୁଅ ପିଠିରେ ମୋ ତୁମ ପରି ବୋଝ।
ମୁଁ ଚାଲିଛି ଜହ୍ନ ଖୋଜି ତା'ର ଖୋଜି ଖୋଜି ଝରଣାର ସୁଅ
ନିର୍ମୁଳି ଲଟରାରେ ଖୋଜି ଅରୁନ୍ଧତୀ ତାରାର ଆଲୁଅ।"

ଉକ୍ତ ପଦରେ ଅକ୍ରୁର, ଉଦ୍ଧବ, ସଖା, ପ୍ରାଣ, ଦୋସର, ପିଠି, ବୋଝ, ଜହ୍ନ, ଝରଣା, ନିର୍ମୂଳି, ଲଟା, ଅରୁନ୍ଧତୀ, ତାରା, ଆଲୁଅ ଇତ୍ୟାଦି ଗୋଟିଏ ଗୋଟିଏ ବିଶେଷ୍ୟ ପଦ ଅଟନ୍ତି।

ତେଣୁ ଏହିପରି ଭାବରେ ଆଲୋଚନା କଲେ ସ୍ପଷ୍ଟ ପ୍ରତୀୟମାନ ହେବ ଯେ ଓଡ଼ିଆ ଭାଷାରେ ବିଶେଷ୍ୟ ପଦର ପରିସର କେତେକ ବ୍ୟାପକ।

୨.୮ ଗଦ୍ୟରେ ବିଶେଷ୍ୟ ପଦର ବ୍ୟବହାର:

କେବଳ ପଦ୍ୟ ନୁହେଁ ଗଦ୍ୟ ସାହିତ୍ୟରେ ମଧ୍ୟ ବିଶେଷ୍ୟ ପଦର ପ୍ରୟୋଗରେ ଚମତ୍କାରିତା ପରିଦୃଷ୍ଟ ହୋଇଥାଏ। ବିଶିଷ୍ଟ ପ୍ରାବନ୍ଧିକ ବିଶ୍ୱନାଥ କରଙ୍କ 'ଜାତୀୟ ଜୀବନରେ ସାହିତ୍ୟର ସ୍ଥାନ' ପ୍ରବନ୍ଧକୁ ସମୀକ୍ଷା କଲେ ଦେଖାଯିବ ଯେ, ପ୍ରାବନ୍ଧିକ ଭାବରେ ସେ ମଧ୍ୟ ବିଶେଷ୍ୟ ପଦକୁ ବ୍ୟବହାର କରିବାରେ କୁଣ୍ଠାବୋଧ କରିନାହାନ୍ତି। ବରଂ ଉକ୍ତ ପଦର ସହାୟତାରେ ସେ ନିଜର ଭାବପ୍ରକାଶ କରିବାରେ ଚମତ୍କାରିତା ପ୍ରଦର୍ଶନ କରିଛନ୍ତି। ଯଥା –

"ଏକ ଧର୍ମାବଲମ୍ବୀମାନେ ଏକ ଜାତି ରୂପରେ ପରିଗଣିତ ହୁଅନ୍ତି। ଏକ ଶାସନାଧୀନ ଲୋକମାନେ ଏକ ଜାତୀୟ ବୋଲି ବିବେଚିତ ହୁଅନ୍ତି। ଏକ ଭାଷା ବ୍ୟବହାରୀ ଲୋକମାନେ ଏକ ଜାତୀୟ ବୋଲି ପରିଚିତ ହୁଅନ୍ତି xxx।"

ଏଠାରେ ଧର୍ମାବଲମ୍ବୀ, ଜାତି, ପରିଗଣିତ, ଜାତୀୟ, ପରିଚିତ, ଲୋକମାନେ ଇତ୍ୟାଦି ଏକ ଏକ ବିଶେଷ୍ୟ ପଦ ଅଟନ୍ତି।

ପୁନଶ୍ଚ ମାୟାଧର ମାନସିଂହଙ୍କ 'କ୍ଷମା' ପ୍ରବନ୍ଧରୁ ମଧ୍ୟ ବିଶେଷ୍ୟ ପଦକୁ ଉଦାହରଣ ରୂପେ ଗ୍ରହଣ କରାଯାଇପାରେ। ଯଥା –

"ମନୁଷ୍ୟର ଏକ ଦୋଷ ଏହିଯେ, ସେ ଆତ୍ମଦୋଷ ଓ ଆତ୍ମଦୁର୍ବଳତା ବୁଝିପାରେ ନାହିଁ, କିନ୍ତୁ ପର ଦୋଷ ଓ ପର ଦୁର୍ବଳତା ଦେଖିପାରିବାରେ ସେ ଅତ୍ୟନ୍ତ ତତ୍ପର xxx।"

ଉକ୍ତ ଗଦ୍ୟାଂଶରେ ମନୁଷ୍ୟ, ଦୋଷ, ଆତ୍ମଦୋଷ, ଦୁର୍ବଳତା, ପରଦୋଷ, ଅତ୍ୟନ୍ତ ଇତ୍ୟାଦି ଏକ ଏକ ବିଶେଷ୍ୟ ପଦ ଅଟନ୍ତି।

ପୁନଶ୍ଚ ଭାଷାବିତ୍ ତଥା ବିଶିଷ୍ଟ ପ୍ରାବନ୍ଧିକ ଗୋଲକ ବିହାରୀ ଧଳଙ୍କ ବିଭିନ୍ନ ପ୍ରବନ୍ଧ ମଧ୍ୟରୁ 'ଜାତିର ଜୀବନ ଓ ସଂସ୍କୃତି' ପ୍ରବନ୍ଧକୁ ଗ୍ରହଣ କରାଯାଇପାରେ। ଯଥା –

"ନୂଆ ଘରପାଇଁ ଖୁଣ୍ଟ ପଡିଲାବେଳେ ଗାଁ ପୁରୋହିତ ମନ୍ତ୍ରପଢି ନଡ଼ିଆ ଭାଙ୍ଗେ। ମନେହୁଏ ସତେ କ'ଣ ନଡ଼ିଆ ନ ଭାଙ୍ଗିଲେ ଘରଟା ଭାଙ୍ଗି ପଡ଼ିଥାନ୍ତା xxx।"

ଉକ୍ତ ଗଦ୍ୟାଂଶରେ ନୂଆଘର, ଖୁଣ୍ଟ, ପଡିଲାବେଳେ, ପୁରୋହିତ, ମନ୍ତ୍ରପଢି, ନଡ଼ିଆ ଇତ୍ୟାଦି ଏକ ଏକ ବିଶେଷ୍ୟ ପଦ ଅଟନ୍ତି।

ଶତ୍ରୁଘ୍ନ ନାଥ:

ଭାରତ ଏକ ଧର୍ମନିରପେକ୍ଷ ପବିତ୍ର ରାଷ୍ଟ୍ର। ପାକିସ୍ଥାନ ଭାରତର ବନ୍ଧୁ ରାଷ୍ଟ୍ର। ଭାରତର ସାଧୁସନ୍ଥ ଓ ମୁନିଋଷିମାନେ ନିଜ ସାଧନା ଓ ଦର୍ଶନ ବଳରେ ଜଗତକୁ ଅପାର ଜ୍ଞାନର ଭଣ୍ଡାର ଦେଇଯାଇଛନ୍ତି। ମାତ୍ର ଧର୍ମର, ଜାତିର ଓ ଭୂଖଣ୍ଡର ଦ୍ୱାହିଦେଇ ସଂପ୍ରତି ପାକିସ୍ଥାନ ପଡ଼ୋଶୀ ଭାରତକୁ ଶତ୍ରୁରାଷ୍ଟ ଭାବୁଛି।

୨.୯ ଉପରଲିଖିତ ଉଦାହୃତ ପାଠ୍ୟାଂଶଗୁଡ଼ିକୁ ତର୍ଜମା କଲେ ଦେଖାଯିବ:

୧. ଓଡ଼ିଆରେ ସରଳ ପ୍ରକୃତି / ମୂଳ ରୂପିମ ପ୍ରତିପାଦିକ[୨୪] ବିଶେଷ୍ୟ ପଦ, ଧାତୁମୂଳକ ନାମବାଚକ ଓ କ୍ରିୟାମୂଳକ ବିଶେଷ୍ୟ ପଦଗୁଡ଼ିକ ମୁଖ୍ୟତଃ ଏକ ଏକ ପ୍ରାଣୀ-ଅପ୍ରାଣୀ / ଗଣନୀୟ-ଅଗଣନୀୟ / ଗୁଣ-ଭାବଭିତ୍ତିକ ଅର୍ଥ ସଂକେତର ନାମକୁ ବହନ କରିଛି।

୨. ଓଡ଼ିଆରେ ମୂଳ ପ୍ରାତିପଦିକଗୁଡ଼ିକ ବାକ୍ୟରେ ମୁଖ୍ୟକର୍ତ୍ତା ଓ କର୍ମ ରୂପରେ ବ୍ୟବହୃତ ହୋଇଥାଏ।[୨୫]

୩. ଓଡ଼ିଆରେ ବ୍ୟବହୃତ ସଂଜ୍ଞାବାଚକ ବିଶେଷ୍ୟ ପଦ ବା ମୂଳରୂପଗୁଡ଼ିକ ସଂସ୍କୃତାନୁସାରୀ, ସଂସ୍କୃତଜାତ, ତଦ୍‌ଭବ ଅନୁସାରୀ, ନିରୁତାଦେଶ୍ୟ ନାମ ସଂକେତ, ବିଶିଷ୍ଟ, ଆଗନ୍ତୁକ ବୈଦେଶିକ ଭାଷା (ଯାବନିକ / ୟୁରୋପୀୟ) ଭିତ୍ତିକ ଏବଂ ଦ୍ରାବିଡ଼ ଓ ଅଷ୍ଟ୍ରିକ ଭାଷା ଆଶ୍ରିତ।[୨୬]

୪. କେତେକ ଶବ୍ଦ ବାକ୍ୟରେ ପ୍ରଧାନ ପଦ ଭାବରେ ଗଛ / ବ୍ୟକ୍ତି / ମାନବେତର ପ୍ରାଣୀ / ଅପ୍ରାଣୀ / ନଦୀ / ପାହାଡ଼ / ଦେଶ / ଗୁଣ / ଭାବ / ଅବସ୍ଥା ଆଦିର ନିର୍ଦ୍ଦିଷ୍ଟ ଏକକ ନାମକୁ ବୁଝାଉଛି। ଯଥା – ଭାରତ, ପାକିସ୍ଥାନ, ନଡ଼ିଆ, ଦୁର୍ବଳତା, ପିଠି, ଅରୁନ୍ଧତୀ, ଅଙ୍କୁର, ଉଦ୍ଧବ, ନିର୍ମୂଳୀ ଇତ୍ୟାଦି।

୫. କେତେକ ଶବ୍ଦ କୌଣସି ନିର୍ଦ୍ଦିଷ୍ଟ ନାମ ସଂକେତ (Noun or name-based symbolic sign)କୁ ନ ବୁଝାଇ ଅନେକଙ୍କର ସମଷ୍ଟିଗତ ସାଧାରଣ ନାମକୁ ସଂଜ୍ଞାୟିତ କରୁଛି। ଏଗୁଡ଼ିକ ନିର୍ଦ୍ଦିଷ୍ଟ ବର୍ଗ ବା ଗୋଷ୍ଠୀ ବା ଜାତିର ନାମକୁ ଅର୍ଥନିଷ୍ଠ କରୁଛି। ଯଥା- ମନୁଷ୍ୟ, ମୁନିଋଷି, ପଶୁ, ଧର୍ମ, ପର୍ବତ, ଦେଶ, ଶତ୍ରୁ, ଝରଣା, ରାଷ୍ଟ୍ର, ନଦୀ, ଗଛ, ତାରା ଇତ୍ୟାଦି।

୬. କେତେକ ଶବ୍ଦ ଅପ୍ରାଣୀବାଚକ ଗଣନୀୟ ପରିମାଣ ବାଚକ ପଦ ଭାବରେ ବ୍ୟବହୃତ ହୋଇଛି। ହାର, ଚାଉଳ, ମାଟି, ପାଣି, କାଗଜ, ଖୁଣ୍ଟ, ଘର, ବୋଝ ଇତ୍ୟାଦି। ସେହିପରି କେତେକ ଶବ୍ଦ ବସ୍ତୁବାଚକ ଅବସ୍ଥାବାଚକ ଓ ଅଗଣନୀୟ ପଦ ଭାବରେ ନାମସୂଚକ ହୋଇ ବିନ୍ୟସ୍ତ ହୋଇଛି। ଯଥା - ଆଲୁଅ, ସୁଯୋଗ, ଭୟ, ଦୁଃଖ, ସୁଖ, ଭଲ, ଦୁର୍ବ. କଳା, ଦାରିଦ୍ର୍ୟ ଓ ବିଶ୍ୱାସ ଇତ୍ୟାଦି। ଏଥିରୁ ଅନେକ ଗୁଣାତ୍ମକ ମଧ୍ୟ। ଯଥା - ଦୁର୍ଭାଗ୍ୟ, ସୌଭାଗ୍ୟ, ସାହାସ, ଶତ୍ରୁତା, ଦୟା, କ୍ଷମା। କେତେକ ପଦ କୌଣସି ନା କୌଣସି କାର୍ଯ୍ୟର ବା କର୍ମର ନାମକୁ ସୂଚିତ କରିଛି। ଯଥା – ଭାବିବା, ଦେଖିବା, ଲେଖିବା, ଗମନ, ଶୟନ, ଭୋଜନ, ସାଧନା, ଦର୍ଶନ, ବନ୍ଧନ, ଗଢଣ ଇତ୍ୟାଦି।

ପୁନଶ୍ଚ ଏସବୁ ଉଲ୍ଲିଖିତ ଶବ୍ଦଗୁଡ଼ିକ ବାକ୍ୟାଶ୍ରିତ ପଦ[୨୭] ରୂପରେ ବ୍ୟବହୃତ ହେବାବେଳେ ମୂର୍ତ୍ତ (ଦେଖି ଛୁଇଁ ଧରିହୁଏ) ଓ ଅମୂର୍ତ୍ତ (ଦେଖି / ଛୁଇଁ ହୁଏନି, ଅନୁଭବ କରିହୁଏ) ଭାବକାରକ ହୋଇ ବ୍ୟବହୃତ ହୋଇଛି। ଯଥା –

ମଣିଷ, ବହି, କଲମ, ନଦୀ, ଗଛ, ଛବି, ହଳଦୀ, ଅଳତା, ତରୁ, ପତର, ବିଦ୍ୟୁତ, ପାଗଳ, ଘୂର୍ଣ୍ଣିଝଡ଼ ଇତ୍ୟାଦି (ମୂର୍ତ୍ତପଦ) ଏବଂ ପ୍ରୀତି, ରମ୍ୟ, ଶତ୍ରୁତା, ନିରାଶା,

ମିତ୍ରତା, ଜ୍ଞାନ, ସାଧୁତା, ସୌନ୍ଦର୍ଯ୍ୟ, ସୌଜନ୍ୟ, ପବିତ୍ର, ସୁଖ, ଅଭାବ, ସାହସ ଇତ୍ୟାଦି ଅମୂର୍ତ୍ତ ଭାବାର୍ଥକାରକ ପଦ।

୭. କେତେକ ପଦ ନାମସୂଚକ। ମାତ୍ର ଏକ ରୂପିମ ବିଶିଷ୍ଟ। ଏଥିରେ କିଛିବି ପ୍ରତ୍ୟୟ, ଚିହ୍ନ କି ବିଭକ୍ତି ସୂଚକ ଲାଗିନାହିଁ। ଯଥା – ଘର, ମଣିଷ, ଶତ୍ରୁ, ଭାରତ, ପାକିସ୍ତାନ, ଦେଶ, ସଖା, ଦୋସର, ଆଲୁଅ, ମୁଣ୍ଡ, କଙ୍କାଳ, ସର୍ବହରା ଇତ୍ୟାଦି। କେତେକ ଶବ୍ଦରେ ସୂଚକ ଓ ପ୍ରତ୍ୟୟ ଆଦି ଚିହ୍ନଯୁକ୍ତ ହୋଇଛି। କେତେକ ଶବ୍ଦରେ ଦୁଇଟି ମୁକ୍ତ ବା ଏକକ ସ୍ୱାଧୀନ ରୂପିମଯୁକ୍ତ ହୋଇଯାଇଛି। ଓଡ଼ିଆରେ ମୁଖ୍ୟ ପଦଗୁଡ଼ିକ ନିରୁତା ଓ ସଂଯୁକ୍ତ ଉଭୟ ଗୁଣର ଭାଷାତତ୍ତ୍ୱ ଦିଗରୁ ଏଗୁଡ଼ିକ ମୁକ୍ତରୂପିମ ଓ ବଦ୍ଧରୂପିମାଶ୍ରିତ ବ୍ୟୁତ୍ପନ୍ନ ପ୍ରକୃତିର ରୂପ ଭାବରେ[୨୮] ଗ୍ରହଣ କରାଯାଏ। ଯେଉଁ ପଦଗୁଡ଼ିକ ମୁକ୍ତ ସେଗୁଡ଼ିକ ଅପରିବର୍ତ୍ତିତ ରୂପର ଏବଂ ଯେଉଁ ପଦଗୁଡ଼ିକ ମୂଳରୂପ ସହିତ ପୂର୍ବାପର କିଛି ଚିହ୍ନ-ସୂଚକ-ବର୍ଣ୍ଣକୁ ବଦ୍ଧରୂପେ ପ୍ରକାଶ କରିଛି ସେଗୁଡ଼ିକ ପରିବର୍ତ୍ତିତ ରୂପ। ଅପରିବର୍ତ୍ତିତ ଓ ପରିବର୍ତ୍ତିତ ଉଭୟ ରୂପ କୌଣସି ଏକ ପ୍ରାଣୀ / ଅପ୍ରାଣୀ / ଭାବ / ଗୁଣ / ଅବସ୍ଥା / କାର୍ଯ୍ୟର ନାମକୁ ବୁଝାଉଛି। (ଓଡ଼ିଆରେ ପୂର୍ବପ୍ରଦତ୍ତ ଦୃଷ୍ଟାନ୍ତ କ୍ରମେ) କିଛି ପଦ କିଛି ଯୁକ୍ତ ରୂପରେ ଓ କିଛି ପଦ ଶୁଦ୍ଧପଦ ଓ ମୁକ୍ତ ରୂପରେ ମୁଖ୍ୟପଦ ଭାବରେ ବ୍ୟବହୃତ ହୋଇଥାଏ। ଯଥା –

- ମୁନି+ଋଷି+ମାନେ = ମୁନିଋଷିମାନେ (ପରିବର୍ତ୍ତିତ ବ୍ୟୁତ୍ପନ୍ନ ସ୍ୱଭାବର ପଦ)। ଏହିପରି ପିଲାମାନେ, ଗଛଗୁଡ଼ିକ, ତାରାରେ, ଗଗନରେ, ନିରାଶା, ପର୍ବତରୁ, ଦେଶର, ଜ୍ଞାନରାଶି, ଜ୍ଞାନର, ଧର୍ମର, ଭୂଖଣ୍ଡର, ସାଧୁସନ୍ଥ, ଶତ୍ରୁ, ରାଷ୍ଟ୍ର ଇତ୍ୟାଦି ଯୁଗ୍ମରୂପ ବା ବ୍ୟୁତ୍ପନ୍ନରୂପ। ଏଗୁଡ଼ିକ ବାକ୍ୟର ମୁଖ୍ୟ ପଦ ଭାବରେ ବ୍ୟବହୃତ ହୋଇଛି।
- ସାଧନା, ଦର୍ଶନ, ବୋଝ, ଜହ୍ନ, ପିଠି, କଙ୍କାଳ, ସ୍ତୁପ, ସୀମନ୍ତିନୀ, ଅଳତା, ଜୀବନ, ସାହିତ୍ୟ, ଭାଷା, ପ୍ରୀତି, ପାଗଳ ଇତ୍ୟାଦି ସଂପୂର୍ଣ୍ଣ ମୁକ୍ତରୂପିମ।

ସୁତରାଂ ଓଡ଼ିଆରେ ବାକ୍ୟରେ ବ୍ୟବହୃତ ନାମ ସୂଚକ ମୁଖ୍ୟ ପଦଗୁଡ଼ିକ ତିନିକୋଟି ଉପାୟରେ ସଜ୍ଜିତ ହୋଇଥାଏ। ଯଥା – ମୁକ୍ତ ରୂପରେ / ବ୍ୟୁତ୍ପନ୍ନ ରୂପରେ / ଯୁଗ୍ମ ବା ଯୌଗିକ ରୂପରେ।

ମୁକ୍ତରୂପର ନାମବାଚକ ପଦ	ବ୍ୟୁତ୍ପନ୍ନରୂପର ପଦ	ଯୁଗ୍ମରୂପର ପଦ
ପୁରୀ	ମନ୍ଦିର ପାଇଁ	ଆତ୍ମଦୋଷ
ପବିତ୍ର	ଲଟାରେ	ପରଦୋଷ
ଜଗନ୍ନାଥ	ନିରାଶାରେ	ଦେଖିପାରିବାରେ
ବୋଝ	ଜଗତକୁ	ମୁନିଋଷି
ଜୀବନ	ଜ୍ଞାନର	ସାଧୁସନ୍ଥ
ଭାଷା	ଭାରତକୁ	ଶତ୍ରୁରାଷ୍ଟ୍ର
ସାହିତ୍ୟ	ଘରପାଇଁ	ରମ୍ୟକଳା
ନିର୍ମୂଳି	ମନୁଷ୍ୟର	ଭଗ୍ନବୁକୁ
ଦର୍ଶନ	ବୁଝିବାରେ	ପ୍ରୀତିଧାରା
ପାକିସ୍ଥାନ		

ମୋଟ ଉପରେ ବିଶ୍ୱର ପ୍ରତ୍ୟେକ ଭାଷା ପରି ଓଡ଼ିଆ ଭାଷାରେ ପଦଗୁଡ଼ିକ ସଂଜ୍ଞାସଂକେତର ଅର୍ଥତତ୍ତ୍ୱ ଦ୍ୱାରା ନିର୍ଦ୍ଧାରିତ । ସଂଜ୍ଞା ସଂକେତର ଦୁଇଟି ଅର୍ଥଦିଗ ରହିଛି । ଗୋଟିଏ ଆକ୍ଷରିକ ବା ପ୍ରତ୍ୟକ୍ଷ ଏବଂ ଅନ୍ୟଟି ବ୍ୟାବହାରିକ ବା ପ୍ରାୟୋଗିକ । ଆକ୍ଷରିକ ସହାୟକ ଅର୍ଥ ବା (ରେଫରେନ୍‌ସିଆଲ) ଆଭିଧାନିକ ଓ ସର୍ବମତ ଦ୍ୱାରା ଅପରିବର୍ତ୍ତିତ । ମାତ୍ର ବ୍ୟାବହାରିକ ଭିତ୍ତିରେ ମୂଳଶବ୍ଦ ବି ଭିନ୍ନାର୍ଥକ ହୋଇଯାଏ । ଉଭୟ ପ୍ରକାର ବ୍ୟବହାର ସତ୍ତ୍ୱେ ଶବ୍ଦର ମୂଳପ୍ରକୃତି ଅବିକଳ ରୁହେ । ଯଥା –

- ପଶୁ - ଆକ୍ଷରିକ ଅର୍ଥ ହେଉଛି । ତୁମେ ଗୋଟେ ପଶୁ – ଏଠି ବ୍ୟାବହାରିକ ଅର୍ଥ ହେଉଛି ।
- ବଣିଜ - ଆକ୍ଷରିକ ଅର୍ଥ – ଏଠି କି ବଣିଜ ଚାଲିଛି ? – ବ୍ୟାବହାରିକ ଅର୍ଥନିଷ୍ଠ ।

ଆକ୍ଷରିତ ଅର୍ଥର ଅଥବା ବ୍ୟାବହାରିକ ଅର୍ଥର ହେଉ ପଦଗୁଡ଼ିକ ବିଭିନ୍ନ ପ୍ରଜାତିକର ହୋଇଥାଏ । ଯଥା –

ପଥର ଭାଙ୍ଗ । (ବସ୍ତୁଭିତ୍ତିକ ନାମ)

ଗୋବିନ୍ଦ ପଥର ଭାଙ୍ଗ । (ବ୍ୟକ୍ତିବାଚକ)

ଗୋବିନ୍ଦ ଲାଭ ଆଶାରେ ପଥର ଭାଙ୍ଗେ । (ଭାବବାଚକ)

ଦୁର୍ବଳତା ସତ୍ତ୍ୱେ ଗୋବିନ୍ଦ ପଥର ଭାଙ୍ଗେ । (ଗୁଣବାଚକ)

ଦୁର୍ବଳତା ସତ୍ତ୍ୱେ ଗୋବିନ୍ଦର ପଥର ଭଙ୍ଗାଣ ଚାଲିଛି । (କ୍ରିୟାସୂଚକ ନାମ)

୨.୧୦

ଓଡ଼ିଆ ବାକ୍ୟରେ ଯେତେଗୁଡ଼ିକ ପଦ ବ୍ୟବହୃତ ହୁଏ ତାହା ବିଶେଷତଃ ଦୁଇଟି ଦିଗକୁ କେନ୍ଦ୍ରରେ ରଖିଥାଏ। ନାମ ସୂଚକ ଓ କ୍ରିୟାସୂଚକ। ନାମସୂଚକ ପଦର ଉତ୍ତରରେ ବିଭକ୍ତି ଓ ଆଦର-ଅନାଦରାଦି ସୂଚକ ଯୋଗହୁଏ। ଯଥା – ଗଛର / ଲୋକଟି / ପିଲାଟା / ଗଲାରୁ / ବଣଠୁ ଇତ୍ୟାଦି ନାମପଦଗୁଡ଼ିକ ଓଡ଼ିଆରେ ପ୍ରାଣୀ-ଅପ୍ରାଣୀ ବାଚକ କରି ବ୍ୟବହାର କରାଯାଏ। ଉଦାହରଣ ସ୍ୱରୂପ: -

(କ) ପ୍ରାଣୀବାଚକ ନାମପଦ ବା ମୁଖ୍ୟଶବ୍ଦ ରୂପ:

(୧) ପ୍ରାଣୀସୂଚକ – ମନୁଷ୍ୟ, ବାଘ, ଛେଳି ନିର୍ଦ୍ଦିଷ୍ଟ ପ୍ରାଣୀ ବା ବ୍ୟକ୍ତିବାଚକ – ରାମ, ନରି, ଗୋବିନ୍ଦ, ଶୁଆ, କଳାଛେଳି, ଧଳାବାଘ ଇତ୍ୟାଦି।

(୨) ପ୍ରାଣୀବାଚକ ଜାତିସୂଚକ ସଂକେତ ବା ନାମପଦ - ପଶୁ, ପକ୍ଷୀ, ମଣିଷ, ହିନ୍ଦୁ, ଇଂରେଜ, ଓଡ଼ିଆ, ବଙ୍ଗାଳୀ, ବ୍ରାହ୍ମଣ, ଦଳିତ।

(ଖ) ଅପ୍ରାଣୀବାଚକ ସଂଜ୍ଞା ବା ନାମବୋଧକ ପଦ:

୧. ଦ୍ରବ୍ୟ ବା ବସ୍ତୁଭିତ୍ତିକ ନାମ – ଜମି, ପାଣି, ମାଟି, କାଠ

୨. ଜାତିବାଚକ ନାମପଦ - ନଈ, ପର୍ବତ, ଦେଶ, ହାଟ

୩. ସଂଜ୍ଞାସୂଚକ – ଓଡ଼ିଶା, କଟକ, ମହାନଦୀ

୪. ଗୁଣସୂଚକ – ବଳ, ବୁଦ୍ଧି, ଦୟା

୫. ଅବସ୍ଥାବୋଧକ – ଯୌବନ, ଦାରିଦ୍ର୍ୟ, ଦୁର୍ବଳ

୬. ସଂଖ୍ୟାସୂଚକ – ଏକ, ପାଞ୍ଚ, କୋଡ଼ିଏ, ଶହେ

୭. ଗୋଷ୍ଠୀ ବା ସମଷ୍ଟି ସୂଚକ – ହଳ, ଗୋଠ, ପଲ, ଦଳ

୮. ଭାବାତ୍ମକ ନାମ – ସୁଯୋଗ, ଅକାଳ, ଦୁର୍ଭାଗ୍ୟ, ସୌଭାଗ୍ୟ

୯. କର୍ମ ବା କ୍ରିୟାବୋଧକ ନାମ - ନାଚ, ଗାନ, ଶିଖା, ପିଆ।

ଓଡ଼ିଆରେ ଗୋଟିଏ ଗୋଟିଏ ନାମପଦ ଏକାଧିକ ଲକ୍ଷଣର ହୋଇଥାଏ। ଯଥା – ଡର / ଭୟ / ସାହସ / ଖୁସି ଏଗୁଡ଼ିକ ଗୁଣ, ଅବସ୍ଥା ଓ କ୍ରିୟାମୂଳକ ବି ହୋଇଥାଏ।

ମୋଟ ଉପରେ ଓଡ଼ିଆରେ ଅନେକ ଭାଷିକ ରୂପ ଶବ୍ଦ ଓ ଧାତୁ ପ୍ରକୃତି ରୂପରେ ରହିଛି। ଏଗୁଡ଼ିକ ଏକ ରୂପିମ ବିଶିଷ୍ଟ। ପ୍ରତ୍ୟୟ, ବିଭକ୍ତି ଯୋଗ ହେଲେ ଏକରୂପିମ ବିଶିଷ୍ଟ ନାମସୂଚକ ଶବ୍ଦ ଯୁଗ୍ମରୂପର ବା ଆବଦ୍ଧ-ବ୍ୟୁତ୍ପନ୍ନ ରୂପର ହୋଇଯାଏ। ସୂଚକ, ବିଭକ୍ତି ଚିହ୍ନ ଓ ମୁଖ୍ୟ କର୍ତ୍ତାପଦ ଭାବରେ ଯେଉଁ ଶବ୍ଦଗୁଡ଼ିକୁ ଓଡ଼ିଆ ଭାଷାରେ ପ୍ରଧାନ ପଦ ରୂପେ ବ୍ୟବହାର କରାଯାଏ ତାହାକୁ ବ୍ୟାକରଣିକ ଶୃଙ୍ଖଳାମତେ

'ବିଶେଷ୍ୟ' ପଦ କୁହାଯାଏ। ପରବର୍ତ୍ତୀ ଅଧ୍ୟାୟରେ ବିଶେଷ୍ୟ ପଦର ପ୍ରଜାତିକ ଭେଦ ଉପରେ ଆଲୋଚନା କରାଯାଉଅଛି।

■

ସଂକେତ ସୂଚୀ:

୧. ଶତପଥୀ, ନଟବର: ଶବ୍ଦସିନ୍ଧୁ, ଅକ୍ଷର, ୨୦୦୮, ପୃ.୧୧୫୯, ଦ୍ରଷ୍ଟବ୍ୟ

୨. ତ୍ରିପାଠୀ, ପ୍ରଫୁଲ୍ଲ କୁମାର: ବ୍ୟାକରଣ କୋଷ, ୨୦୧୩, ପୃ.୨୬୪

୩. ଓଡ଼ିଆ ବ୍ୟାକରଣ (୧ମ-୨ୟ ଖଣ୍ଡ), ନୂତନ ସଂସ୍କରଣ, ୧୯୯୭,ପୃ.୨୫

୪. ଓଡ଼ିଆ ବ୍ୟାକରଣ, ଓଡ଼ିଶା ବୁକ୍ ଏମ୍ପୋରିୟମ୍, ୧୯୫୦, ପୃ.୩

୫. ଭାଷାବୋଧ ଓଡ଼ିଆ ବ୍ୟାକରଣ, ୧୯୩୯, ପୃ.୧୫

୬. ପ୍ରୟୋଗାତ୍ମକ ଓଡ଼ିଆ ବ୍ୟାକରଣ, ୨୦୧୫, ପୃ.୪୩

୭. ଓଡ଼ିଆ ଭାଷାତତ୍ତ୍ୱ, ତୃତୀୟ ସଂସ୍କରଣ, ୧୯୯୫, ପୃ.୫୫

୮. ମହାପାତ୍ର, ବିଜୟ ପ୍ରସାଦ: ପ୍ରଚଳିତ ଓଡ଼ିଆ ଭାଷାର ଏକ ବ୍ୟାକରଣ, ବିଦ୍ୟାଶ୍ରୀ, କଟକ, ୨୦୦୬, ପୃ.୫୯

୯. ମହାପାତ୍ର, ଧନେଶ୍ୱର: ଆଧୁନିକ ଓଡ଼ିଆ ବ୍ୟାକରଣ, କିତାବ ମହଲ, ୧୯୯୮, ପୃ.୨୦

୧୦. ମିଶ୍ର, ହରପ୍ରସାଦ: ବ୍ୟାବହାରିକ ଓଡ଼ିଆ ବ୍ୟାକରଣ, ପ୍ରାଚୀ ପ୍ରତିଷ୍ଠାନ, କଟକ, ୨୦୦୮, ପୃ.୭୬

୧୧. ଦଳାଇ, ଉପେନ୍ଦ୍ର ପ୍ରସାଦ: ଓଡ଼ିଆ ବ୍ୟାକରଣ ଓ ଏହାର ବ୍ୟାବହାରିକ ଦିଗ, କଟକ, ୨୦୧୩, ପୃ.୧୩

୧୨. ଓଡ଼ିଆ ଭାଷା, ପୃ.୪୫

୧୩. ତ୍ରିପାଠୀ, ସନ୍ତୋଷ: ଓଡ଼ିଆ ବ୍ୟାକରଣ କଳନା, ନାଳନ୍ଦା, କଟକ, ୨୦୦୮, ପୃ.୧୯୨

୧୪. ଏ କପୋରେଟିଭ୍ ଗ୍ରାମାର ଅ'ଫ୍ ଦି ମଡର୍ଣ୍ଣ ଇଣ୍ଡିଆନ ଲାଙ୍ଗୁଏଜସ୍ ଅ'ଫ୍ ଇଣ୍ଡିଆ, ୧୮୭୯

୧୫. ଓଡ଼ିଆ ବ୍ୟାକରଣସାର, ୧୮୬୧

୧୬. ଏଲ୍.ଏସ୍.ଆଇ, କଲିକତା, ଭଲ୍ୟୁମ-୫, ୧୯୦୩

୧୭. ଓଡ଼ିଆ ଗ୍ରାମାର 'ର୍ ଇଙ୍ଗ୍ଲିସ୍, ଷ୍ଟୁଡେଣ୍ଟସ୍, ୧୮୭୪

୧୮. (କ) ପରିସଂଙ୍ଖ୍ୟାନାଂ ନାମଂ ବଚ, ପ୍ରାକୃତ ସର୍ବସ୍ୱ, ମାର୍କଣ୍ଡେୟ, ଚଉଖମ୍ବା, ୧୯୭୮, ପୃ.୮୧

(ଖ) ଓଡ଼ିଆରେ ଯେଉଁ ପଦ ଲିଙ୍ଗ, ବଚନ ଓ ବିଭକ୍ତି ଗ୍ରହଣ କରିପାରେ, ତାହା ବିଶେଷ୍ୟ ପଦ। xxx ଏଗୁଡ଼ିକ ପ୍ରାଣୀ ଅପ୍ରାଣୀ ବା ସଜୀବ ନିର୍ଜୀବ ଭାବେ ସୂଚିତ ହୋଇଥାଏ। ମହାପାତ୍ର, ବିଜୟ ପ୍ରସାଦ : ପ୍ରଚଳିତ ଓଡ଼ିଆ ଭାଷାର ବ୍ୟାକରଣ, ବିଦ୍ୟାପୁରୀ, ବିଶେଷ୍ୟ ପଦ, ପୃ.୫୯-୬୧ (ଦ୍ରଷ୍ଟବ୍ୟ)

19. Chalkier, Sylvia and Edmund Weines : Structurally the words, which are related to subject part these are man., 1994, The Oxford Dictionary of English grammar.

20. Leech Geoffrey : A very large class of words which refer to antigen (persons, things, substances, places and abstraction various kinds) known as man; English grammar, a glossary of terms, Viva Books, 2007, pp.72-73

21. Ibid, p.74

୨୨. କ) ମୂଳ ଶବ୍ଦର ଯେଉଁ ଅଂଶଟିକୁ ଭାଙ୍ଗି ବିଶ୍ଳେଷଣ କରିବା ସମ୍ଭବ ନୁହେଁ, ତାହାହିଁ ପ୍ରକୃତି। ତ୍ରିପାଠୀ, ପ୍ରଫୁଲ୍ଲ କୁମାର : ବ୍ୟାକରଣ କୋଷ, ୨୦୧୩, ପୃ.୧୯୩

ଖ) ମିଶ୍ର, ହରପ୍ରସାଦ: ବ୍ୟାବହାରିକ ଓଡ଼ିଆ ବ୍ୟାକରଣ, ପ୍ରାଚୀ ସାହିତ୍ୟ ପ୍ରତିଷ୍ଠାନ, କଟକ, ୨୦୦୭, ପୃ.୬୭-୬୮

ଗ) ମହାପାତ୍ର, ଧନେଶ୍ୱର: ଆଧୁନିକ ଓଡ଼ିଆ ବ୍ୟାକରଣ, କିତାବ ମହଲ, ପୃ.୧୯

ଘ) ତ୍ରିପାଠୀ, ସନ୍ତୋଷ: ଓଡ଼ିଆ ବ୍ୟାକରଣ କଳନା, ନାଳନ୍ଦା, କଟକ, ୨୦୦୮, ପୃ.୧୮୧-୧୯୧ (ଦ୍ରଷ୍ଟବ)

୨୩. ଦାସ, ନୀଳକଣ୍ଠ : ଓଡ଼ିଆ ବ୍ୟାକରଣ, ୧ମ ଓ ୨ୟ ଖଣ୍ଡ, ନୂତନ ସଂସ୍କରଣ, ୧୯୯୭,ପୃ.୨୫

୨୪. କ) Mohapatra, Bijaya Prasad : Synchronic Grammar of Oriya, CIIL, Mysore, 2007, p.85:

ଖ) Geoffrey Leech : English grammar, a glossary of terms, Viva Books, 2007, p.73

ଗ) ମହାପାତ୍ର, ବିଜୟ ପ୍ରସାଦ: ଓଡ଼ିଆ ନାଁ – ଓଡ଼ିଆ ଭାଷଣ ପ୍ରସଙ୍ଗ, ଗ୍ରନ୍ଥମନ୍ଦିର, କଟକ, ୨୦୦୬, ପୃ.୧୯୩-୯୫ (ଦ୍ରଷ୍ଟବ୍ୟ)

୨୫. କ) ମହାପାତ୍ର, ବିଜୟ ପ୍ରସାଦ: ପ୍ରାଥମିକ ଓଡ଼ିଆ ବ୍ୟାକରଣ, ବିଦ୍ୟାପୁରୀ, କଟକ, ୨୦୦୭, ପୃ.୩୩-୩୬

ଖ) ତ୍ରିପାଠୀ, ସନ୍ତୋଷ: ଓଡ଼ିଆ ବ୍ୟାକରଣ କଳନା, ନାଳନ୍ଦା, କଟକ, ୨୦୦୮, ପୃ.୨୦୫-୨୦୫

୨୬. କ) ମାଧ୍ୟମିକ ଓଡ଼ିଆ ବ୍ୟାକରଣ, ମାଧ୍ୟମିକ ଓଡ଼ିଆ ଶିକ୍ଷାପରିଷଦ, କଟକ, ୧୯୯୭, ପଦପ୍ରକରଣ, ପୃ.୮୮-୯୨

ଖ) ମିଶ୍ର, ହରପ୍ରସାଦ: ରୂପସୀ ଓଡ଼ିଆର ରୂପଚର୍ଚ୍ଚା, ବିଜୟିନୀ, କଟକ, ୨୦୧୬, ପୃ୭୧-୭୮ (ଦ୍ରଷ୍ଟବ୍ୟ)

୨୭. ଦଳାଇ, ଉପେନ୍ଦ୍ର ପ୍ରସାଦ: ଓଡ଼ିଆ ବ୍ୟାକରଣ ଓ ଏହାର ବ୍ୟାବହାରିକ ଦିଗ, ଏ. କେ. ମିଶ୍ର ପବ୍ଲିଶର୍ସ, କଟକ, ୨୦୧୩, ପୃ.୧୬୪-୬୮ (ଦ୍ରଷ୍ଟବ୍ୟ)

■■

ତୃତୀୟ ଅଧ୍ୟାୟ

ଓଡ଼ିଆ ବିଶେଷ୍ୟପଦର ପ୍ରକାରଭେଦ

୩.୧ :

ପୂର୍ବ ଅଧ୍ୟାୟରୁ ଏହା ସ୍ପଷ୍ଟ ହୋଇସାରିଛି ଯେ, ଓଡ଼ିଆ ଭାଷାରେ ବିଶେଷ୍ୟପଦ କୌଣସି ନା କୌଣସି ପ୍ରାଣୀ-ଅପ୍ରାଣୀ / ଗଣନୀୟ-ଅଗଣନୀୟ / ମୂର୍ତ୍ତ-ଅମୂର୍ତ୍ତ / ଏକକ-ସମୂହ ଆଦି ଭେଦରେ ନିର୍ଦ୍ଦିଷ୍ଟ ସଂଜ୍ଞା ନିର୍ଣ୍ଣୟକ ହୋଇ ବ୍ୟବହୃତ ହୋଇଥାଏ।

ଏଗୁଡ଼ିକ ମଧ୍ୟରୁ ଅନେକ ସାଧାରଣ ବିଶେଷ୍ୟ ଏକବଚନ ଓ ବହୁବଚନ ହୋଇ ଓଡ଼ିଆ ଭାଷାରେ ବ୍ୟବହୃତ ହୁଏ। ତେଣୁ ଏଗୁଡ଼ିକ ପୁରୁଷ/ବଚନ କ୍ରମକୁ ବି ରକ୍ଷା କରିଥାଏ। କେତେକ ଶବ୍ଦ ବି ଏକାଧାରାରେ ଏକବଚନ ଓ ବହୁବଚନ ହୋଇପାରନ୍ତି (ଜନତା / ବିଦ୍ୟାର୍ଥୀ)। କେତେକ ବି ଅନିୟମିତ ଭାବରେ ବହୁବଚନ ହୋଇପାରନ୍ତି। ଯଥା- ଛାତ୍ରଛାତ୍ରୀ / ପଶୁ / ପାହାଡ଼ / ଜୀବନ/ ନାରୀ / ପୁରୁଷ ଇତ୍ୟାଦି। ଏକ ଏକ ନିର୍ଦ୍ଦିଷ୍ଟ ଭାବରେ ଗଣାଯାଇ ପାରନ୍ତି, କେତେକ ମାପକ ପ୍ରକ୍ରିୟାରେ ବୁଝାପଡ଼ନ୍ତି ଓ କେତେକ ବିଶେଷ୍ୟ ଇନ୍ଦ୍ରିୟାତୀତ ଇନ୍ଦ୍ରିୟ ଦ୍ୱାରା ବୁଝାପଡ଼ନ୍ତି ଓ କେତେକଙ୍କୁ ଆଦୌ ଗଣିହୁଏ ନାହିଁ। କେତେକ ବିଶେଷ୍ୟ ପଦ ବା ନାମ ସମୂହସୂଚକ ଓ କେତେକ ନିର୍ଦ୍ଦିଷ୍ଟ ସୂଚକ ପ୍ରକାଶ କରି ବୁଝାପଡ଼ନ୍ତି। ବିଶେଷ୍ୟଗୁଡ଼ିକ ପୂର୍ବାପର ଯୋଗମୂଳକ ପ୍ରତ୍ୟୟ ପ୍ରକାଶ କରି ନିଜର ପରିଚିତ ସୂଚାନ୍ତି। ତେଣୁ ସୂଚକ ପ୍ରକାଶ କରୁଥିବା ଓ ସୂଚକ ପ୍ରକାଶ କରୁନଥିବା ବିଶେଷ୍ୟ ପଦ ବି ଓଡ଼ିଆରେ ବ୍ୟବହୃତ ହୁଏ।[୧]

୩.୨ :

ବ୍ୟାକରଣରେ ଶବ୍ଦର ଭାବାର୍ଥକାରକ ରୂପ ହେଉଛି ପଦ ଏବଂ ଏହା କାର୍ଯ୍ୟ ବା ଉକ୍ତିର ଏକ ଅଂଶ (Parts of speach)। ଶାବ୍ଦିକ ଶ୍ରେଣୀରେ ଅନ୍ତର୍ଭୁକ୍ତ (Lexical class) ପଦ ମଧ୍ୟରୁ ବିଶେଷ୍ୟ ପଦ ନିର୍ଦ୍ଦିଷ୍ଟ ପାରିଭାଷିକ ଅର୍ଥ ସଂକେତ ଦିଏ ଏବଂ ଉଦ୍ଦେଶ୍ୟ ଅଂଶ ବା ବାକ୍ୟ ମୁଖ୍ୟାଂଶର ପଦ ହୋଇଥାଏ । ନିର୍ଣ୍ଣୟାତ୍ମକ ପଦ୍ଧତି (Notational system) ଦିଗରୁ ବିଶେଷ୍ୟ ପଦ ନିର୍ଦ୍ଦିଷ୍ଟ ବ୍ୟକ୍ତି, ବସ୍ତୁ, ସ୍ଥାନାଦି ନାମକୁ ବୁଝାଏ । ମାତ୍ର ରୂପାତ୍ମକ (Formal) ଓ ବ୍ୟାବହାରିକ ଏକାଆତ୍ମିକ ପ୍ରସଙ୍ଗ (Practical nurms) ଦିଗରୁ ଏଗୁଡ଼ିକ ବଚନ, ଲିଙ୍ଗ ଓ ସୂଚକ ଆଦି ସ୍ୱରୂପକୁ ସମର୍ଥନ କରେ ।[୨] ଏ ଦୃଷ୍ଟିରୁ ଦୃଶ୍ୟ-ଅଦୃଶ୍ୟ, ରୂପ-ଅରୂପ, ପ୍ରାଣୀ-ଅପ୍ରାଣୀ, ଗଣନୀୟ-ଅଗଣନୀୟ କ୍ରମେ ଓଡ଼ିଆ ଭାଷାରେ ବିଶେଷ୍ୟ ରୂପେ ପ୍ରଚଳିତ ପଦକୁ ନିମ୍ନମତେ ବିଭକ୍ତ କରାଯାଇପାରେ ।

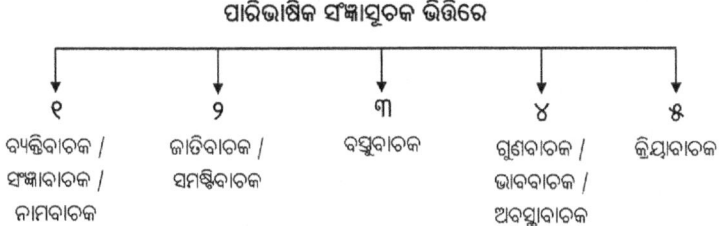

ପାରିଭାଷିକ ସଂଜ୍ଞାସୂଚକ ଭିତ୍ତିରେ

୧. ବ୍ୟକ୍ତିବାଚକ / ସଂଜ୍ଞାବାଚକ / ନାମବାଚକ
୨. ଜାତିବାଚକ / ସମଷ୍ଟିବାଚକ
୩. ବସ୍ତୁବାଚକ
୪. ଗୁଣବାଚକ / ଭାବବାଚକ / ଅବସ୍ଥାବାଚକ
୫. କ୍ରିୟାବାଚକ

ବିଷୟ, ଭାବ ପ୍ରସଙ୍ଗ ଓ ବ୍ୟବହାର ଦୃଷ୍ଟିରୁ ବିଶେଷ୍ୟପଦକୁ ଏକ ପାଞ୍ଚ (୫) ଭାଗରେ ବିଭକ୍ତ କରାଯାଏ । ଯଥା - ନାମବାଚକ ବିଶେଷ୍ୟ, ଜାତିବାଚକ ବିଶେଷ୍ୟ, ବସ୍ତୁବାଚକ ବିଶେଷ୍ୟ, ଗୁଣବାଚକ ବିଶେଷ୍ୟ ଓ କ୍ରିୟା ବାଚକ ବିଶେଷ୍ୟ ।

୩.୩ ନାମବାଚକ ବିଶେଷ୍ୟ (Proper Noun):

କୌଣସି ନିର୍ଦ୍ଦିଷ୍ଟ ପ୍ରାଣୀବାଚକ ବା ଅପ୍ରାଣୀବାଚକ ଏକକର ସଂଜ୍ଞା ବା ପରିଚୟ ସୂଚକ ନାମକୁ 'ନାମବାଚକ ବିଶେଷ୍ୟ' କୁହାଯାଏ । ଜୀବଜଗତର କୌଣସି ବସ୍ତୁ ତାହା ନିର୍ଜୀବ କିମ୍ବା ସଜୀବ ହୋଇପାରେ ବା ବ୍ୟକ୍ତି ନିଜର ଏକ ସ୍ୱତନ୍ତ୍ର ପରିଚୟ ସୃଷ୍ଟି କରିବା ପାଇଁ ଇଚ୍ଛା ପ୍ରକାଶ କରେ । ତେଣୁ ନିଜର ଏହି ସ୍ୱତନ୍ତ୍ର ପରିଚୟ ପାଇଁ ତାକୁ ନିର୍ଦ୍ଦିଷ୍ଟ ଭାବରେ ଏକ ନାମର ଆବଶ୍ୟକତା ପଡ଼ିଥାଏ । ସୁତରାଂ ଯେଉଁ ପଦ ବ୍ୟକ୍ତି ହେଉ ଅଥବା ବସ୍ତୁ ତାକୁ ଏକ ସ୍ୱତନ୍ତ୍ର ପରିଚୟ ଦେବାରେ ସାହାଯ୍ୟ କରିଥାଏ ତାକୁ ନାମବାଚକ ବିଶେଷ୍ୟ ପଦ କୁହାଯାଏ । ସୁତରାଂ ନାମବାଚକ ବିଶେଷ୍ୟର ବ୍ୟବହାର ଦୃଷ୍ଟିରୁ ପୁଲିଙ୍ଗ ଏବଂ ସ୍ତ୍ରୀଲିଙ୍ଗ ଦୁଇଟି ଭେଦରେ ଏହାକୁ ବିଚାର କରାଯାଇପାରେ ।

ପୁଲିଙ୍ଗ ନାମବାଚକ ବିଶେଷ୍ୟ – ଶ୍ରୀହରି ବିଷ୍ଣୁ ସମସ୍ତଙ୍କର ଆରାଧ୍ୟ ଦେବତା ଅଟନ୍ତି । ଏଠାରେ ଶ୍ରୀହରି ବିଷ୍ଣୁ ପୁଲିଙ୍ଗ ବାଚକ ନାମବାଚକ ବିଶେଷ୍ୟ ପଦ ଅଟନ୍ତି ।

ସେହିପରି ସ୍ତ୍ରୀଲିଙ୍ଗ ବାଚକ ଏକ ନାମବାଚକ ବିଶେଷ୍ୟପଦକୁ ଉଦାହରଣ

ରୂପେ ଗ୍ରହଣ କରାଯାଇପାରେ। ଯଥା – 'ଦଶହରାରେ ଦେବୀ ଦୁର୍ଗାଙ୍କୁ ପୂଜାର୍ଚ୍ଚନା କରାଯାଏ।' ଏଠାରେ ଦେବୀ ଦୁର୍ଗା ସ୍ତ୍ରୀଲିଙ୍ଗାନ୍ତ ନାମବାଚକ ବିଶେଷ୍ୟ ଅଟନ୍ତି।

ପୁନଶ୍ଚ ପୁଲିଙ୍ଗ ଏବଂ ସ୍ତ୍ରୀଲିଙ୍ଗ ବ୍ୟତୀତ ନିର୍ଦ୍ଦିଷ୍ଟ ବସ୍ତୁ, ଉଦ୍ଭିଦ ଓ ନିର୍ଜୀବ ଶ୍ରେଣୀର ନାମକୁ ନେଇ ଯେତେବେଳେ ନାମବାଚକ ବିଶେଷ୍ୟ ପଦ ନିରୂପିତ ହୁଏ ସେତେବେଳେ ସେ ପ୍ରକାର ନାମବାଚକ ବିଶେଷ୍ୟ ପଦକୁ ନିର୍ଦ୍ଦିଷ୍ଟ ବସ୍ତୁବାଚକ ବା ବିଶେଷ ବସ୍ତୁମୂଳକ ନାମବାଚକ ବିଶେଷ୍ୟ ପଦ କୁହାଯାଏ। ଯଥା – 'ଦୟାନଦୀ' ଏକ ନିର୍ଦ୍ଦିଷ୍ଟ ନଦୀର ନାମ। 'ରାମଚରିତ ମାନସ' ଏକ ନିର୍ଦ୍ଦିଷ୍ଟ ରାମ କଥାମୂଳକ ପୌରାଣିକଗ୍ରନ୍ଥର ନାମ। ସେହିପରି 'ଚୀନ୍' ଏକ ଜନସଂଖ୍ୟା ବହୁଳ ଦେଶର ନାମ ଅଟେ। 'ଅଗ୍ନି' ଏକ କ୍ଷେପଣାସ୍ତ୍ରର ନାମ ଅଟେ। 'ତାଳଧ୍ୱଜ' ଏକ ଦେବରଥର ନାମ। ସୁତରାଂ ଏସବୁ ଏକଏକ ନିର୍ଦ୍ଦିଷ୍ଟ ନାମବାଚକ ବିଶେଷ୍ୟପଦ ଅଟନ୍ତି। ଫି

ପୁନଶ୍ଚ ନାମବାଚକ ବିଶେଷ୍ୟକୁ ମଧ୍ୟ ସଂଜ୍ଞାବାଚକ ବିଶେଷ୍ୟ ପଦ କୁହାଯାଏ। ଯେତେବେଳେ କୌଣସି ଅନୁଷ୍ଠାନ, ସଂଘ, ସାମୂହିକ ବୁଝାମଣାର ମିଳିତ ଉଦ୍ୟୋଗ ଏକକ ସଂଜ୍ଞାରେ ପରିଚିତ ହୁଏ। ସଂଜ୍ଞାସୂଚକ ଆନୁଷ୍ଠାନିକ ନାମବାଚକ ବିଶେଷ୍ୟକୁ 'ସଂଜ୍ଞାବାଚକ ବିଶେଷ୍ୟ' କୁହାଯାଏ। ଯଥା – ଉତ୍କଳ ସମ୍ମିଳନୀ, ୟୁନିସ୍କୋ, ସାହିତ୍ୟ ଏକାଡ଼େମୀ ଇତ୍ୟାଦି।

ସଂଜ୍ଞାବାଚକ ବିଶେଷ୍ୟ କେବଳ ବ୍ୟକ୍ତି / ପ୍ରାଣୀ / ର ନାମକୁ ନିର୍ଦ୍ଦିଷ୍ଟ କରେନି, ଏହା ମଧ୍ୟ ପଶୁ, ପକ୍ଷୀ, ସ୍ଥାନ, ଗଛ, ପାହାଡ଼, ନଦ, ନଦୀ, ଫୁଲ, ଫଳାଦିର ନାମକୁ ବି ଏକକ ରୂପେ ସୂଚେଇ ଚିହ୍ନେଇ ଦିଏ।[୩] ଯଥା –

- ବ୍ୟକ୍ତି - ନିର୍ଦ୍ଦିଷ୍ଟ ନାମସୂଚକ - ଦନେଇ, ବିମଳା, ସନା, କପିଳ, ମଦନ।
- ପଶୁପକ୍ଷୀ – ଏକକ ଓ ନିର୍ଦ୍ଦିଷ୍ଟ ନାମ – ଗରୁଡ଼, ସଂପାତି, ଖଇରୀ, ଅନନ୍ତ, ବାସୁକୀ, କାମଧେନୁ, ନନ୍ଦିନୀ, ନନ୍ଦୀ, ଐରାବତ, ଉଚ୍ଚୈଶ୍ରବା।
- ନଦୀର ନାମ – ମହାନଦୀ, ବ୍ରାହ୍ମଣୀ, ଗୋଦାବରୀ, ଯମୁନା, ଗଙ୍ଗା।
- ପାହାଡ଼ / ଜଙ୍ଗଲ – ସ୍ଥାନର ନାମ – ଚନ୍ଦକା, ଦଣ୍ଡକା, ଖାଣ୍ଡବ, ଶିମିଳିପାଳ, ହିମାଳୟ, ମହେନ୍ଦ୍ର, ଶ୍ରୀକ୍ଷେତ୍ର, ଏକାମ୍ର, ଚନ୍ଦ୍ରଭାଗା, କଟକ।
- ସମୟ, ବାର, ମାସର ନାମ – ଏକବିଂଶ ଶତାବ୍ଦୀ, ଦଶମ ଶତାବ୍ଦୀ, ମାଘମାସ, 'ଗୁଣମାସ, ସୋମବାର, ରବିବାର।
- ପୁସ୍ତକର ନାମ – ରାମାୟଣ, ମହାଭାରତ, ଭାଗବତ, ବୈଦେହୀଶବିଳାସ, ମହାଯାତ୍ରା, ଶ୍ରୀରାଧା, ନରକିନ୍ନର ଇତ୍ୟାଦି .....।

୩.୪ ଜାତିବାଚକ ବିଶେଷ୍ୟ ପଦ (Common Noun):

'ଜାତି'ର ଅର୍ଥ ବର୍ଗ ବା ସମୂହ। ବାକ୍ୟରେ ଗୋଟିଏ ନିର୍ଦ୍ଦିଷ୍ଟ ବସ୍ତୁ / ବ୍ୟକ୍ତି / ସଂଜ୍ଞାବାଚକ ବିଶେଷ୍ୟ ନିଜର ସମଗୋତ୍ରୀୟ ସାଧାରଣ ସତ୍ତାର ବା ସମୂହଗୁଣର ନାମକୁ ବୁଝାଇଲେ 'ଜାତିବାଚକ' ବିଶେଷ୍ୟପଦ ହୋଇଥାଏ। ପ୍ରାଣୀସୂଚକ ଶବ୍ଦ ସାଧାରଣ ବିଶେଷ୍ୟବର୍ଗ ଅର୍ଥରେ ଓ ବ୍ୟକ୍ତିବାଚକ ସାଧାରଣ ବିଶେଷ୍ୟ ସମୂହ ଅର୍ଥରେ ବ୍ୟବହୃତ ହୁଅନ୍ତି। ଏକାଧିକ ପ୍ରାଣୀ, ବ୍ୟକ୍ତି ଓ ବସ୍ତୁର ସାଧାରଣ ନାମକୁ ଜାତିବାଚକ ବିଶେଷ୍ୟ ଭାବରେ ଅଭିହିତ କରାଯାଏ। ଯଥା – ଗଙ୍ଗା, ଯମୁନା, ମହାନଦୀ, ଦେବୀ, ବୈତରଣୀ ଇତ୍ୟାଦି ନିର୍ଦ୍ଦିଷ୍ଟ ଏକକ ବିଶେଷ୍ୟ ଏକ ବସ୍ତୁବାଦ ନାମକୁ ବୁଝାଇଥାଏ। ଏମାନଙ୍କ ବସ୍ତୁତ୍ୱ ବ୍ୟାପକ ଓ ଦୀର୍ଘତ୍ୱକୁ ବୁଝାଇଛି। ଏହି ବ୍ୟାପକ ବସ୍ତୁତ୍ୱର ନାମବାଚକ ବିଶେଷ୍ୟଗୁଡ଼ିକ ସାମୂହିକ ଭାବରେ ଗୋଟିଏ ଜାତିର ସାଧାରଣ ସଂଜ୍ଞାକୁ ବୁଝାଇଛନ୍ତି, ତାହା ହେଉଛି 'ନଦୀ' ଏବଂ 'ନଦୀ' ଏକ ଜାତିସୂଚକ ଶବ୍ଦ। ସେହିପରି 'ପର୍ବତ' କହିଲେ ହିମାଳୟ, ବିନ୍ଧ୍ୟ, ମେଘାସନ, ହିନ୍ଦୁକୁଶ ଆଦି ପର୍ବତ ସମୂହକୁ ବୁଝାଏ। ପୁନଶ୍ଚ 'ସହର' କହିଲେ କଟକ, ସମ୍ବଲପୁର, ବ୍ରହ୍ମପୁର, ରାଉରକେଲା, କଲିକତା, ଦିଲ୍ଲୀ, ମୁମ୍ବାଇ ଆଦି ସହର ସମୂହକୁ ବୁଝାଏ। ସେହିପରି କାମଧେନୁ, ନନ୍ଦିନୀ, ନେତ, ରୋହିଣୀ ଇତ୍ୟାଦି ଏକ ଏକ ପ୍ରାଣୀସୂଚକ ନାମବାଚକ ବିଶେଷ୍ୟ ଅଟନ୍ତି। ଏବଂ ଏସବୁଙ୍କ ସାଧାରଣ ଜାତିବାଚକ ନାମ ହେଉଛି 'ଗାଈ', ସୁତରାଂ ନଦୀ, ପର୍ବତ, ସହର, ଗାଈ ଇତ୍ୟାଦି ସାଧାରଣ ନାମବାଚକ ବିଶେଷ୍ୟ ଓ ଏସବୁଙ୍କୁ ସାଧାରଣ ଜାତିବାଚକ ବିଶେଷ୍ୟ ଅର୍ଥରେ ଗ୍ରହଣ କରାଯାଏ। ଉପନ୍ୟାସ, ନାଟକ, କବିତା. ପ୍ରବନ୍ଧ ପ୍ରଭୃତିଙ୍କ ସହିତ ଯଦି ସାହିତ୍ୟ, ବିଜ୍ଞାନ, ଇତିହାସ, ଭୂଗୋଳ, ବାଣିଜ୍ୟ, ବୈଷୟିକ ବିଦ୍ୟା ଇତ୍ୟାଦିଙ୍କର ଯଦି ବିଶେଷ ତୁଳନା କରାଯାଏ, ତେବେ ଏସବୁ ଶିକ୍ଷାଧାରାର ଏକ ଏକ ଜାତି ବା ସାଧାରଣବର୍ଗ। ମାତ୍ର ଉପନ୍ୟାସ, ନାଟକ ଓ କବିତା ଇତ୍ୟାଦି ବିଶେଷ୍ୟ ରୂପ ହୋଇପାରେ। ଯଥା- ଯାଜ୍ଞସେନୀ, ଅମାବାସ୍ୟାର ଚନ୍ଦ୍ର, ନଚିକେତା, ମାଟିମଟାଳ, ଦାନାପାଣି ଇତ୍ୟାଦି।

ଅନେକ ସମୟରେ ଏକ ଏକ ନାମବାଚକ ବିଶେଷ୍ୟ ନିଜର ଧର୍ମ, ଗୁଣ ଓ ଆବେଦନିକ ପ୍ରଭାବ ସୂତ୍ରରେ ସମଗୋତ୍ରୀୟ ଅନ୍ୟ ଅନୁସରଣ ଓ ଅନୁବର୍ତ୍ତୀ ନାମବାଚକ ବିଶେଷ୍ୟକୁ ଅନୁପ୍ରାଣିତ କରିଥାଏ। ତୁଳନା ଓ ସାଦୃଶ୍ୟ ନିର୍ଦ୍ଧାରଣ ସୂତ୍ରରେ ଯାହା ସହିତ ଅପ୍ରସିଦ୍ଧ ତୁଳନା ହୁଏ ସେହି ପ୍ରସିଦ୍ଧ ନାମବାଚକ ବିଶେଷ୍ୟଟି ଜାତିବାଚକ ବିଶେଷ୍ୟର ପରିଚିତ ଗ୍ରହଣ କରେ। ଯଥା –

- ଉତ୍କଳବ୍ୟାସ ସାରଳା ଦାସ ଅଟନ୍ତି।
- ଗଙ୍ଗାଧର ମେହେର ଓଡ଼ିଆ ସାହିତ୍ୟର ୱାଡ୍‌ସ୍‌ୱାର୍ଥ ଅଟନ୍ତି।

ଏଠାରେ ସାରଳା ଦାସ, ଓ୍ୱାର୍ଡ୍ସ୍ୱାର୍ଥ ଇତ୍ୟାଦି ନାମବାଚକ ବିଶେଷ୍ୟ ନ ହୋଇ ସାଧାରଣ ପ୍ରସିଦ୍ଧି ଅର୍ଥରେ ଜାତିବାଚକ ବିଶେଷ୍ୟ ଅନୁରୂପ ଅର୍ଥକାରକ ହୋଇ ବ୍ୟବହୃତ ହୋଇଛନ୍ତି।

ପୁନଶ୍ଚ ଜାତିବାଚକ ବିଶେଷ୍ୟ ବସ୍ତୁ ସହିତ ଜଡ଼ିତ। ଜାତିବାଚକ ବିଶେଷ୍ୟ ବିଶେଷ ଭାବରେ ମୂଳବସ୍ତୁ ଅପେକ୍ଷା ରୂପାନ୍ତରିତ ବସ୍ତୁଗୁଡ଼ିକ ସମ୍ପର୍କରେ ବିଶେଷ ସୂଚନା ଦେଇଥାଏ। ଯେପରିକି – 'ଚୌକି' ଏକ ବସ୍ତୁବାଚକ ବିଶେଷ୍ୟ ଅଟେ। କିନ୍ତୁ କାଠଚୌକି, ଆରାମ ଚୌକି ଇତ୍ୟାଦି ଚୌକିର ବିଭିନ୍ନ ରୂପ ଅଟନ୍ତି। ଏମାନଙ୍କର ମୂଳବସ୍ତୁ କାଠ ଅଟେ।

ସେହିପରି 'ଥାଳି' ଏକ ବସ୍ତୁବାଚକ ବିଶେଷ୍ୟ ଅଟେ। କିନ୍ତୁ ଥାଳି କହିଲେ ସୁନାଥାଳି, ରୂପାଥାଳି, କଂସାଥାଳି, ଷ୍ଟିଲ୍‌ଥାଳି ଇତ୍ୟାଦି ବିଭିନ୍ନ ପ୍ରଜାତିକୁ ବୁଝାଏ। ସୁତରାଂ ବହୁ ପ୍ରକାର ଥାଳିର ସମାହାରରେ ଗୋଟିଏ ନିର୍ଦ୍ଦିଷ୍ଟ ବସ୍ତୁବାଚକ ବିଶେଷ୍ୟ ପଦ 'ଥାଳି' ଶବ୍ଦଟି ଗଠିତ।

ପୁନଶ୍ଚ 'ମଣିଷ' ଏକ ବିଶେଷ୍ୟ ପଦଅଟେ। ଶାରୀରିକ ଗଠନ ଦୃଷ୍ଟିରୁ ଏହାକୁ ଭାଗ ଭାଗ କଲେ ହାତ, ଗୋଡ଼, ନାକ, ମୁଣ୍ଡ ଇତ୍ୟାଦି ବିବିଧ ବିଭାଗ ଦେଖିବାକୁ ମିଳେ। ପୁନଶ୍ଚ ପ୍ରାଣୀବିଜ୍ଞାନ ଅନ୍ତର୍ଗତ ତଥ୍ୟାନୁସାରେ ଯଦି ଏହାକୁ (ଶରୀରକୁ) ଭାଗ କରାଯାଏ ତେବେ ସୂକ୍ଷ୍ମାତିସୂକ୍ଷ୍ମ କୋଷ, କୋଷିକା ଇତ୍ୟାଦି କ୍ଷୁଦ୍ରାତିକ୍ଷୁଦ୍ର କଣିକା ଆମର ଦୃଷ୍ଟିଗୋଚର ହେବ। ପୁନଶ୍ଚ ମନୁଷ୍ୟର ଭାବନା ଓ ଆଚରଣ ଅନୁଯାୟୀ ଯଦି ଆମେ ବିଶ୍ଳେଷଣ କରିବା, ତେବେ ସୁଖୀ ମଣିଷ, ଦୁଃଖୀ ମଣିଷ, ଧନୀ ମଣିଷ, ଗରିବ ମଣିଷ, ମୂର୍ଖ ମଣିଷ, ନୀତିବାନ ମଣିଷ, ଗାଉଁଲୀ ମଣିଷ ଇତ୍ୟାଦି। ବିଶେଷ୍ୟପଦ କିନ୍ତୁ ଯେଉଁ ସ୍ଥାନରେ ବସ୍ତୁବୋଧକ ହୁଏ, ସେଠାରେ ଜାତିବାଚକ ବିଶେଷ୍ୟ ପରିବର୍ତ୍ତେ 'ସମଷ୍ଟିବାଚକ' ବିଶେଷ୍ୟ କୁହାଯାଏ। ପୁନଶ୍ଚ ପ୍ରାଚ୍ୟକାଳରୁ ପ୍ରଚଳିତ – ବ୍ରାହ୍ମଣ, କ୍ଷତ୍ରୀୟ, ବୈଶ୍ୟ ଓ ଶୂଦ୍ର ମଧ୍ୟ ଏକ ଏକ ଜାତିବାଚକ ବିଶେଷ୍ୟର ରୂପକୁ ଧାରଣ କରନ୍ତି। ପୁନଶ୍ଚ ପ୍ରତ୍ୟେକ ଜାତି ଅନ୍ତର୍ଗତ ସଂଜ୍ଞାଗୁଡ଼ିକ ସେହି ଜାତିର ପ୍ରଜାତି ଅଟନ୍ତି। ଯଥା– 'ବ୍ରାହ୍ମଣ' ଜାତି କହିଲେ - ଦାଶ, ମିଶ୍ର, ମହାପାତ୍ର, ପାଢ଼ୀ, ପଣ୍ଡା ଇତ୍ୟାଦି। ସେହି ଅନ୍ୟ ଜାତିଗୁଡ଼ିକରେ ମଧ୍ୟ ସେହିପରି ବହୁ ପ୍ରଜାତିର ସଂଜ୍ଞା ରହିଛନ୍ତି।

ପୁନଶ୍ଚ ବ୍ୟକ୍ତିବାଚକ ବିଶେଷ୍ୟ ବେଳେବେଳେ ଜାତିବାଚକ ବିଶେଷ୍ୟରେ ପରିଣତ ହୋଇଥାଏ। ଯଥା–

ସେକ୍‌ସପିୟରଙ୍କୁ ଇଂଲଣ୍ଡର କାଳିଦାସ କୁହାଯାଇପାରେ।

ସିଙ୍ଗାପୁରକୁ ପ୍ରାଚ୍ୟର ଜିବ୍ରାଲ୍‌ଟର କୁହାଯାଏ।

ଏଠାରେ କାଳିଦାସ, ଜିବ୍ରାଲ୍‌ଟର ଜାତିବାଚକ ବିଶେଷ୍ୟପଦ ଅଟନ୍ତି। ପୁନଶ୍ଚ ଦଳ, ପଲ, ଗୋଠ, ସେନା, ଜନତା ଆଦି ସମଷ୍ଟିବାଚକ ବିଶେଷ୍ୟଗୁଡ଼ିକୁ ଜାତିବାଚକ ବିଶେଷ୍ୟର ଅନ୍ତର୍ଭୁକ୍ତ କରାଯାଇଥାଏ।

ଜାତିବାଚକ ବିଶେଷ୍ୟ ପଦଗୁଡ଼ିକ ଏକ ଏକ ଅନିର୍ଦ୍ଦିଷ୍ଟ ନାମର ସୂଚକ। ଅନେକର ସହାବସ୍ଥାନ ଏହି ବିଶେଷ୍ୟର ନାମରୁ ଜଣାଯାଏ। ବର୍ଗ ବା ଶ୍ରେଣୀଭିତ୍ତିକ[୪] ଅର୍ଥ ଏଥିରୁ ବୁଝାପଡ଼େ। ଏକ-ଏକ-ଏକ ହୋଇ ଯେତେବେଳେ ଅନେକର ମିଶ୍ରଣ ଘଟେ ଓ ତାହା ଏକ ବର୍ଗକୁ ସୂଚାଏ ସେତେବେଳେ ଶ୍ରେଣୀ ସୂଚକ ବିଶେଷ୍ୟ ନିର୍ଣ୍ଣିତ ହୁଏ। ଉଦାହରଣ ସ୍ୱରୂପ - ମନୁଷ୍ୟ, ପିଲା, ସହର, ବହି, ଭାଷା, ପାହାଡ଼, ନଈ, ଗଛ, ଫୁଲ, ଦେଶ ଇତ୍ୟାଦି ଏକ ଏକ ଜାତିବାଚକ ବିଶେଷ୍ୟପଦ।

ଜାତିବାଚକ ବିଶେଷ୍ୟ ଯେତେବେଳେ ସମୂହବୋଧକ ବା ସମଷ୍ଟିସୂଚକ ହୁଏ (Collective Sense) ସେତେବେଳେ ତାହା ଦଳେ, କେତେକ, କିଛି ଇତ୍ୟାଦିର ସମଷ୍ଟିରୁ ନିର୍ଣ୍ଣୟନ କରିଥାଏ। ଏଗୁଡ଼ିକ 'ସମଷ୍ଟିବାଚକ ବିଶେଷ' ପଦ।[୫] ଭିଡ଼, ଯୂଥ, ଦଳ, ଗୋଷ୍ଠୀ, ଗୋଠ, ପୁଞ୍ଜ, ବାହିନୀ, ସଂସଦ, କମିଟି, ଶ୍ରେଣୀ ଇତ୍ୟାଦି ସମଷ୍ଟିବାଚକ ବିଶେଷ୍ୟର ନମୁନା।

ଜାତିବାଚକ ବିଶେଷ୍ୟକୁ ଜାଣିବା ପାଇଁ ଆମେ କେତେ ବା କେତେଟା ଲଗାଇ ପ୍ରଶ୍ନ କଲେ ଯଦି ତାହା ଅନିର୍ଦ୍ଦିଷ୍ଟ ନାମର ମିଶ୍ରଣବୋଧକ ହୁଏ ତେବେ ତାହା ଜାତିବାଚକ ଜାଣିବାକୁ ହୋଇଥାଏ। ଯଥା – ନଦୀ – କେତେକେତେ କେଉଁ କେଉଁ ନଦୀ – ମନ୍ଦାକିନୀ, ଗଙ୍ଗା, କାବେରୀ, ବୈତରଣୀ, ଆମାଜାନ, ଇବ୍, ଏଲୋ ....। କେତେଟା ମହାନଦୀ ପଚାରିଲେ ତା'ର ଉତ୍ତର ମିଳେନି। ତେଣୁ ମନ୍ଦାକିନୀ ନାମଟି ଜାତିବାଚକ ନୁହେଁ। ଏଥିରୁ ଜଣାଗଲା ନାମବାଚକ ବିଶେଷ୍ୟ ଅନେକ ମଧ୍ୟରୁ ଏକଟିକୁ ନିର୍ଦ୍ଦିଷ୍ଟ କରୁଥିବାବେଳେ ଜାତିବାଚକ ବିଶେଷ୍ୟ ଏକ ଏକ ଏକ କରି ବସ୍ତୁତାକୁ ବୁଝାଇଥାଏ।[୬]

୩.୫ ବସ୍ତୁବାଚକ ବିଶେଷ୍ୟ ପଦ (Material Noun):

ଯଦି କୌଣସି ପଦାର୍ଥକୁ ଭାଗ ଭାଗ କରି ଅଣୁପରମାଣୁ ସ୍ତରରେ ପହଞ୍ଚାଇବା ପରେ ମଧ୍ୟ ସେ ତାହାର ଧର୍ମ ବା ବସ୍ତୁତ୍ୱରେ କୌଣସି ପରିବର୍ତ୍ତନ ନ ଆଣି ଅଭିନ୍ନ ରହେ, ତେବେ ଉକ୍ତ ପଦାର୍ଥକୁ 'ବସ୍ତୁବାଚକ ବିଶେଷ୍ୟ' ପଦରେ ଅନ୍ତର୍ଭୁକ୍ତ କରାଯାଇପାରେ। ଯଥା- ଲୁହା, ପଥର, କାଠ, ସୁନା, ମାଟି, ପାଣି ଇତ୍ୟାଦି। କିନ୍ତୁ ଉକ୍ତ ମୂଳ ବସ୍ତୁକୁ ନେଇ ଯେଉଁ ପଦାର୍ଥ ସବୁ ଗଢାଯାଏ, ସେସବୁକୁ ରୂପାନ୍ତରିତ ବସ୍ତୁବାଚକ ବିଶେଷ୍ୟ ପଦ କୁହାଯାଏ। ଯଥା –

ବସ୍ତୁବାଚକ ବିଶେଷପଦ	ରୂପାନ୍ତରିତ ବସ୍ତୁବାଚକ ବିଶେଷ୍ୟପଦ
ମାଟି	ହାଣ୍ଡି, ମାଠିଆ
ପଥର	ଦେଉଳ, ମୂର୍ତ୍ତୀ, ଗୃହ
କାଗଜ	ଖାତା, ବହି
ସୁନା	ଚୂଡ଼ି, ହାର, ମୁଦି, କାନଫୁଲ

ପୁନଶ୍ଚ ପ୍ରୟୋଗ ଓ ସମୂହ ଧାରଣାରେ ବୁଝାଉଥିବା ବସ୍ତୁବାଚକ ବିଶେଷ୍ୟ ଜାତିବାଚକ ବିଶେଷ୍ୟରେ ରୂପାନ୍ତରିତ ହୋଇପାରେ। ଯଥା – ଦୋରସାମାଟି, ପଠାମାଟି, କନାମାଟି, ନାଲିମାଟି, କାଦୁଆମାଟି, ଚିରାକାଠ, ଓଦାକାଠ, ମସ୍‌କାକାଠ ଇତ୍ୟାଦି।

ଏବେ ନିମ୍ନପ୍ରଦତ୍ତ ଉଦାହରଣଗୁଡ଼ିକୁ ଦେଖିଲେ ଜଣାଯିବା ଯେ ବସ୍ତୁବାଚକ ବିଶେଷ୍ୟ ପଦ ସହିତ ବସ୍ତୁନିଷ୍ଠ ଜାତିବାଚକ ଓ ନିର୍ଦ୍ଦିଷ୍ଟ ନାମସୂଚକ ପଦରୂପ ବି ରହିଛି। ଏଗୁଡ଼ିକ ନିର୍ଜୀବବାଚକ ବା ଅପ୍ରାଣୀବାଚକ ବିଶେଷ୍ୟ। ଯଥା –

ବସ୍ତୁବାଚକ ବିଶେଷ୍ୟ	ବସ୍ତୁରୁ ଜାତିବାଚକ ବିଶେଷ୍ୟ	ବସ୍ତୁମୂଳକ ନାମବାଚକ ବିଶେଷ୍ୟ
ସୁନା	ହାର	ନକ୍ଷତ୍ରହାର
କାଠ	ଚୌକୀ	ବେତଚୌକୀ/ଆରାମଚୌକୀ
ପଥର	ମୂର୍ତ୍ତି	ବିଷ୍ଣୁମୂର୍ତ୍ତି
ମାଟି	କଣ୍ଢେଇ	ଷଠିକଣ୍ଢେଇ
କାଗଜ	ବହି	ରାମାୟଣ ବହି

ଏଠାରେ ଉଲ୍ଲେଖଯୋଗ୍ୟ ବସ୍ତୁବାଚକ ବିଶେଷ୍ୟକୁ ଭାଙ୍ଗି ଭାଙ୍ଗି ଯେତେ ସର୍ବନିମ୍ନ ସ୍ତରକୁ ନିଆଗଲେ ବି ତାହା ବସ୍ତୁ ହୋଇରୁହେ। ମାତ୍ର ବସ୍ତୁମୂଳକ ଜାତିବାଚକ ବିଶେଷ୍ୟକୁ ଭାଙ୍ଗିଦେଲେ ତା'ର ଜାତି ସୂଚକ ପରିଚିତି ଲୋପପାଏ।

ବସ୍ତୁବାଚକ ବିଶେଷ୍ୟ ମଧ୍ୟ ଦ୍ରବ୍ୟର ନାମକୁ ସୂଚଉଥିବାରୁ ଏହାକୁ ଦ୍ରବ୍ୟବାଚକ ବିଶେଷ୍ୟ ପଦ କୁହାଯାଇଥାଏ। ପାଣି, ମାଟି, ବାଲି, ଜଳ, କାଠ, ତେଲ, ଚାଉଳ, ଡାଲି ଇତ୍ୟାଦି। ବସ୍ତୁବାଚକ ବିଶେଷ୍ୟପଦଗୁଡ଼ିକ ପରିମାଣସୂଚକ, ଗଣନସୂଚକ ହୋଇପାରିଥାଏ।[୭]

୩.୬ ଗୁଣବାଚକ ବିଶେଷ୍ୟ / ଅବସ୍ଥାବାଚକ ବିଶେଷ୍ୟ (Abstract Noun):

ସୁଖ, ଦୁଃଖ, ଜରା, ଯୌବନାଦି ଅବସ୍ଥା ଯାହା ଦୃଶ୍ୟମାନ ଏବଂ ଦୟା, କ୍ଷମା, ସାଧୁତା ଆଦି ସ୍ୱର୍ଗୀୟଗୁଣ ଯାହା ନିରାକାର ଅର୍ଥାତ୍ ଆକାର ଶୂନ୍ୟ କିନ୍ତୁ ଅନୁଭବ୍ୟ

ଓ ମନୋଗ୍ରାହ୍ୟ ଇତ୍ୟାଦି ଯେତେବେଳେ ବ୍ୟାକରଣରେ କ୍ରିୟା ଆଶ୍ରିତ ହୋଇ ପଦରେ ପରିଣତ ହୁଅନ୍ତି, ସେତେବେଳେ ସେଗୁଡ଼ିକ ଗୁଣବାଚକ ବିଶେଷ୍ୟ ପଦର ସଂଜ୍ଞାକୁ ଧାରଣକରନ୍ତି ।

(କ) **ଗୁଣବାଚକ ବିଶେଷପଦ:** ଭଦ୍ରତା, ଶିଷ୍ଟତା, ସାଧୁତା, କପଟତା, ଦୟା, କ୍ଷମା, କରୁଣା, ମାନବିକତା ଆଦି ଗୁଣବାଚକ ବିଶେଷ୍ୟପଦର ଅନ୍ତର୍ଭୁକ୍ତ ଅଟନ୍ତି ।

(ଖ) **ଅବସ୍ଥାବାଚକ ବିଶେଷ୍ୟପଦ:** ଦୁଃଖ, ଅଭାବ, ସୁଖ, ଦାରିଦ୍ର୍ୟ, ମୁକ୍ତି, କଳ୍ପନା, ମନୋମାଳିନ୍ୟ, ସ୍ୱଚ୍ଛତା, ବିଭ୍ରାଟ ଇତ୍ୟାଦି ।

(ଗ) **ଉଭୟ ଗୁଣ ଓ ଅବସ୍ଥା ସମନ୍ୱିତ ବିଶେଷ୍ୟ:** ସୌଭାଗ୍ୟ, ଦୁର୍ଭାଗ୍ୟ, ପାଣ୍ଡିତ୍ୟ, ଉତ୍ସାହ, ସାହାସ, ନୀତି, ସ୍ୱଚ୍ଛ, ସୁଯୋଗ, ନୈଷ୍ଠିକତା, ସୌହାର୍ଦ୍ଦ୍ୟ ଇତ୍ୟାଦି ।

୩.୭ କ୍ରିୟାବାଚକ ବିଶେଷ୍ୟ ପଦ (Verbal Noun):

ବାକ୍ୟରେ କ୍ରିୟାପଦ, କ୍ରିୟାବିଶେଷଣ ଓ କ୍ରିୟାବାଚକ ବିଶେଷ୍ୟ ରୂପେ ପ୍ରତ୍ୟେକ ଧାତୁ ପ୍ରତ୍ୟୟାନ୍ତର ସ୍ୱତନ୍ତ୍ର ପ୍ରୟୋଗ ରହିଛି । କ୍ରିୟା ଦୁଇପ୍ରକାର । ଯଥା- ୧. ସାଧକ୍ରିୟା, ୨. ସିଦ୍ଧକ୍ରିୟା

ସାଦ୍ଧକ୍ରିୟା: ଯେଉଁ ଧାତୁରୁ କାଳ, ପୁରୁଷ, ବଚନ ଅନୁସାରେ ପ୍ରତ୍ୟୟ ଯୋଗ ହୋଇ ବ୍ୟୁତ୍ପନ୍ନ ପଦ ସୃଷ୍ଟି ହୁଏ, ତାହାକୁ ସାଦ୍ଧକ୍ରିୟା କୁହାଯାଏ । ଯଥା – ଖାଇଛି, ଖାଏ, ଖାଇଲି, ଖାଇବି, ଖାଉଥିବି, ଖାଇଲେ ଇତ୍ୟାଦି । ଯେଉଁ କ୍ରିୟାରୁ ଏସବୁ ଜଣାପଡ଼େ ନାହିଁ, ତାହା ସିଦ୍ଧ କ୍ରିୟା ଅଟେ । ଅର୍ଥାତ୍ ବାକ୍ୟରେ ବ୍ୟବହୃତ ସିଦ୍ଧକ୍ରିୟା ବା କାର୍ଯ୍ୟର ନାମକୁ 'କ୍ରିୟାବାଚକ' ବିଶେଷ କୁହାଯାଏ । ଏହି ପଦଗୁଡ଼ିକ ଅଣ, ଅନ, ତବ୍ୟ, ଅ, ଆ, ଏ ବା ଇତ୍ୟାଦି ପ୍ରତ୍ୟୟ ଯୋଗେ ଗଠିତ ହୋଇଥାନ୍ତି । ଯଥା – ଭୋଜନ, ନେବା, ହସ, ଖିଆ, ଗାଉଣା, ବାଜଣା, ଗମନ ଇତ୍ୟାଦି । ସୁତରାଂ ସିଦ୍ଧକ୍ରିୟା ହେଉଛି କ୍ରିୟାବାଚକ ବିଶେଷ୍ୟପଦ ଏବଂ ସାଧକ୍ରିୟା ହେଉଛି କ୍ରିୟାପଦ । ଅତଏବ- ଯେଉଁ ବିଶେଷ୍ୟପଦ ଧାତୁରୁ ନିଷ୍ପନ୍ନ ହୋଇ କୌଣସି କାର୍ଯ୍ୟର ନିର୍ଦ୍ଦିଷ୍ଟ ନାମକୁ ବୁଝାଏ ତାହା କ୍ରିୟାବାଚକ ବିଶେଷ ।[୮]

ବେଳେବେଳେ ଯୁଗ୍ମକ୍ରିୟା ମଧ୍ୟ ବିଶେଷ୍ୟ ପଦ ହୋଇଥାଏ । ଯଥା- ବସିବାଉଠିବା, ବସିବାଶୋଇବା, ଖିଆପିଆ, ଯିବାଆସିବା, ଉଠାବସା ଇତ୍ୟାଦି ।

୩.୮

ସୁତରାଂ ଯେଉଁ ନାମସୂଚକ ପଦଗୁଡ଼ିକ ବ୍ୟକ୍ତିବା ବସ୍ତୁର / ପ୍ରାଣୀ ବା ଅପ୍ରାଣୀର

ଗୁଣ, ଅବସ୍ଥା ଓ ଭାବସୂଚକ ଅର୍ଥକୁ ସୂଚିତ କରେ ତାହା 'ଗୁଣବାଚକ' ବା 'ଅବସ୍ଥାବାଚକ'।[୯]

ଅବସ୍ଥା ବା ଗୁଣବାଚକ ବିଶେଷ୍ୟ ଭଲ ଓ ମନ୍ଦ, ଉତ୍କର୍ଷ-ଅପକର୍ଷକ, ଉନ୍ନତ-ଅନୁନ୍ନତ, ସକାରାତ୍ମକ-ନକାରାତ୍ମକ ହୋଇପାରେ।[୧୦] ନିମ୍ନ ଉଦାହରଣରୁ ଲକ୍ଷ୍ୟ କରାଯାଉ:

ଗୁଣବାଚକ	**ଅବସ୍ଥାବାଚକ**	**ଭାବବାଚକ**
ସକରାତ୍ମକ ଅର୍ଥନୀଷ୍ଠ:		
ଦୟା	ସୁଖ	ସୌଭାଗ୍ୟ
କ୍ଷମା	ଆନନ୍ଦ	ସୁଯୋଗ
ମୈତ୍ରୀ	ସ୍ୱଚ୍ଛନ୍ଦ	କୌତୁକ
ପ୍ରୀତି	ଯୌବନ	ସମୃଦ୍ଧି, ଉତ୍‌ଥାନ
ମମତା	ତଟକା	ଉନ୍ନତି
ସାଧୁତା		
ନକାରାତ୍ମକ ଅର୍ଥନୀଷ୍ଠ:		
ନିର୍ଦ୍ଦୟ	ଦୁଃଖ	ଦୁର୍ଭାଗ୍ୟ
ନିଷ୍ଠୁର	ଅନାନନ୍ଦ	ଦୁର୍ଯୋଗ
ନିର୍ମମ		ଗାମ୍ଭୀର୍ଯ୍ୟ
ରୁକ୍ଷ	ଗରିବ	ପତନ
କପଟ	ବାର୍ଦ୍ଧକ୍ୟ	ଦୁର୍ଗତି
ଛଳନା	ଦଦରା	ଅବନ୍ନତି
ଭଣ୍ଡାମୀ	ରୁଗ୍ଣ	
	ପୋକରା	
	ବାସୀ	

ଗୁଣବାଚକ ବିଶେଷ୍ୟଗୁଡ଼ିକ ଅଣ ଇନ୍ଦ୍ରୀୟତା ସଂପନ୍ନ ଓ ଅନୁଭବଯୋଗ୍ୟ।

୩.୯:-

ଏଠାରେ ଉଲ୍ଲେଖଯୋଗ୍ୟ ପ୍ରାଣୀ -ଅପ୍ରାଣୀ / ବ୍ୟକ୍ତି-ଅବ୍ୟକ୍ତି ସୂଚକ ବିଶେଷ୍ୟ ପଦଗୁଡ଼ିକ ନିର୍ଦ୍ଦିଷ୍ଟତା ଓ ସମଷ୍ଟି ବା ବର୍ଗସୂଚକ ହୋଇ ଚିହ୍ନାଯାଇଥାଏ। ଏହି ମର୍ମରେ ଉଭୟ ବିଶେଷ୍ୟ ମଧ୍ୟରେ ଭେଦ ଲକ୍ଷଣକୁ ନିମ୍ନମତେ ଲକ୍ଷ୍ୟ କରିବା:

ନାମବାଚକ ବା ବସ୍ତୁବାଚକ ବିଶେଷ୍ୟ	ଜାତିବାଚକ ବିଶେଷ୍ୟ
▪ ନିର୍ଦ୍ଦିଷ୍ଟ ନାମକୁ ଓ ବ୍ୟକ୍ତି ବା ଅବ୍ୟକ୍ତିର ଏକକ ପ୍ରସଙ୍ଗକୁ (Single referent) ବୁଝାଇଥାଏ । (ରାମ / ଦାମ / ସୀତା)	▪ ସାଧାରଣ ଶ୍ରେଣୀ ବା ବର୍ଗୀୟ ପରିଚିତିର ପ୍ରସଙ୍ଗକୁ ଚିହ୍ନାଇଥାଏ (Common Refrent) । (ମଣିଷ / ନାରୀ / ପୁରୁଷ / ପିଲା)
▪ ବସ୍ତୁ ବା ବ୍ୟକ୍ତିବାଚକ ନାମ ନିର୍ଦ୍ଦିଷ୍ଟ । (ମହାନଦୀ / ଗଙ୍ଗା / ମହେନ୍ଦ୍ର)	▪ ଅନେକର ଅନ୍ତର୍ଭାବ ନାମର ଅଧିକ୍ରମକୁ (hierarchy of hyponyms) ବୁଝାଏ । ତେଣୁ ଅନିର୍ଦ୍ଦିଷ୍ଟ (ନଦୀ / ପାହାଡ଼)
▪ ଏସବୁ ନାମ ନିର୍ଦ୍ଦିଷ୍ଟ ଭାଷା ମଧ୍ୟରେ ସଂଜ୍ଞାସୂଚକ ହୋଇ ପ୍ରଚଳିତ ହୁଏ ।	▪ ଏଗୁଡ଼ିକ ଯେକୌଣସି ଭାଷାରେ ଅଂଶୀଭୂତ ହୋଇପାରେ ।
▪ ଏହା ବ୍ୟାଖ୍ୟା ରହିତ ।	▪ ଏହା ବ୍ୟାଖ୍ୟାମୂଳକ ।
▪ ଜଣକୁ ବୁଝାଏ ।	▪ ଶ୍ରେଣୀ ବା ଅନେକଙ୍କ ବୁଝାଏ ।
▪ ନାମବାଚକ ଅପରିବର୍ତ୍ତିତ ।	▪ ନାମବାଚକବି ଜାତିସୂଚକ ହୋଇପାରେ । (ଏବେ ଯୁଧିଷ୍ଠିରମାନେ ସତ୍ୟ ଭାଙ୍ଗିବାରେ ଧୂରୀଣ ।

୩.୧୦: ବିଶେଷ୍ୟର ରୂପାତ୍ମକ ବା ସ୍ୱରୂପ ଗଠନାତ୍ମକ ଭେଦ:

ପୂର୍ବରୁ ପାଞ୍ଚ ଭାଗରେ ବିଭକ୍ତ ହୋଇଥିବା ସଂଜ୍ଞାସୂଚକ ବିଶେଷ୍ୟପଦଗୁଡ଼ିକୁ ପ୍ରାଣୀ-ଅପ୍ରାଣୀ / ମୂର୍ତ୍ତ-ଅମୂର୍ତ୍ତ / ସଜୀବ-ନିର୍ଜୀବ / ଗଣନୀୟ-ଅଗଣନୀୟ ଏପରି ଭାବରେ ସ୍ୱରୂପଭିତ୍ତିକ ବିଶେଷତ୍ୱ କ୍ରମେ ବିଭକ୍ତ କରାଯାଇଥାଏ। ନିମ୍ନପ୍ରଦତ୍ତ ସାରଣୀକୁ ଲକ୍ଷ୍ୟ କରାଯାଇପାରେ:

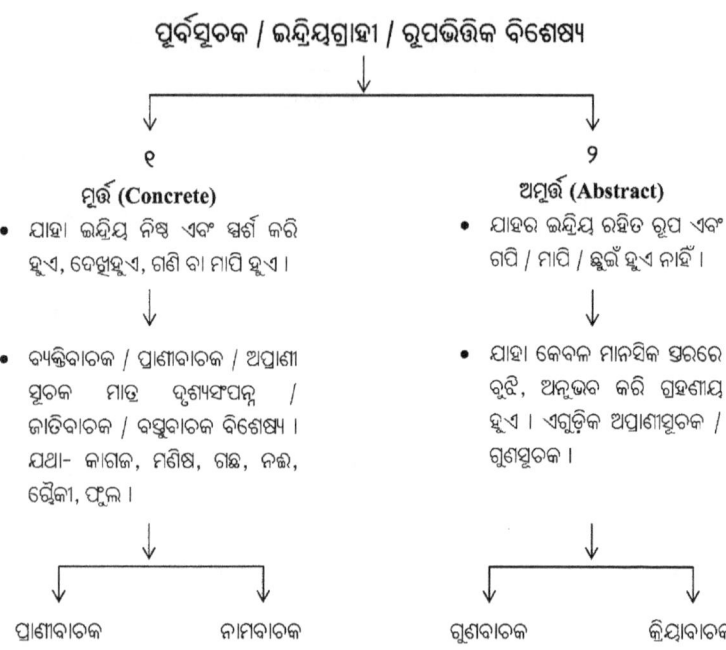

ପୂର୍ବସୂଚକ / ଇନ୍ଦ୍ରିୟଗ୍ରାହୀ / ରୂପଭିତ୍ତିକ ବିଶେଷ୍ୟ

୧ ମୂର୍ତ୍ତ (Concrete)

- ଯାହା ଇନ୍ଦ୍ରିୟ ନିଷ୍ପ ଏବଂ ସ୍ପର୍ଶ କରି ହୁଏ, ଦେଖିହୁଏ, ଗଣି ବା ମାପି ହୁଏ ।

↓

- ବ୍ୟକ୍ତିବାଚକ / ପ୍ରାଣୀବାଚକ / ଅପ୍ରାଣୀ ସୂଚକ ମାତ୍ର ଦୃଶ୍ୟସଂପନ୍ନ / ଜାତିବାଚକ / ବସ୍ତୁବାଚକ ବିଶେଷ୍ୟ । ଯଥା- କାଗଜ, ମଣିଷ, ଗଛ, ନଈ, ଗୈଁକୀ, ଫୁଲ ।

↓

ପ୍ରାଣୀବାଚକ | ନାମବାଚକ

୨ ଅମୂର୍ତ୍ତ (Abstract)

- ଯାହର ଇନ୍ଦ୍ରିୟ ରହିତ ରୂପ ଏବଂ ଗପି / ମାପି / ଛୁଇଁ ହୁଏ ନାହିଁ ।

↓

- ଯାହା କେବଳ ମାନସିକ ସ୍ତରରେ ବୁଝି, ଅନୁଭବ କରି ଗ୍ରହଣୀୟ ହୁଏ । ଏଗୁଡ଼ିକ ଅପ୍ରାଣୀସୂଚକ / ଗୁଣସୂଚକ ।

↓

ଗୁଣବାଚକ | କ୍ରିୟାବାଚକ

୩.୧୧

ପ୍ରାଣୀ-ଅପ୍ରାଣୀ ଭିତ୍ତିରେ ଗଣନୀୟ ଓ ଅଗଣନୀୟ ସ୍ଥିତାବସ୍ଥାକୁ ଆଧାର କରି ଓଡ଼ିଆରେ ବିଶେଷ୍ୟପଦ ନିମ୍ନମତେ ଅନ୍ତର୍ଜାତୀୟ ବୈୟାକରଣିକ ବିଧାନ କ୍ରମେ ବିଭକ୍ତ କରାଯାଇପାରେ। ଏଠାରେ ଉଲ୍ଲେଖଯୋଗ୍ୟ ପ୍ରତ୍ୟେକ ପ୍ରାଣୀବାଚକ ଓ ବସ୍ତୁବାଚକ ବିଶେଷ୍ୟ ଗଣନୀୟ କିନ୍ତୁ ଭାବ-ଅବସ୍ଥା-ଗୁଣ-କ୍ରିୟାଦ ବିଶେଷ୍ୟଗୁଡ଼ିକ ଅଗଣନୀୟ। ଗଣନୀୟ ବିଶେଷ୍ୟଗୁଡ଼ିକ ପ୍ରାୟତଃ 'ମୂର୍ତ୍ତ ବିଶେଷ୍ୟ' ଓ ଅଗଣନୀୟ ବିଶେଷ୍ୟଗୁଡ଼ିକ ସାଧାରଣତଃ 'ଅମୂର୍ତ୍ତ ବିଶେଷ୍ୟ'। ମୂର୍ତ୍ତ ବିଶେଷ୍ୟ ଇନ୍ଦ୍ରିୟଲବ୍ଧ ଅର୍ଥ ନିଷ୍ପତ୍ତିମୂଳକ ଓ ଅମୂର୍ତ୍ତ ବିଶେଷ୍ୟ ଇନ୍ଦ୍ରିୟତା ରହିତ ଭାବାର୍ଥମୂଳକ।[୧୧]

ତଳ ଉଦାହରଣମୂଳକ ସାରଣୀକୁ ଲକ୍ଷ୍ୟ କରାଯାଇପାରେ:

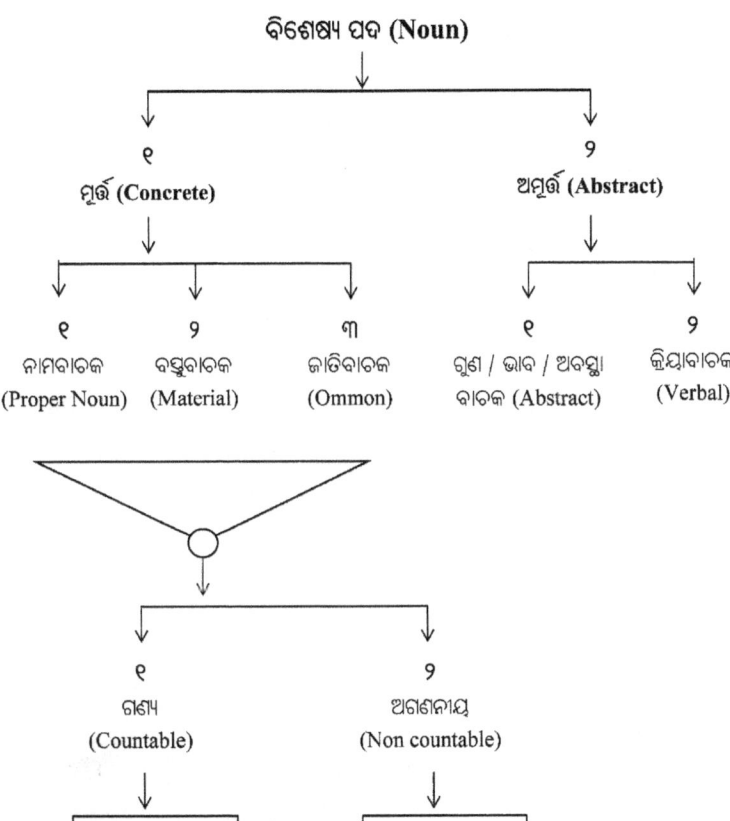

୩.୧୨ :

ଓଡ଼ିଆରେ ବ୍ୟବହୃତ ହେଉଥିବା ବିଶେଷ୍ୟ ପଦ ମୁକ୍ତରୂପ ଓ ବ୍ୟୁତ୍ପନ୍ନ ବା ବଦ୍ଧରୂପର ହୋଇଥାଏ। ଗଣନୀୟ ଓ ଅଗଣନୀୟ ଲକ୍ଷଣକୁ ନେଇ ଓଡ଼ିଆ ବିଶେଷ୍ୟପଦକୁ ଏପରିଭାବେ ଚିହ୍ନାଯାଇପାରେ।

(କ) ଗଣନୀୟ – (ପ୍ରାଣୀବାଚକ): ପାଞ୍ଚଟା ପକ୍ଷୀ / ଛଅଜଣ ମଣିଷ / ଦୁଇହଳ ବଳଦ / ସାପ, କୀଟ, ପତଙ୍ଗ, ବାଘ, ହାତୀ, ଛେଳି ...

(ଖ) ଗଣନୀୟ – (ଅପ୍ରାଣୀବାଚକ): ଗଛ, ଖଟ, ଖେଳ, ଦାନ୍ତ, ଫୁଲ, ନଡ଼ିଆ, ଆମ୍ବ, ବେଲ, କଲମ, ଖାତା, ବହି, ନଈ, ହ୍ରଦ

(ଗ) ଗଣନୀୟ ମନୁଷ୍ୟ ବା ବ୍ୟକ୍ତିବାଚକ: ଲୋକ, ପିଲା, ଶିକ୍ଷକ, ମନ୍ତ୍ରୀ, ଜଜ୍,

ଝିଅ, ପୁଅ, ନିର୍ବୋଧ, ଗରିବ, ଦରିଦ୍ର, ଶତ୍ରୁ, ବନ୍ଧୁ, ନାରୀ, ପୁରୁଷ, ଛାତ୍ର।

(ଘ) ଗଣନୀୟ ଏକବଚନ ସୂଚକ: (ପ୍ରାଣୀବାଚକ) – ଜଣେ ପିଲା / ଗୋଟେ ଲୋକ / ପ୍ରଥମ ପୁଅ / ଝିଅଟି / ଛେଳିଟେ / ଦୁଇଟା ବଳଦ / ଲୋକ ତିହିହେଁ

(ଙ) ଗଣନୀୟ ବହୁବଚନ (ପ୍ରାଣୀ / ବ୍ୟକ୍ତିବାଚକ): ବଳଦମାନେ, ପିଲାମାନେ, ସବୁଲୋକ, ଶହେ ମଣିଷ, ଦୁଇଶହ ପୋଲିସ୍।

(ଚ) ଗଣନୀୟ ସୂଚକ ଚିହ୍ନିତ ବିଶେଷ୍ୟ: ପିଲାଟେ / ଲୋକଟା / ଗାଈଟିଏ / ବଳଦଟିଏ।

(ଛ) ଗଣନୀୟ ଅପ୍ରାଣୀବାଚକ ଓ ମାନବେତର ଚରିତ୍ରମୂଳକ ବିଶେଷ୍ୟ: ଏକବଚନ - ଗଛଟିଏ / ଫୁଲଟିଏ / ନଈଟିଏ / ଗୋଟିଏ ସହର। ବହୁବଚନ - ସହରଗୁଡ଼ିକ / ଗଛଗୁଡ଼ାକ / ଫୁଲଗୁଡ଼ିକ / ଫଳଗୁଡେ।

(ଜ) ଏଠାରେ ଉଲ୍ଲେଖଯୋଗ୍ୟ ମାନେ / ଙ୍କ / ଙ୍କୁ ଇତ୍ୟାଦି ପ୍ରାଣୀବାଚକ ବିଶେଷ୍ୟ ପଦରେ ଲାଗେ। ଗୁଡ଼ାକ / ଗୁଡ଼ିକ / ଗୁଡ଼େ ଅପ୍ରାଣୀବାଚକ ବିଶେଷ୍ୟପଦରେ ଲାଗେ। ଟି / ଟା / ଟେ ଆଦି ସୂଚକ ନିର୍ଦ୍ଦିଷ୍ଟ / ଅନିର୍ଦ୍ଦିଷ୍ଟ / ଆଦର / ଅନାଦର ଅର୍ଥରେ ବସିଥାଏ। ମାନ୍ୟତା ନେବାକୁ ଯାଇ ଆମେ ଅପ୍ରାଣୀବାଚକ ବିଶେଷ୍ୟରେ ପ୍ରାଣୀସୂଚକ ଲଗାଇଥାଉ- ଗଛଟାଏତ / ଫୁଲମାଳଟେ / ଗଛମାନେ କି ଦେବତା ହୁଅନ୍ତୁ / ଆଜିକାଲି ମନ୍ଦିରମାନଙ୍କୁ ନେଇ ନାନା ନୀତି ହେଉଛି, ସେହିପରି ପ୍ରାଣୀ ବା ବ୍ୟକ୍ତିବାଚକ ବିଶେଷ୍ୟରେ ଅପ୍ରାଣୀବାଚକ ସୂଚକ ଅନାଦର ଓ ଅମାନ୍ୟ ଅର୍ଥରେ ଲାଗେ। ଯଥା- ପିଲାଗୁଡ଼ାକ / ଗାଈଗୁଡ଼ିକ / ଛେଳିଗୁରାଏ ...।

(ଝ) ଅଗଣନୀୟ ବିଶେଷ୍ୟ – ମାଟି / ଆକାଶ / ଜଳ / ଝୁଣା, ଫେଣ, ଚିନି, ଲୁଣ, ଖରା, ବର୍ଷା, ପବନ, ଆଲୋକ (ବସ୍ତୁସୂଚକ)।

(ଞ) ଅଗଣୀୟ ବିଶେଷ୍ୟ (ଗୁଣବାଚକ): ସୁଯୋଗ, ଦୁର୍ଭାଗ୍ୟ, ଶ୍ରମ, ପ୍ରେମ, ପୁଲକ, ସାହାସ, ଲଜ୍ଜା, ହସ, ଖୁସି ...।

୩.୧୩:

ଗଠନ ଦିଗରୁ ଆମେ ଓଡ଼ିଆ ବିଶେଷ୍ୟପଦକୁ ଏକକ ବା ମୁକ୍ତରୂପର ବିଶେଷ୍ୟ ଓ ଯୌଗିକ ବା ଆବଦ୍ଧ ରୂପର ବିଶେଷ୍ୟ – ଏପରିଭାବେ ବିଭକ୍ତ କରିପାରିବା। ଯଥା:-

(କ) ମୁକ୍ତରୂପର ବିଶେଷ୍ୟ (କିଛିବି ଲାଗିନଥାଏ) – ଗଛ, ଫୁଲ, ନଈ, ବହି, ସହର, ଦେବତା, ହସ, କାନ୍ଦ।

(ଖ) ଯୌଗିକ ରୂପର ବିଶେଷ୍ୟ (ମୁକ୍ତରୂପ + ପର / ପୂର୍ବଯୋଗ)

- ବିଶେଷ୍ୟ+ବିଶେଷ୍ୟ = ଘର+ଦ୍ୱାର = ଘରଦ୍ୱାର / ନଦୀ+ନାଳ = ନଦୀନାଳ / ଆକାଶ+ପବନ = ଆକାଶପବନ । ଗଛବୃକ୍ଷ, ବହିଖାତା, ପିଲାଛୁଆ, ଜମିବାଡ଼ି, ଖରାବର୍ଷା, ରାତିଦିନ, ଫଳମୂଳ, ମତିଗତି, ସୁଖଦୁଃଖ ।
- ବିଶେଷ୍ୟ+ପରଯୋଗ = ପିଲାଟେ / ଘରଟି / ଜମିଟା / ବଳଦଟେ / ଲୋକଟିଏ ।
- ପୂର୍ବଯୋଗ + ବିଶେଷ୍ୟ = ମହା+ଯାତ୍ରା = ମହାଯାତ୍ରା / ବୁଢ଼ା+ଲୋକ = ବୁଢ଼ାଲୋକ / ଉପ+ମନ୍ତ୍ରୀ = ଉପମନ୍ତ୍ରୀ / ସୁ+ମଣିଷ = ସୁମଣିଷ / ମାଈ+ଫୁଲ = ମାଈଫୁଲ ।
- ବିଶେଷ୍ୟ+କ୍ରିୟା – ଝିଅ+ଦେଖା = ଝିଅଦେଖା / ବର+ଧରା = ବରଧରା / ନଈ+ପହଁରା = ନଈପହଁରା / ରଥ+ଟଣା = ରଥଟଣା / କାମ+ଚଳା = କାମଚଳା

୩.୧୪ ବିଶେଷ୍ୟର ଲିଙ୍ଗଭେଦ:

ଭାରତର ଅନ୍ୟାନ୍ୟ ଆର୍ଯ୍ୟଭାଷା ପରି ଓଡ଼ିଆ ବିଶେଷ୍ୟ ପଦର ଲିଙ୍ଗ ନାହିଁ। ଓଡ଼ିଆରେ ବ୍ୟାକରଣଭିତ୍ତିକ ଲିଙ୍ଗାନୁସାରୀ ଶବ୍ଦ ଯୋଜନା ନାହିଁ।[୧୨] ବିଶେଷ୍ୟଗୁଡ଼ିକ ପ୍ରାଣୀ-ଅପ୍ରାଣୀ ମୂଳକ ହୋଇଥାଏ। ତଥାପି ସଜୀବ ବା ପ୍ରାଣୀବାଚକ ଓ ଉଦ୍ଭିଦବାଚକ କେତେକ ଶବ୍ଦରେ ପ୍ରାକୃତିକ ଲିଙ୍ଗ ଭେଦର ଶବ୍ଦ ପରିଦୃଷ୍ଟ ହୁଏ। ଆମେ ମୁଖ୍ୟତଃ ତିନି ପ୍ରକାରରେ ଲିଙ୍ଗାନୁସାରୀ ବିଶେଷ୍ୟର ପ୍ରଚଳନ ଦେଖୁଥାଉ। ଯଥା –

୧. ଅଣ୍ଡିରା+ମାଈ ଯୋଗରେ ଲିଙ୍ଗମୂଳକ ବିଶେଷ୍ୟ:
ମାଈଛେଳି / ଅଣ୍ଡିରାପକ୍ଷୀ / ମା'ପକ୍ଷୀ / ବାପପକ୍ଷୀ / ପୁରୁଷ ଚଢ଼େଇ / ମାଈକୁକୁର / ଅଣ୍ଡିରାଗଛ / ମାଈଫୁଲ।

୨. ସାମାଜିକ ଶବ୍ଦ ଭିନ୍ନତା ଓ ସଂକେତସୂଚକ ବିଶେଷ୍ୟ:
ଅଜା - ଆଈ
ମାମୁଁ – ମାଇଁ
ବର – କନ୍ୟା

ପୁଅ - ଝିଅ, ବୋହୂ

ଦାଦି – ଖୁଡ଼ୀ

କକା – କାକୀ

ମଉସା – ମାଉସୀ

ରଜା – ରାଣୀ

୩. ପୁରୁଷବାଚକ ଶବ୍ଦରେ ବିଭିନ୍ନ ନାରୀସୂଚକ ପ୍ରତ୍ୟୟଲଗାଇ ବିଶେଷ୍ୟ ପଦ:

ଈ ଯୋଗରେ – ଓଲା-ଓଲୀ / ଘୋଡ଼ା-ଘୋଡ଼ୀ / ବ୍ରାହ୍ମଣ-ବ୍ରାହ୍ମଣୀ।

ଣୀ ଯୋଗରେ – ଓଡ଼ିଆ-ଓଡ଼ିଆଣୀ / ଚେର-ଚେରଣୀ

(ଣୀ ଯୋଗ କି ବସ୍ତୁସୂଚକ ପରେ ଯୋଗ ହୋଇ ନାରୀସୂଚକ ବିଶେଷ୍ୟ ଗଠିତ ହୁଏ – ଘର+ଣୀ = ଘରଣୀ)

ଇଆଣୀ/ଆଣୀ ଯୋଗରେ – ଯୋଗୀ-ଯୋଗିଆଣୀ / ସାଆନ୍ତ-ସାଆନ୍ତାଣୀ / ବାରିକ-ବାରିକିଆଣୀ / ଡାକ୍ତର-ଡାକ୍ତରାଣୀ

ଉଣୀ ଯୋଗରେ – ଗଉଡ଼ – ଗଉଡୁଣୀ / କେଉଟ-କେଉଟୁଣୀ / ଭୂତ-ଭୁତୁଣୀ।

ଉଲୀ ଯୋଗୀ – ବଗ – ବଗୁଲୀ / ହଂସ – ହଂସୁଲୀ

ଏତତ୍‌ବ୍ୟତୀତ ଲିଙ୍ଗାନୁସାରୀ ବିଶେଷ୍ୟ କ୍ଷେତ୍ରରେ କ୍ୱଚିତ ସ୍ତ୍ରୀଲିଙ୍ଗବାଚକ ପଦରେ ପ୍ରତ୍ୟୟ ଲାଗି ପୁଲିଙ୍ଗବାଚକ ପଦ ଗଠିତ ହୋଇଥାଏ। ଯଥା – ରାଣ୍ଡ > ରାଣ୍ଡୁଆ / ମାଈ > ମାଈଚିଆ / ପୋଢ଼ > ପୋଢୁଅ। ଓଡ଼ିଆରେ କେତେକ କ୍ଷେତ୍ରରେ ସ୍ତ୍ରୀଲିଙ୍ଗବାଚକ ବିଶେଷ୍ୟ ଆଉ ଏକ ସ୍ତ୍ରୀଲିଙ୍ଗବାଚକ ବିଶେଷ୍ୟରେ ଆଧାର ହୋଇଥାଏ।[୧୩] ଯଥା – ରାଣ୍ଡ > ରାଣ୍ଡୀ / ଦୋରରୀ – ଦୋରରୁଣୀ / ଦାରା-ଦାରୀ, ଦାରିଆଣୀ।

■

ସଂକେତ ସୂଚୀ

1. Leech, G. : English Grammar : A Glossory of terms, p.72

୨. (କ) ଦଳାଇ, ଉପେନ୍ଦ୍ର ପ୍ରସାଦ : ଓଡ଼ିଆ ବ୍ୟାକରଣ ଓ ଏହାର ବ୍ୟାବହାରିକ ଦିଗ, ପୃ.୧୨

(ଖ) ମିଶ୍ର, ହରପ୍ରସାଦ: ରୂପସୀ ଓଡ଼ିଆର ରୂପଚର୍ଚ୍ଚା, ପୃ.୭୮

୩. ତ୍ରିପାଠୀ, ପ୍ରଫୁଲ୍ଲ କୁମାର: ବ୍ୟାକରଣ ଶବ୍ଦକୋଷ, ଅକ୍ଷର, ୨୦୧୩, ପୃ.୨୬୪-୬୫

୪. (କ) ମହାପାତ୍ର, ଧନେଶ୍ୱର: ଆଧୁନିକ ଓଡ଼ିଆ ବ୍ୟାକରଣ, ପୃ.୧୯

(ଖ) ଦାସ, ନୀଳକଣ୍ଠ : ଓଡ଼ିଆ ବ୍ୟାକରଣ,ପୃ.୨୯
(ଗ) ତ୍ରିପାଠୀ, ସନ୍ତୋଷ: ଓଡ଼ିଆ ବ୍ୟାକରଣ କଳନା, ପଦପ୍ରକରଣ, ନାଳନ୍ଦା, ୨୦୦୮, ପୃ.୧୫୮

5. (a) Crystal, David : Making sense of Grammar, London, Longman, 2004, p.81
(b) ରାୟ, ରାଧାନାଥ: ଓଡ଼ିଆ ବ୍ୟାକରଣ ପରିଚୟ, ରାଧାନାଥ ଗ୍ରନ୍ଥାବଳୀ, ୧୯୦୩. ପୃ.୬୧୫

୬. ଆମ ବ୍ୟାକରଣ, ମାଧ୍ୟମିକ ଶିକ୍ଷା ପରିଷଦ, ଓଡ଼ିଶା ସରକାର, ୨୦୧୧

୭. ମିଶ୍ର, ବିଜୟ ପ୍ରସାଦ: ପ୍ରାଥମିକ ଓଡ଼ିଆ ବ୍ୟାକରଣ, ବିଦ୍ୟାପୁରୀ, କଟକ, ପୃ.୩୬-୩୭

୮. ମିଶ୍ର, ହରପ୍ରସାଦ: ବ୍ୟାବହାରିକ ଓଡ଼ିଆ ବ୍ୟାକରଣ, ପ୍ରାଚୀ ସାହିତ୍ୟ ପ୍ରତିଷ୍ଠାନ, କଟକ, ୨୦୦୭, ପୃ.୭୦

୯. ତ୍ରିପାଠୀ, ସନ୍ତୋଷ: ଓଡ଼ିଆ ବ୍ୟାକରଣ କଳନା, ପଦପ୍ରକରଣ, ନାଳନ୍ଦା, ୨୦୦୮, ପୃ.୧୬୨

୧୦. ଆମ ବ୍ୟାକରଣ (ଅଷ୍ଟମ ଶ୍ରେଣୀ), ମାଧ୍ୟମିକ ଓଡ଼ିଆ ଶିକ୍ଷା ପରିଷଦ, ଓଡ଼ିଶା ସରକାର, ୨୦୧୦, ପୃ.୩୨

11. (a) Crystal, David : Making sense of Grammar, London, Longman, 2004, p.81
(b) An Introduction to Functional Grammar, M.A.K., Halliday, 3rd Edition, London, 1990, p.43

୧୨. (କ) ଦାସ,ନୀଳକଣ୍ଠ : ଓଡ଼ିଆ ବ୍ୟାକରଣ,ପୃ.୪୧-୪୨
(ଖ) ମହାନ୍ତି, ପଞ୍ଚାନନ: ବୃତ୍ତି ଏ ମୋ ପୋଷେ କୁଟୁମ୍ବ, ଭୁବନେଶ୍ୱର, ୨୦୦୭, ପୃ.୧୩୫
(ଗ) ମିଶ୍ର, ହରପ୍ରସାଦ: ରୂପସୀ ଓଡ଼ିଆର ରୂପଚର୍ଚ୍ଚା, ବିଜୟିନୀ, କଟକ, ୨୦୧୬, ପୃ.୮୯-୯୦

୧୩. ଦାସ, ନୀଳକଣ୍ଠ : ଓଡ଼ିଆ ବ୍ୟାକରଣ, ପୃ.୪୫

ଚତୁର୍ଥ ଅଧ୍ୟାୟ

ଓଡ଼ିଆ ବିଶେଷ୍ୟପଦର ଗଠନ ପ୍ରକ୍ରିୟା ଓ ପ୍ରାୟୋଗିକ ବୈଶିଷ୍ଟ୍ୟ

୪.୧ :

ବାକ୍ୟର ମୂଖ୍ୟାଂଶ ଭାବେ ଯଦି କର୍ତ୍ତାକୁ ଗ୍ରହଣ କରାଯାଏ, ତେବେ ବିଶେଷ୍ୟପଦ ସେହି କର୍ତ୍ତା ସହିତ ପ୍ରତ୍ୟକ୍ଷ ଭାବରେ ସଂପୃକ୍ତ। ବିଶେଷ୍ୟ ସହିତ ପୁରୁଷ, ବଚନ, କାରକ ଓ ଲିଙ୍ଗ ମଧ୍ୟ ସମ୍ବନ୍ଧିତ। ମୂଳଧାତୁ ବା ଶବ୍ଦରେ ବିଭକ୍ତି ସୂଚକ ପ୍ରତ୍ୟୟ ଓ ପୂର୍ବ-ପରସର୍ଗ ଯୋଗ ହୋଇ ବିଶେଷ୍ୟ ପଦ ଗଠିତ ହୋଇଥାଏ।[୧] ଅନେକ କ୍ଷେତ୍ରରେ ପ୍ରତ୍ୟୟଯୁକ୍ତ ନ ହୋଇ ମଧ୍ୟ ବିଶେଷ୍ୟ ପଦ ରୂପରେ ମୁକ୍ତ ରୂପିମଟି ଅବିକଳ ବ୍ୟବହୃତ ହୋଇଥାଏ। ବିଶେଷ୍ୟ ସଂରଚନାର ବିଶେଷତ୍ୱ ନିର୍ଣ୍ଣୟ ଅବକାଶରେ ନିମ୍ନ ଦୃଷ୍ଟାନ୍ତଗୁଡ଼ିକୁ ପ୍ରଥମେ ଲକ୍ଷ୍ୟ କରାଯାଉ :

ପିଲାମାନେ ପଢୁଛନ୍ତି ବା ପିଲା ପଢୁଛନ୍ତି।
ଗାଈପଲ 'ସଲ ଖାଉଛନ୍ତି / ଗାଈ 'ସଲ ଖାଉଛନ୍ତି।
ଛେଳିଟି ଚରୁଛି / ଛେଳିଟିଏ ଚରୁଛି / ଛେଳି ଚରୁଛି।

ଏଠାରେ ପ୍ରଥମ ଧରଣର ତିନୋଟି ଉଦାହରଣରେ ପ୍ରତ୍ୟୟ ଯୁକ୍ତ ହୋଇ ଏକବଚନ ଓ ବହୁବଚନ ଅର୍ଥରେ ପିଲାମାନେ, ଗାଈପଲ, ଛେଳିଟି ଆଦି ବିଶେଷ୍ୟପଦ ଗଠିତ ହୋଇଛି। ଦ୍ୱିତୀୟ ଧରଣରର ଦୃଷ୍ଟାନ୍ତ ସବୁରେ ପ୍ରତ୍ୟୟ ଯୋଗ ନ ହୋଇ ମଧ୍ୟ ପିଲା, ଗାଈ, ଛେଳି ପ୍ରଭୃତି ବଚନ ସୂଚକ ବିଶେଷ୍ୟପଦ ମୂଳ ରୂପରେ ସ୍ଥିର ରହି

ବ୍ୟବହୃତ ହୋଇଛି । ଏଠାରେ ପ୍ରଥମ ପ୍ରକାର ବିଶେଷ୍ୟ ହେଉଛି ବ୍ୟୁତ୍ପନ୍ନ ବିଶେଷ୍ୟ ଦ୍ୱିତୀୟ ପ୍ରକାର ବିଶେଷ୍ୟ ହେଉଛି ମୁକ୍ତ ରୂପିମମୂଳକ ମୌଳ ବିଶେଷ୍ୟ ।[୨] ନିର୍ଦ୍ଦିଷ୍ଟ ଓ ଅନିର୍ଦ୍ଦିଷ୍ଟ ଅର୍ଥରେ ପ୍ରତ୍ୟୟ ଯୁକ୍ତ ହୋଇ ବିଶେଷ୍ୟପଦ ଗଠିତ ଓ ବ୍ୟବହୃତ ହୋଇଥାଏ । ଫଳଟିଏ, ଫୁଲଟିଏ, ପୋଖରୀଟିଏ, ଦୋକାନୀଟିଏ ଇତ୍ୟାଦି ଅନିର୍ଦ୍ଦିଷ୍ଟ ସୂଚକ ବିଶେଷ୍ୟ । କିନ୍ତୁ ପିଲାଟି, ବହିଟି, ଖାତାଟି, ସହରଟି, ଘରଟି ଇତ୍ୟାଦି ନିର୍ଦ୍ଦିଷ୍ଟ ସୂଚକ (ନାମବାଚକ, ବସ୍ତୁବାଚକ ଓ ବ୍ୟକ୍ତିବାଚକ) ବିଶେଷ ଅଟନ୍ତି । ସଂଖ୍ୟାବାଚକ ଶବ୍ଦ ଓ ତକ, ଯାକ, ମୂଳ ଶବ୍ଦରେ ଯୋଗ କରି ନିର୍ଦ୍ଦିଷ୍ଟ ସୂଚକ ବିଶେଷ୍ୟ ପଦ ବ୍ୟବହାର କରାଯାଇଥାଏ । ଯଥା – ସବୁତକ ବହି, ସବୁଯାକ ଆମ୍ବ, ଦଶମାଣ ଜମି, ଛ'ମାଣ ଆଠଗୁଣ୍ଠ, ଦୁଇ କେ ଇତ୍ୟାଦି ।[୩] ଏତେକ, ସେତେକ, ସେତେ, କେତେ, ଏତେ, ବେଶି, କମ୍ ପ୍ରତ୍ୟୟାନୁରୂପ ଶବ୍ଦ ମୂଳଶବ୍ଦର ପୂର୍ବରୁ ଲାଗି ଅନିର୍ଦ୍ଦିଷ୍ଟ ସୂଚକ ବିଶେଷ୍ୟ ପଦ ଗଠିତ ହୋଇଥାଏ । ଯଥା - ବେଶିକଥା, କମ୍‌ଜମି, ପୁଳାଏ ଟଙ୍କା, ଏତେଭାତ, କେତେ ବିଲ ଇତ୍ୟାଦି ।

୪.୨ ଓଡ଼ିଆ ଭାଷାରେ ବ୍ୟବହୃତ ବିଶେଷ୍ୟ ପଦଗୁଡ଼ିକୁ ଲକ୍ଷ୍ୟ କଲେ ଦେଖାଯିବ ଏଗୁଡ଼ିକ ବିଭିନ୍ନ ନାମ, ଗୁଣ, ଜାତି, ବସ୍ତୁ, ଭାବ, ଅବସ୍ଥା ଇତ୍ୟାଦିକୁ ଆଧାର କରି ଅ, ଆ, ଇ, ଉ, ର ସ୍ୱରାନ୍ତରେ ଗଠିତ ହୋଇଥାନ୍ତି ।[୪]

ନାବବାଚକ ବା ବ୍ୟକ୍ତିବାଚକ ବା ସଂଜ୍ଞାବାଚକ ବିଶେଷ୍ୟ:

(କ) 'ଅ' ସ୍ୱରାନ୍ତ:

ବଳଭଦ୍ର	ଚରକ	କଟକ
ବ୍ରହ୍ମପୁତ୍ର	ଟେରକ (ଟେରା)	ସୁନ୍ଦରଗଡ଼
ଅନାମ	ଧାବକ (ଧୋକା)	କପିଳାସ
ଅନନ୍ତ	ଚକ୍ରବାକ	ଖାଣ୍ଡବ
କର୍କଟକ (କଙ୍କଡ଼ା)	ନରକିନ୍ନର	କଳ୍ପବଟ
ଚମ୍ପକ (ଚମ୍ପା)	ବ୍ରହ୍ମପୁତ୍ର	ଅନନ୍ତ
ଘୋଟକ	ଆମଳକ (ଅଁଳା)	ଅନାମ ଇତ୍ୟାଦି ।

(ଖ) 'ଆ' ସ୍ୱରାନ୍ତ:

ପରିବା	କମଳା	ଓଡ଼ିଶା	ସପ୍ତଶଯ୍ୟା
ବିମଳା	ଉଦଳା	କୁଶଭଦ୍ରା	ଦଶପଲ୍ଲା
କେନ୍ଦ୍ରାପଡ଼ା	ବାଲିଗୁଡ଼ା	ଚିଲିକା	ଝାରସୁଗୁଡ଼ା

(ଗ) 'ଇ' ସ୍ୱରାନ୍ତ:

ଖିରି	ରବି	ଗଜପତି	ପଢ଼ି
କଢ଼ି	ଛବି	ବିଭୂତି	
ଅଞ୍ଜଳି	ନିନି	ଅନାଦି	
	କୁନି	ବନମାଳି	

(ଘ) 'ଈ' ସ୍ୱରାନ୍ତ:

ଧରିତ୍ରୀ	ତାରିଣୀ	ରେବତୀ	ମାଳତୀ
ପୁରୀ	ତୁଳସୀ	ଫୁଲବାଣୀ	
ମହାନଦୀ	ମାଳତୀ	ସମଲାଈ	

(ଙ) 'ଉ' ସ୍ୱରାନ୍ତ:

କେନ୍ଦୁ	କାଉ	ଗୁରୁ	କଉ ଲଡୁ
ଗେଣ୍ଡୁ	ଆଳୁ	ଗ୍ହରୁ	ଭାଲୁ
କଖାରୁ	ସାରୁ	ହିଞ୍ଜିଳିକାଟୁ	ଗଡୁ

(ଚ) ଜାତିବାଚକ ଓ ବସ୍ତୁବାଚକ ବିଶେଷ୍ୟ:

'ଅ' ସ୍ୱରାନ୍ତ	'ଆ' ସ୍ୱରାନ୍ତ	'ଇ' ସ୍ୱରାନ୍ତ	
ମଣିଷ	ତମ୍ବା	ଆଙ୍ଗୁଠି	ବହି
ଠାକୁର	ସୁନା	ଛାଇ	ମାଟି
ଅସୁର	ପଣା	ମାଇପି	ଖିରି
ମାଛ	ଲତା	ଛବି	ଘଡ଼ି
ବୃକ୍ଷ	କବିତା	ଖଇ	ଚୁଟି
ପର୍ବତ	ମସଲା	ହାଣ୍ଡି	ଦାଢି
ସାପ	ଦେବତା		

(ଛ) 'ଈ' ସ୍ୱରାନ୍ତ:

ନଈ	ଠାକୁରାଣୀ	ମାଷ୍ଟ୍ରାଣୀ
ପକ୍ଷୀ	ମନ୍ତ୍ରୀ	କବୀ
ଗାଈ	ଯନ୍ତ୍ରୀ	ସଖୀ

(ଜ) 'ଊ' ସ୍ୱରାନ୍ତ:

ଲଡୁ	ବୋହୂ
ଭାଲୁ	ପଶୁ

ଗଡୁ	ଲହୁ
ଛତୁ	ଶାଗୁ
ରତୁ	

(୯) ଗୁଣ, ଅବସ୍ଥା, ଅନୁଭବ, ଅମୂର୍ତ୍ତଭାବ ଭିତ୍ତିକ ବିଶେଷ୍ୟ:

'ଅ'ସ୍ୱରାନ୍ତ	'ଆ'ସ୍ୱରାନ୍ତ	'ଇ'ସ୍ୱରାନ୍ତ	'ଈ'ସ୍ୱରାନ୍ତ	'ଉ'ସ୍ୱରାନ୍ତ
ଅନ୍ଧାର	କଷା	ପ୍ରୀତି	ମୈତ୍ରୀ	ମହୁ
ସତ	ଖଟା	ଶାନ୍ତି	କ୍ଷତ୍ରୀ	ମଲୁ
ମିଛ	ଶ୍ରଦ୍ଧା	ମୁକ୍ତି	ଧୀ	ଭାଇ
ସୁଖ	ମମତା	ଦୋସ୍ତି	ନନ୍ଦୀ	ଚକ୍ଷୁ
ଦୁଃଖ	କ୍ଷମା	କ୍ଷତି	ବାଣୀ	ଶତ୍ରୁ
ନିର୍ବାଣ	ଦୟା	ଉନ୍ନତି	ବାହିନୀ	ଧେନୁ
ତାରୁଣ୍ୟ	କରୁଣା	ପ୍ରଗତି	ଦର୍ପୀ	ଭୀରୁ
ଶୈଶବ	କପଟତା	ଦୀପ୍ତି	ମର୍ଦ୍ଦାନୀ	ଭୁଉଢୁ
ଦାରିଦ୍ର୍ୟ	ଜିଜ୍ଞାସା	କୀର୍ତ୍ତି	ମାଧୁରୀ	ମୃତ୍ୟୁ
ମୋକ୍ଷ	ବେଦନା	ନୀତି	ମଞ୍ଜରୀ	ଗୁରୁ

୪.୩:

ଏତଦ୍‌ବ୍ୟତୀତ ମୂଳଧାତୁରେ ଓ ଶବ୍ଦରେ ଅ, ଆ, ଇ, ଉ ସ୍ୱରାନ୍ତସୂଚକ ପ୍ରତ୍ୟୟ ଯୋଗ ହୋଇ 'ବ୍ୟୁତ୍ପନ୍ନ ବିଶେଷ୍ୟ' ସୃଷ୍ଟି ହୋଇଥାଏ।[୫] ଯଥା- କାନ୍ଦ୍+ଅ = କାନ୍ଦ, ବାଜ୍+ଆ = ବାଜା, ରଡ୍+ଇ = ରଡି, ଖଟ୍+ଅଣି = ଖଟଣି, କୋର୍+ଅଣା = କୋରଣା, ଚକ+ଇ = ଚକି, ଲେଖ୍+ଅନ = ଲେଖନ, ଘଣ୍ଟ+ଆ = ଘଣ୍ଟା, ବାଟ+ଓଇ = ବାଟୋଇ, ଘର+ବାଲା = ଘରବାଲା ଇତ୍ୟାଦି।

(କ) ଯୁଗ୍ମ ବିଶେଷ୍ୟ ପଦ:

ଓଡ଼ିଆ ଭାଷାରେ ବିଶେଷ୍ୟପଦ ସହିତ ବିଶେଷ୍ୟ ପଦଯୋଗ କରାଯାଇ ଯୁଗ୍ମ ବିଶେଷ୍ୟ ପଦ ଗଠନ କରାଯାଏ ଏବଂ ତାହାର ବହୁଳ ବ୍ୟବହାର ମଧ୍ୟ କରାଯାଏ। ଯଥା - ଧନରତ୍ନ, ଫୁଲଫଳ, ସମୟସୁବିଧା, ଘରବାଡ଼ି, ଜମିବାଡ଼ି, ବାଟଘାଟ, ଚିଠିପତ୍ର, ନଈକୂଳ, ଆମ୍ବତୋଟା, ଆମ୍ବପଣସ, ଗୁଆବାଡ଼ି, ଦେଦେଉଣୀ ଇତ୍ୟାଦି।

ଏଠାରେ ଉଭୟ ପଦକୁ ନେଇ ଗୋଟିଏ ପଦଗଠନ କରାଯାଇଥାଏ ଏବଂ ଗୋଟିଏ ଅର୍ଥକୁ ଉକ୍ତପଦ ନିର୍ଦ୍ଦେଶିତ କରିଥାଏ।

(ଖ) ସାଦୃଶ୍ୟାର୍ଥକ ଯୁଗ୍ମ ବିଶେଷ୍ୟ:
ନୀଳ ନୟନ (ନୀଳ+ନୟନ), ପଦ୍ମମୁଖ (ପଦ୍ମ+ମୁଖ), ଚିଲଆଖି (ଚିଲ+ଆଖି), ମୀନନୟନା (ମୀନ+ନୟନ+ଆ), ଟାକୁଆଗାଲ (ଟାକୁଆ+ଗାଲ), ରଡନିଆଁ (ରଡ+ନିଆଁ) ଇତ୍ୟାଦି।

(ଗ) ଦୁଇ ସମଅର୍ଥକ ବିଶେଷ୍ୟ ଯୋଗେ ଗଠିତ ବିଶେଷ୍ୟପଦ:
ନୀତି+କାନ୍ତି = ନୀତିକାନ୍ତି, ପଚ+ସଢ଼ା = ପଚସଢ଼ା, ବାଧା+ବିଘ୍ନ = ବାଧାବିଘ୍ନ, ରାତା+ରାତି = ରାତାରାତି, ଶାନ୍ତ+ଶିଷ୍ଟ = ଶାନ୍ତଶିଷ୍ଟ, ସୁଖ+ସମୃଦ୍ଧି = ସୁଖସମୃଦ୍ଧି, ସେବା+ଶୁଶ୍ରୁଷା = ସେବାଶୁଶ୍ରୁଷା ଇତ୍ୟାଦି।

(ଘ) ଗୁଣ ଓ ସ୍ୱଭାବ ଅର୍ଥକ ଯୁଗ୍ମ ବିଶେଷ୍ୟ:
ଗେହ୍ଲା+ଝିଅ = ଗେହ୍ଲାଝିଅ, ସୁନା+ପୁଅ = ସୁନାପୁଅ, ଗଜ+ମୂର୍ଖ = ଗଜମୁର୍ଖ, ବକ+ଧାର୍ମିକ = ବକଧାର୍ମିକ।

(ଙ) ବିପରୀତ ଅର୍ଥଦ୍ୟୋତକ ଶବ୍ଦ ଓ କ୍ରିୟାବାଚକ ବିଶେଷ୍ୟର ମିଳନରେ:
ଭଲ+ମନ୍ଦ = ଭଲମନ୍ଦ, ସତ+ମିଛ = ସତମିଛ, ଖରା+ବର୍ଷା = ଖରାବର୍ଷା, ଦିନ+ରାତି = ଦିନରାତି, ସଂଜ+ସକାଳ = ସଂଜସକାଳ, କଞ୍ଚା+ପାଚିଲା = କଞ୍ଚାପାଚିଲା, ନୀତି+ଅନୀତି = ନୀତିଅନୀତି, ଗଲା+ଅଇଲା = ଗଲାଅଇଲା, କଥା+ଅକଥା = କଥାଅକଥା, ଲିପା+ପୋଛା = ଲିପାପୋଛା, ଧନୀ+ନିର୍ଦ୍ଧନ = ଧନୀନିର୍ଦ୍ଧନ ଇତ୍ୟାଦି।

(ଚ) ଏକାଧିକ ବା ଭିନ୍ନ ଭିନ୍ନ ଭାଷାର ଶବ୍ଦ ଯୋଡ଼ରେ ଯୁଗ୍ମ ବିଶେଷ୍ୟ:
ଜଗନ୍ନାଥ+ମନ୍ଦିର = ଜଗନ୍ନାଥମନ୍ଦିର, ଶିକ୍ଷା+ଅଧିକାରୀ = ଶିକ୍ଷାଅଧିକାରୀ, ଶିକ୍ଷା+ବୋର୍ଡ = ଶିକ୍ଷାବୋର୍ଡ଼, ଘରୋଇ+ହସ୍‌ପିଟାଲ = ଘରୋଇହସ୍‌ପିଟାଲ, ଘର+ମାଲିକ = ଘରମାଲିକ, କାରୁ+କାର୍ଯ୍ୟ = କାରୁକାର୍ଯ୍ୟ, ପଢ଼ା+ଘର = ପଢ଼ାଘର, ଶୋଇବା+ଘର = ଶୋଇବାଘର, ଠାକୁର+ଘର = ଠାକୁରଘର, ସହର+ପିଲା = ସହରପିଲା, ରେଳ+ଗାଡି = ରେଳଗାଡ଼ି।

(ଛ) ବିଶେଷ୍ୟର ଦ୍ୱିତ୍ୱ ବ୍ୟବହାର ଦ୍ୱାରା ଦ୍ୱୈତ୍ୟ ବିଶେଷ୍ୟପଦ ଗଠନ:
ରାତିରାତି, ସକାଳୁସକାଳୁ, ଜାଙ୍ଗୁଲୁଜାଙ୍ଗୁଲୁ, ଅନ୍ଧାରଅନ୍ଧାର, ବଙ୍କେଇବଙ୍କେଇ, ହସିହସି, ହଲିହଲି, ଗପିଗପି, ଗଳିଗଳି, ହାତେହାତେ, ପଲପଲ, ନୂଆନୂଆ, ଖାଁଖାଁ, ଗାଁଗାଁ, ଅଡୁଆଅଡୁଆ, ଚିହ୍ନାଅଚିହ୍ନା ଇତ୍ୟାଦି।

(ଜ) dୁଇରୁ ଅଧିକ ରୂପିମର ବା ପ୍ରକୃତିର ମିଶ୍ରଣରେ ଯୌଗିକ ବିଶେଷ୍ୟ ପଦଗଠିତ ହୋଇ ଓଡ଼ିଆ ଭାଷାରେ ବ୍ୟବହାର ହୋଇଥାଏ । ଯଥା –

ଭଙ୍ଗା+ଗଢା+ ସଂସାର = ଭଙ୍ଗାଗଢାସଂସାର, ସୁଖ+ଦୁଃଖର+ମଣିଷ = ସୁଖଦୁଃଖର ମଣିଷ, ବର+ଘର+ଦେଖା = ବରଘର ଦେଖା, ପିଲା+ଦିନର+କଥା = ପିଲଦିନର କଥା, ମାମୁଁ+ଘର+ଗାଁ = ମାମୁଁଘର ଗାଁ, କାଳ+ବୈଶାଖୀ+ଝଡ଼ = କାଳବୈଶାଖୀ ଝଡ଼, ଅଢ଼େଇ+ ଦିନିଆ+ଜୀବନ = ଅଢ଼େଇଦିନିଆଜୀବନ, ଅଜା+ନାତି+ରହସ୍ୟ = ଅଜାନାତି ରହସ୍ୟ, ଆଈର+ଗପ+ପେଡି = ଆଈର ଗପପେଡି ଇତ୍ୟାଦି ।

ଇନ୍ଦ୍ରିୟଲବ୍ଧ ହେଉ କି ମାନସଲବ୍ଧ ହେଉ ଓଡ଼ିଆ ବିଶେଷ୍ୟଗୁଡ଼ିକୁ ବ୍ୟକ୍ତି, ବସ୍ତୁ, ଜାତିବାଚକ, ନାମଗୁଡ଼ିକୁ ପଦବିକାରମୂଳକ କରି ସଂରଚନା କରାଯାଇଥାଏ । କେତେକ କ୍ଷେତ୍ରରେ ପରପର ହୋଇ ସଂଯୁକ୍ତ ଢଙ୍ଗରେ ସଂରଚିତ ହୋଇଥାଏ । ସାଧାରଣତଃ କ୍ରିୟାବାଚକ ବିଶେଷ୍ୟପଦ ଦ୍ୱିତ୍ୱ ହୋଇ ବ୍ୟତିହାରୀ ଅର୍ଥରେ (ବ୍ୟତିହାରୀ କ୍ରିୟାବାଚକ ବିଶେଷ୍ୟ) ଗଠିତ ହୋଇଥାଏ ।[୭] ଉଦାହରଣ ସ୍ୱରୂପ:

(କ) ବହି+'ହି = ବହି'ହି / ଗଛ'ଛ / ବୁଢ଼ାଫୁଢ଼ା ('ବିକାର ମୂଳକ ପଦଯୋଗ ଦ୍ୱାରା ଗଠିତ ବିଶେଷ୍ୟ)

(ଖ) କାମ+ଧାମ = କାମଦାମ - ଦ - ବିକାରମୂଳକ ।

(ଗ) ପିଲା+ଝିଲା = ପିଲାଝିଲା – ଝ – ବିକାରମୂଳକ ।

(ଘ) ମରା+ମରି / ଧରା+ଧରି / ଘେନା+ଘେନି / ଠେଲା+ପେଲା / ଠେଲା+ଠେଲି / ରଗାରଗି / ଧୂଆଧୋଇ / ଛୁଆଁଛୁଇଁ ବ୍ୟତିହାରମୂଳକ ବିଶେଷ୍ୟ ।

୪.୪ ବିଶେଷ୍ୟର ବିବିଧତା:

ବି-ଶିଷ୍+ଯ = ବିଶେଷ୍ୟ; ଅର୍ଥାତ୍ ବୈଲକ୍ଷଣ୍ୟ ବିଶେଷଣ । ମୂର୍ତ୍ତ ଅଥବା ଅମୂର୍ତ୍ତ ବସ୍ତୁ, ବ୍ୟକ୍ତି ବା ଭାବର ପ୍ରକୃଷ୍ଟ ପ୍ରଭେଦ ସୂଚକ ହିଁ ବିଶେଷ୍ୟ । ବ୍ୟାକରଣ ଅନୁସାରେ ଏହାର ପରିଭାଷା ହେଉଛି- ବସ୍ତୁ, ବ୍ୟକ୍ତି, ଗୁଣ, ଅବସ୍ଥା ଓ କ୍ରିୟାଦିର ଇନ୍ଦ୍ରିୟଗ୍ରାହ୍ୟ ଓ ମନୋଗ୍ରାହ୍ୟ ସଂଜ୍ଞାସୂଚକ ବା ନାମ ନିର୍ଦ୍ଦେଶକ ପଦ । ଏହାର ଇଂରାଜୀ ପ୍ରତିଶବ୍ଦଟି ହେଉଛି ନାଉନ୍ (Noun) । ଲାଟିନ୍ ନୋମେନ୍ (Nomen) ଶବ୍ଦଟି ଫ୍ରେଞ୍ଚ ବାଟଦେଇ ଇଂରାଜୀରେ ନେମ୍ / ନାୟୁନ୍ / ନାଉନ୍ (Name/Naun/Noun) ରେ ପରିଣତ ହେବା ବେଳକୁ ଏହାର ଅର୍ଥ – କ୍ରିୟାର କର୍ତ୍ତା, କର୍ମର ସ୍ୱାତନ୍ତ୍ର୍ୟ ଓ ସର୍ବସାଧାରଣ ବୋଧଗମ୍ୟ ସଂଜ୍ଞା ବା ନାମ ଭାବରେ ଗୃହୀତ ହୋଇଛି । ଭାରତୀୟ ବ୍ୟାକରଣ ଧାରାରେ ମଧ୍ୟ ଅନୁରୂପ ଅର୍ଥରେ ବସ୍ତୁ, ବ୍ୟକ୍ତି, ଗୁଣ, ଜାତି ଓ କ୍ରିୟାର ସର୍ବସାଧାରଣଙ୍କ ଦ୍ୱାରା ପ୍ରଚଳିତ ନାମ ବା ସଂଜ୍ଞାକୁ 'ବିଶେଷ୍ୟପଦ' କୁହାଯାଉଛି ।[୭] ବିଶେଷ୍ୟ ପଦଗୁଡ଼ିକ ସ୍ୱକୀୟ ବିଶେଷଣରେ ପରିଚିତ ହୁଅନ୍ତି, ତେଣୁ ଏଗୁଡ଼ିକ ଯେତିକି ସମୂହ ଅର୍ଥସୂଚକ ସେତିକି ନିର୍ଦ୍ଦିଷ୍ଟ ଅର୍ଥରେ ସ୍ୱବିଶେଷତା ସୂଚକ ।

୪.୫

ଓଡ଼ିଆ ଭାଷାରେ ବ୍ୟବହୃତ ହେଉଥିବା ଶବ୍ଦଗୁଡ଼ିକ ଚାରି ଭାଗରେ ବିଭକ୍ତ କରାଯାଇଛି । ଯଥା- ତତ୍ସମ, ତଦ୍‌ଭବ, ଦେଶଜ ଓ ଆଗନ୍ତୁକ । ଓଡ଼ିଆ ଶବ୍ଦଭଣ୍ଡାରର ଆସି ବାକ୍ୟରେ ବିଶେଷ୍ୟ ଭାବରେ ବ୍ୟବହୃତ ହେଉଥିବା ପଦକୁ ଚାରିଗୋଟି ମୁଖ୍ୟ ବିଭାଗରେ ବିଭକ୍ତ କରାଯାଇପାରିବ । ଯଥା- ତତ୍ସମମୂଳା ବିଶେଷ୍ୟ, ଅର୍ଦ୍ଧତତ୍ସମମୂଳା ବିଶେଷ୍ୟ, ଦେଶଜମୂଳା ବିଶେଷ୍ୟ ଓ ଆଗନ୍ତୁକ ବିଶେଷ୍ୟ ।[୮] ପୁନଶ୍ଚ ନାମବାଚକ, ଜାତିବାଚକ, ଗୁଣବାଚକ, ବସ୍ତୁବାଚକ ଓ କ୍ରିୟାବାଚକ ବିଶେଷ୍ୟକୁ ନେଇ ପ୍ରତ୍ୟେକ ପ୍ରକାରର ବିଶେଷ୍ୟକୁ ପୁନଶ୍ଚ ପାଞ୍ଚ ପ୍ରକାର ସଂରଚନା ଧର୍ମଭିତ୍ତିରେ ଲକ୍ଷ୍ୟକରାଯାଏ ।

ବିଶେଷ୍ୟପଦ ପ୍ରଜାତି :

ମୌଳିକ ବିଶେଷ୍ୟ	ବ୍ୟଷ୍ଟି / ନାମବାଚକ ବିଶେଷ୍ୟ	ସମଷ୍ଟି / ଜାତିବାଚକ ବିଶେଷ୍ୟ	ବସ୍ତୁବାଚକ ବିଶେଷ୍ୟ	ଗୁଣବାଚକ ବିଶେଷ୍ୟ	କ୍ରିୟାବାଚକ ବିଶେଷ୍ୟ
କ) ତତ୍ସମମୂଳକ ବିଶେଷ୍ୟ	ରାମାୟଣ ମହାଭାରତ ବିନ୍ଧ୍ୟ ହିମାଳୟ ଆର୍ଯ୍ୟାବର୍ତ୍ତ ସୂର୍ଯ୍ୟ ଚନ୍ଦ୍ର ଜାହ୍ନବୀ	ଦେବତା ନାରୀ ନଦୀ ପର୍ବତ ଅରଣ୍ୟ ପିଲା ହାର ଗଛ	ସୁବର୍ଣ୍ଣ ଅଗ୍ନି ରୌପ୍ୟ ଲୌହ ପ୍ରସ୍ତର ପାଣି ବାଲି ଚାଉଳ	କାନ୍ତି ସମତା ଆହ୍ଲାଦ ପ୍ରତିହିଂସା ନିନ୍ଦା ସୌଭାଗ୍ୟ ଦାରିଦ୍ର୍ୟ ଦଦରା	ଦର୍ଶନ ଗମନ ସ୍ମରଣ ଭୋଜନ ପଠନ ଖେଳ ନୃତ୍ୟ ଚିନ୍ତା
ଖ) ଅର୍ଦ୍ଧତତ୍ସମମୂଳକ ବିଶେଷ୍ୟ :	ଜୋଛନା (<ଜ୍ୟୋସ୍ନା), ଭଗିନୀ (<ଭଗ୍ନୀ), ଶଇଳ (<ଶୈଳ), ବୁଦ୍ଧି (<ବୁଦ୍ଧି), ପରଶୁ (<ପର୍ଶୁ), କୁଆଁରୀ (<କୁମାରୀ), କଇଳାସ (<କୈଳାସ)				
ଗ) ତଦ୍‌ଭବମୂଳକ	କଇଥ ଜାଉ ଜାଇ ଦହି ଘର ଗୁଆ	ଶିଆଳ ମଣିଷ ମାଛ ବିଛା ବଢ଼େଇ ପିମ୍ପୁଡ଼ି	ଚକ କାଠ ଖପର ଛତା ମାଟି ପାଣି	ଶରଧା କୋହ ମମତା ଭଗତି ଇଚ୍ଛା ରାଗ	ପଢ଼ା ଦେଖିବା ବଳା ଟାଳିବା ଶୁଣା କାନ୍ଦଣା

ଘ) ଦେଶଜ ବିଶେଷ୍ୟ	ଅଟକାଳି ଉଆ ଉଷୁନା ଦେଶିଆ	ପିଣ୍ଡା ଭୁଆସୁଣୀ ସାହି ଛୁଆ	ଓରା ଡାଙ୍ଗ ଅଣକ ଠେକି	ଅବାଗ ପହିଜ ଛୋପରା ଉଝଟ	ଗଡ଼ିବା ଥୁପିବା ଚଉରା ଧାଉଁଡି
ଙ)ଆଗନ୍ତୁକ ବିଶେଷ୍ୟ-	ଗଙ୍ଗ ଫକୀର ମାର୍କିନ ମାମୁଦ	ଅର୍ଦ୍ଦଳି କିରାଣୀ ନବାବ ଖ୍ରୀଷ୍ଟାନ୍	ଇସ୍ପାତ୍ ପାର୍ଚ୍ଚା ରସିଦ୍ ବୋମା	ଖିଆଲ ବାହାଦୁରି ହିମ୍ମତ୍ ଜୋର୍	ହୁକୁମ୍ ଡ୍ୟୁଟି ବଦଳି ଫରମାସ୍

ବିଭିନ୍ନ ଭାଷାକୁ ଆଧାର କରି ଏବଂ ଉକ୍ତ ଭାଷାଗୁଡ଼ିକରୁ ଆହୃତ ଶବ୍ଦ ସହିତ ଦେଶୀୟ ଭାବବିନିମୟାତ୍ମକ ପରମ୍ପରାରେ ପ୍ରଚଳନ ସିଦ୍ଧ ବିଶେଷ୍ୟପଦକୁ ତତ୍ସମମୂଳକ ନାମବାଚକ ବିଶେଷ୍ୟ, ତଦ୍‌ଭବ ମୂଳକ ନାମବାଚକ ବିଶେଷ୍ୟ, ଦେଶୀୟ ନାମବାଚକ ବିଶେଷ୍ୟ ଓ ବୈଦେଶିକ ନାମବାଚକ ବିଶେଷ୍ୟ ଏହିପରି ବିଭିନ୍ନ ବିଭାଗରେ ବିଭକ୍ତ କରାଯାଇପାରେ ।

୪.୬ ପ୍ରକୃତି ଓ ପ୍ରତ୍ୟୟମୂଳକ ଅର୍ଥ ଉତ୍ପାଦନକ୍ଷମ ଗଠନ ଧର୍ମଦିଗରୁ ବିଶେଷ୍ୟପଦକୁ ଯୌଗିକ, ଯୋଗରୂଢ଼ ଓ ରୂପଭିତ୍ତିକ ବିଶେଷ୍ୟ ଭାବରେ ଆଖ୍ୟାୟିତ କରାଯାଇଥାଏ । ଯଥା –

ପ୍ରଧାନ ବିଶେଷ୍ୟ:

ପ୍ରକୃତ ଯୌଗିକ ବିଶେଷ୍ୟ : ପ୍ରକୃତି + ପ୍ରତ୍ୟୟ	**ନାମବାଚକ ବିଶେଷ୍ୟ**	**ଜାତିବାଚକ ବିଶେଷ୍ୟ**	**ବସ୍ତୁବାଚକ ବିଶେଷ୍ୟ**	**ଗୁଣବାଚକ ବିଶେଷ୍ୟ**	**କ୍ରିୟାବାଚକ ବିଶେଷ୍ୟ**
	କଶ୍ୟପ+ଅ - କଶ୍ୟପ, ମରୁତ+ଇ=ମାରୁତି ପଣ୍ଡୁ+ଅ = ପାଣ୍ଡବ	କେରଳ+ଈୟ = କେରଳୀୟ ଆଦି+ମ = ଆଦିମ ଭାରତ+ଈୟ = ଭାରତୀୟ	ଚମ+ଡା = ଚମଡା କଳସ+ଈ = କଳସୀ	ଗମ୍ଭୀର+ଯ = ଗାମ୍ଭୀର୍ଯ୍ୟ ଅବ-ଜ୍ଞା+ଅ-ଆ = ଅବଜ୍ଞା	ଉଠ୍+ଆ = ଉଠା ବାଜ୍+ଏଣି = ବାଜେଣି

ଯୋଗରୂପ ମୂଳକ ବିଶେଷ୍ୟ : ନିର୍ଦ୍ଦିଷ୍ଟାର୍ଥକ	ପଙ୍କ+ଜନ୍+ଅ = ପଙ୍କଜ ଜଳ-ଦା+ଅ = ଜଳଦ	ଚଷ୍+ଈ = ଚଷୀ ତେଲ+ଈ = ତେଲୀ	ପା-ଅକ= ପାବକ ଖଟ+ଉଲି = ଖଟୁଲି ପେଟ+ରା = ପେଟରା	ଖଣ୍ଡ+ଗିରି = ଖଣ୍ଡଗିରି ଟାଉଟର+ଗିରି =ଟାଉଟରଗିରି	ଗଞ୍ଜ+ଅନ୍-ଆ= ଗଞ୍ଜଣା ଗଡ଼୍+ଆ = ଗଡ଼ା
ରୂଢ଼ିମୂଳକ ବିଶେଷ୍ୟ / ବିଶ୍ଳେଷଣ ରହିତ	ଶ୍ରୀଖଣ୍ଡି ଶ୍ରୀଗର୍ଭ	ଛେଉଣ୍ଡ ହାଣ୍ଡି ଅଳସୁଆ	ବେଶର ଉମ୍ଭେଇ	ବଗଡ଼ା ଉଭା	ଭୟୁଆଁ ଉଖୁରା

୪.୭ ପୁନଶ୍ଚ ନାମବାଚକ, ଜାତିବାଚକ ଓ ବସ୍ତୁବାଚକ ତ୍ରିବିଧ ବିଶେଷ୍ୟ ପ୍ରତ୍ୟେକ ପାଞ୍ଚ ଭାଗରେ ବିଭକ୍ତ ହୋଇ ଭିନ୍ନ ଭିନ୍ନ ରୂପରେ ବ୍ୟାକରଣିକ ଯୋଗ୍ୟତା ପାଇ ବ୍ୟବହୃତ ହୋଇଥାନ୍ତି। ଯଥା –

ଅର୍ଥଭେଦଭିତ୍ତିକ ବିଶେଷ୍ୟ	ନାମବାଚକ ବିଶେଷ୍ୟ	ଜାତିବାଚକ ବିଶେଷ୍ୟ	ବସ୍ତୁବାଚକ ବିଶେଷ୍ୟ	ଗୁଣ/ଅବସ୍ଥା ବାଚକ ବିଶେଷ୍ୟ	କ୍ରିୟାବାଚକ ବିଶେଷ୍ୟ
ବାଚକାର୍ଥକ ବିଶେଷ୍ୟ (ପ୍ରତ୍ୟକ୍ଷ ଅର୍ଥ)	ଜଗନ୍ନାଥ ବାସୁଦେବ	ବୈଶ୍ୟ କ୍ଷତ୍ରିୟ	କାଠ ସୁନା	ରାଗ ଦୁଃଖ	ହସିବା କାନ୍ଦିବା
ଲାକ୍ଷଣିକ ବିଶେଷ୍ୟ (ପ୍ରୟୋଜନ ଅର୍ଥ)	ଶକୁନି ମନ୍ଥରା କାଳଗ୍ରହ	ଫାଇଲ ସଗରବଶୀ	ଜୁଆଳି ଢ଼ିଙ୍କିଆ	ନାକେଦମ୍ ବାରଗଣ୍ଡା ଦିକଡ଼ା	ଘୁଷି ମାଲିସ୍
ବ୍ୟଞ୍ଜନାମୂଳକ ବିଶେଷ୍ୟ (ଆରୋପଣ ଅର୍ଥ)	ଜୋକ	ଜହୁରୀ ବଇଠାରଜା	ଘଣ୍ଟାକଣ୍ଟା ତିନିମୁଣ୍ଡ	ତସ୍କରୀ ଜାଲିଆତି	ଘୋଷରା ପହଁରା

(କ) **ଲାକ୍ଷଣିକ ବିଶେଷ୍ୟ ବିତରଣ:**

- ବାପଘରୁ କାଳଗ୍ରହଟିଏ ସାଙ୍ଗରେ ଆଣିଛି। (ନାମବାଚକ)
- ଫାଇଲ୍ ତୁମ ବିଷୟରେ ସବୁ କହିବ। (ଜାତିବାଚକ)
- ହାତକୁ ଦିହାତ ହେଲେ ବଳେ ଜୁଆଳି ଭିଡ଼ିବ। (ବସ୍ତୁବାଚକ)
- ତା'ର କଥାଗୁଡ଼ିକ ମନକୁ ଯନ୍ତ୍ରଣା ଦିଏ। (ଅବସ୍ଥାବାଚକ)
- ଇଂରାଜୀ ଘୁଷି ଓଡ଼ିଆଙ୍କୁ ବାଧେ। (କ୍ରିୟା ବାଚକ)

(ଖ) ବ୍ୟଞ୍ଜନାମୂଳକ ବିଶେଷ୍ୟ ବିତରଣ:

- ବିପକ୍ଷବାଦୀଏ ଜୋକ ପରି ଲାଗିଛନ୍ତି। (ନାମବାଚକ)
- ବିଷଦାନ୍ତାଙ୍କ ପାଇଁ ଉତ୍ତମ ପ୍ରଶାସନ ଜହ୍ଲୁରୀ ଅଟନ୍ତି। (ଜାତିବାଚକ)
- ଭୋଟ୍‌ରେ ହାରିଗଲାପରେ ତାଙ୍କର ଘଣ୍ଟାକଣ୍ଟା ଆଉ ଚାଲୁନି। (ବସ୍ତୁବାଚକ)
- ଏବେ ଜାଲିଆତି ଯେତିକି ବଢ଼ିଛି ଦୟନୀୟତା ବି ସେତିକି ମିଳୁଛି। (ଗୁଣ/ ଅବସ୍ଥା ବାଚକ)
- ମରିବାଠାରୁ ଘୋଷରା କଷ୍ଟ। (କ୍ରିୟାବାଚକ)
- ତାଙ୍କୁ ତାଙ୍କ ନାଁରେ ଥିବା ନାଲିସ୍ ଗିଳିଦେଲା। (କ୍ରିୟାବାଚକ)

୪.୮ ବିଶେଷ୍ୟ ପଦଗୁଡ଼ିକ ବାଚକ ଅର୍ଥରେ ସ୍ପଷ୍ଟ ଓ ପ୍ରତ୍ୟକ୍ଷ ଭାବରେ, ଲକ୍ଷଣାର୍ଥରେ ପ୍ରୟୋଜନ ଭିତ୍ତିରେ ଓ ବ୍ୟଞ୍ଜନାର୍ଥରେ ଚମତ୍କାର ଚାତୁର୍ଯ୍ୟ ଓ ଆରୋପଣ ଧର୍ମରେ ବ୍ୟବହୃତ ହୋଇଥାଏ।[୯]

ଓଡ଼ିଆ ଭାଷାରେ ତତ୍ସମ, ତଦ୍‌ଭବ, ଆଗନ୍ତୁକ, ଦେଶ୍ୟ, ନାମବାଚକ, ଜାତିବାଚକ, ବସ୍ତୁବାଚକ, କ୍ରିୟାବାଚକ, ଗୁଣବାଚକ, ବ୍ୟଞ୍ଜନାର୍ଥକ, ଲକ୍ଷଣାର୍ଥକ, ବାଚ୍ୟାର୍ଥକ, ଯୌଗିକ, ଯୋଗରୂଢ଼ମୂଳକ ଓ ରୂଢ଼ାତ୍ମକ ଭିତ୍ତିକ ପ୍ରାୟ ୧୮୦ ପ୍ରକାର ବିଶେଷ୍ୟପଦ ଦୈନନ୍ଦିନ ପ୍ରଚଳିତ ହୋଇଆସୁଛି। ଏହି ୧୮୦ ପ୍ରକାର ବିଶେଷ୍ୟରୁ ନାମବାଚକ, ଜାତିବାଚକ, ବସ୍ତୁବାଚକ ବିଶେଷ୍ୟଗୁଡ଼ିକ କାନ, ନାକ. ଆଖି ଓ ସ୍ପର୍ଶେନ୍ଦ୍ରିୟ ଦ୍ୱାରା ପ୍ରତ୍ୟକ୍ଷବୋଧ ହେଉଥିବାରୁ ଏଗୁଡ଼ିକ 'ମୂର୍ତ୍ତ ବିଶେଷ୍ୟ' ବା 'ଇନ୍ଦ୍ରିୟଗ୍ରାହ୍ୟ ବିଶେଷ୍ୟ' କୁହାଯାଏ। ବୈତରଣୀ, ଓଡ଼ିଶୀ, ଦଣ୍ଡନାଚ, ଆଲିଙ୍ଗନ ଇତ୍ୟାଦି ମୂର୍ତ୍ତ ବିଶେଷ୍ୟର ଦୃଷ୍ଟାନ୍ତ। ସେହିପରି ଗୁଣବାଚକ, ଅବସ୍ଥାବାଚକ, କେତେକାଂଶରେ କ୍ରିୟାବାଚକ ବିଶେଷ୍ୟକୁ କେବଳ ଅନୁଭବ କରାଯାଉଥିବାରୁ

ସେସବୁକୁ ମନୋଗ୍ରାହୀ ବା 'ଅମୂର୍ତ୍ତ ବିଶେଷ୍ୟ' କୁହାଯାଏ। ଯଥା – ଉଦ୍ବୋଧ, ଉତ୍ପାତ, ଅନ୍ତର୍ଦାହ, ପୋଡ଼ିବା ଓ ବିନ୍ଧିବା।

୪.୯ ବିଶେଷ୍ୟ-ବିଶେଷ୍ୟ ମଧ୍ୟରେ ସମ୍ବନ୍ଧ ଓ ପ୍ରଭେଦ:

ଯଦିଓ ନାମବାଚକ, ଜାତିବାଚକ, ବସ୍ତୁବାଚକ, ଗୁଣବାଚକ ଓ କ୍ରିୟାବାଚକ ବିଶେଷ୍ୟ ମଧ୍ୟରେ ଭିନ୍ନତା ଖୁବ୍ ସୂକ୍ଷ୍ମ ଭାବରେ ପରିଲକ୍ଷିତ ହୋଇଥାଏ, ତଥାପି ସୂକ୍ଷ୍ମାତିସୂକ୍ଷ୍ମ ବିଶ୍ଳେଷଣ କଲେ ସେମାନଙ୍କ ମଧ୍ୟରେ ସାମଞ୍ଜସ୍ୟ ରହିଥିବା ଅନୁଭବ ହୁଏ।

(କ) ଜାତିବାଚକ ବିଶେଷ୍ୟ ଗୋଟିଏ ଜାତିର ନାମକୁ ବୁଝାଉଥିବାବେଳେ, ନାମବାଚକ ବିଶେଷ୍ୟ ନିର୍ଦ୍ଦିଷ୍ଟ ଜାତିର ନିର୍ଦ୍ଦିଷ୍ଟ, ସର୍ବନିମ୍ନ ଏକକକୁ ବୁଝାଇଥାଏ।[୧୦] ଯଥା –

ନାମବାଚକ ବିଶେଷ୍ୟ	ଜାତିବାଚକ ବିଶେଷ୍ୟ
କାମଧେନୁ, ନନ୍ଦିନୀ, କପିଳା (ପୁରାଣ ଆଶ୍ରିତ ଏକ ଗାଈର ନାମ)	ଗାଈ / କାମଧେନୁ ପରି ଅନେକ ଗାଈଙ୍କୁ ନେଇ ଏକ ଜାତିର ନିର୍ଦ୍ଦିଷ୍ଟ ପ୍ରାଣୀର ନାମ)କୁ ବୁଝାଏ। ନଈ (ବୈତରଣୀ) ପରି।
ବୈତରଣୀ, ଗଙ୍ଗା, କୃଷ୍ଣା, କାବେରୀ ଇତ୍ୟାଦି (ଏକ ଏକ ନଈର ନାମ)	'ନଈ' (ଏଠାରେ ଜଳପ୍ରବାହିତ ଶ୍ରେଣୀର ନିର୍ଦ୍ଦିଷ୍ଟ ଜାତିବାଚକ ନାମ।
ଭାରତ, ଚୀନ୍, ଜାପାନ୍, ଇଂଲଣ୍ଡ ଇତ୍ୟାଦି ଏକ ଏକ ଦେଶ ଅଟନ୍ତି।	'ଦେଶ' ଶବ୍ଦଟି ସମୂହ ଅର୍ଥରେ ବ୍ୟବହୃତ।
କଟକ, ପୁରୀ, ଭୁବନେଶ୍ୱର ଇତ୍ୟାଦି ଏକ ଏକ ନିର୍ଦ୍ଦିଷ୍ଟ ସହର ଅଟନ୍ତି।	କିନ୍ତୁ 'ସହର' ଶବ୍ଦଟି ଏଠାରେ ଏକକ ନୁହେଁ ସମୂହ ଅର୍ଥରେ ବ୍ୟବହୃତ।

(ଖ) ପୁନଶ୍ଚ ବେଳେବେଳେ ଦେଖାଯାଏ ବସ୍ତୁବାଚକ ବିଶେଷ୍ୟ ପଦଟି ତାହାର ବ୍ୟବହାରିକ ପ୍ରୟୋଗ ଦୃଷ୍ଟିରୁ ନିଜର ମୌଳିକତା ହରାଇ ଜାତିବାଚକ ବିଶେଷ୍ୟ ପଦରେ ପରିଣତ ହୁଏ। ଯଥା –

ବସ୍ତୁବାଚକ ବିଶେଷ୍ୟ	ଜାତିବାଚକ ବିଶେଷ୍ୟ
ବହି	ଚିରା କାଗଜ

ଅର୍ଥାତ୍ ଯଦି 'ବହି'ଟିକୁ ଟିକିଟିକି କରି କାଟିଦିଆଯାଏ ତାହା ଚିରାକାଗଜରେ ପରିଣତ ହୋଇଯିବ। ତେଣୁ ଚିରାକାଗଜଗୁଡ଼ିକୁ ବହି କୁହାଯାଇନପାରେ। ତେଣୁ

ଗୋଟିଏ ଶ୍ରେଣୀର ବା ଜାତିର ଅନ୍ତର୍ଭୁକ୍ତ ଅଟେ। ସୁତରାଂ ଚିରାକାଗଜଟି 'ଜାତିବାଚକ' ବିଶେଷ୍ୟ ପର୍ଯ୍ୟାୟର ଅନ୍ତର୍ଭୁକ୍ତ ଅଟେ।

କିନ୍ତୁ ଯଦି 'ମାଟି' ଶବ୍ଦଟିକୁ ବିଚାର କରାଯିବ, ତେବେ ଦେଖାଯିବ ଯେ ମାଟିକୁ ଟିକିଟିକି କରି ଗୁଣ୍ଡ କରିଦେଲେ ମଧ୍ୟ ତାହା ସେହି ମାଟିରେ ହିଁ ରୁହେଁ। ମାଟି ଏଠାରେ ବସ୍ତୁବାଚକ ବିଶେଷ୍ୟ ପଦ ଅଟେ।

ବସ୍ତୁବାଚକ ବିଶେଷ୍ୟ	ଜାତିବାଚକ ବିଶେଷ୍ୟ
ମାଟି	ଦୋରସା, ବାଲିଆ, କଳା, ନାଲି।

ଅତଏବ ବସ୍ତୁବାଚକ-ଜାତିବାଚକ ବିଶେଷ୍ୟ ମଧ୍ୟରେ ଏହି ପ୍ରକାର ସମ୍ବନ୍ଧ ବିଦ୍ୟମାନ। ପୁନଶ୍ଚ ଅନ୍ୟାନ୍ୟ ଉଦାହରଣ ମଧ୍ୟ ଏହି ପର୍ଯ୍ୟାୟରେ ନିଆଯାଇପାରେ। ଯଥା–

ସୁନା (ବସ୍ତୁ)	ଅଳଙ୍କାର (ପେଣ୍ଡି, ମୁଦି, ହାର, ଚେନ୍, ଶଙ୍ଖା) ଇତ୍ୟାଦି
କାଠ, ଲୁହା, କାଚ(ବସ୍ତୁ)	ଲୁହା ଆଲମାରୀ, କାଠଆମାରୀ, କାଚଆଲମାରୀ ଇତ୍ୟାଦି।

ଅତଏବ ବସ୍ତୁ ଯେତେବେଳେ କୌଣସି ନୂତନ ଜାତିର ରୂପ ପରିଗ୍ରହ କରୁଛି, ସେତେବେଳେ ସେ ନିଜର ମୌଳିକତା ହରାଇଛି ଏବଂ ନୂତନ ରୂପରେ ଆତ୍ମପ୍ରକାଶ କରୁଛି।

(ଗ) ନାମବାଚକ ବିଶେଷ୍ୟ ଓ ବସ୍ତୁବାଚକ ବିଶେଷ୍ୟ ମଧ୍ୟରେ ସୂକ୍ଷ୍ମ ଭେଦ ଓ ସମ୍ବନ୍ଧ ବି ରହିଛି। ନାମବାଚକ ବିଶେଷ୍ୟ ବସ୍ତୁ ଆଧାରିତ ହୋଇଥାଏ। ନିର୍ଦ୍ଦିଷ୍ଟ ବସ୍ତୁରୁ ତିଆରି ନିର୍ଦ୍ଦିଷ୍ଟ ରୂପର 'ନାମ'ରେ ବସ୍ତୁନାମ ଲୋପପାଏ। କିନ୍ତୁ ଯେତେବେଳେ ନାମଟିକୁ ଭାଗ ଭାଗ କରିଦିଆଯାଏ, ସେତେବେଳେ ବସ୍ତୁ ତା'ର ମୌଳିକ ନାମକୁ ହରାଇ ରୂପାନ୍ତରିତ ବସ୍ତୁର ନାମକୁ ଗ୍ରହଣ କରିଥାଏ।

ନାମବାଚକ ବିଶେଷ୍ୟ	ବସ୍ତୁବାଚକ ବିଶେଷ୍ୟ
ଶଗଡ଼ (କାଷ୍ଠନିର୍ମିତ ଏକଯାନ)	କାଠ
ସୁନାଚୁଡି	ସୁନା
ପାଣିକାଚ	କାଚ

ଏଠାରେ କାଠ, ସୁନା, କାଚ ଇତ୍ୟାଦିକୁ ଯଦି ଆମେ ଖଣ୍ଡ ବିଖଣ୍ଡିତ କରିଦେବା, ତେବେ ବି ଏମାନେ ନିଜ ନିଜର ମୌଳିକ ସତ୍ତା ହରାଇବେ ନାହିଁ। ସୁତରାଂ ଏଗୁଡ଼ିକ ବସ୍ତୁ ପର୍ଯ୍ୟାୟବାଚୀ ଅଟନ୍ତି। କିନ୍ତୁ ଶଗଡ଼, ସୁନାଚୁଡ଼ି, ପାଣିକାଚ ଇତ୍ୟାଦି ରୂପାନ୍ତରିତ ବସ୍ତୁଗୁଡ଼ିକ ଭାଙ୍ଗି ଭାଙ୍ଗି ଦେବାପରେ ଏମାନଙ୍କର ମୂଳ ନାମରେ ପରିବର୍ତ୍ତନ ଆସେ ଅର୍ଥାତ୍ ଏମାନେ ମୂଳନାମକୁ ହରାଇବସନ୍ତି। ଏଗୁଡ଼ିକ ପୁନଶ୍ଚ ମୂଳ ବସ୍ତୁବାଚକ ସଂଜ୍ଞାରେ ବିଶେଷିତ ହୁଅନ୍ତି।

(ଘ) ଗୁଣବାଚକ ବିଶେଷ୍ୟ ନାମବାଚକ, ବସ୍ତୁବାଚକ ଓ ଜାତିବାଚକ ବିଶେଷ୍ୟର ଧର୍ମ ଓ ଲକ୍ଷଣ ସହିତ ସମ୍ବନ୍ଧିତ।[୧୧] ଗୁଣବାଚକ ବିଶେଷ୍ୟର ଅବସ୍ଥାବାଚକ ବିଶେଷ୍ୟ ସହିତ ସଂପୃକ୍ତି ରହିଛି।

ଗୁଣବାଚକ ବିଶେଷ୍ୟ	ନାମବାଚକ ବିଶେଷ୍ୟ	ଜାତିବାଚକ ବିଶେଷ୍ୟ
ଶାନ୍ତି	ଭାରତ	ହିନ୍ଦୁ
ତ୍ୟାଗ	ମହାତ୍ମାଗାନ୍ଧୀ	ହିନ୍ଦୁ
ଉଦାରତା	ହରେନ୍ଦ୍ର	ମାନବ

- ଭାରତ ଶାନ୍ତି ଚାହେଁ, ଶାନ୍ତି ହିନ୍ଦୁଙ୍କ ମୂଳମନ୍ତ୍ର।
- ମହାତ୍ମାଗାନ୍ଧୀ ତ୍ୟାଗର ଏକ ଉଦାହରଣ ଅଟନ୍ତି। ଦେଶବାସୀଙ୍କ ପାଇଁ ସେ ନିଜର ଜୀବନକୁ ବଳି ଦେଇଥିଲେ।
- ହରେନ୍ଦ୍ରର ଉଦାରତା ଗୁଣ, ଉଦାରତା ମାନବର ଧର୍ମ ଅଟେ।

'ଶାନ୍ତି' ଗୁଣଟି 'ଭାରତ' (ନାମବାଚକ ବିଶେଷ୍ୟ ସହିତ 'ହିନ୍ଦୁ' ଭଳି ଜାତିବାଚକ ବିଶେଷ୍ୟପଦ ସହିତ ସମ୍ବନ୍ଧିତ)। ସେହି ଭଳି 'ତ୍ୟାଗ' ଏବଂ 'ଉଦାରତା' ନାମବାଚକ ବିଶେଷ୍ୟ ସହିତ 'ହିନ୍ଦୁ' ଓ 'ମାନବ' ଆଦି ଜାତିବାଚକ ବିଶେଷ୍ୟ ପଦ ସମ୍ବନ୍ଧିତ। ସେହିପରି 'ନମନୀୟତା' ଏକ ଗୁଣ ଯାହା ବ୍ୟକ୍ତି ଓ ଜାତି କ୍ଷେତ୍ରରେ 'ନମ୍ରତା'କୁ ବୁଝାଉଥିବାବେଳେ ବସ୍ତୁ କ୍ଷେତ୍ରରେ 'ନମନୀୟତା'କୁ ବୁଝାଇଥାଏ।

(ଙ) ବ୍ୟକ୍ତିବାଚକ ବିଶେଷ୍ୟ ଯଦି ନିର୍ଦ୍ଦିଷ୍ଟ ବ୍ୟକ୍ତିକୁ ନ ବୁଝାଏ, ତେବେ ତାହା ଜାତିବାଚକ ବିଶେଷ୍ୟରେ ପରିଣତ ହୁଏ। ଯଥା –'ସାରଳା ଦାସ ଓଡ଼ିଶାର ବାଲ୍ମିକୀ ଥିଲେ।'

ସାରଳା ଦାସ ପ୍ରକୃତରେ ବାଲ୍ମିକୀ ନ ଥିଲେ, ବାଲ୍ମିକୀଙ୍କ ପରି ଓଡ଼ିଶାର ପ୍ରଥମ ମହାକବି ଥିଲେ। ସୁତରାଂ 'ବାଲ୍ମିକୀ' ପ୍ରଥମ ମହାକବି ଅର୍ଥରେ ବ୍ୟବହୃତ ହୋଇଥିବାରୁ ଏଠାରେ ଜାତିବାଚକ ବିଶେଷ୍ୟ ହୋଇଛି। ସେହିପରି ଯଦି କୁହାଯାଏ 'ମୁଁ କେତେକେତେ କଟକ ଦେଖିଛି'। ଏଥିରେ 'କଟକ' ଅର୍ଥ ବଡ଼ ବଡ଼ ସହର। ତେଣୁ 'କଟକ' ଏଠାରେ ଜାତିବାଚକ ବିଶେଷ୍ୟ ପଦ ଅଟେ।

(ଚ) ସମଷ୍ଟିବାଚକ ବିଶେଷ୍ୟ:

ସେନା, ପୁଲିସ୍, ଜନତା, ଗଣ, ବୃନ୍ଦ, ପଲ, ପୁଞ୍ଜ, ସମୂହ ପ୍ରଭୃତି ପଦଗୁଡ଼ିକ ସମୂହ ଅର୍ଥରେ ବୁଝାଉଥିବାରୁ ଏଗୁଡ଼ିକ ସମଷ୍ଟିବାଚକ ବିଶେଷ୍ୟପଦର ଅନ୍ତର୍ଭୁକ୍ତ ଅଟନ୍ତି।

(ଛ) କ୍ରିୟାବାଚକ ବିଶେଷ୍ୟ:

କ୍ରିୟାବାଚକ ବିଶେଷ୍ୟ ସମ୍ପର୍କରେ ଆଲୋଚନା କରିବା ପୂର୍ବରୁ ପ୍ରଥମେ 'କ୍ରିୟା'

ସମ୍ପର୍କରେ ସମ୍ୟକ ଅବଗତ ହେବା ଆବଶ୍ୟକ। ଓଡ଼ିଆ ଭାଷାରେ କ୍ରିୟା ସାଧାରଣତ ଦୁଇପ୍ରକାର। ଯଥା – (୧) ସାଧ୍ୟକ୍ରିୟା, (୨) ସିଦ୍ଧକ୍ରିୟା।[୧୨] ଯେଉଁ କ୍ରିୟାରୁ କାଳ, ପୁରୁଷ, ବଚନ ପ୍ରଭୃତି ଧାରଣାର ସୃଷ୍ଟି ହୁଏ, ତାକୁ ସାଧ୍ୟକ୍ରିୟା କୁହାଯାଏ। ଯେପରି – ଖାଉଛି, ଖାଏ, ଖାଇଲେ, ଖାଇବି ଇତ୍ୟାଦି। କିନ୍ତୁ ଯେଉଁ କ୍ରିୟାରୁ ଜଣାପେଡ଼ ନାହିଁ, ତାହା ସିଦ୍ଧକ୍ରିୟା ଅଟେ। ଯେପରି – ଗମନ, ଭୋଜନ, ବାଜଣା, ପାବଣ, ହସ, କାନ୍ଦ, କ୍ରୀଡ଼ା, ପାକ, ତ୍ୟାଗ, ପୂଜା, ରକ୍ଷା, ଦେବା, ନେବା ଇତ୍ୟାଦି। ସିଦ୍ଧକ୍ରିୟା ହେଉଛି କ୍ରିୟାବାଚକ ବିଶେଷ୍ୟ ପଦ ଏବଂ ସାଧ୍ୟକ୍ରିୟା ହେଉଛି କ୍ରିୟାପଦ।

କ୍ରିୟାବାଚକ ବିଶେଷ୍ୟପଦଗୁଡ଼ିକ ବସ୍ତୁବାଚକ, ଜାତିବାଚକ ଓ ନାମବାଚକ ବିଶେଷ୍ୟର କାର୍ଯ୍ୟ ସାଧନ ସହିତ ସମ୍ବନ୍ଧ ରକ୍ଷାକରେ। ବସ୍ତୁ-ଜାତି-ନାମ ଇତ୍ୟାଦି ଦ୍ୱାରା ସାଧନ ହୋଇଥିବା, ସାଧନ ହେଉଥିବା, ସାଧନ ହେବାକୁ ଥିବା ଓ ସାଧନ ହେବାଭଳି ଥିବା କ୍ରିୟାର ନାମକୁ କ୍ରିୟାବାଚକ ବିଶେଷ୍ୟ ଭାବରେ ବାକ୍ୟରେ ବ୍ୟବହାର କରାଯାଏ। କ୍ରିୟାର ମୂଳପିଣ୍ଡ ହେଉଛି 'ଧାତୁ'। 'ଧାତୁ'ରେ ପ୍ରତ୍ୟୟ ଯୋଗ କରାଯାଇ କ୍ରିୟାବିଶେଷ୍ୟ ଗଠନ କରାଯାଏ। ଧାତୁରୁ କ୍ରିୟା ଓ କ୍ରିୟାରେ ଅ, ଆ, ଏଇ, ଅନ୍ତା, ଇବା, ଇଲା, ଅନ୍, ବି ଓ ତବ୍ୟ ଆଦି ପ୍ରତ୍ୟୟ ଯୋଗ ହୋଇ କ୍ରିୟା ବିଶେଷ୍ୟ ଗଠିତ ହୋଇଥାଏ। 'କୃତ୍' ପ୍ରତ୍ୟୟ ଆଶ୍ରିତ ହୋଇଥିବାରୁ କ୍ରିୟା ବିଶେଷ୍ୟ ଗୁଡ଼ିକ କୃଦନ୍ତପଦ ଓ ପ୍ରତ୍ୟୟାନ୍ତ ଅଟନ୍ତି। ଯଥା – ଶୀ+ଅନ = ଶୟନ, ନୃତ୍+ଅନ = ନର୍ତ୍ତନ, ଲିଖ୍+ଅନ = ଲିଖନ, ସାଧ୍+ଅନ୍ + ଆ = ସାଧନା, କୃ+ତବ୍ୟ = କର୍ତ୍ତବ୍ୟ, ଶ୍ରୁ+ତବ୍ୟ = ଶ୍ରୋତବ୍ୟ ଇତ୍ୟାଦି।

ଅନ୍ୟାନ୍ୟ ବିଶେଷ୍ୟପଦ ସହିତ ସମ୍ବନ୍ଧ ନିରୂପଣ ନିମିତ୍ତ ନିମ୍ନଲିଖିତ ଉଦାହରଣଗୁଡ଼ିକୁ ବିଶ୍ଳେଷଣ କରାଯାଇପାରେ। ଯଥା –

- 'ଚିନ୍' ଗବେଷଣା କରିବାରେ କୌଣସି ତ୍ରୁଟି କରିନଥିଲା। ଏଠାରେ 'ଗବେଷଣା କରିବା'ରେ କ୍ରିୟାବିଶେଷ୍ୟ ପଦଟି 'ଚିନ୍' ନାମକ ନାମବାଚକ ବିଶେଷ୍ୟପଦ ସହିତ କାର୍ଯ୍ୟସାଧନ ଅର୍ଥରେ ସମ୍ବନ୍ଧିତ।
- ମାଟି ହଣା ସରିଲା? ଏଠାରେ 'ମାଟି' ବସ୍ତୁବାଚକ ବିଶେଷ୍ୟପଦ ସହିତ 'ହଣା' କ୍ରିୟାବାଚକ ବିଶେଷ୍ୟପଦଟି ଜଡ଼ିତ ହୋଇଛି।
- ବ୍ରାହ୍ମଣମାନେ ପୂଜାକାର୍ଯ୍ୟ ସଂପାଦନ କରିବାରେ ଆଧ୍ୟାତ୍ମିକ ଶାନ୍ତି ଲାଭ କରନ୍ତି। ଏଠାରେ 'ବ୍ରାହ୍ମଣ'ର ସାଧନ କ୍ରିୟା ସହିତ 'ପୂଜା' ବିଶେଷ୍ୟଟି ସଂପୃକ୍ତ।

ଧାତୁ ବିଶେଷଣ ରୂପ ଗ୍ରହଣ କଲେ କ୍ରିୟାପଦ ସହିତ ଅନ୍ୱିତ ହୋଇଥାଏ ଏବଂ

ବିଶେଷ୍ୟପଦ ହେଲେ ଅନ୍ୟ ସହଯୋଗୀ ବା ସାପେକ୍ଷ ବିଶେଷ୍ୟ ସହିତ ସାଧନ ଧର୍ମରେ ସଂଶ୍ଲିଷ୍ଟ ହୋଇଥାଏ।

୪.୧୦ ବିଶେଷ୍ୟର ସହରୂପ:

ଓଡ଼ିଆରେ ଅନେକ ବିଶେଷ୍ୟ ମୂଳ ପ୍ରକୃତିରେ ଓ ବ୍ୟୁତ୍ପନ୍ନ ପ୍ରକୃତିରେ ବ୍ୟବହୃତ ହୋଇଥାନ୍ତି। ଭାବବିନିମୟ କାଳରେ ନିର୍ଦ୍ଦିଷ୍ଟ, ଅନିର୍ଦ୍ଦିଷ୍ଟ, ନିଶ୍ଚିତ, ଅନିଶ୍ଚିତ, ସମ୍ଭାବନା, ପରିମାଣ, ସଂଖ୍ୟା, ଆଦର, ଅନାଦର, ଶ୍ରଦ୍ଧା, ପ୍ରଶ୍ନ, ବୀତସ୍ପୃହତା, କ୍ଷୁଦ୍ର, ବ୍ୟାପକ ଓ ଆଶଙ୍କା ଇତ୍ୟାଦି ଅର୍ଥରେ ବିଶେଷ୍ୟ ପଦଗୁଡ଼ିକରେ ଅନେକ ଭିନ୍ନ ପ୍ରକାରର ପଦ ସହପଦ ରୂପରେ ଲାଗିଥାଏ। ଏହି ସହପଦଗୁଡ଼ିକ ମୁଖ୍ୟତଃ 'ସୂଚକପଦ', ପରସର୍ଗ, ପୂର୍ବସର୍ଗ, ସଂଖ୍ୟାବାଚକ ଓ ପରିମାଣବାଚକ ପଦ ହୋଇଥାନ୍ତି। ଏହି ପଦଗୁଡ଼ିକୁ ଆଶ୍ରୟ କରି ବିଶେଷ୍ୟପଦର ସହରୂପ ବା ଏକପ୍ରକାର ଯୁଗ୍ମରୂପ ଗଠିତ ହୋଇଥାଏ। ଭିନ୍ନ ଅର୍ଥ ମଧ୍ୟ ସୂଚିତ ହୋଇଥାଏ। ତେଣୁ ଏଗୁଡ଼ିକ ବିଶେଷ୍ୟର ସହପଦ 'ସୂଚିତପଦ' ଅଟେ।(୧୩)

୪.୧୧ ସୂଚକପଦ ଓ ବିଶେଷ୍ୟ ସହରୂପ:

ସୂଚକପଦଗୁଡ଼ିକ ବିଶେଷ୍ୟପଦ ସହ ଯୋଗ ହୋଇ ବିଶେଷ୍ୟର ସହରୂପ ଗଠନରେ ସହଯୋଗ କରୁଥିବାରୁ ବାକ୍ୟରେ ସୂଚକ ପଦର ଯଥେଷ୍ଟ ଗୁରୁତ୍ୱ ରହିଛି। ବିଶେଷ୍ୟପଦ ସହିତ ଟା, ଟି, ଟିଏ. ଟେ, ଟାଏ ଇତ୍ୟାଦି ସୂଚକପଦ ଯୁକ୍ତ ହୋଇ ଆଦର ଅନାଦର ଇତ୍ୟାଦି ଭାବାର୍ଥକୁ ନିର୍ଦ୍ଦେଶିତ କରିଥାଏ। ଯଥା-

୧. ମୂଳପ୍ରକୃତିର ବିଶେଷ୍ୟ	ସୂଚକ ପଦଯୁକ୍ତ ବିଶେଷ୍ୟ
ରାମ ହସୁଛି, ରାମଭଲ।	ରାମଟା ହସୁଛି / ରାମଟି ଭଲ।
ହରିସୁନ୍ଦର / ହରିବୋକା ଇତ୍ୟାଦି।	ହରିଟି ସୁନ୍ଦର/ହରିଟା ବୋକା ଇତ୍ୟାଦି।

ଉପରୋକ୍ତ ବ୍ୟକ୍ତିବାଚକ ବିଶେଷ୍ୟପଦର ପରେ ଈଷଦ୍ ଅନାଦର ଅର୍ଥରେ ନିର୍ଦ୍ଦିଷ୍ଟ ଭାବରେ 'ଟା' ସୂଚକପଦ ଲାଗେ। (ରାମଟା) 'ଟି' ସୂଚକପଦ ଦ୍ୱାରା ଆଗ୍ରହ, ଆଦର ଓ ଶ୍ରଦ୍ଧାର ସୂଚନା ମିଳଥାଏ। (ରାମଟି ଭଲ, ହରିଟି ସୁନ୍ଦର) ଇତ୍ୟାଦି।

୨. ପ୍ରାଣୀବାଚକ ନିର୍ଜୀବ ବିଶେଷ୍ୟପଦର ପରେ ମୁଖ୍ୟତଃ ଟା, ଟିଏ, ଟେ ଲାଗିଥାଏ। କିନ୍ତୁ ନିର୍ଜୀବତା କ୍ଷେତ୍ରରେ ବ୍ୟକ୍ତିତ୍ୱ, ଆରୋପଣ କରି ଆଦରାତ୍ମକ ଭାବନାକୁ ନିର୍ଦ୍ଦେଶିତ କଲେ ସେଠାରେ ଟି, ଟିଏ ଲାଗିପାରେ। ଯଥା – ଗଛଟି ଲାଗିଲା, ଗଛଟିଏ ଲାଗିଲା, ଆରାମ ଚୌକିଟି ଭଲ, ଲୁହା ଚୌକିଟା ଖରାପ, 'ଟି' ସୂଚକ ଉତ୍ତମ ଓ ଉତ୍କର୍ଷ ଅର୍ଥକାରୀ ହୋଇଥିବା ସ୍ଥଳେ 'ଟା' ମନ୍ଦ, ନିଷ୍ପୃହ ଓ ନିକୃଷ୍ଟବୋଧକ ସୂଚକ ପଦ ଅଟେ।

ମୂଳପ୍ରକୃତିର ବିଶେଷ୍ୟ	ସୂଚକ ପଦଯୁକ୍ତ ବିଶେଷ୍ୟ
ଗଛ ଲାଗିଲା	ଗଛଟା ଲାଗିଲା / ଗଛଟିଲାଗିଲା/ ଗଛଟାଏ ଲାଗିଲା ଇତ୍ୟାଦି।
ସଂକଟ ଟଳିଲା।	ସଂକଟଟା ଟଳିଲା / ସଂକଟଟେ ଟଳିଲା / ସଂକଟଟାଏ ଟଳିଲା ଇତ୍ୟାଦି।

ସୂଚକ ଟି / ଟା / ଟିଏ / ଟେ ଇତ୍ୟାଦି ଏକ ବଚନମୂଳକ ବିଶେଷ୍ୟରେ ଲାଗିଥାଏ। ସଜୀବ ବିଶେଷ୍ୟ ପଦର ଏକବଚନରେ ଟି / ଟା / ଟିଏ / ସମସ୍ତ ପ୍ରକାର ସୂଚକ ବସିପାରିଥାଏ। ମାତ୍ର ଅପ୍ରାଣୀବାଚକ ବିଶେଷ୍ୟରେ କେବଳ ଟା / ଟିଏ ବସିଥାଏ। ପ୍ରାଣୀତ୍ୱ ଆରୋପ ହେଲେ ଏପ୍ରକାର ପ୍ରଚଳନରେ ବ୍ୟତିକ୍ରମ ଦେଖାଦିଏ। 'ଟା' ଦ୍ୱାରା ବ୍ୟକ୍ତିବାଚକ ବିଶେଷ୍ୟ ନିର୍ଜୀବ ବିଶେଷ୍ୟ ବତ୍ ଅନାଦର ସୂଚକ ହୋଇ ଅନୁଭୂତହୁଏ।

ଟା, ଟିର ମୂଳରୂପ 'ଟ' ସୂଚକଟି ଯଦି 'ଏ' ଯୋଗହୋଇ ଟି+ଏ = ଟିଏ / ଟ୍+ଏ = ଟେ ହୁଏ ତେବେ ଏହା ଦୁଇଟି ଅର୍ଥରେ ବିଶେଷ୍ୟପଦକୁ ସୂଚିତ କରେ। ଗୋଟିଏ ଅର୍ଥ ଅନାଦର ବା ଅନାଗ୍ରହ ଅର୍ଥକୁ ବୁଝାଉଥିବାବେଳେ ଅନ୍ୟଟି ସଂଖ୍ୟାତ୍ମକ ଅର୍ଥକୁ ସୂଚିତ କରେ।[୧୪] ଉଦାହରଣ ସ୍ୱରୂପ - ପିଲାଟେ ଖେଳୁଛି – ଗୋଟିଏ ପିଲାଖେଳୁଛି, ଫଳଟେ ପଡିଲା – ଗୋଟିଏ ଫଳ ପଡ଼ିଲା। ସଂଖ୍ୟାବାଚକ ଟ+ଏ = ଟେ / ଟି+ଏ = ଟିଏ ଲାଗିଲେ ସଂଖ୍ୟାସୂଚକ ବିଶେଷ୍ୟ ବା ଗଣକପଦ ଗୋଟିଏ, ଜଣେ, ଦୁଇ, ତିନି, ହଳେ ଇତ୍ୟାଦି ବାକ୍ୟରେ ଲାଗେ ନାହିଁ। ଯଥା – ହରିର ଗୁଣର ଝିଅଟେ ଅଛି – ହରିର ଗୋଟିଏ ଗୁଣର ଝିଅ ଅଛି / ହରିର ଗୋଟିଏ ଗୁଣର ଝିଅଟେ ଅଛି – କିନ୍ତୁ ଏପ୍ରକାର ସଂଖ୍ୟାସୂଚକ ବିଶେଷ୍ୟ ବା ଗଣକପଦର ପ୍ରୟୋଗରେ ତ୍ରୁଟି ପରିଲକ୍ଷିତ ହୁଏ। 'ଟେ' ସୂଚକ ମଧ୍ୟ ଆଦର ଓ ଗଣକପଦ ସୂଚକ ହୋଇ 'ଟିଏ' ରୂପରେ ଲାଗେ। ଯଥା –

'ଏ ବର୍ଷ ବୋର୍ଡ଼ ପରୀକ୍ଷାରେ ପୁଅଟିଏ ପ୍ରଥମ ହେଲା।'

'ଗାଁର ଶେଷମୁଣ୍ଡରେ ସ୍କୁଲଟିଏ ତିଆରି ହେଲା।'

୪.୧୧

ସଂଖ୍ୟାବାଚକ ବା ଗଣକପଦରେ ମଧ୍ୟ ଟି, ଟା, ଯୋଗ ହୋଇଥାଏ। 'ଟା' ଯୋଗ ଦ୍ୱାରା ସଂଖ୍ୟାବୋଧରେ ବୀତସ୍ପୃହତା ଓ 'ଟି' ଯୋଗଦ୍ୱାରା ଆଗ୍ରହବୋଧ ପ୍ରକାଶପାଏ। କିନ୍ତୁ ଉଭୟ ସଂଖ୍ୟାର ନିର୍ଦ୍ଦିଷ୍ଟତା ଓ ନିଶ୍ଚିତତାକୁ ପ୍ରକାଶ କରନ୍ତି। ଯଥା – ସାତଟିରୁ ପାଞ୍ଚଟି ଆମ୍ବ ଭଲ, ମାତ୍ର ଦୁଇଟା ପୋକା। ଏଠାରେ ପାଞ୍ଚୋଟି ଓ ଦୁଇଟା

ଉଭୟ ନିର୍ଦ୍ଦିଷ୍ଟ ସଂଖ୍ୟାର ସୂଚକ। କିନ୍ତୁ 'ପାଞ୍ଚୋଟି' କହିବାବେଳେ ଆଗ୍ରହ ପ୍ରକାଶ ପାଉଥିବାବେଳେ 'ଦୁଇ-ଟା' କହିବାବେଳେ ନିସ୍ପୃହତା ପ୍ରକାଶ ପାଉଛି। ଟା, ଟି, ଟେ ଉଚ୍ଚାରଣର ଦୀର୍ଘତା ଓ ଲଘୁତାର ଆଦର ଅନାଦର ଭାବ ଜଣାପଡ଼ିଥାଏ।

ସର୍ବନାମ ସୂଚକ ବିଶେଷ୍ୟରେ ମଧ ଟା, ଟି, ସୂଚକ ପଦ ବସିଥାଏ। ଯଥା – ସେଇଟା ଖରାପ, ଏଇଟା ଭଲ, ସେଟି ଠକ। ତୁଟି ଭଲ ଇତ୍ୟାଦି।[୧୫]

ଜାତିବାଚକ, ଗୁଣବାଚକ, ଅବସ୍ଥାବାଚକ, କ୍ରିୟାବାଚକ ବିଶେଷ୍ୟରେ ଟା, ଟି, ଟିଏ ଲାଗିଲେ ସେଗୁଡ଼ିକ ନିର୍ଦ୍ଦିଷ୍ଟ ଓ ଗଣକ ସୂଚକ ହୋଇଯାଏ। ଯଥା – ଘର ସୁନ୍ଦର (ଘରଟି ସୁନ୍ଦର), (ଗୋଟିଏ ନିର୍ଦ୍ଦିଷ୍ଟ ଘର) ସେହିପରି ସୁଖ ଆନନ୍ଦଦାୟକ / ସୁଖଟି ଆନନ୍ଦଦାୟକ। ସେହିପରି ଦୁଃଖଟି କଷ୍ଟଦାୟକ / ଦୁଃଖ କଷ୍ଟଦାୟକ, ସୌଭାଗ୍ୟ ଆସିଲା (ଅନିର୍ଦ୍ଦିଷ୍ଟ) କିନ୍ତୁ ଯଦି କୁହାଯିବ – ସୌଭାଗ୍ୟଟିଏ ଆସିଲା ବା ସୌଭାଗ୍ୟଟି ଆସିଲା (ନିର୍ଦ୍ଦିଷ୍ଟ ଓ ଗୋଟିଏ)। କାର୍ଯ୍ୟହେଲା (ଅନିର୍ଦ୍ଦିଷ୍ଟ) / କାର୍ଯ୍ୟଟି ହେଲା (ନିର୍ଦ୍ଦିଷ୍ଟ)।

- ଟେ ଓ ଟା ନିର୍ଦ୍ଦିଷ୍ଟ ଅନିର୍ଦ୍ଦିଷ୍ଟ ସୂଚକ ହୋଇ ବିଶେଷ୍ୟ ପଦର ଅର୍ଥକୁ ନିଶ୍ଚିତ କରିଦିଏ। ଯଥା- ଲୋକଟେ ଆସିଥିଲା (ଲୋକଟି କିଏ ତାହା ନିର୍ଦ୍ଦିଷ୍ଟ ନୁହେଁ)। ଲୋକଟା ଆସିଥିଲା (ଅନାଦର ଭାବରେ ଲୋକଟି ଆଗରୁ ଜଣା ଓ ସେ ନିର୍ଦ୍ଦିଷ୍ଟ)
- ବିଶେଷ୍ୟର ଏପ୍ରକାର ସହ ରୂପରେ ଟା, ଟି, ଟେ, ଟାଏ, ଟିଏ ଇତ୍ୟାଦି 'ସହପଦ' ବା ପାରସର୍ଗିକ ସହଯୋଗୀ ପଦ ଅଟନ୍ତି। ଏଗୁଡ଼ିକ 'ସୂଚକ ପଦ' ଭାବରେ ପରିଚିତ। କିନ୍ତୁ ମୂଳ ବିଶେଷ୍ୟ ପଦଟି ହେଉଛି ସୂଚକ ପଦର 'ଆଧାର ପଦ'। ଯଥା –

ଯୁକ୍ତପଦ ରୂପ	**ଆଧାରପଦ**	**ସୂଚକପଦ**	**ସାଧିତ ବିଶେଷ୍ୟ**
କୁଣ୍ଡା+ଟା	କୁଣ୍ଡ	ଟା	କୁଣ୍ଡଟା
ମୂର୍ତ୍ତି+ଟାଏ	ମୂର୍ତ୍ତି	ଟା+ଏ	ମୂର୍ତ୍ତିଟାଏ
ପିଲା+ଟି	ପିଲା	ଟି	ପିଲାଟି
ନଈ+ଟିଏ	ନଈ	ଟି+ଏ	ନଈଟିଏ
ଫଳ+ଟିଏ	ଫଳ	ଟି+ଏ	ଫଳଟିଏ

୪.୧୨ ଉପରୋକ୍ତ ଯୁକ୍ତପଦଗୁଡ଼ିକ ଆଧାରପଦ, ସୂଚକପଦ ଯୋଗ ହୋଇ ଏକ ଏକ ସାଧିତ ବିଶେଷ୍ୟ ପଦରେ ପରିଣତ ହୋଇଛନ୍ତି।

୪.୧୩ବିଶେଷ୍ୟର ସୂଚକ ପଦ 'କ'ର ବ୍ୟବହାର:

ମୂଳ ବିଶେଷ୍ୟ ପଦକୁ ଆଧାର ପଦ କରି ଓଡ଼ିଆରେ ଅର୍ଥାନୁସାରେ ପରସର୍ଗ ଭାବରେ 'କ' ସୂଚକ ପଦ ବସିଥାଏ। 'କ' ସୂଚକ ପଦ ବିଶେଷ୍ୟର ସହପଦ ଭାବରେ ବସିବା ଦ୍ୱାରା ବ୍ୟକ୍ତିବାଚକ, ଜାତିବାଚକ, ଅପ୍ରାଣୀବାଚକ, ସଂଖ୍ୟାବାଚକ ବା ପରିମାଣସୂଚକ ଆଦି ମୂଳ ବିଶେଷ୍ୟ ପଦ ନିର୍ଦ୍ଦିଷ୍ଟ ଉଦ୍ଦେଶ୍ୟ ସାଧିତ ନିଶ୍ଚୟାର୍ଥ ପ୍ରକାଶ କରିଥାନ୍ତି।[୧୬]

(କ) ଆଧାର ବିଶେଷ୍ୟର ପାରସର୍ଗିକ ସହପଦ ଭାବରେ 'କ' :

ଆଧାର+ସୂଚକପଦ	**ସାଧିତ ବିଶେଷ୍ୟ**	**ବ୍ୟବହାର**	**ସୂଚିତ ଅର୍ଥ**
ମାଣ+କ	ମାଣକ	ମାଣକଯାକ ଚାଉଳ ରୋଷେଇ କର।	ପରିମାଣ ସୂଚକ
କାଲି+କ	କାଲିକ	କାଲିକ ପାଇଁ ସେ ଆସିଥିଲେ।	ନିର୍ଦ୍ଦିଷ୍ଟ ଉଦ୍ଦେଶ୍ୟ ପ୍ରତିପାଦନ ନିମିତ୍ତ।
ଥର+କ	ଥରକ	ଥରକ ପାଇଁ ଆସ	ସାମ୍ଭାବ୍ୟ ଆଶାବାଦ୍ୟ ଉଦ୍ଦେଶ୍ୟ ସୂଚକ।

(ଖ) ବସ୍ତୁବାଚକ, ଗଣକ ଓ ପରିମାଣ ସୂଚକ ଆଧାର ବିଶେଷ୍ୟର ପାରସର୍ଗିକ ସହପଦ ଭାବରେ 'କ' :

ଆଧାର ବିଶେଷ୍ୟ +ସୂଚକପଦ	**ସାଧିତ ବିଶେଷ୍ୟ**	**ବାକ୍ୟରୂପ**	**ସୂଚିତ ଅର୍ଥ**
ଗୋଟି+କ(ଇକ)	ଗୋଟିକ	ପୁଷ୍ପ ଗୋଟିକ	ପୁଷ୍ପର ପରିମାଣ ନିର୍ଦ୍ଦିଷ୍ଟ ଓ ଆଦର ସୂଚକ।

ଗୋଟା+କ(ଆକ)	ଗୋଟାକ	ଠେକି ଗୋଟାକ	ନିର୍ଦ୍ଦିଷ୍ଟ ସଂଖ୍ୟା ଓ ଅନାଗ୍ରହ ସୂଚକ ।
ଖଣ୍ଡି+କ(ଇକ)	ଖଣ୍ଡିକ	ବାଡ଼ିଖଣ୍ଡିକ	ପରିମାଣ ନିର୍ଦ୍ଦିଷ୍ଟ ଆଦର ସୂଚକ ଓ ନିଶ୍ଚିତାର୍ଥକ ।
ଖଣ୍ଡ+କ(କ)	ଖଣ୍ଡକ	ପିଠାଖଣ୍ଡକ	ସଂଖ୍ୟା ନିର୍ଦ୍ଦିଷ୍ଟ ଓ ନିଶ୍ଚିତାର୍ଥକ
ଗୁଡ଼ା/ଗୁରା+କ (ଆକ)	ଗୁଡ଼ାକ/ଗୁରାକ	ମାଛଗୁଡ଼ାକ	ସଂଖ୍ୟା ଅନିଶ୍ଚିତ
ଗୁଡ଼ା+ଇ=କ(ଇକ)	ଗୁଡ଼ିକ/ଗୁରିକ	ଫଳଗୁଡ଼ିକ	ସଂଖ୍ୟା ଅନିଶ୍ଚିତ ହେଲେ ବି ବକ୍ତବ୍ୟ ଆଦର ସୂଚକ ।
ଟିକି+କ(ଇକ)	ଟିକିକ/ଟିକକ	ତେଲଟିକକ	ସ୍ୱଳ୍ପ ପରିମାଣ ଅନିର୍ଦ୍ଦିଷ୍ଟ ମାତ୍ର ନିଶ୍ଚିତ ।
ଠୋପା+କ	ଠୋପାକ	ଔଷଧ ଠୋପାକ	ପରିମାଣ ଏଠି ନିର୍ଦ୍ଦିଷ୍ଟ ଓ ଅର୍ଥ ନିଶ୍ଚିତ ।
ପୁଳା+କ(ଆକ)	ପୁଳାକ	ଶାଗପୁଳାକ	ଅଗଣନୀୟ ପରିମାଣ ଅନୁମାନିକ ମାତ୍ର ନିଶ୍ଚିତାର୍ଥକ
ଏତେ/ଏତ+କ	ଏତେକ/ଏତକ	ଛତୁଆ ଏତକ	- ଏ ପ୍ରକାର –
ସେତେ / ସେତ+କ	ସେତେକ/ସେତକ	ଭାତସେତକ	- ସେ ପ୍ରକାର –
ଯେତେ /ଯେତ+କ	ଯେତେକ/ଯେତକ	ଉପାଦନ ଯେତକ	- ଏ ପ୍ରକାର –
ଜଣ+କ	ଜଣକ	ବ୍ୟକ୍ତିଜଣକ	ସଂଖ୍ୟା ଓ ବ୍ୟକ୍ତି ନିର୍ଦ୍ଦିଷ୍ଟ
ହଳ+କ	ହଳକ	ଚଷମା ହଳକ	ସଂଖ୍ୟା ଓ ଆଧାର ବିଶେଷ୍ୟ ନିର୍ଦ୍ଦିଷ୍ଟ ।
ପୁଞ୍ଜା+କ	ପୁଞ୍ଜାକ	ଆମ୍ବ ପୁଞ୍ଜାକ	- ଏ ପ୍ରକାର –
ସେର+କ	ସେରକ	ବିରିସେରକ	ନିର୍ଦ୍ଦିଷ୍ଟ ଓ ପୂର୍ଣ୍ଣାଙ୍ଗ

ଗଉଣି+କ	ଗଉଣିକ	ଧାନଗଉଣିକ	- ଏ ପ୍ରକାର -
ହାଣ୍ଡି+କ	ହାଣ୍ଡିକ	ହାଣ୍ଡିକ ଭାତ / ଭାତହାଣ୍ଡିକ	- ଏ ପ୍ରକାର -
ପୋଖରୀ+କ	ପୋଖରୀକ	ପାଣିପୋଖରୀକ / ପୋଖରୀକ ପାଣି	- ଏ ପ୍ରକାର -
ବୋତଲ+କ	ବୋତଲକ	ବୋତଲକ କ୍ଷୀର	- ଏ ପ୍ରକାର -

- ସୁତରାଂ ଗଣତି ଯୋଗ୍ୟବସ୍ତୁ, ବ୍ୟକ୍ତି ଓ ପ୍ରାଣୀ ସର୍ବଦା ନିର୍ଦ୍ଦିଷ୍ଟ।
- ତରଳ ପଦାର୍ଥ ପାଇଁ ଠୋପାକ, ଟିକକ, ବସ୍ତୁବାଚକ ପାଇଁ ଗୋଟାକ, ଖଣ୍ଡିକ, ଗୁଡ଼ାକ, ବ୍ୟକ୍ତିବାଚକ ପାଇଁ ଜଣକ, ପ୍ରାଣୀବାଚକ ପାଇଁ ହଳକ, ଗଣନା କରିବାରେ ଅସମ୍ଭବ ବସ୍ତୁବାଚକ ବିଶେଷ୍ୟ ପାଇଁ ପୁଳାକ, ଏତକ, ସେତକ, ଯେତକ ଏବଂ ନିର୍ଦ୍ଦିଷ୍ଟ ଓ ପୂର୍ଣ୍ଣାଙ୍ଗ ପରିମାଣସୂଚକ ପାଇଁ ମାପକ ଆଧାର ପଦଗୁଡ଼ିକରେ 'କ' ସୂଚକ ପଦ ଭାବରେ (ବସ୍ତାକ, ପୋଖରୀକ, ଗୋପଲକ, ସେଇକ ଓ ହାଣ୍ଡିକ) ଲାଗିଥାଏ।
- ପରିମାଣ ସୂଚକ ପଦ ଭାବରେ ଆଧାର ପଦ ପରେ ଯାତ, ତକ ଲାଗିଥାଏ। ଏହି ସୂଚକ ପଦ ଦ୍ୱାରା ଗଠିତ ବିଶେଷ୍ୟ ଅନିର୍ଦ୍ଦିଷ୍ଟ ଓ ଅନିଶ୍ଚିତ ଅର୍ଥ ସୂଚକ କରନ୍ତି। ଯଥା- ଲୁଗାତକ ଆଣ / ଜମିତକ ଚଷକର। ବେଳେବେଳେ ଏଗୁଡ଼ିକ ମୋଟାମୋଟି ସବୁ ବା ସମସ୍ତ ପରିମାଣ ଓ ସଂଖ୍ୟାକୁ ବୁଝାଇଥାଏ।

୪.୧୪ ବିଶେଷ୍ୟ + ଏ / ତ ସୂଚକ ପଦ:

ଆଧାର ବିଶେଷ୍ୟପଦ ପରେ ନିଶ୍ଚିତ ଅର୍ଥରେ 'ତ' ଓ ଅନିର୍ଦ୍ଦିଷ୍ଟ ଅର୍ଥରେ 'ଏ' ଯୋଗ ହୋଇ ବ୍ୟୁତ୍ପନ୍ନ ବିଶେଷ୍ୟ ଗଠିତ ହୋଇଥାଏ। ଯଥା – ଖଣ୍ଡେ, ଖଣ୍ଡିଏ, ହଳେ, ହଳିଏ, ଟିକେ, ଟିକିଏ, ବିଡ଼େ, ବିଡ଼ାଏ, ଠୋପେ, ଠୋପାଏ, କେରେ, କେରାଏ। ସୂଚକ ପଦରେ 'ଏ' ଯୋଗ ହେଲେ ଓଡ଼ିଆରେ ଅନ୍ୟ କୌଣସି ସଂଖ୍ୟା ବାକ୍ୟରେ ବସେ ନାହିଁ। ମାତ୍ର ଏଥିରେ ଗୋଟିଏ ବ୍ୟତିକ୍ରମ ଦେଖାଯାଏ, ଅର୍ଥାତ୍ ସୂଚକ ପଦ ଭାବରେ 'ଏ' କୌଣସି ବସ୍ତୁବାଚକ ମାପକ ସଂଜ୍ଞାପରେ ବସେ ତେବେ ତାହା ନିର୍ଦ୍ଦିଷ୍ଟ ଓ ନିଶ୍ଚିତ ଅର୍ଥକାରକ ହୁଏ। ଯଥା – ବାଲ୍‌ଟିଏ ଡାଲମା, ଡଙ୍କିଏ ମହୁର, ବେଲାଏ ପଖାଳ, ଥାଳିଏ ଭାତ, ବେତାଏ ଚୁଡ଼ା, ହାଣ୍ଡିଏ ଉଖୁଡ଼ା। ଏଠି 'ଏ' ସୂଚକ ପଦ ଭିତ୍ତିରେ ଡାଲ୍‌ମା, ମହୁର ଇତ୍ୟାଦି ପୂର୍ଣ୍ଣବାଲ୍‌ଟି, ପୂର୍ଣ୍ଣହାଣ୍ଡି ଇତ୍ୟାଦି ପରିମାଣକୁ ନିର୍ଦ୍ଦିଷ୍ଟ ଭାବେ ସୂଚିତ କରୁଛି। 'ଏ' ସୂଚକ ଭିତ୍ତିକ ବିଶେଷ୍ୟର ଦୃଷ୍ଟାନ୍ତ:-

- ଫୁଲ ଗୋଟେ ଦିଅ / କାକୁଡ଼ି ଗୋଟାଏ କିଣିଲି / ଗୋଟିଏ ପୁଅ।
- ମାଛ ଗୁଡ଼େ ଖିଆହେଲା / ଗଛ ଗୁଡ଼ିଏ ଲାଗିଲା।
- କୋଳି ପୁଳେ ତୋଳିଲି / ଖଟା ପୁଳାଏ ଖାଇଲି।
- ବାଟ ଥୋଡ଼େ ଚାଲିଲି / କାଠ ଥୋଡ଼ାଏ ହାଣିଲି।
- ପେଟରେ ଦାନା ଗଣ୍ଡେ ପଡ଼ିଲା / ଗଣ୍ଡାଏ ଆମ୍ବ କିଣିଲି।
- ପିଠା ପୁଞ୍ଜେ ଖାଇଲି / ପୁଞ୍ଜାଏ ନଡ଼ିଆ ଆଣିଲି।
- ଚପଲ ହଳେ ମୋର ନାହିଁ / ହଳିଏ ନୂଆ ଚପଲ ଆଣିଲି
- ପାଣି ଟୋପେ ପିଇଲି / ଟୋପାଏ ତେଲ ପକାଇ ରୋଷେଇ କର।
- ଛୁଇଁ ବିଡ଼େ ରଖିଲି / ପରେ ବିଡ଼ାଏ ଆଣିଲି।

'ଏ' ମୂଳକ ସମସ୍ତ ସୂଚକ ବିଶେଷ୍ୟ ଏଠାରେ ଅନିର୍ଦ୍ଦିଷ୍ଟ ନିର୍ଦ୍ଦିଷ୍ଟ ଅର୍ଥରେ 'ତ' ଯୋଗ ହୋଇଥାଏ। ଯଥା – ଧାନ କରେ ତ କାଟ / ଝିଅତ ଚାଲିଗଲା / ଦେଖିବା ତ ହେଲା।

ଟା, ଟେ, ଟି, ଆକ, ଇକ, ଆଏ, ଇଏ, ପରି ସୂଚକରୂପ ମଧ୍ୟରୁ 'ଉ' ମୂଳକ ସୂଚକପଦ ଆଦର ଅର୍ଥରେ ଏବଂ 'ଆ' ଓ 'ଏ' ମୂଳକ ପଦ ଅନାଦର ଅର୍ଥରେ ପ୍ରାୟତଃ ବ୍ୟବହାର ହୋଇଥାଏ।

୪.୧୫ବଚନ ଓ ବିଭକ୍ତି ସୂଚକ ବିଶେଷ୍ୟ:

ଓଡ଼ିଆରେ ସାତଗୋଟି ବିଭକ୍ତି ଓ ଦୁଇଟି ବଚନ ରହିଛି। କିନ୍ତୁ ଦ୍ୱିତୀୟ ଓ ଚତୁର୍ଥୀ ବିଭକ୍ତିର ସୂଚକ ଚିହ୍ନ ସମାନ ହୋଇଥିବାରୁ ୬ଟି ବିଭକ୍ତିର ବଚନ ସହିତ ଥିବା ସମ୍ପର୍କ ବିଷୟରେ ଆଲୋଚନା କରାଯାଇପାରେ। ବିଶେଷ୍ୟ ପଦଗୁଡ଼ିକ ଓଡ଼ିଆ ବ୍ୟାକରଣିକ ନିୟମାନୁସାରେ କର୍ତ୍ତା ଓ କର୍ମବାଚକ ହୁଅନ୍ତି। ଏଗୁଡ଼ିକ ନାମବାଚକ ହୁଅନ୍ତୁ ବା ସାର୍ବନାମିକ ହୁଅନ୍ତୁ, ପ୍ରତ୍ୟେକର ମୂଳ ରୂପରେ ବିଭକ୍ତି ଚିହ୍ନ ଯୋଗହୋଇ ତୀର୍ଯ୍ୟକ ରୂପରେ ନିର୍ଦ୍ଦିଷ୍ଟ ବିଭକ୍ତମୂଳକ ବିଶେଷ୍ୟ ଭାବରେ ଏଗୁଡ଼ିକ ଓଡ଼ିଆ ବାକ୍ୟରେ କର୍ତ୍ତା ଓ କର୍ମପଦ ରୂପେ ବ୍ୟବହୃତ ହୁଅନ୍ତି।

ଓଡ଼ିଆ ଭାଷାରେ ଏକବଚନରେ କୌଣସି ବିଭକ୍ତି ଚିହ୍ନ ଯୋଗ ନହୋଇ ନିରୁତା ବିଶେଷ୍ୟରେ ଏକବଚନର ରୂପ ହୋଇପାରିଥାଏ। ତଥାପି ନିର୍ଦ୍ଦିଷ୍ଟ ଆଦର ଅନାଦର, ନିଶ୍ଚିତ, ଅନିଶ୍ଚିତ, ଅର୍ଥସୂଚକ ହୋଇ ଏକବଚନରେ ଟି, ଟେ, ଟା, ଟିଏ, କ, ତ, ଇତ୍ୟାଦି ବିଭକ୍ତି ପ୍ରତ୍ୟୟ ପରସର୍ଗ ଭାବରେ ବିଶେଷ୍ୟରେ ଲାଗିଥାଏ। ନାମବାଚକ ବିଶେଷ୍ୟ ମୁଁ ଟା, ମୋରଟା, ଦାମଟା ଇତ୍ୟାଦିରେ ଅନାଦାର ଅର୍ଥରେ 'ଟା' ଲାଗେ। ପୁନଶ୍ଚ ନିର୍ଜୀବ ଓ ବସ୍ତୁବାଚକ ବିଶେଷ୍ୟରେ ଏକବଚନରେ ଟା,

ଟାଏ ଲାଗେ। ଆଦର ଓ ନିର୍ଦ୍ଦିଷ୍ଟ ଅର୍ଥରେ ନାମବାଚକ ବିଶେଷ୍ୟରେ ଟିଏ / ଟି' ଲାଗେ। ଯଥା - ପାଲାଟିଏ / ଛାତ୍ରଟି / ବ୍ୟକ୍ତିଟି / ଗାଈଟି ଇତ୍ୟାଦି।

ବହୁବଚନରେ ସଜୀବ ବିଶେଷ୍ୟରେ ଏ, ମାନେ, ବୃନ୍ଦ, ଗୁଡ଼ି, ସମୂହ, ସବୁ, ପଲ, ଦଳ, ଗୋଠ ଇତ୍ୟାଦି ବିଭକ୍ତି ପ୍ରତ୍ୟୟ ଲାଗିଥାଏ। ବ୍ୟକ୍ତିବାଚକ ବିଶେଷ୍ୟରେ 'ମାନେ' ସର୍ବତ୍ର ଯୋଗହୁଏ, ଅନାଦର ଅନାଗ୍ରହ, ନିସ୍ପୃହତା ଓ ଅସମ୍ମାନ ଅର୍ଥରେ ବ୍ୟକ୍ତିବାଚକ ବିଶେଷ୍ୟର ବହୁବଚନରେ ଗୁଡ଼ାକ, ଗୁଡ଼ିକ, ଗୁଡ଼ା, ଗୁଡ଼େ ଲାଗେ। ଅନ୍ୟାନ୍ୟ ମାନବେତର ସଜୀବ ବିଶେଷ୍ୟରେ ଉଭୟ ଅନାଦର ଓ ସାଧାରଣ ଭାବରେ ବି ଗୁଡ଼ିକ, ଗୁଡ଼ିଏ ଲାଗେ ଏବଂ ଗୁଡ଼ାକ, ଗୁଡ଼ା ଆଦର ସୂଚକ ହୋଇ ଯୋଗହୁଏ। ମୁଖ୍ୟତଃ ଓଡ଼ିଆ ଭାଷାରେ ପ୍ରତ୍ୟେକ ଶ୍ରେଣୀୟ ବିଶେଷ୍ୟରେ ତିନୋଟି ବହୁବଚନମୂଳକ ବିଭକ୍ତି ଚିହ୍ନ ଏ, ମାନେ, ଗୁଡ଼ିଏ ବ୍ୟବହୃତ ହୁଏ। ପୁନଶ୍ଚ ବହୁବଚନ ଚିହ୍ନ ଭାବରେ ଗୁଣବାଚକ ବିଶେଷ୍ୟ ଓ ଜାତିବାଚକ ବିଶେଷ୍ୟରେ ଚୟ (ଭାବୟେ / ଫୁଲଚୟ, ବୃକ୍ଷଚୟ, ପତ୍ରଚୟ); ପ୍ରାଣୀବାଚକ ବିଶେଷ୍ୟରେ ପଲ, ଗୋଠ, ଦଳ, ପଙ୍କ୍ତି (ଛେଳିପଲ, ଗାଈଗୋଠ, ମେଣ୍ଢାଦଳ, ବକପଙ୍‌କ୍ତି), ଜାତିବାଚକ ସଜୀବ ବିଶେଷ୍ୟରେ ବୃନ୍ଦ, ଗଣ, ସମୂହ, ସବୁ (ଜାତିବାଚକ, ଛାତ୍ରଗଣ, ଅଧ୍ୟାପକ ସମୂହ, ବିଦ୍ୟାର୍ଥୀ ସବୁ) ଗୁଣବାଚକ ଓ ବସ୍ତୁବାଚକ ବିଶେଷ୍ୟରେ ରାଜି, ରାଶି, ଆବଳୀ, ମାନ (ପୁସ୍ତକରାଜି, ଅର୍ଥରାଶି, ତଥ୍ୟାବଳୀ, ପୁରସ୍କାରମାନ) ଇତ୍ୟାଦି ଯୋଗ ହୋଇଥାଏ।

ଅନେକ କ୍ଷେତ୍ରରେ ଜାତିବାଚକ ବିଶେଷ୍ୟରେ ବହୁବଚନ ଚିହ୍ନ ନ ହୋଇ ବହୁବଚନାନ୍ତକ କ୍ରିୟା ଅନୁସାରେ ବିଶେଷ୍ୟପଦ ବହୁବଚନ ଅର୍ଥରେ ବିଭକ୍ତିମୂଳକ ହୋଇ ବାକ୍ୟରେ ସାର୍ଥକ ରୂପ ପାଇଥାଏ। ଯଥା –

- ବିଦ୍ୟାର୍ଥ ପଢୁଛନ୍ତି।
- ଖେଳାଳୀ ଖେଳୁଛନ୍ତି।
- ଲୋକ ଜାଣୁଛନ୍ତି।

  ଏଠାରେ ବିଦ୍ୟାର୍ଥୀ, ଖେଳାଳୀ, ଲୋକ ବିନା ବିଭକ୍ତି ଚିହ୍ନରେ କ୍ରିୟା ଯୋଗେ ବହୁବଚନ ଅର୍ଥରେ ବ୍ୟବହୃତ।

- ବିଶେଷ୍ୟ ପଦ ପୂର୍ବରୁ ସବୁ, ସର୍ବ, ସମସ୍ତ, ଅନେକ, ଅଧିକାଂଶ ଇତ୍ୟାଦି ପୂର୍ବସର୍ଗୀୟ ବିଧାନରେ ବସିବା ଦ୍ୱାରା ବିଶେଷ୍ୟ ପଦଟି ଏକବଚନରୁ ବହୁବଚନ ହୁଏ। ଯଥା-

ବିଶେଷ୍ୟ (ଏକବଚନ ରୂପ)	ପୂର୍ବସର୍ଗ	ବହୁବଚନ ରୂପ
ଫଳ	ସବୁ	ସବୁଫଳ
ସହର	ଅଧିକାଂଶ	ଅଧିକାଂଶ ସହର
କର୍ମଚାରୀ	ସମସ୍ତ	ସମସ୍ତ କର୍ମଚାରୀ
ଦୁଃଖ	ସର୍ବ	ସର୍ବଦୁଃଖ
ଚରିତ୍ର	ସମସ୍ତ	ସମସ୍ତ ଚରିତ୍ର

ପ୍ରାଣୀବାଚକ, ବସ୍ତୁବାଚକ ଓ ଗୁଣବାଚକ ବିଶେଷକୁ ବହୁବଚନ କଲାବେଳେ ବସ୍ତୁକୁ, ଭାବକୁ, ଗୁଣକୁ ଓ ସାଧାରଣ ପ୍ରାଣୀକୁ ସମ୍ମାନ ଓ ଗୁରୁତ୍ୱ ଦେଲାବେଳେ ଅଥବା ବ୍ୟକ୍ତିବାଚକ ବିଶେଷ୍ୟ ପରି ଆଦର କରିବା ଉଦ୍ଦେଶ୍ୟରେ ମାନେ / ଏ ଯୋଗ ହୋଇଥାଏ। ଯଥା-

- ସୁଯୋଗମାନେ ଆସନ୍ତି
- ସୂର୍ଯ୍ୟଙ୍କର ପୃଥିବୀପୃଷ୍ଠକୁ ଆଗମନର ଆଭାସରେ ପକ୍ଷୀ ଏ ରାବ ଦେଲେଣି।
- ବ୍ୟାଘ୍ରମାନେ ଜଙ୍ଗଲରେ ଭୟଙ୍କର ହୋଇଗଲେଣି।
- ତଥ୍ୟମାନେ ପ୍ରମାଣଯୋଗ୍ୟ।

୪.୧୬

ପୁନଶ୍ଚ ବିଶେଷ୍ୟକୁ ଏକବଚନରୁ ବହୁବଚନ କରିବାବେଳେ ପୂର୍ବସର୍ଗ ଭାବରେ ବହୁବଚନ ମୂଳକ ସବୁ, ଅନେକ, ସମସ୍ତ ଇତ୍ୟାଦି ଲାଗିଲେ ବିଭକ୍ତିସୂଚକମାନେ, ଗୁଡ଼ିଏ / ଗୁଡ଼ାକ / ଏ ଇତ୍ୟାଦି ପରସର୍ଗ ଲାଗିବ ନାହିଁ ଏବଂ ପରସର୍ଗ ଯୋଗ ହେଲେ ପୂର୍ବସର୍ଗକୁ ବାଦ୍ ଦିଆଯିବ।

ଯଥା- ପିଲାମାନେ → ସବୁ ପିଲା।

କିନ୍ତୁ ଯଦି 'ସବୁ ପିଲାମାନେ' ଲେଖାଯିବ, ତେବେ ତାହା ଭୁଲ୍ ହେବ। କ୍ରିୟା ବହୁବଚନାନ୍ତ ହୋଇଥିଲେ କର୍ତ୍ତା ସୂଚକ ବିଶେଷ୍ୟ ପଦଟିରେ ବହୁବଚନମୂଳକ ପୂର୍ବସର୍ଗ ଓ ବିଭକ୍ତି ପ୍ରତ୍ୟୟ ଯୋଗ ନ କଲେ ମଧ୍ୟ ଅର୍ଥ ସଂପୂର୍ଣ୍ଣ ପ୍ରକାଶ ପାଇଥାଏ।

ବିଭକ୍ତିମୂଳକ ହୋଇ ବିଶେଷ୍ୟ ପଦ କର୍ତ୍ତା ଓ କର୍ମ ଭାବରେ ସାଧାରଣତଃ ବ୍ୟବହାର ହୋଇଥାନ୍ତି। ଅନେକ ସ୍ଥଳରେ ବାକ୍ୟରେ କର୍ମକୁ ପରିହାର କରି ବିଶେଷ୍ୟ ପଦନବ ସଂପୂରକ ବା ସମଗୁଣର ବିକଳ୍ପ ପରିପୂରକ ସତ୍ତାଟିଏ ସହିତ ମିଶି ରହିଥାଏ। ଯଥା –

■ ବିଜୁବାବୁ କେବଳ <u>ନେତା</u> ନ ଥିଲେ ଖେଳାଳି ଓ <u>ବ୍ୟବସାୟୀ</u> ଥିଲେ।

■ ମଧୁସୂଦନ ଦାସ <u>ଉତ୍କଳ ଗୌରବ</u> ଅଟନ୍ତି।

୪.୧୭

ବିଶେଷ୍ୟ ପଦଗୁଡ଼ିକ ବିଭକ୍ତି ଯୁକ୍ତ ହେଲେ ମଧ୍ୟ ସେଗୁଡ଼ିକର ମୂଳସ୍ୱରୂପ ବା ପ୍ରକୃତିରେ ପରିବର୍ତ୍ତନ ହୁଏ ନାହିଁ। ଯଥା – ଗଛ / ଗଛ-ଟି / ଗଛ-ଗୁଡ଼ିକ / ଗଛ-ଗୁଡ଼ିକୁ / ଗଛ-ପାଇଁ / ଗଛ-କୁ / ଗଛ-ରୁ / ଗଛ-ର / ଗଛ-ରେ।

ପ୍ରଥମା ବିଭକ୍ତିରୁ ସପ୍ତମୀ ବିଭକ୍ତି ପର୍ଯ୍ୟନ୍ତ ବିଭକ୍ତି ଚିହ୍ନ ଲାଗିବା ପରେ ମଧ୍ୟ ମୂଳ ପ୍ରକୃତି 'ଗଛ' ଅବିକଳ ରହିଛି। ସାର୍ବନାମିକ ବିଶେଷ୍ୟର ବିଭକ୍ତି ସଂପୃକ୍ତି ଦ୍ୱାରା ରୂପରେ ତୀର୍ଯ୍ୟକ ଲକ୍ଷଣ ପ୍ରକାଶ ପାଏ। ମାତ୍ର ମୁଖ୍ୟ ବିଶେଷ୍ୟର ମୂଳରୂପ ବିଭକ୍ତି ଚିହ୍ନ ସଂସ୍ପର୍ଶରେ ଆସି ତୀର୍ଯ୍ୟକ ନ ହୋଇ ଅବିକଳ ରୁହେ। କିନ୍ତୁ ମୂଳ ପ୍ରକୃତିରେ ବିଭକ୍ତିମୂଳକ ପ୍ରତ୍ୟୟ ଲାଗିବା ଦ୍ୱାରା ବିଶେଷ୍ୟର ଅର୍ଥରେ ଭିନ୍ନତା ଆସିଥାଏ।

ବିଶେଷ୍ୟରେ ବିଭକ୍ତିସୂଚକ ଚିହ୍ନଗୁଡ଼ିକ ଲାଗିବାଦ୍ୱାରା (ବ୍ୟକ୍ତିବାଚକ ଓ ପ୍ରାଣୀବାଚକ ସଜୀବ ବିଶେଷ୍ୟ କ୍ଷେତ୍ରରେ) ଆଦର ଅନାଦର ସୂଚକ ଅର୍ଥ ପ୍ରକାଶ ପାଏ। ଯଥା-

ବିଶେଷ୍ୟ ରୂପ	ଏକବଚନ ବ୍ୟବହାର	ବହୁବଚନ ବ୍ୟବହାର
କ)ଛାତ୍ର (ଜାତିବାଚକ)	ଛାତ୍ର ପଢୁଛି - ଆଦର ସୂଚକ	ଛାତ୍ର/ଛାତ୍ରୀମାନେ ପଢୁଛନ୍ତି - ଆଦର ସୂଚକ
	ଛାତ୍ରଟି ପଢୁଛି - ଆଦର ଓ ନିର୍ଦ୍ଦିଷ୍ଟ ଅର୍ଥସୂଚକ	ଛାତ୍ରଏ ପଢୁଛନ୍ତି - ଅନିର୍ଦ୍ଦିଷ୍ଟ ଓ ଆଦର ସୂଚକ
	ଛାତ୍ରଟା ପଢୁଛି-ଅନାଦର ଓ ନିର୍ଦ୍ଦିଷ୍ଟ ସୂଚକ	ଛାତ୍ରଗୁଡ଼ାକ/ଗୁଡ଼ିକ ପଢୁଛନ୍ତି - ଅନାଦର ସୂଚକ।
	ଛାତ୍ରଟେ ପଢୁଛି - ଅନିର୍ଦ୍ଦିଷ୍ଟ, ସଂଖ୍ୟା ନିର୍ଦ୍ଦିଷ୍ଟ ଓ ଅନାଦର ସୂଚକ	
	'ହରି' ନାମକ ଛାତ୍ରଟି ପଢୁଛି - ଆଦର ଏଠାରେ ନିର୍ଦ୍ଦିଷ୍ଟ ଓ ସଂପୂରକ।	

ଖ) ହାତୀ	ହାତୀ ବୁଲୁଛି / ହାତୀଟି ବୁଲୁଛି / ହାତୀଟା ବୁଲୁଛି / ରଜାଘର ହାତୀ ବୁଲୁଛି- ଆଦର (ନିର୍ଦ୍ଦିଷ୍ଟ ଓ ଆଦର / ଅନାଦର / ନିର୍ଦ୍ଦିଷ୍ଟ ଓ ଆଦର ସୂଚକ)	ହାତୀ ବୁଲୁଛନ୍ତି / ହାତୀଏ ବୁଲୁଛନ୍ତି / (ଆଦର ସୂଚକ) / ହାତୀଗୁଡ଼ାକ / ହାତୀଗୁଡ଼ିକ ବୁଲୁଛନ୍ତି – (ଅନାଦର ସୂଚକ) ।
ଗ) ଖବର	ଖବର ମଗାଗଲା-ଅନିର୍ଦ୍ଦିଷ୍ଟ ଅନିଶ୍ଚିତ ଖବରଟେ ମଗାଗଲା - ନିର୍ଦ୍ଦିଷ୍ଟ ଓ ଅନିଶ୍ଚିତ ଖବରଟା ମଗାଗଲା - ନିର୍ଦ୍ଦିଷ୍ଟ ଓ ଅନିଶ୍ଚିତ ପୁରସ୍କାର ଖବରଟି ମଗାଗଲା - ନିର୍ଦ୍ଦିଷ୍ଟ ଆଦର ଓ ନିଶ୍ଚିତ ସୂଚକ	ଖବରଗୁଡ଼ିକ ମଗାଗଲା - ସାଧାରଣ ସୂଚକ ଖବରମାନେ ମଗାଗଲେ - ଗୁରୁତ୍ୱ ସୂଚକ

୪.୧୮

ଜାତିବାଚକ ବିଶେଷ୍ୟର ପ୍ରୟୋଗ ଏକବଚନ ଓ ବହୁବଚନ ସୂଚକ ପଦ ବା ବିଭକ୍ତି ଚିହ୍ନ ନ ଥାଇ ବି କ୍ରିୟାରୁ ଜଣାଯାଇଥାଏ। ବସ୍ତୁବାଚକର ଏକବଚନ ଓ ବହୁବଚନ ଅନେକ ସମୟରେ ବକ୍ତାର ଭାବପ୍ରକାଶ ଉପରେ ନିର୍ଭରଶୀଳ। ଯଥା –

ବ୍ୟାଘ୍ର ଗର୍ଜନ କରୁଛି – ଏକବଚନ

ବ୍ୟାଘ୍ର ଗର୍ଜନ କରୁଛନ୍ତି – ବହୁବଚନ

ଖଟ ତିଆରି ହେଉଛି, ଚୁଡ଼ି କିଣାଗଲା, ବହି ରଖାଗଲା – ଏଠାରେ ଉଭୟ ଏକବଚନ ଓ ବହୁବଚନ ଅର୍ଥ ବକ୍ତାର ଭାବ ବିନିମୟର ନିର୍ଦ୍ଦିଷ୍ଟ ଉଦ୍ଦେଶ୍ୟ ଅନୁସାରେ ବୁଝାପଡ଼ିଥାଏ। 'ଏ / ମାନେ' ବହୁବଚନ ପ୍ରତ୍ୟୟଟି ସଜୀବ ବିଶେଷ୍ୟ ମଣ୍ଡନ କରୁଥିବାବେଳେ 'ଗୁଡ଼ି' ଗୋତ୍ରୀୟ (ଗୁଡ଼ିଏ, ଗୁଡ଼ାଏ, ଗୁଡ଼ିକ, ଗୁଡ଼େ) ବସ୍ତୁବାଚକ ବିଶେଷ୍ୟର ପରସର୍ଗରେ ବିନ୍ୟସ୍ତ ହୁଏ। 'ଗୁଡ଼ି'ରେ ଇ, ଆ, ଏ, କ ଆଦି ସମସ୍ତ ଚିହ୍ନ ବା ସୂଚକ ଲାଗିଥାଏ। ଯଥା – ଗୁଡ଼ା, ଗୁଡ଼ିଏ, ଗୁଡ଼ାକ।

'ଏ' ପରସର୍ଗଟି ବିଶେଷ୍ୟ ପୂର୍ବରୁ ଲାଗିଲେ ତାହା ନିର୍ଦ୍ଦିଷ୍ଟ ସୂଚକ ଏକବଚନର ଅର୍ଥ ପ୍ରଦାନ କରେ। ଯଥା– ଏ ପରିବା, ଏ ଫଳ, ଏ ହାତୀ, 'ଏ' ଟି ମଧ୍ୟ 'ଏହି'ର

ନିର୍ଦ୍ଦିଷ୍ଟ ଅର୍ଥ ପ୍ରକାଶ କରେ। ଯଥା; ଏ ପିଲାଏ → ଏହି ପିଲାମାନେ, ଏ ରାଜ୍ୟରେ → ଏହି ରାଜ୍ୟରେ।

ବିଶେଷ୍ୟର ଅନିର୍ଦ୍ଦିଷ୍ଟ ବହୁବଚନ ବା ଗଣକ ଅର୍ଥ ମହତ୍ୱ ପ୍ରକାଶ ପାଇଁ ବିଶେଷ୍ୟ ପୂର୍ବରୁ ପୂର୍ବସର୍ଗ ଭାବରେ - ଅନେକ, ସର୍ବ, ସବୁ, କ୍ୱଚିତ, କେତେକ, ଅଧିକାଂଶ, ବହୁତ ଓ ନିର୍ଦ୍ଦିଷ୍ଟ ସଂଖ୍ୟା ବସିଥାଏ। (ଅନେକ ଲୋକ) ଅଧିକାଂଶ ଛାତ୍ର, କିଛି ଲୋକ, କ୍ୱଚିତ ଦୋକାନ, ଏକଶତ ବିଦ୍ୟାର୍ଥୀ, କେତେକ ଲୋକ ଓ କତିପୟ ବ୍ୟବସାୟୀ ଇତ୍ୟାଦି।

୪.୧୯ ପୂର୍ବସର୍ଗ ଓ ପରସର୍ଗ ଭିତ୍ତିକ ବିଶେଷ୍ୟ:

ଯେକୌଣସି ଶବ୍ଦର ପୂର୍ବରୁ ବା ପରେ ଅନ୍ୟାନ୍ୟ ସହଯୋଗୀ ପଦ, ବର୍ଣ୍ଣ, ସୂଚକ ଚିହ୍ନମୂଳକ ବର୍ଣ୍ଣ ଯୋଗକରି ନୂତନ ଶବ୍ଦ ଗଠନ କରିବାର ବ୍ୟାକରଣିକ ପରଂପରା ଓଡ଼ିଆ ଭାଷାରେ ରହିଛି। ଶବ୍ଦର ପୂର୍ବରୁ ଯୋଗ ହେଲେ ତାକୁ ପୂର୍ବସର୍ଗ ଏବଂ ଶବ୍ଦର ପରେ ଯୋଗହେଲେ ତାକୁ ପରସର୍ଗ କୁହାଯାଏ। ପୂର୍ବସର୍ଗ ଏବଂ ପରସର୍ଗ ପଦ୍ଧତି ଦ୍ୱାରା ମୂଳପଦର ପ୍ରକୃତି ଓ ଅର୍ଥରେ ବିବିଧ ପରିବର୍ତ୍ତନ ସାଧିତ ହୋଇଥାଏ।[୧୭]

ବିଶେଷ୍ୟ ପଦ ଉଭୟ ଶବ୍ଦ ପ୍ରକୃତି ଓ ଧାତୁ ପ୍ରକୃତିରେ ପୂର୍ବସର୍ଗ ଓ ପରସର୍ଗ ଯୋଗେ ନୂତନ ଭାବରେ ସୃଷ୍ଟି ହୋଇଥାଏ। ଶବ୍ଦରେ ଓ ଧାତୁରେ ନୂଆପଦ ଗଠନପାଇଁ ପୂର୍ବରେ ଓ ପରେ ଯେଉଁ ନିୟମରେ ସହଯୋଗୀ ପଦଗୁଡ଼ିକ ବସେ ତାହାକୁ ସର୍ଗ-ପଦ୍ଧତି ବା ସାର୍ଗିକ ନିୟମ କୁହାଯାଏ। ସର୍ଗର ବ୍ୟବହାର ଦ୍ୱାରା ହିଁ ନୂତନ ଶବ୍ଦ ଗଠନ କରାଯାଇପାରେ। ପ୍ରତ୍ୟୟଗୁଡ଼ିକ ନିରର୍ଥକ / ସାର୍ଥକ / ସୂଚକ ସାଂକେତିକ ହୋଇପାରନ୍ତି। ଓଡ଼ିଆ ଭାଷାରେ ବ୍ୟବହୃତ 'ଉପସର୍ଗ'ଗୁଡ଼ିକୁ ପୂର୍ବସର୍ଗର ଉଦାହରଣ ଭାବରେ ନିଆଯାଇପାରେ। ତଦ୍ଧିତ ଓ କୃଦନ୍ତ ଶବ୍ଦ ପଦ୍ଧତିକୁ ପରସର୍ଗର ଦୃଷ୍ଟାନ୍ତ ହିସାବରେ ଗ୍ରହଣ କରାଯାଇପାରେ। ସୁତରାଂ ଉପସର୍ଗ, ପାରସର୍ଗିକ ପଦ, ତଦ୍ଧିତ ଓ କୃଦନ୍ତ ପ୍ରତ୍ୟୟର ସହଯୋଗରେ ଓଡ଼ିଆରେ ଅଧିକାଂଶ ବିଶେଷ୍ୟ ଗଠିତ ହୋଇଛି।

୪.୨୦ ପୂର୍ବସର୍ଗ ମୂଳକ ବିଶେଷ୍ୟ:

ଓଡ଼ିଆ ଭାଷାରେ ଯେଉଁ ଦୁଇ ପ୍ରକାର ପୂର୍ବସର୍ଗ ମୁଖ୍ୟତଃ ବିଶେଷ୍ୟ ପଦ ଗଠନରେ ସହଯୋଗ କରନ୍ତି, ସେଗୁଡ଼ିକ ଦୁଇ ପ୍ରକାର। ଯଥା- ଗୋଟିଏ ଶବ୍ଦଭିତ୍ତିକ, ଅନ୍ୟଟି ପ୍ରତ୍ୟୟ ଆଶ୍ରିତ।

କ) ପୂର୍ବ ଶବ୍ଦ + ପର ଶବ୍ଦ (ବିଶେଷ୍ୟ + ବିଶେଷ୍ୟ) = ପାରସର୍ଗିକ ବିଶେଷ୍ୟ

ଭିନ୍ନଭିନ୍ନ ଦୁଇଟି ବିଶେଷ୍ୟ ଯୋଗହୋଇ ପାରସର୍ଗିକ ବିଶେଷ୍ୟ ପଦ ତିଆରି କରିଥାନ୍ତି। ଏଥିରେ ପ୍ରଥମ ବିଶେଷ୍ୟଟି ପରପଦର ପୂର୍ବସର୍ଗ ରୂପରେ ଯୋଗ ହୋଇଥାଏ।

ଦୁଇଟି ବିଶେଷ୍ୟ ଯୋଗ ହୋଇ ଏକ ସାପେକ୍ଷ ନୂତନ ଯୋଗ୍ୟତାର ସାର୍ଥକ ଶବ୍ଦ ବା ପଦସୃଷ୍ଟି କରିଥାନ୍ତି। ଏଗୁଡ଼ିକୁ ଯୁଗ୍ମ ଯୌଗିକ ବିଶେଷ୍ୟ ମୂଳକ ପଦ କୁହାଯାଇଥାଏ। ଯଥା –

ମାମୁ + ଘର = ମାମୁଘର, ଜଳ + ହସ୍ତୀ = ଜଳହସ୍ତୀ, ମାଈ + ଜର = ମାଈଜର, ଅଧା + କାନ୍ଥି = ଅଧାକାନ୍ଥି, ବନ + ହସ୍ତୀ = ବନହସ୍ତୀ, ଛିଣ୍ଡା + କନ୍ଥା = ଛିଣ୍ଡାକନ୍ଥା ଇତ୍ୟାଦି।

ଏଗୁଡ଼ିକ ଦୁଇଟି ସାପେକ୍ଷ ପଦର ସଂକ୍ଷିପ୍ତ ସନ୍ଧିମୂଳକ / ସମାସଧର୍ମୀ ରୂପ ଅଟେ। ପ୍ରଥମ ବିଶେଷ୍ୟଟି ପର ବିଶେଷ୍ୟର ଉପପଦ ବା ସହପଦ ଭାବରେ ଯୋଗ ହୋଇଥାଏ।

ଖ) ପୂର୍ବପଦ ବିଶେଷଣ ଓ ପରପଦ ବିଶେଷ୍ୟ = ପାରସର୍ଗିକ ବିଶେଷ୍ୟ:

ଦୁଇଟି ପଦ ମିଶି ନୂଆ ବିଶେଷ୍ୟ ପଦ ଗଠନ କରିବାର ପଦ୍ଧତିରେ ପୂର୍ବଯୋଗଟି ବିଶେଷଣ ପଦ ହୋଇଥିବାବେଳେ ପରପଦଟି ବିଶେଷ୍ୟ ପଦ ହୋଇଥାଏ। ଉଭୟ ମିଶିବା ଦ୍ୱାରା ବିଶେଷ୍ୟ ପଦର ପ୍ରାଧାନ୍ୟ ଗ୍ରହଣଯୋଗ୍ୟ ହୋଇଥାଏ।

ଯଥା- ପୂର୍ବପଦ (ବିଶେଷଣ) + ପରପଦ (ବିଶେଷ୍ୟ)	ନୂତନ ବିଶେଷ୍ୟ ପଦ
ପ୍ରତ୍ୟକ୍ଷ + ତଥ୍ୟ	ପ୍ରତ୍ୟକ୍ଷ ତଥ୍ୟ
ବଡ଼ + ଦାଣ୍ଡ	ବଡ଼ଦାଣ୍ଡ
ବଡ଼ + ଠାକୁର	ବଡ଼ ଠାକୁର

ଗ) ଗୋଟିଏ ନିର୍ଦ୍ଦିଷ୍ଟ ପଦକୁ ପୂର୍ବପଦ ଭାବରେ ଯୋଗକରି ପରପଦ ରୂପରେ ଭିନ୍ନଭିନ୍ନ ବିଶେଷ୍ୟ ପଦ ଯୋଗ କରି ଓଡ଼ିଆ ଭାଷାରେ ଅନେକ ବିଶେଷ୍ୟ ପଦ ପାରସର୍ଗିକ ନିୟମରେ ଗଠିତ ଓ ପ୍ରଚଳିତ ହୋଇଥାଏ। ଏଥିରେ ପୂର୍ବପଦ ବିଶେଷ୍ୟ ହୋଇପାରେ ବା ବିଶେଷଣ ମଧ୍ୟ ହୋଇପାରେ। କିନ୍ତୁ ନିଷ୍ପନ୍ନ ବିଶେଷ୍ୟଟି ନୂଆ ଅର୍ଥରେ ବ୍ୟବହୃତ ହୋଇଥାଏ। ଯଥା –

ପୂର୍ବପଦ ବିଶେଷଣ		**ଏକାଧିକ ନୂତନ ସାଧିତ ବିଶେଷ୍ୟ ପଦ**
ଅଗ୍ର	→	ଅଗ୍ରଗଣ୍ୟ / ଅଗ୍ରଲେଖ / ଅଗ୍ରଭାଗ / ଅଗ୍ରମାନ୍ୟ
ପଶ୍ଚ	→	ପଶ୍ଚଭାଗ / ପଶ୍ଚ ଜିଲ୍ଲା
ଆଦି	→	ଆଦିରସ / ଆଦିକବି
ଉଜ୍ଜ୍ୱଳ	→	ଆଲୋକ / ଭବିଷ୍ୟତ / ଭାଗ୍ୟ
ଉନ୍ନତ	→	ମସ୍ତିଷ୍କ / ଦେଶ / ରାଜ୍ୟ
ଜଟିଳ	→	ଅଙ୍କ / ଲୋକ / ଅସ୍ତ୍ରୋପଚାର / ରୋଗ

ମଧୁର	→	ଜଳ / ମତ୍ସ୍ୟ / କଥା
ଦୁର୍ବଳ	→	ଦେହ / ମନ
ପ୍ରଚୁର	→	ଧନ / ଜ୍ଞାନ / ବୁଦ୍ଧି
ସତ୍ୟ	→	ସତ୍ୟପଥ / ସତ୍ୟବାଦୀ / ସତ୍ୟଯୁଗ
ପୂର୍ବପଦ ବିଶେଷ୍ୟ		**ସାଧିତ ଏକାଧିକ ବିଶେଷ୍ୟ ପଦ**
ଏକ	→	ଏକ+ ଶିରା = ଏକଶିରା / ଏକାଧାର / ଏକବଚନ / ଏକପୁରୁଷ/ ଏକଦନ୍ତ / ଏକଚକ୍ର
କର	→	କର + ପାତ୍ର = କରପାତ୍ର / କରପତ୍ର / କରବାଳ / କରବାଡ଼
କାକ	→	କାକ + ଜ୍ୟୋସ୍ନା = କାକଜ୍ୟୋସ୍ନା / କାକଚକ୍ଷୁ/ କାକସ୍ନାନ
ଖଣ୍ଡ	→	ଖଣ୍ଡ + କାବ୍ୟ = ଖଣ୍ଡକାବ୍ୟ / ଖଣ୍ଡଯୁଦ୍ଧ / ଖଣ୍ଡପ୍ରଳୟ
ଗୋଟି	→	ଗୋଟି + ଘର = ଗୋଟି ଘର / ଗୋଟି ଦୁଃଖ/ ଗୋଟି ଖେଳ
ଗଣ	→	ଗଣ + ତନ୍ତ୍ର = ଗଣତନ୍ତ୍ର / ଗଣନାୟକ / ଗଣମତ
ଘନ	→	ଘନ + ଫଳ = ଘନଫଳ / ଘନସାର / ଘନରସ / ଘନକାଳ
ଚିର	→	ଚିର + ଜୀବନ = ଚିରଜୀବନ / ଚିର ନୂତନ/ ଚିରକାଳ / ଚିରଦିନ / ଚିରସବୁଜ / ଚିରନିଦ୍ରା
ଚିତ୍ର	→	ଚିତ୍ର + କଳା = ଚିତ୍ରକଳା / ଚିତ୍ରକାବ୍ୟ / ଚିତ୍ରପଟ/ ଚିତ୍ରରଥ / ଚିତ୍ରଭାନୁ / ଚିତ୍ରଫଳକ
ପୂର୍ବପଦ ବିଶେଷ୍ୟ		**ଗଠିତ ଏକାଧିକ ବିଶେଷ୍ୟ ପଦ**
ଜୟ	→	ଜୟ+ ଦେବ = ଜୟଦେବ/ଜୟକାଳ/ ଜୟଯାତ୍ରା
ଟାଣ	→	ଟାଣ + କଥା = ଟାଣକଥା / ଟାଣଖରା / ଟାଣଛାତି/ ଟାଣମନ

ଜୀବ	→	ଜୀବ+ବଳି = ଜୀବବଳି /ଜୀବବିଜ୍ଞାନ / ଜୀବଧନ / ଜୀବଦ୍ଦଶା
ତ୍ରି	→	ତ୍ରି + ଫଳା = ତ୍ରିଫଳା / ତ୍ରିବର୍ଗ / ତ୍ରିଗୁଣ / ତ୍ରିରତ୍ନ
ଦଣ୍ଡ	→	ଦଣ୍ଡ + ପାଟ = ଦଣ୍ଡପାଟ / ଦଣ୍ଡପାଣି / ଦଣ୍ଡପାଳ
ସହ	→	ସହ + ଯାତ୍ରା = ସହଯାତ୍ରା / ସହବନ୍ଧନ / ସହଚର / ସହଧର୍ମିଣୀ
ସର୍ବ	→	ସର୍ବ+ କାଳ = ସର୍ବକାଳ / ସର୍ବଭକ୍ଷ / ସର୍ବମଙ୍ଗଳା / ସର୍ବଧର୍ମ

ଏକ ପ୍ରକାର ଏକ ନିର୍ଦ୍ଦିଷ୍ଟ ପୂର୍ବସର୍ଗକୁ କେନ୍ଦ୍ରକରି ଗଠିତ ଶବ୍ଦଭଣ୍ଡାରର ବିଶେଷ୍ୟଗୁଡ଼ିକ ମୁଖ୍ୟତଃ ସମଗୋତ୍ରୀ। କାରଣ ଏଗୁଡ଼ିକର ଆଧାର ଏକ ନିର୍ଦ୍ଦିଷ୍ଟ ପୂର୍ବପଦ ଅଟେ।

ଘ) ଉପସର୍ଗମୂଳକ ବିଶେଷ୍ୟ:

ଶବ୍ଦର ପୂର୍ବରୁ ବସୁଥିବା ଭିନାର୍ଥ କାରକ ପୂର୍ବସର୍ଗକୁ ଉପସର୍ଗ କୁହାଯାଏ। ବିଶେଷ୍ୟ ପଦରେ ଉପସର୍ଗ ପଦଟିର ପ୍ରୟୋଗ ଦ୍ୱାରା ମୂଳପଦର ଉତ୍କର୍ଷ, ଅପକର୍ଷ, ବୈପରୀତ୍ୟ, ବ୍ୟତିକ୍ରମ, ମନ୍ଦ, ନିଶ୍ଚୟ, ଦୃଢ଼, ଗଭୀର, ଖରାପ ସାମାନ୍ୟ ଇତ୍ୟାଦି ଦିଗରୁ ଅର୍ଥରେ ଭିନ୍ନତା ପ୍ରକାଶ ପାଏ। ସୁତରାଂ ମୂଳ ବିଶେଷ୍ୟଟି ଏକ ସ୍ୱତନ୍ତ୍ର ସାର୍ଥକ ଓ ଭିନ୍ନ ଭାବାର୍ଥ ସୂଚକ ବିଶେଷ୍ୟରେ ରୂପାନ୍ତରିତ ହୋଇଥାଏ।[୧୮]

୪.୨୧ ପୂର୍ବସର୍ଗ ଓ ବିଶେଷ୍ୟ:

ଓଡ଼ିଆ ଭାଷାରେ ତିନିପ୍ରକାର ପୂର୍ବଯୋଗ ବା ଉପସର୍ଗ ବ୍ୟବହୃତ ହୋଇ ବ୍ୟୁତ୍ପନ୍ନ ଶବ୍ଦ ପାରସର୍ଗିକ ବିଶେଷ୍ୟ ପଦ ଭାବରେ ଗଠନ କରିଥାନ୍ତି। ଯଥା- ସଂସ୍କୃତାନୁସାରୀ ଉପସର୍ଗ / ଦେଶଜ ଉପସର୍ଗ / ବୈଦେଶିକ ଉପସର୍ଗ। ଯଥା –

୧. ସଂସ୍କୃତାନୁସାରୀ ଉପସର୍ଗ:

ଓଡ଼ିଆ ଭାଷାରେ ସଂସ୍କୃତାନୁସାରୀ କୋଡ଼ିଏଟି ଉପସର୍ଗର ପ୍ରଚଳନ ରହିଛି। ଯଥା –

ଉପସର୍ଗ ପ୍ରକାର	ବ୍ୟାବହାରିକ ଅର୍ଥ - ଦିଗ	ଶବ୍ଦଗଠନ ପଦ୍ଧତି (ଉପସର୍ଗ + ମୂଳଶବ୍ଦ)	ସାଧିତ ଉପସର୍ଗ ମୂଳକ
୧. ସଂସ୍କୃତ ମୂଳକ			
ପ୍ର	ଆଧିକ୍ୟ, ଉତ୍କୃଷ୍ଟ, ଅର୍ଥରେ ବ୍ୟବହାର ହୁଏ	ପ୍ର + ହାର / ପ୍ର + ଗତି / ପ୍ର + ଦେଶ	ପ୍ରହାର/ ପ୍ରଗତି/ ପ୍ରଦେଶ
ପରା	ପ୍ରାଧାନ୍ୟ, ଚରମ ବିପରୀତ	ପରା+ଜୟ / ପରା+କ୍ରମ / ପରା+କାଷ୍ଠ / ପରା+ ଭବ	ପରାଜୟ / ପରାକ୍ରମ / ପରାକାଷ୍ଠା / ପରାଭବ
ଅପ	ମନ୍ଦ, କୁତ୍ସିତ, ଅବକ୍ଷୟ, ଅପକୃଷ୍ଟ, ଅସାଧାରଣ	ଅପ+ମାନ / ଅପ+ଯଶ / ଅପ+ଖ୍ୟାତି	ଅପମାନ / ଅପଯଶ / ଅପଖ୍ୟାତି
ସମ୍	ସମ୍ୟକ୍ / ସହିତ / ସାମୀପ୍ୟ / ଉତ୍କର୍ଷ / ଐକ୍ୟ	ସମ୍+ଯୋଗ / ସମ୍+ଉଚିତ / ସମ୍+ସାର / ସମ୍+ବାଦ	ସଂଯୋଗ / ସମୁଚିତ / ସଂସାର / ସମ୍ବାଦ
ନି/ନିଃ ନିସ୍/ନିର୍	ଆତିଶଯ୍ୟ / ନାସ୍ତି / କୌଶଳ / କୁତ୍ସିତ	ନିଃ+ଦାରୁଣ / ନି+ରବ / ନି+କ୍ଷେପ / ନିର୍+ଭୟ	ନିଦାରୁଣ / ନିରବ / ନିକ୍ଷେପ / ନିର୍ଭୟ
ଅଧି	ଶ୍ରେଷ୍ଠ / ପ୍ରାଧାନ୍ୟ / ଅଧିକାର / ସମ୍ବନ୍ଧ	ଅଧି+ପତି / ଅଧି+ରାଜ / ଅଧି+ନାୟକ / ଅଧି+ଇନ	ଅଧିପତି / ଅଧିରାଜ / ଅଧିନାୟକ / ଅଧୀନ

ସୁ	ଶୁଭ, ଭଲ, ସହଜ, ମଙ୍ଗଳ	ସୁ+ଦର୍ଶନ /	ସୁଦର୍ଶନ /
		ସୁ+ମନ /	ସୁମନ /
		ସୁ+ମତି /	ସୁମତି /
		ସୁ+ଶାନ୍ତ	ସୁଶାନ୍ତ
ଉତ୍	ଉପର / ଉତ୍କର୍ଷ / ଆକସ୍ମିକ	ଉତ୍+ଥାନ /	ଉତ୍ଥାନ /
		ଉତ୍+ନ୍ନତି /	ଉନ୍ନତି /
		ଉତ୍+ଗମନ /	ଉଦ୍ଗମନ /
		ଉତ୍+ଭବ	ଉଦ୍ଭବ
ଅତି	ଅତିରଞ୍ଜନ / ଆଧିକ୍ୟ / ଅସୀମ / ଅନୁଚିତ	ଅତି+ଶୟ /	ଅତିଶୟ /
		ଅତି+ଭକ୍ତି	ଅତିଭକ୍ତି
ପରି	ବ୍ୟାପ୍ତି / ସର୍ବତ୍ର / ଶେଷ / ସମ୍ୟକ / ସମୂହ	ପରି+ଶ୍ରମ /	ପରିଶ୍ରମ /
		ପରି+ଦର୍ଶନ /	ପରିଦର୍ଶନ /
		ପରି+ଈକ୍ଷା	ପରୀକ୍ଷା
ପ୍ରତି	ବିପରୀତ / ସମାନ/ ବିରୋଧ	ପ୍ରତି+ଦାନ /	ପ୍ରତିଦାନ /
		ପ୍ରତି+ଶୋଧ /	ପ୍ରତିଶୋଧ /
		ପ୍ରତି+ଯୋଗିତା	ପ୍ରତିଯୋଗିତା
ଅବ	ନିଶ୍ଚିତାର୍ଥକ/ ଘୃଣା / ବିପରୀତ / ଭୁଲ୍	ଅବ+ଶେଷ /	ଅବଶେଷ /
		ଅବ+ହେଳା /	ଅବହେଳା /
		ଅବ+ରୋଧ /	ଅବରୋଧ /
		ଅବ+ଗତି	ଅବଗତି
ଅଭି	ସମ୍ମୁଖ / ଉପର / ନିର୍ଦ୍ଦିଷ୍ଟ ଦିଗରେ	ଅଭି+ମାନ /	ଅଭିମାନ /
		ଅଭି+ନେତା /	ଅଭିନେତା /

		ଅଭି+ନବ	ଅଭିନବ
ଅନୁ	ପଛରେ / କ୍ରମଶଃ / ପଶ୍ଚାତ	ଅନୁ+ତାପ /	ଅନୁତାପ /
		ଅନୁ + ଗାମୀ	ଅନୁଗାମୀ
ବି	ବିପରୀତ /ବିହୀନ / ବିଲକ୍ଷଣ	ବି+ଫଳ /	ବିଫଳ /
		ବି+ଯୋଗ /	ବିଯୋଗ /
		ବି+ଖ୍ୟାତ /	ବିଖ୍ୟାତ /
		ବି+ତୃଷ୍ଣା	ବିତୃଷ୍ଣା
ଉପ	ନିକଟ / ସାନ / ସହାୟକ	ଉପ+କୂଳ /	ଉପକୂଳ /
		ଉପ+ପତ୍ନୀ /	ଉପପତ୍ନୀ /
		ଉପ+ମନ୍ତ୍ରୀ	ଉପମନ୍ତ୍ରୀ
ଅପି	ଭୂଷଣ / ମଣ୍ଡନ	ଅପି+ହିତ /	ଅପିହିତ /
		ବି+ହିତ /	ବିହିତ /
		ଅପି+ଧାନ	ଅପିଧାନ

୨. ଦେଶଜମୂଳକ ବ୍ୟୁତ୍ପନ୍ନ ବିଶେଷ୍ୟ ବା ଦେଶ୍ୟ ପାରସର୍ଗିକ ବିଶେଷ୍ୟ

ଆ	ବିପରୀତ / ଈଷତ୍ / ପର୍ଯ୍ୟନ୍ତ / ଅଳ୍ପ	ଆ+ଜୀବନ /	ଆଜୀବନ /
		ଆ+ଦେଶ /	ଆଦେଶ /
		ଆ+ଦାନ	ଆଦାନ
ଅ	ବିପରୀତ / ନାସ୍ତି	ଅ+କଟା /	ଅକଟା /
		ଅ+ଛୁଆଁ /	ଅଛୁଆଁ /
		ଅ+ମଣିଷ /	ଅମଣିଷ /
		ଅ+କ୍ଷମ /	ଅକ୍ଷମ /
		ଅ+ମଣ	ଅମଣ
ଅଣ	ବିପରୀତ / ନାସ୍ତି	ଅଣ + ଲେଉଟା /	ଅଣଲେଉଟା/

		ଅଣ + ଓଡ଼ିଆ /	ଅଣଓଡ଼ିଆ /
		ଅଣ+ପୁରୁଷ /	ଅଣପୁରୁଷ /
		ଅଣ+ବାପୁଆ	ଅଣବାପୁଆ
କୁ	ଖରାପ / ମନ୍ଦ / ଘୃଣା / ବିପରୀତ	କୁ+କର୍ମ /	କୁକର୍ମ /
		କୁ+ରୂପ /	କୁରୂପ /
		କୁ+ଅଭ୍ୟାସ	କୁଅଭ୍ୟାସ
ଦର	ଅଧା / କମ୍ / ଈଷତ୍	ଦର+ଫୁଟା /	ଦରଫୁଟା /
		ଦର+ସିଝା /	ଦରସିଝା /
		ଦର+ପାଚିଲା /	ଦରପାଚିଲା /
		ଦର+କଟା	ଦରକଟା
ପାତି	ଛୋଟ / କୌତୁକ	ପାତି+ହଂସ /	ପାତିହଂସ /
		ପାତି+ମୁହାଁ /	ପାତିମୁହାଁ /
		ପାତି+ଦାନ୍ତା /	ପାତିଦାନ୍ତା /
		ପାତି+ମାଙ୍କଡ଼	ପାତିମାଙ୍କଡ଼
ସ	ଅଧିକ / ସହିତ / ଭଲ / ଅପେକ୍ଷା ଭଲ	ସ+ଫଳ /	ସଫଳ /
		ସ+ଭକ୍ତି /	ସଭକ୍ତି /
		ସ+କ୍ଷମ /	ସକ୍ଷମ /
		ସ+ଠିକ	ସଠିକ ଇତ୍ୟାଦି

୩. ଆଗନ୍ତୁକ ଔପସର୍ଗିକ ବିଶେଷ୍ୟ

ବଦ୍	ମନ୍ଦ / ଘୃଣା / ଅପମାନ	ବଦ୍+ନାମ /	ବଦନାମ /
		ବଦ୍+ଅଭ୍ୟାସ /	ବଦାଭ୍ୟାସ /
		ବଦ୍+ପ୍ରକୃତି /	ବଦପ୍ରକୃତି/
		ବଦ୍+ ହଜମ	ବଦହଜମ
ବାଜେ	ନିରର୍ଥକ / ନିକୃଷ୍ଟ	ବାଜେ+ମଣିଷ /	ବାଜେମଣିଷ /

		ବାଜେ+କଥା	ବାଜେକଥା
ଦୋ	ସନ୍ଦେହ / ଛଦ୍ମତା / ଆଶଙ୍କା / ଦ୍ୱିରୂପ	ଦୋ+ଛକି /	ଦୋଛକି /
		ଦୋ+ମୁହାଁ /	ଦୋମୁହାଁ /
		ଦୋ+ରୂପ /	ଦୋରୂପ /
		ଦୋ+ବାଗ	ଦୋବାଗ
ନା	ନକାରାତ୍ମକ/ଅନାଦର/ ନାସ୍ତି	ନା+ପସନ୍ଦ /	ନାପସନ୍ଦ /
		ନା+ମଞ୍ଜୁର	ନାମଞ୍ଜୁର
ବେ	ଅନାଦର / ବିପରୀତ / ନିନ୍ଦା	ବେ+ଢଙ୍ଗ /	ବେଢଙ୍ଗ /
		ବେ+ଆଇନ /	ବେଆଇନ /
		ବେ+ଫିକର /	ବେଫିକର /
		ବେ+ମୁରୁବା	ବେମୁରୁବା

୪. ଅବ୍ୟୟମୂଳକ ପାରସର୍ଗିକ ବ୍ୟୁତ୍ପନ୍ନ ବିଶେଷ୍ୟ

ବହିଃ	ବାହ୍ୟ / ସମ୍ମୁଖ	ବହିଃ+ଦେଶ /	ବହିର୍ଦ୍ଦେଶ /
		ବହିଃ+ଦ୍ୱାର /	ବହିଦ୍ୱାର /
		ବହିଃ+ଜଗତ	ବହିର୍ଜଗତ
ପୁନଃ	ପୁନଶ୍ଚ	ପୁନଃ+ଉକ୍ତି /	ପୁନରୁକ୍ତି /
		ପୁନଃ+ମିଳନ	ପୁନର୍ମିଳନ
ପୁରଃ/ ପୁରସ୍	ସମ୍ମୁଖ	ପୁରଃ+କାର /	ପୁରସ୍କାର /
		ପୁରଃ+କ୍ରିୟା	ପୁରସ୍କ୍ରିୟା /
		ପୁରଃ+ଚରଣ	ପୁରଶ୍ଚରଣ
ସ୍ୱ	ଆତ୍ମବୋଧକ	ସ୍ୱ+ଜନ /	ସ୍ୱଜନ /
		ସ୍ୱ+ଜାତି /	ସ୍ୱଜାତି /
		ସ୍ୱ+ଭାବ /	ସ୍ୱଭାବ /

		ସ୍ୱ+ମତ	ସ୍ୱମତ
ଆବିସ୍	ପ୍ରକାଶ / ନୂତନ	ଆବିସ୍+କାର /	ଆବିଷ୍କାର /
		ଆବିଃ+ଭୂତ	ଆବିର୍ଭାବ
ଆବିଃ	ଉତ୍ପନ୍ନ	ଆବିଃ+ଭାବ	ଆବିର୍ଭୂତ
ତିରଃ/	ନିନ୍ଦା / ଅନ୍ତ / ଅଦୃଶ୍ୟ	ତିରଃ+କାର /	ତିରସ୍କାର /
ତିରସ୍		ତିରଃ+ଧାନ	ତିରୋଧାନ
ଅନ୍ତଃ	ଭିତର / ଗୋପନ	ଅନ୍ତଃ+ହିତ /	ଅନ୍ତର୍ହିତ /
		ଅନ୍ତଃ+ଆତ୍ମା	ଅନ୍ତରାତ୍ମା

୪.୨୨ ପରସର୍ଗ ମୂଳକ ବ୍ୟୁତ୍ପନ୍ନ ବିଶେଷ୍ୟ:

ମୂଳଶବ୍ଦ ବା ମୂଳକ୍ରିୟା ଧାତୁର ପରେ ଯେଉଁ ପ୍ରତ୍ୟୟ ଯୋଗ ହୋଇ ନୂତନ ଶବ୍ଦ ଓଡ଼ିଆରେ ଗଠିତ ହୁଏ ତାହାକୁ 'ପରସର୍ଗ' କୁହାଯାଏ। ମୁଖ୍ୟତଃ ବିଭକ୍ତି, ଲିଙ୍ଗଭିତ୍ତିକ, କୃଦନ୍ତ ଓ ତଦ୍ଧିତ ଏହି ଚାରିଗୋଟି ରୂପକୁ ନେଇ ପରସର୍ଗ ବିଶେଷ୍ୟ ପଦ ଗଠିତ ହୁଏ। ଶବ୍ଦର ମୂଳରୂପରେ ଟା, ଟେ, ଟି, ମାନେ, ମାନଙ୍କୁ, ଠୁ, ଠାରୁ, ଠଉଁ, ର, ଙ୍କର, ରେ, ପରେ, ଏ ଇତ୍ୟାଦି ବିଭକ୍ତି ସୂଚକ ପ୍ରତ୍ୟୟ ଲାଗି ତାଙ୍କଠୁଁ, ପାଣିରେ, କାହ୍ନୁକୁ, ମୋଦ୍ୱାରା, ତାହାଠାରୁ, ଆମ୍ଭର – ଏହିପରି କର୍ତ୍ତା ଓ କର୍ମସୂଚକ ବିଭକ୍ତିମୂଳକ ବିଶେଷ୍ୟ ସୃଷ୍ଟି ହୋଇଥାଏ।

କ) ଧାତୁମୂଳକ ବିଶେଷ୍ୟ (କ୍ରିୟା ବିଶେଷ୍ୟ):

ଧାତୁମୂଳକ ବିଶେଷ୍ୟର ଅନ୍ୟନାମ କୃଦନ୍ତମୂଳକ ବିଶେଷ୍ୟ। ଓଡ଼ିଆ ଭାଷାରେ ଯେତେଗୁଡ଼ିଏ ମାନକ ଶବ୍ଦ ପ୍ରଚଳିତ ହୁଅନ୍ତି ତାହା ମୁଖ୍ୟତଃ ତତ୍ସମ ମୂଳକ ଓ ଅଣତତ୍ସମ ମୂଳକ। ପରସର୍ଗମୂଳକ ବ୍ୟୁତ୍ପନ୍ନ ବିଶେଷ୍ୟଗୁଡ଼ିକ ମଧ୍ୟ ଏହି ଦୃଷ୍ଟିରୁ ତତ୍ସମ ମୂଳକ ଓ ଅଣତତ୍ସମ ମୂଳକ। ଭାବବିନିମୟ ପାଇଁ ବ୍ୟବହୃତ ପଦଗୁଡ଼ିକ ମଧ୍ୟ ଦ୍ୱିବିଧ – ଶବ୍ଦମୂଳକ ଓ କ୍ରିୟାଧାତୁ ମୂଳକ। ବିଶେଷ୍ୟ, ବିଶେଷଣ, ଅବ୍ୟୟ, ସର୍ବନାମାଦି ଶବ୍ଦ ପ୍ରକୃତି ଆଶ୍ରିତ ପଦ ଏବଂ କ୍ରିୟାଗୁଡ଼ିକ ଧାତୁ ଆଶ୍ରିତ ପଦ। ଧାତୁର ମୂଳ ରୂପରେ ଯେଉଁସବୁ ପ୍ରତ୍ୟୟ ଯୋଗ ହୋଇଥାଏ, ତାହାକୁ କ୍ରିୟା କୈନ୍ଦ୍ରିକ ପଦରେ ପରିଣତ କରାଯାଇଥାଏ। ସେହିସବୁକୁ 'କୃତ୍' ପ୍ରତ୍ୟୟ କୁହାଯାଏ। 'କୃତ୍' ଏକ ପ୍ରତିନିଧି ଶ୍ରେଣୀୟ ନାମ। ଅ, ଆ, ଅଣ, ଅଣା, ଆଣି, ଇ, ଉଣି, ଉଣା, ଏଣି, ଉଆ,

ଅନ୍ତା, ଆଳି ଇତ୍ୟାଦି ଧାତୁ ଗୃହୀତ ପ୍ରତ୍ୟୟଗୁଡ଼ିକ କୃତ୍ ବର୍ଗୀୟ ପର ପ୍ରତ୍ୟୟ ଅଟନ୍ତି। କୃତ୍ ପ୍ରତ୍ୟୟ ଯୋଗରେ ଗଠିତ ପଦକୁ 'କୃଦନ୍ତ' କୁହାଯାଏ।

ଓଡ଼ିଆ ଭାଷାରେ ତତ୍‌ସମ ମୂଳକ କୃତ୍ ପ୍ରତ୍ୟୟ ଓ ନିରୁତା ଦେଶ୍ୟ କୃତ୍ ପ୍ରତ୍ୟୟ ଯୋଗ ହୋଇ କ୍ରିୟାବାଚକ ବିଶେଷ୍ୟ ଗଠନ କରାଯାଏ ସୁତରାଂ ସିଦ୍ଧ କ୍ରିୟାଗୁଡ଼ିକ ହିଁ କୃତମୂଳକ ବିଶେଷ୍ୟ ହୋଇଥାନ୍ତି।

ଧାତୁର ଅନ୍ୟ ନାମ ପ୍ରକୃତି ଅଟେ। ଧାତୁର ଉତ୍ତର ଯେଉଁ ପ୍ରତ୍ୟୟ ହୁଏ ତାହାର ଅର୍ଥର ନାମ ଅର୍ଥାତ୍ ଧାତୁର ଉତ୍ତର ଯେଉଁ ଯେଉଁ ଅର୍ଥରେ ପ୍ରତ୍ୟୟ ଯୋଗ ହୁଏ ସେହି ଅର୍ଥର ନାମ 'ବାଚ୍ୟ'। ବାଚ୍ୟ ଦୁଇ ପ୍ରକାର ଅଟେ; ଯଥା- କାରକବାଚ୍ୟ ଓ ଭାବବାଚ୍ୟ।

ଯେଉଁଠାରେ କାରକର ଅର୍ଥ ବାଚ୍ୟ ହୁଏ ଅର୍ଥାତ୍ କାରକ ଅର୍ଥରେ ପ୍ରତ୍ୟୟ ଯୋଗ ହୁଏ, ତାହାକୁ କାରକବାଚ୍ୟ କୁହାଯାଏ। କାରକ ଛଅ ପ୍ରକାର ହୋଇଥିଲେ ମଧ୍ୟ ଓଡ଼ିଆ ଭାଷାରେ କର୍ତ୍ତୃବାଚ୍ୟ ଓ କର୍ମବାଚ୍ୟ ପ୍ରଧାନ ଅଟନ୍ତି।

ଯେଉଁ ସ୍ଥଳରେ କର୍ତ୍ତୃକାରକ ଅର୍ଥରେ ପ୍ରତ୍ୟୟ ଯୋଗହୁଏ ସେ ସ୍ଥଳରେ କର୍ତ୍ତୃବାଚ୍ୟ, କର୍ତ୍ତାବୋଧକ ଧାତୁ କର୍ତ୍ତୃବାଚ୍ୟମୂଳକ ବିଶେଷ୍ୟ ହୋଇଥାଏ। ଯଥା- ଗା + ଅକ = ଗାୟକ।

ସେହିପରି ଯାହାଦ୍ୱାରା କର୍ମ ଜଣାଯାଏ, ତାହା କର୍ମବାଚ୍ୟ ଅଟେ। କର୍ମବାଚ୍ୟରେ ଧାତୁ ବ୍ୟୁତ୍ପନ୍ନ ଶବ୍ଦ ବିଶେଷ୍ୟ ପଦ ହୋଇଥାଏ। ଯଥା- ଗମ୍ + ତବ୍ୟ = ଗନ୍ତବ୍ୟ। କରଣ ବାଚ୍ୟରେ ଧାତୁ ପ୍ରତ୍ୟୟାନ୍ତ ପଦ ବିଶେଷ୍ୟ ହୋଇଥାଏ।

ଯଥା- ନୀ + ଅନ = ନୟନ / କୃ + ଅନ୍ + ଈ = କରଣୀ।

ଧାତୁର ଅର୍ଥକୁ ଭାବ କୁହନ୍ତି। ଯେଉଁ ସ୍ଥଳରେ ପ୍ରତ୍ୟୟର କୌଣସି ସ୍ୱତନ୍ତ୍ର ଅର୍ଥ ରହେ ନାହିଁ, କେବଳ ଧାତୁର ଅର୍ଥ ପ୍ରକାଶ ପାଏ। ସେହିଠାରେ ଭାବବାଚ୍ୟ ହୁଏ। ଭାବବାଚ୍ୟରେ ନିଷ୍ପନ୍ନ ପଦଗୁଡ଼ିକ କ୍ରିୟାବାଚକ ବିଶେଷ୍ୟ ପଦ ହୁଅନ୍ତି।[୧୯]

ସବୁ କୃଦନ୍ତ ପଦ 'ବିଶେଷ୍ୟ' ହୁଅନ୍ତି ନାହିଁ। ଅ, ଅନ୍, ଅଣ, ଅକ, ଅଣା, ଅଣି, ଆଣି, ଆ, ଇ, ଇନ, ଉଣି, ଉଣା, ଉଆ, ଆଣ, ଯ, ତା, ତୃ ଭଳି କେତୋଟି ପର ପ୍ରତ୍ୟୟ ଯୋଗେ କ୍ରିୟାବାଚକ (କୃଦନ୍ତଧର୍ମୀ) ବିଶେଷ୍ୟ ଗଠିତ ହୋଇଥାଏ। ଅନେକ 'ଅ' ପ୍ରତ୍ୟୟାନ୍ତ ପଦ ନିଷ୍ପନ୍ନ ହେବାପରେ 'ଆ' କାରାନ୍ତ ହୋଇ ସ୍ତ୍ରୀଲିଙ୍ଗ ବାଚକ ବିଶେଷ୍ୟ ପଦ ହୋଇଥାନ୍ତି।

ଯଥା- ପା + ସନ୍ = ପିପାସ୍ + ଅ + ଆ = ପିପାସା। ସେହିପରି ଜିଜ୍ଞାସା, ମୀମାଂସା, ଚିକିତ୍ସା, ଲିପ୍ସା।

ଉପସର୍ଗ ମୂଳକ ଅଧିକାଂଶ ଦୀର୍ଘସ୍ୱରଧର୍ମୀ ଧାତୁ 'ଆ' କାରାନ୍ତ ହୋଇ 'ଅ' ପ୍ରତ୍ୟୟ ଯୋଗେ ସ୍ତ୍ରୀଲିଙ୍ଗ ବାଚକ, ବିଶେଷ୍ୟ ପରି ରୂପ ଗ୍ରହଣ କରିଥାନ୍ତି।

ଯଥା- ପରୀ + ଇଷ୍ + ଅ + ଆ = ପରୀକ୍ଷା

ମୂଳଧାତୁରେ ଇ, ଅ, ତି, ଅନ୍ ଆଦି କୃତ୍ ପ୍ରତ୍ୟୟ ବସି ମୂଳ ସରଳ କ୍ରିୟାବାଚକ ବିଶେଷ୍ୟ ନିଷ୍ପନ୍ନ କରନ୍ତି। ପରେ ଏଗୁଡ଼ିକ କର୍ତ୍ତାବାଚ୍ୟ, ଭାବବାଚ୍ୟ ଓ କର୍ମାଦି ବାଚ୍ୟରେ ବ୍ୟବହୃତ ହେବା ସମୟରେ ବିଭକ୍ତି ପ୍ରତ୍ୟୟକୁ ଧାରଣ କରନ୍ତି।

ଯଥା – ଲିଖ୍ + ଅନ + ଈ = ଲେଖନୀ /

-କୃ + ଅନ୍ + ଈ = କରଣୀ

ଦା + ଅନ + ଶୀଳ = ଦାନଶୀଳ।

ଓଡ଼ିଆ ଭାଷାରେ କୃତ୍ ପ୍ରତ୍ୟାନ୍ତ ତତ୍‌ସମ ମୂଳକ ବିଶେଷ୍ୟର ଅନେକ ଦୃଷ୍ଟାନ୍ତ ପରିଲକ୍ଷିତ ହୁଏ। ଯଥା –

ଅ:	ବିଦ୍ + ଅ = ବେଦ
	ଚକ୍ର - ଧୃ + ଅ = ଚକ୍ରଧର
ଅନ୍:	ଶ୍ରୁ + ଅନ = ଶ୍ରବଣ
	ଭୂ + ଅନ = ଭୂବନ
	କୃ + ଅନ = କରଣ
ଆ:	ପଠ୍ + ଆ = ପାଠ
	ବଦ୍ + ଆ = ବାଦ
ଅକ:	ନୀ + ଅକ = ନାୟକ
	ଗ୍ରହ + ଅକ = ଗାୟକ
	ସ୍ତୁ + ଅକ୍ = ସ୍ତାବକ
ତୃ:	କୃ + ତୃ = କର୍ତ୍ତୃ (କର୍ତ୍ତା)
	ନୀ + ତୃ = ନେତୃ (ନେତା)
ୱର ପ୍ରତ୍ୟୟ:	ଈଶ୍ + ୱର = ଈଶ୍ୱର
	ନଶ୍ + ୱର = ନଶ୍ୱର
ତ୍ର ପ୍ରତ୍ୟୟ:	ଅସ୍ + ତ୍ର = ଅସ୍ତ୍ର
	କ୍ଷି + ତ୍ର = କ୍ଷେତ୍ର

ଓଡ଼ିଆ କୃତ୍ ପ୍ରତ୍ୟୟାନ୍ତ ବିଶେଷ୍ୟ:

ଅ:	ଜି + ଅ = ଜୟ

	ଖିଦ୍ + ଅ = ଖେଦ
ଆ:	ବିକ୍ + ଆ = ବିକା
	କିଣ୍ + ଆ = କିଣା
ଅଣା:	ମାଗ୍ + ଅଣା = ମାଗଣା
	କାନ୍ଦ୍ + ଅଣା = କାନ୍ଦଣା
ଅଣି ପ୍ରତ୍ୟୟ:	ଖଟ୍ + ଅଣି = ଖଟଣି
	ସହ୍ + ଅଣି = ସହଣି
	ଚଲ୍ + ଅଣି = ଚଲଣି
ଆଣ ପ୍ରତ୍ୟୟ:	ମିଶ୍ + ଆଣ = ମିଶାଣ
	ଡର୍ + ଆଣ = ଡରାଣ
ଆଳି ପ୍ରତ୍ୟୟ:	ଜଗ୍ + ଆଳି = ଜଗାଳି
	ବୁଣ୍ + ଆଳି = ବୁଣାଳି ।

୪.୨୩ ତଦ୍ଧିତ ମୂଳକ ବିଶେଷ୍ୟ:

'ଶବ୍ଦ' ସହିତ ବିବିଧ ଅର୍ଥରେ ପ୍ରତ୍ୟୟଗୁଡ଼ିକ ସମ୍ମିଳିତ ହୋଇ ନୂତନ ଶବ୍ଦ ଗଠନ କଲେ ତାହାକୁ ତଦ୍ଧିତ ପ୍ରତ୍ୟୟ କୁହାଯାଏ । ଓଡ଼ିଆ ତଦ୍ଧିତ ପ୍ରତ୍ୟୟଗୁଡ଼ିକୁ ତିନି ଭାଗରେ ବିଭକ୍ତ କରାଯାଇଛି । ଯଥା- ସାଂସ୍କୃତିକ, ପ୍ରାକୃତିକ, ଦେଶଜ ।

କ) ସଂସ୍କୃତାନୁସରୀ ଓଡ଼ିଆ ବିଶେଷ୍ୟ ପଦ ଗଠନ:

- ଅପତ୍ୟ ଅର୍ଥରେ ଅ, ଇ, ଯ, ଏଈ, ଆଇନ, ଈୟ, ଇକ – ରଘୁ + ଅ = ରାଘବ / କୁରୁ + ଅ = କୌରବ / ପବନ + ଇ = ପାବନୀ / ବାତ୍ସ୍ୟ + ଆୟନ = ବାତ୍ସ୍ୟାୟନ / ଭଗିନୀ + ଏୟ = ଭାଗିନେଇ / ରେବତୀ + ଇକ = ରୈବତିକ / ଚଣକ + ଯ = ଚାଣକ୍ୟ ।
- କେତେକ ପ୍ରତ୍ୟୟ ଯୋଗେ ବିଶେଷଣ – ବିଶେଷ୍ୟରେ ରୂପାନ୍ତରିତ ହୋଇଥାଏ । ଯଥା- ରମ୍ୟ + ତା = ରମ୍ୟତା / ପାଗଳ + ଆମି = ପାଗଳାମି / ଜଟିଳ + ତା = ଜଟିଳତା / ପ୍ରବଳ + ଯ = ପ୍ରାବଲ୍ୟ ଇତ୍ୟାଦି ।
- 'ତ୍ୱ'ର ବ୍ୟବହାର ଦ୍ୱାରା ବିଶେଷ୍ୟ ପଦ ଗଠିତ ହୋଇଥାଏ । ଯଥା- ପ୍ରଭୁ +ତ୍ୱ = ପ୍ରଭୂତ୍ୱ / ମମ + ତ୍ୱ = ମମତ୍ୱ / ମାତୃ + ତ୍ୱ = ମାତୃତ୍ୱ ଇତ୍ୟାଦି ।
- ସାତ୍ – ଶେଷ ପରିଣତ ଅର୍ଥରେ 'ସାତ୍' ଯୋଗ ହୋଇ ବିଶେଷ୍ୟ ପଦ ଗଠିତ ହୋଇଥାଏ । ଯଥା - ଧୂଳି + ସାତ୍ = ଧୂଳିସାତ୍ / ଭୂମି + ସାତ୍ = ଭୂମିସାତ୍ / ଆତ୍ମ + ସାତ୍ = ଆତ୍ମସାତ୍ ।

- 'ତା' – କୃତଜ୍ଞତା = କୃତଜ୍ଞତା / ଜଡ଼ + ତା = ଜଡ଼ତା /ଅସ୍ଥିର + ତା = ଅସ୍ଥିରତା ।
- ଧା, ଦା, ତ୍ର, ଥା – ସ୍ତର, କାଳ ଓ ସ୍ଥାନ ଅର୍ଥରେ ବ୍ୟବହୃତ ହୋଇଥାଏ । ଯଥା – ସର୍ବ + ଧା = ସର୍ବଧା / ବହୁ + ଧା = ବହୁଧା / ସର୍ବ + ଦା = ସର୍ବଦା / ବହୁ + ଦା = ବହୁଦା / ଅନ୍ୟ + ଥା = ଅନ୍ୟଥା / ତତ୍ + ର = ତତ୍ର / ଅତ୍ + ର = ଅତ୍ର ।
- 'ଅ' – ଭାବ, ଜାତି, କର୍ମ, ନିବାସ ଅର୍ଥରେ 'ଅ' ଯୋଗ ହୋଇ ବିଶେଷ୍ୟ ପଦ ଗଠିତ ହୋଇଥାଏ । ଯଥା – ଶିଶୁ + ଅ = ଶୈଶବ / କୁଶଳ + ଅ = କୌଶଳ / ଛତ୍ର + ଅ = ଛାତ୍ର ।

ଖ) ଦେଶଜାନୁସାରୀ ତଦ୍ଧିତ ପ୍ରତ୍ୟୟ ଓ ବ୍ୟୁତ୍ପନ୍ନ ବିଶେଷ୍ୟ:

- କଳି ଓ କଜିଆ ଶବ୍ଦ ପରେ କରିବା ଅର୍ଥରେ 'ହୁଡ଼', 'ଗୋଇ' ପ୍ରତ୍ୟୟ ହୁଏ । ଯଥା- କଳିହୁଡ଼ା (ଅନାଦର ଅର୍ଥରେ), କଳିହୁଡ଼, କଳିହୁରୀ, କଳିଆ ଗୋଇ ଇତ୍ୟାଦି ।
- ବୃତ୍ତ ଅର୍ଥରେ ହାଟ ଶବ୍ଦରେ ଉଆରି ପ୍ରତ୍ୟୟ ହୁଏ । ଯଥା- ହାଟ + ଉଆରି = ହାଟୁଆରି ।
- ସମ୍ବନ୍ଧାର୍ଥରେ ଆମ୍ବ ଓଟାକରା ଶବ୍ଦରେ 'ଭଲ' ଓ 'ଅ' ପ୍ରତ୍ୟୟ ହୁଏ । ଯଥା- ଆମ୍ବ + ଭଲ = ଆମ୍ବୁଲ / ଟାକରା + ଅ = ଟାକରା ।
- କାଦ, ଖଳ, ଛିଟା, ଜାଳ ଓ ଡମ୍ଫ ଶବ୍ଦରେ ସ୍ୱାର୍ଥରେ କ୍ରମରେ ଇଅ, ବ, ଇକା, ଏଣି ଓ ଅଣ ପ୍ରତ୍ୟୟ ହୁଏ । ଯଥା – କାଦୁଅ, ଖଳବ, ଛିଟିକା, ଜାଳେଣି, ଡାମ୍ଫଣ ଇତ୍ୟାଦି ।
- ପେଟ ଶବ୍ଦରେ ଅସ୍ତ୍ୟର୍ଥରେ କା, କି ପ୍ରତ୍ୟୟ ହୋଇ ଝୁମୁକା ଓ ଝୁମୁକି ହେଲା ।
- ଦେଖଣା ଶବ୍ଦରେ କର୍ତ୍ତ୍ରର୍ଥରେ 'ହାରି' ପ୍ରତ୍ୟୟ ହୋଇ ଦେଖଣାହାରି ହୋଇଛି ।
- 'ପାଣି' ଶବ୍ଦରେ ତୁଲ୍ୟାର୍ଥରେ ଚ଼ ଓ କିଆ ପ୍ରତ୍ୟୟ ହୋଇ ପାଣିଚିଆ, ପାଣିଚ଼ ହୋଇଛି ।
- ନାତି ଓ ନାତୁଣୀ ଶବ୍ଦରେ ସନ୍ତାନ ଅର୍ଥରେ ପଣ ପ୍ରତ୍ୟୟ ହୋଇ ପୂର୍ବକୁ ଯାଏ । ଯଥା- ପଣନାତି, ପଣନାତୁଣୀ ଇତ୍ୟାଦି ।
- ଦୁଇ, ତିନି, ଚ଼ରି ଶବ୍ଦରୁ ଉତ୍ତର ଏକତ୍ୱ ଅର୍ଥରେ 'ହେଁ' ପ୍ରତ୍ୟୟ ହୁଏ । ଯଥା- ଦୁହେଁ, ତିନିହେଁ, ଚ଼ରିହେଁ ।
- ଇଦମ୍, ଏତଦ୍, ତଦ୍, ଯଦ୍ ଓ କିମ୍ ଶବ୍ଦରୁ ଜାତ, ଏ, ସେ, ଯେ ଓ କେ

ସର୍ବନାମ ପଦମାନଙ୍କରୁ ଉତ୍ତର ପରିମାଣ ଅର୍ଥରେ ତେ, ତିକି, ଡେ, ଡିକି ପ୍ରତ୍ୟୟ ହୁଏ। 'ସେ' ପଦର ବିକଳ୍ପରେ 'ତେ' ଆଦେଶ ହୁଏ ଏବଂ ସେଗୁଡ଼ିକ ବିଶେଷଣ ହୁଅନ୍ତି। ଯଥା- ଏତେ-ଏତିକି, ଏଡେ-ଏଡିକି, ସେତେ-ସେତିକି, ସେଡେ-ସେଡିକି ଇତ୍ୟାଦି।

୪.୨୪ ଆଗନ୍ତୁକ ପରସର୍ଗମୂଳକ ତଦ୍ଧିତ ବିଶେଷ୍ୟ:

ଓଡ଼ିଆ ଭାଷାରେ ଏକୀଭୂତ ହୋଇଥିବା ଅନ୍ୟ ଭୂଖଣ୍ଡର ଭାଷିକ ଶବ୍ଦକୁ ଆଗନ୍ତୁକ ଶବ୍ଦ ଭାବରେ ଗ୍ରହଣ କରାଯାଏ। ଯଥା- ଓଡ଼ିଆ ଭାଷାରେ ବ୍ୟବହୃତ ହେଉଥିବା ବିଶେଷ୍ୟ। ଯଥା-

- ଯାବନିକ / ଇଂରେଜୀ ଆଗନ୍ତୁକ ଶବ୍ଦ + ଓଡ଼ିଆ ପ୍ରତ୍ୟୟ
- ଓଡ଼ିଆ ଶବ୍ଦ + ଆଗନ୍ତୁକ ପ୍ରତ୍ୟୟ
- ଆଗନ୍ତୁକ ଶବ୍ଦ + ଆଗନ୍ତୁକ ପ୍ରତ୍ୟୟ

୧. ଆଗନ୍ତୁକ ଶବ୍ଦ + ଓଡ଼ିଆ ପ୍ରତ୍ୟୟ = ପାରସର୍ଗିକ ବିଶେଷ୍ୟ। ଦରବାର + ଇ = ଦରବାରୀ / ଖଲାସ + ଇ = ଖଲାସୀ / ବାଦାମ + ଈ = ବାଦାମୀ / ମାଷ୍ଟର + ଇ = ମାଷ୍ଟରୀ / କଂପ୍ୟୁଟର + ଇ = କଂପ୍ୟୁଟରୀ।

ଇଆ:	ରୋଜଗାର + ଇଆ = ରୋଜଗାରିଆ
	ଖାତିର୍ + ଇଆ = ଖାତିରିଆ
	ଫିରିଙ୍ଗ୍ + ଇଆ = ଫିରିଙ୍ଗିଆ
କାରୀ:	ଅସୁଲ + କାରୀ = ଅସୁଲକାରୀ
	ଦଅର୍ + କାରୀ = ଦଅରକାରୀ
ଇକ:	ଅଫିସ୍ + ଇକ = ଆଫିସିକ
	ଜିନ୍ + ଇକ = ଜିନିକ
ଆ:	'ଇସଲ୍ + ଆ = 'ଇସଲା
	ଅରମନ୍ + ଆ = ଅରମନା
ଆଣି:	ମାଷ୍ଟର + ଆଣି = ମାଷ୍ଟରାଣୀ

୨. -ଓଡ଼ିଆ ଶବ୍ଦ + ଆଗନ୍ତୁକ ପ୍ରତ୍ୟୟ:

ବାଲୀ:	ଚାନ୍ଦ + ବାଲୀ = ଚନ୍ଦବାଲୀ
	ପାନ + ବାଲୀ = ପାନବାଲୀ
	ମାଛ + ବାଲୀ = ମାଛବାଲୀ
ଗିରି / ବାଲା:	ପଣ୍ଡିତ + ଗିରି = ପଣ୍ଡିତଗିରି

ଦାଦା + ଗିରି = ଦାଦାଗିରି

ଗୁଣ୍ଡା + ଗିରି = ଗୁଣ୍ଡାଗିରି

ଦାର: ଅଂଶୀ + ଦାର = ଅଂଶୀଦାର

ବାଜା + ଦାର = ବାଜାଦାର

ଖୋର୍: ମିଠା + ଖୋର୍ = ମିଠାଖୋର୍

ମଦ + ଖୋର = ମଦଖୋର

୩. ଆଗନ୍ତୁକ ଶବ୍ଦ + ଆଗନ୍ତୁକ ପ୍ରତ୍ୟୟ = ବ୍ୟୁତ୍ପନ୍ନ ବିଶେଷ୍ୟ:

ବାଜ୍- ସ୍ୱଭାବ ଅର୍ଥରେ: ମାମଲା + ବାଜ୍ = ମାମଲାବାଜ

ଅକ୍‌ଡ + ବାଜ୍ = ଅକ୍‌ଡବାଜ

ଧୋକ୍କା + ବାଜ୍ = ଧୋକ୍କାବାଜ।

ପୁନଶ୍ଚ ଅକ୍‌ଡବାଜ + ଇ = ଅକ୍‌ଡବାଜୀ

ଧୋକ୍କାବାଜ୍ + ଇ = ଧୋକ୍କାବାଜୀ

ନାମା - ପ୍ରମାଣପତ୍ର ଅର୍ଥରେ –

ଅକଲ୍ + ନାମା = ଅକଲନାମା

ଓକିଲାତି + ନାମା = ଓକିଲାତିନାମା

ଅନ୍ୟ ଅର୍ଥରେ – କାର୍ + ନାମା = କାର୍‌ନାମା

ଖାନା - ଅଧିକରଣ ଅର୍ଥରେ –

ଜେଲ୍ + ଖାନା = ଜେଲ୍‌ଖାନା

ଡାକ୍ତର + ଖାନା = ଡାକ୍ତରଖାନା

୪.୨୫ ଓଡ଼ିଆ ବ୍ୟକ୍ତିବାଚକ ବିଶେଷ୍ୟ ଓ ନାମକରଣ:

ଓଡ଼ିଆ ବିଶେଷ୍ୟ ପଦଗୁଡ଼ିକ ବିଶେଷ ଭାବରେ ଓଡ଼ିଶାର ସାମାଜିକତା, ସାଂସ୍କୃତିକତା ଓ ପାରଂପରିକତା ଦ୍ୱାରା ଯେତିକି ପ୍ରଭାବିତ ସେତିକି ମଧ୍ୟ ତା'ର ଭୌଗୋଳିକ ପରିବେଶ ଦ୍ୱାରା ପ୍ରଭାବିତ। ନଦୀମାତୃକ, କୃଷିଭିତ୍ତିକ ଓ ଆଧ୍ୟାତ୍ମିକ ଭାବସମୂହକୁ ନେଇ ଓଡ଼ିଶୀ ଭାବମାନସ ଦ୍ୱାରା ପରିଚାଳିତ ହୋଇଛି। ଏହାର ପ୍ରଭାବ ଏହାର ଭାଷା, ଏହାର ଶବ୍ଦ ଶୃଙ୍ଖଳାରେ ଉପସ୍ଥିତ ରହିଛି। ବିଶେଷ୍ୟଗୁଡ଼ିକ ମୁଖ୍ୟତଃ ଏକ ଏକ ନାମ।[୨୦]

ବ୍ୟକ୍ତିବାଚକ ସ୍ୱକୀୟ ସ୍ୱତନ୍ତ୍ର ସାମାଜିକ ପରିଚିତିମୂଳକ ନାମକରଣଗୁଡ଼ିକ ଶୁଭନାମ + ମଝିନାମ + ଗୋତ୍ର ନାମ ବା ଜାତି/ସାଙ୍ଗିଆ ନାମ – ଏପରି ହୋଇଥାଏ। ଅନେକ କ୍ଷେତ୍ରରେ କବିତ୍ୱ, ପାଣ୍ଡିତ୍ୱ, ଯଶ, ମହତ୍ତ୍ୱ ଓ ସାମାଜିକ ଶୃଙ୍ଖଳାରେ ପାରଦର୍ଶିତା

ଦେଖାଇଯାଇଥିବା ରାଜକୀୟ ଉପାଧିଗୁଡ଼ିକ ମଧ୍ୟ ଶୁଭନାମ ପୂର୍ବରୁ ବସିଛି। ସୁତରାଂ ବ୍ୟକ୍ତିବାଚକ ବିଶେଷ୍ୟର ସାମାଜିକ ସଂଜ୍ଞା – ଉପାଧି + ଶୁଭନାମ + ମଧ୍ୟନାମ + ସାଙ୍ଗିଆ ନାମ ଭିତ୍ତିରେ ନିର୍ଦ୍ଦିଷ୍ଟ ହୋଇଛି। ଏହି ନାମଗୁଡ଼ିକ ସାଧାରଣତଃ ଜାତିବାଚକ ଓ ବ୍ୟକ୍ତିବାଚକ ପରିଚିତିର ସଂଜ୍ଞା। ଏ ହେତୁ ଏସବୁ ଏକ ଏକ ବିଶେଷ୍ୟ। ଏହି ବିଶେଷ୍ୟଗୁଡ଼ିକ ଦେବଦେବୀ / ନଦୀ / ପାହାଡ଼ / ପୁଷ୍ପ / ବୃକ୍ଷ / କୃଷିଜାତ ଦ୍ରବ୍ୟ / ପୌରାଣିକ ଶୀର୍ଷକ ଅନୁସାରେ ହୋଇଛି। ଓଡ଼ିଶାରେ ପ୍ରଚଳିତ ବ୍ୟକ୍ତିବାଚକ ନାମଗୁଡ଼ିକୁ ଏହିପରି ଆଲୋଚନା କରାଯାଇପାରେ –

- ଦେବଦେବୀ ସମ୍ବନ୍ଧୀ ନାମ: ଜଗନ୍ନାଥ / ଦୀନକୃଷ୍ଣ / ନରୋତ୍ତମ / ବଳରାମ / ରାମକୃଷ୍ଣ / ରମାକାନ୍ତ / ସୀତାକାନ୍ତ / ରଘୁନାଥ / ବିଶ୍ୱନାଥ / ବୈଦ୍ୟନାଥ।
- ପୁରାଣ ଚରିତ୍ର ପ୍ରଧାନ: ଦୁର୍ଯ୍ୟୋଧନ / ଦୁଃଶାସନ / ଭୀମସେନ / ଅର୍ଜ୍ଜୁନ / ନକୁଳ / ସହଦେବ / ଅଭିରାମ / ମେଘନାଦ / ସତ୍ୟବତୀ / ସୀତା ଇତ୍ୟାଦି।
- ସାମନ୍ତବାଦୀ ରୁଚି ଓ ଚରିତ୍ର ପ୍ରଧାନ: ରାଧାରାଣୀ / ନୃପରାଜ / ଦିବ୍ୟସିଂହ / କାଳୀପ୍ରସାଦ / ଲୀଳାବତୀ / କଳାବତୀ ଇତ୍ୟାଦି।
- ପ୍ରକୃତି ସଂପ୍ରୀତି ମୂଳକ ନାମ: ଚନ୍ଦ୍ରାବତୀ / ଚନ୍ଦ୍ରାବଳୀ / ମନ୍ଦାରମାଳ / କୁମୁଦିନୀ / ନଳିନୀ / ତରଙ୍ଗିଣୀ / ଅଳକା / କୁସୁମ / ସୂର୍ଯ୍ୟକାନ୍ତ / ସଂଜୁଲତା / ବସନ୍ତ / ହେମନ୍ତ / ଶରତଚନ୍ଦ୍ର / କ୍ଷେତ୍ରମଣି।
- ଆଧୁନିକ ସଂସ୍କାର ଓ ମନସ୍ତାତ୍ତ୍ୱିକ ପ୍ରୋତ୍ସାହନ ଭିତ୍ତିକ ନାମ: ସୌଭାଗ୍ୟ / ଅଭୟ / ନବୀନ / ବିପ୍ଳବ / ଉଲ୍ଲାସ / ପ୍ରତୀକ / ପ୍ରକାଶ / ଦୀପ୍ତି / ତୃପ୍ତି / ତୃଷ୍ଣା / ମମତା / ଜ୍ୟୋତ୍ସ୍ନା।

ସାଙ୍ଗିଆ ପରିଚିତ ବା ଜାତିବାଚକ ସଂଜ୍ଞା:

୧. ଦଳିତ ଜାତିବାଚକ ସଂଜ୍ଞା: ଦାସ, ମଳିକ, ଭୋଇ, ଗୋଛେଇତ, ବେହେରା, ସେଠୀ, ସାହୁ ଇତ୍ୟାଦି।

୨. ଜନଜାତି / ଆଦିବାସୀ ଜାତିବାଚକ ସଂଜ୍ଞା: ଶବର, ମାଝି, ଭୂୟାଁ, କିଷାନ, କଅଁର, ତିର୍କୀ, ବଣ୍ଡା, ହେମ୍ବ୍ରମ୍, ମୁଣ୍ଡା, ଗମାଙ୍ଗେ ଇତ୍ୟାଦି।

୩. ସାଧାରଣ ବର୍ଗ (ଚଷା): ରାଉଳ, ପାତ୍ର, ମଲ୍ଲ, ସାମଲ, ପାଠୀ, ଭଞ୍ଜ, ନାଥ, ଖୁଣ୍ଟିଆ, ମହାରଣା, ମହାପାତ୍ର, ସେନାପତି, ସାହୁ, ମଲ୍ଲିକ, ମୁଦୁଲି ଇତ୍ୟାଦି

୪. ବ୍ରାହ୍ମଣ: ରଥ, ନନ୍ଦ, ଷଡ଼ଙ୍ଗୀ, ଆଚାର୍ଯ୍ୟ, ତ୍ରିପାଠୀ, ଚଇନି, ଦାଶ, ମିଶ୍ର, ହୋତା, ମହାପାତ୍ର, ରାଜଗୁରୁ, ଯୋଶୀ, ପାଟ୍ଟଯୋଶୀ, ପତି, କର ଇତ୍ୟାଦି।

୫.	ବହୁ ଜାତିକୁ ସୂଚିତ କରୁଥିବା ନିରପେକ୍ଷୀ ଜାତିବାଚକ ସଂଜ୍ଞା: ମହାପାତ୍ର, ଦାସ, ସାହୁ, ଚୌଧୁରୀ, ସ୍ୱାଇଁ, ନାୟକ, ଜେନା ଇତ୍ୟାଦି।

୬.	ଦେବ ନିୟୋଗ: ପତି ମହାପାତ୍ର, ରଥଶର୍ମା, ଗରାବଡୁ, ମୁଦିରଥ, ପଢ଼ିଆରୀ, ସିଂହାରୀ, ତଳିଛୁ ମହାପାତ୍ର, ପଶୁପାଳକ, ସୂପକାର, ଖୁଣ୍ଟିଆ, ବିମାନବଡୁ, ଦଇତା ଇତ୍ୟାଦି।

ଗଣନୀୟ ବିଶେଷ୍ୟ ଓ ଅଗଣନୀୟ ବିଶେଷ୍ୟ:

ବେଳେବେଳେ ବ୍ୟବହାର ସମୟରେ କେତେଗୁଡ଼ିଏ ବିଶେଷ୍ୟ ପଦ ଗଣନୀୟ ହୋଇଥିବାବେଳେ କେତେଗୁଡ଼ିଏ ଅଗଣନୀୟ ହୋଇ ରହିଯାଇଥାଏ। ଅର୍ଥାତ୍ ଗଣନା କରିବା ସମ୍ଭବ ହୋଇନଥାଏ। ଯଥା –

■	'ବାଲ୍‌ଟିଏ ପାଣି' – ଏଠାରେ ଏକ ନିର୍ଦ୍ଦିଷ୍ଟ ପରିମାଣକୁ ସୂଚିତ କରୁଛି। 'ବାଲ୍‌ଟିଏ' କହିଲେ ଗୋଟିଏ ବାଲ୍‌ଟିକୁ ବୁଝାଉଛି।

କିନ୍ତୁ ଯଦି ପଚରା ଯାଏ –

■	ବାଲ୍‌ଟିରେ କେତେ ପାଣି ଅଛି ?

ଏଠାରେ 'ବାଲ୍‌ଟି'ରେ ଥିବା ପାଣିକୁ ଗଣନା କରାଯାଇପାରିବ ନାହିଁ। ତେଣୁ ଏହା ଅଗଣନୀୟ ବିଶେଷ୍ୟ ପଦର ଉଦାହରଣ ଅଟେ।

୪.୨୬ ବିଶେଷ୍ୟ ଓ ଆଞ୍ଚଳିକ ପ୍ରୟୋଗ:

ସ୍ଥାନ ପରିବର୍ତ୍ତନରେ ମଧ୍ୟ ବିଶେଷ୍ୟ ପଦର ବ୍ୟବହାରିକ ଅର୍ଥ ବଦଳିଯାଇଥାଏ। ଯଥା:

**କ)	ପଶ୍ଚିମାଞ୍ଚଳୀୟ ଭାଷାରେ ବିଶେଷ୍ୟ ପଦ:**

ପଶ୍ଚିମାଞ୍ଚଳୀୟରେ ଭାଷା ବର୍ତ୍ତମାନ 'ସମ୍ବଲପୁରୀ ଉପଭାଷା' ନାମରେ ପରିଚିତ। ଏହା ମୁଖ୍ୟତଃ ଅବିଭକ୍ତ ସମ୍ବଲପୁର, କଳାହାଣ୍ଡି, ବଲାଙ୍ଗିର, ବୌଦ-କନ୍ଧମାଳ ଓ ସୁନ୍ଦରଗଡ଼ ଜିଲ୍ଲାକୁ ନେଇ ଗଠିତ ଏକ ବିସ୍ତୃତ ଅଞ୍ଚଳରେ କଥିତ ଭାଷା ରୂପେ ବ୍ୟବହୃତ। ସମ୍ବଲପୁରୀ ଉପଭାଷାରେ ଛତିଶଗଡ଼ୀ, ହିନ୍ଦୀ, ମରାଠୀ ଓ କେତେକ ଆଦିବାସୀ ଭାଷାଗୁଡ଼ିକର ପ୍ରଭାବ ସ୍ପଷ୍ଟ ଅନୁଭୂତ ହୋଇଥାଏ। ଯଥା –

ଜୋତା (ମା. ଓ. ଭାଷା)	>	ଜୁତା (ସ. ଓ. ଭାଷା)
ଓଳିଆ (ମା. ଓ. ଭାଷା)	>	ଉଲିଆ (ସ. ଓ. ଭାଷା)
ଦୋକାନ (ମା. ଓ. ଭାଷା)	>	ଦୁକାନ (ସ. ଓ. ଭାଷା)
ପାଣି (ମା. ଓ. ଭାଷା)	>	ପାଏନ୍ (ସ. ଓ. ଭାଷା)

କେତେକ ସ୍ଥଳରେ ବିଶେଷ୍ୟ ପଦର ବ୍ୟବହାରରେ ମାନକ ଓଡ଼ିଆରେ 'ଡ'

ସ୍ଥଳରେ 'ର' ହୋଇ ସମ୍ବଲପୁରୀ ଓଡ଼ିଆରେ ବ୍ୟବହୃତ ହୋଇଥାଏ। ଯଥା – ବାଡି > ବାରି, ମାଙ୍କଡ଼ > ମାଙ୍କର୍ ଇତ୍ୟାଦି।

ଖ) ଦକ୍ଷିଣାଞ୍ଚଳୀୟ ଓଡ଼ିଆ ଭାଷାରେ ବିଶେଷ୍ୟ ପଦର ବ୍ୟବହାର:

ଦକ୍ଷିଣାଞ୍ଚଳୀୟ ଓଡ଼ିଆ ଭାଷାରେ ବ୍ୟବହୃତ ହେଉଥିବା ବିଶେଷ୍ୟ ପଦଗୁଡ଼ିକ ପ୍ରାୟ ତେଲୁଗୁ ଭାଷା ପ୍ରଭାବିତ ହୋଇଥିବାର ପରିଲକ୍ଷିତ ହୋଇଥାଏ। ଯଥା –

ଦକ୍ଷିଣାଞ୍ଚଳୀୟ ଓଡ଼ିଆ ବିଶେଷ୍ୟ ପଦ (ତେଲୁଗୁ ଭାଷାରୁ ଗୃହୀତ)	**ଓଡ଼ିଆ ବିଶେଷ୍ୟ ପଦ**
ଆନ୍ନା	ବଡ଼ଭାଇ
ଆଚୁ	ଅଳତା
କାଟା	ନିକିତି
ଗୁଣ୍ଡି	ବୋତାମ
ସାଁବାର	ଖଟା ମିଶ୍ରିତ ଡାଲି

ଆଞ୍ଚଳିକ ଦକ୍ଷିଣାଞ୍ଚଳୀୟ ଓଡ଼ିଆ ବିଶେଷ୍ୟ ପଦ	**ଓଡ଼ିଆ ବିଶେଷ୍ୟ ପଦ**
ଅଙ୍ଗି	ଜାମା
ଆପୁମଞ୍ଜି	ପୋସ୍ତ
ଆପୁଚା	ତେନ୍ତୁଳି ମଞ୍ଜି
କଟାଳ	ବାଧ
ଜାମ	ପିଜୁଳି

ଖ) ଉତ୍ତରାଞ୍ଚଳୀୟ ଓଡ଼ିଆ ଭାଷା:

ଉତ୍ତରାଞ୍ଚଳୀୟ ଓଡ଼ିଆ ଭାଷା ମୁଖ୍ୟତଃ 'ବାଲେଶ୍ୱରୀ ଉପଭାଷା' ନାମରେ ପରିଚିତ। ଏହା ମୁଖ୍ୟତଃ ଅବିଭକ୍ତ ବାଲେଶ୍ୱର, ମୟୂରଭଞ୍ଜ ଓ କେନ୍ଦୁଝର ଜିଲ୍ଲାର କିଛି ଅଂଶକୁ ନେଇ ଗଠିତ ଏକ ବିସ୍ତୃତ ଅଞ୍ଚଳର ଜନସାଧାରଣଙ୍କ ମୁଖରେ କଥିତ ହୋଇଥାଏ। ପଡ଼ୋଶୀ ବଙ୍ଗଭାଷା 'ବଙ୍ଗଳା'ର ପ୍ରତ୍ୟକ୍ଷ ପ୍ରଭାବ ଉତ୍ତରାଞ୍ଚଳୀୟ ଓଡ଼ିଆ ଭାଷାଉପରେ ଅନୁଭୂତ ହୁଏ।

ଉତ୍ତରାଞ୍ଚଳୀୟ ଓଡ଼ିଆ ବିଶେଷ୍ୟ ପଦ	**ଓଡ଼ିଆ ବିଶେଷ୍ୟ ପଦ**
କୁହାସ୍	କୁହୁଡ଼ି
ଢାକିବା	ଘୋଡ଼ାଇବା

ସଇତାମ୍ଭା	ପିଜୁଳି
ଭୁଜା	ମୁଢ଼ି
ବାଦଲ	ମେଘ

ଯଦିଓ ଓଡ଼ିଆ ଭାଷାର ଶବ୍ଦଭଣ୍ଡାର ଭିତରକୁ କେତେକ ଅଣଓଡ଼ିଆ ଭାଷା ପ୍ରବେଶ କରିସାରିଛନ୍ତି, ତଥାପି ବ୍ୟବହାରିକ ଆବଶ୍ୟକତା, ଗୁରୁତ୍ୱ ଏବଂ ଲୋକପ୍ରିୟତା ଦୃଷ୍ଟିରୁ ବିଚାର କଲେ ଏହି ଅଣଓଡ଼ିଆ ଭାଷାରେ ବ୍ୟବହୃତ ହେଉଥିବା ବିଶେଷ୍ୟ ପଦଗୁଡ଼ିକ ଯେମିତି ଆମର ଅତି ପରିଚିତ ପଦ ଭଳି ପ୍ରତୀୟମାନ ହୁଅନ୍ତି। ଯଥା –

୧. ଦ୍ରାବିଡ଼ ପରିବାରଭୁକ୍ତ ବିଭିନ୍ନ ଆଦିବାସୀ ଭାଷାର ଶବ୍ଦାବଳୀ ଓ ଓଡ଼ିଆ ଭାଷା ସହିତ ଏଗୁଡ଼ିକର ସଂପୃକ୍ତି –

କୁଇ	**ଓଡ଼ିଆ**
ଓରା (ଛାତର କାଠ)	ଓରା (ଜାଲକୁ ଟେକିରଖିବା ପାଇଁ ବ୍ୟବହୃତ କାଠ)
କୋଡି (କୋଡ଼ିଏ ସଂଖ୍ୟା)	କୋଡି (କୋଡ଼ିଏ ସଂଖ୍ୟା)
କୁରୁଖ ବିଶେଷ୍ୟ ପଦ	**ଓଡ଼ିଆ ବିଶେଷ୍ୟ ପଦ**
ଓର(ଠାବ)	ଓର (ସୁଯୋଗ)
କକା (ବାପାଙ୍କ ସାନଭାଇ)	କକା (ବାପାଙ୍କ ସାନଭାଇ)
ଖେପା (ଫଳର ଖେପା/ଶସ୍ୟର ଖେପା)	ଖେପା (ଫଳର ଖେପା/ଶସ୍ୟର ଖେପା)
ଟାଙ୍ଗରା (ପଥୁରିଆ ଭୂଇଁ)	ଟାଙ୍ଗରା (ଚନ୍ଦା ବା ପଥୁରିଆ ଭୂଇଁ)
ଗଣ୍ଡ (ଓଡ଼ିଆ)	**ଓଡ଼ିଆ**
କଇଁଆ (ତେନ୍ତୁଳି – ଖଟାଫଳ)	କଇଁଆ (ତେନ୍ତୁଳି)
ଘୁଷ୍‌ରା (ଘୁଷୁରି)	ଘୁଷୁରି (ଗ୍ରାମ୍ୟଶୂକର)

ମୁଣ୍ଡା ପରିବାରଭୁକ୍ତ ବିଭିନ୍ନ ଆଦିବାସୀ ଶବ୍ଦାବଳୀ ଏବଂ ଓଡ଼ିଆ ଭାଷାରେ ବ୍ୟବହୃତ ବିଶେଷ୍ୟ ପଦ ସହିତ ସଂପୃକ୍ତି –

୧. ସଉରା ଶବ୍ଦର	**ଓଡ଼ିଆ**
ଅଗେଡ଼ଡ଼ା (ଶସ ନ ଥିବା ଧାନ)	ଅଗାଡ଼ି (ଶସ ନ ଥିବା ଧାନ)
ଓମ୍‌ଡା (ଅମଡ଼ାବାଟ)	ଅମଡ଼ା (ଲୋକ ଯାତାୟତ ନ ଥିବା ବାଟ
ଗଡନ (ଦୁର୍ଗ)	ଗଡ଼ (କାଠଗଣ୍ଡି)
ତାଟିଆ (ଗିନା)	ତାଟିଆ (ଥାଳିଆ)
ସୁର (ପତଳା)	ସରୁ (ପତଳା)

ଗ) ସୁତରାଂ ଉଭୟ ଭାଷାରେ ବ୍ୟବହୃତ କେତେକ ବିଶେଷ୍ୟ ପଦରେ ଅର୍ଥରେ ପାର୍ଥକ୍ୟ ଥିବାବେଳେ କେତେକ ସମାନ ଅର୍ଥରେ ବ୍ୟବହୃତ ହୋଇଛନ୍ତି

୨. ସାନ୍ତାଳୀ	**ଓଡ଼ିଆ**
ଅଝଟ (ଅମାନିଆ)	ଅଝଟ (ଅବୁଝା ପିଲା)
ଅରୁମା (ବୁଦା)	ଅରମା (ଜଙ୍ଗଲିଆ)
ଅସନା (ମଇଳା)	ଅସନା (ଅପରିଷ୍କାର)
ଚଉଳ (ତଣ୍ଡୁଳ)	ଚଉଳ (ତଣ୍ଡୁଳ)
ଚିତୋଳ (ଏକ ପ୍ରକାର ମାଛ)	ଚିତଳ (ମାଛ)
ଚୂଆ (ଝରଣା)	ଚୂଆ (ଛୋଟ ପୋଖରୀ)
ବତରା (ଓଦା)	ବତର (ଆଦ୍ରତା)
୩. ମୁଣ୍ଡାରୀ ବିଶେଷ୍ୟ ପଦ	**ଓଡ଼ିଆ**
ପାଇଟି (କାମ)	ପାଇଟି
ନିରଗୁନି (ମିଶାଟୀ)	ନିରୁଗୁଣୀ
ମାହାଳିଆ (ମାଗଣା)	ମାହାଳିଆ
୪. 'ହୋ'	**ଓଡ଼ିଆ**
କାଲା (ବଧିର)	କାଲ
ଚଉଳି (ପିଜୁଳି)	ଚଉଳିଆ
ଢୋଲା (ମୋଟା)	ଢୋଲା (ହୁଗୁଳା)
ବୋକା (ବୁଦ୍ଧିହୀନ)	ବୋକା

ସୁତରାଂ ଓଡ଼ିଆ ଭାଷାରେ ଅଧୁନା ବ୍ୟବହୃତ ହେଉଥିବା ବହୁ ବିଶେଷ୍ୟ ପଦର ଏହିପରି ସମାନ୍ତରାଳ ରୂପ ବିଭିନ୍ନ ଆଦିବାସୀ ଭାଷାଗୁଡ଼ିକରେ ଦେଖିବାକୁ ମିଳିଥାଏ।

କ) ଦ୍ରାବିଡ଼ ଭାଷାର ଓଡ଼ିଆ ଭାଷା (ବିଶେଷ୍ୟ ପଦ) ଉପରେ ପ୍ରଭାବ:

ଓଡ଼ିଆ ଭାଷାରେ ବ୍ୟବହୃତ ହେଉଥିବା କେତେଗୁଡ଼ିଏ ଦ୍ରାବିଡ଼ ମୂଳ ଶବ୍ଦାବଳୀର ଅର୍ଥସହ ସମ୍ଭାବ୍ୟ ମୂଳ ରୂପର ଦୃଷ୍ଟାଗୁଡ଼ିକୁ ଆଲୋଚନା କରାଯାଇପାରେ।

ଅପା (ପିଉସୀ) < (ତେଲୁଗୁ) ଆପ୍‌ପା (ଜ୍ୟେଷ୍ଠ ଭଗିନୀ)

ଉଲି (ପିଆଜ) < (ତାମିଲ୍) ଉଲ୍‌ଲି / ତେ. ଉଲ୍ଲି (ପିଆଜ)

ଲେହା (ଘୋଳଦହି) < ତେ. ଚଲ୍‌ଲା (ଘୋଳଦହି)

ଛୋଟା (ଚଳିବାକୁ ଅକ୍ଷମ ବ୍ୟକ୍ତି < ତେ. ଚୋଟ୍‌ଟା (ଛୋଟା ଲୋକ)

ତୋରାଣି(ପଖାଳ ଭାତର ପାଣି) < ତେ. ତରୱାଣି (ଭାତ ସହିତ ସିଦ୍ଧ ପାନୀୟ)

ପଟା (କାଠପଟା) < ତେ. ପାଚି (କାଠପାଟା)

ମନା (ନିଷେଧ) < ତେ. ମାନ୍ନା (ନିଷେଧ)

ଓଡ଼ିଆ ଶବ୍ଦ ଭଣ୍ଡାର ମଧ୍ୟରେ ଏହିପରି ବହୁ ଦ୍ରାବିଡ଼ାଗତ ଶବ୍ଦାବଳୀ ଏପରି ଭାବେ ମିଶି ରହିଛି ଯେ ସେଗୁଡ଼ିକୁ ଅନେକ ସମୟରେ ଚିହ୍ନଟ କରିବା ଅସମ୍ଭବ ହୋଇପଡୁଛି । ଅର୍ଥାତ୍ ଏଗୁଡ଼ିକ ଯେମିତି ଓଡ଼ିଆ ବିଶେଷ୍ୟ ପଦ ଭିତରେ ଆତ୍ମଗୋପନ କରିଛନ୍ତି । ସେଥିପାଇଁ ପୂର୍ଣ୍ଣଚନ୍ଦ୍ର ଓଡ଼ିଆ ଭାଷାକୋଷରେ ବହୁ ଦ୍ରାବିଡ଼ ମୂଳଶବ୍ଦକୁ ଦେଶ ବନାମରେ ଚିହ୍ନିତ କରାଯାଇଛି ।

ଓଡ଼ିଆ ଭାଷା (ବିଶେଷ୍ୟ ପଦ) ଉପରେ ଯାବନିକ (ପାର୍ସି, ଆରବୀ, ତୁର୍କୀ) ଭାଷା (ବିଶେଷ୍ୟ ପଦର)ର ପ୍ରଭାବ ଏବଂ ତାହା ବ୍ୟବହାରିକ ଦିଗ:

ଭାରତୀୟ ପାର୍ସୀ ଭାଷା ମୁଖ୍ୟତଃ ଇରାନୀ, ଆରବୀ, ତୁର୍କୀ, ତୁରାନୀ ଓ ହିନ୍ଦୁସ୍ଥାନୀର ମିଶ୍ରିତ ରୂପ ବୋଲି ଭାଷାବିତ୍‌ଙ୍କର ମତ । H. Bahriଙ୍କ ମତ ଅନୁସାରେ – "Indian persian was especially a mixture of Iranian, Arabic, Tarnish,öTurinian and even Hindustani." (Pension Influence on Hindi). ।

ଆଧୁନିକ ଓଡ଼ିଆ ଭାଷାରେ ବହୁଳ ଭାବେ ବ୍ୟବହୃତ ହେଉଥିବା ଯାବନିକ ବିଶେଷ୍ୟ ଶବ୍ଦଗୁଡ଼ିକୁ ଦୁଇଗୋଟି ପର୍ଯ୍ୟାୟରେ ବିଭକ୍ତ କରାଯାଇପାରେ । ଯଥା–

୧. **ପାର୍ସୀ ମୂଳ:** ଅଙ୍ଗୁର, ଅନ୍ଦାଜ, ଆଇନ୍, ଆବାଦ୍, କାରିଗର, କୁର୍ତ୍ତା, କିସ୍‌ମିସ୍, କଇଙ୍ଗତ୍, କମର, ଖାରଜ ଗାଜର, ଗୁମାନ, ଜିଦ୍, ବାଗିରି, ତରଭୁଜ୍, ତକିଆ, ଦଙ୍ଗାଦାର, ପଲାଉ, ପିଆଜ, ମଲମ ଇତ୍ୟାଦି ।

୨. **ଆରବୀ ମୂଳ:** ଦରସିଝା, ଅବିର, ଅଦାଲତ୍, କାଇଦା, କାନୁନ୍, ଖିଆଲ୍, ଖରାପ, କବ୍‌ଜା, କଲମ, ଗରିବ, ଖୈରାତ୍, ତାରିଖ, ତୋଫାନ୍, ମର୍ଜି, ମସଲା, ମାମୁଲି, ମିଆଦ, ସମନ୍, ହାକିମ, ହତା ଇତ୍ୟାଦି ।

୩. **ତୁର୍କୀ ମୂଳ ବିଶେଷ୍ୟ:** କୁର୍ତ୍ତା, ବାରୁଦ, ବନ୍ଧୁକ, କୁଲି, ତୋପ, ଦାରୋଷ୍ଟା ଇତ୍ୟାଦି ।

ଓଡ଼ିଆ ଭାଷାର ବିଶେଷ୍ୟ ପଦର ଭଣ୍ଡାରରେ ପ୍ରବେଶ କରିଥିବା କିଛି ପର୍ତ୍ତୁଗୀଜ୍ ଶବ୍ଦ:

୧. ପ୍ରତ୍ୟକ୍ଷ ଭାବେ ଆହରିତ ହୋଇଥିବା ଶବ୍ଦାବଳୀ –
ଆତ (Ata), ଆୟା (Aia), ଆଲପିନ୍ (Alfinete), ଆଲମାରି (Armarin), କାମରା (Kamara). ମେଜ (Mesa), ସାଗୁ (Sagu), ସାଲାସା (Salsa) ଇତ୍ୟାଦି ।

୨. ପର୍ତ୍ତୁଗୀଜମୂଳ ମାତ୍ରା ପାର୍ସୀ – ଆରବୀ ସୂତ୍ରରେ ଓଡ଼ିଆ ଭାଷାକୁ ଆହରିତ:

କାମିଜ (ପର୍ତ୍ତୁ – Camisa / କାମିଜ୍ ପା), ସାବୁନ୍ (ପର୍ତ୍ତୁ. Sabao / ଆ ସାବୁନ୍), ସାୟା (ପର୍ତ୍ତୁ Saia / ପା. ସାୟା) ତ୍ୟାଦି।

୨. ପର୍ତ୍ତୁଗୀଜ ମୂଳ ମାତ୍ର ଇଂରାଜୀ ସୂତ୍ରରେ ଓଡ଼ିଆ ଭାଷାକୁ ଆହରିତ + କପ୍ତାନ (ପର୍ତ୍ତୁ. Capitao / ଇଂ. Captaion), କିରସ୍ତାନ / ପର୍ତ୍ତୁ. Cristo / ଇଂ Christian) କୋବି (ପର୍ତ୍ତୁ. Couve ଇଂ Cabbage),

ଓଡ଼ିଆ ବିଶେଷ୍ୟ ପଦ ଭାବରେ ବ୍ୟବହୃତ ହେଉଥିବା କିଛି ଇଂରାଜୀ ଶବ୍ଦ:

୧. ସିଧାସଳଖ ଭାବରେ ବ୍ୟବହୃତ ବିଶେଷ୍ୟପଦ:

ଅର୍ଡ଼ର, ଅଡ଼ିଟ୍, ଅପରେସନ୍, ଅଫିସ୍, ଆକ୍‌ସିଡେଣ୍ଟ, ଆରେଷ୍ଟ, ଆଲବମ୍, ଇଞ୍ଜିନ୍, ଏଜେଣ୍ଟ୍, ଏରୋଡ୍ରମ, ପାଇପ୍, ବ୍ୟାଟେରୀ, ପୋଲିସ୍, ରିସର୍ଚ୍ଚ, ଲଗେଜ୍, ଲାଇବ୍ରେରୀ, ରୁଟିନ୍, ରେସନ୍, ଷ୍ଟୋର, ସର୍କସ, ହଷ୍ଟେଲ, ହସ୍‌ପିଟାଲ ଇତ୍ୟାଦି।

୨. ଓଡ଼ିଆ ଭାଷାକୁ ବିକୃତ ଭାବେ ଆହରିତ ହୋଇଥିବା ଇଂରାଜୀ ଶବ୍ଦାବଳୀ: ଅର୍ଦ୍ଦଳି < Orderly, ଇଷ୍ଟିମିଟ୍ < Estimate, ଇଷ୍ଟାମ୍ପ < Stamp, ଗିଲାସ < Glass, ଫିଙ୍ଗଲ < Pennal ହଂସପାତାଳ < Hospital, କିଲଟର < Collector, ସିଲଟ < Slate ଇତ୍ୟାଦି।

ବିଭିନ୍ନ ଅଣଓଡ଼ିଆ ଭାଷାଗୁଡ଼ିକ ମଧ୍ୟରୁ ଓଡ଼ିଆ ଭାଷା ଉପରେ ଇଂରାଜୀ ଭାଷାର ପ୍ରଭାବ ସବୁଠୁଁ ଗଭୀର ତଥା ବ୍ୟାପକ ପରି ମନେ ହୋଇଥାଏ।

■

ସଂକେତ ସୂଚୀ:

୧. ସିଂହ, ଅମର: ଅମରକୋଷ, ଚୌଖମ୍ବା, ବାରାଣସୀ, ୧୯୭୦

୨. ପ୍ରଧାନ, ଅପନ୍ନା: ପ୍ରାକୃତ ଭାଷା ଏକ ଅଧ୍ୟୟନ, ୧୯୭୮

୩. ପ୍ରାକୃତ ମଞ୍ଜରୀ, କାତ୍ୟାୟନ, ବେଦକଳ୍ପ, ବମ୍ବେ, ୧୯୫୮

୪. ମହାପାତ୍ର, ଖଗେଶ୍ୱର : ଓଡ଼ିଆ ଲିପି ଓ ଭାଷା, ଗ୍ରନ୍ଥମନ୍ଦିର, କଟକ, ୧୯୮୫

୫. ରାୟ, ଗିରିଜା ଶଙ୍କର : ଓଡ଼ିଆ ଶବ୍ଦତତ୍ତ୍ୱ, ଓଡ଼ିଆ ଭାଷାତତ୍ତ୍ୱ, ଟ୍ରେଡିଂ କମ୍ପାନୀ, କଟକ, ୧୯୬୨

୬. ମିଶ୍ର, ଗୋପାଳଚନ୍ଦ୍ର : ଭାଷାବିଜ୍ଞାନ ପରିଚୟ, କଟକ ଷ୍ଟୁଡେଣ୍ଟସ୍ ଷ୍ଟୋର, କଟକ, ୧୯୬୫

୭. ମିଶ୍ର, ନୀଳମଣି: ପ୍ରାଚୀନ ଓଡ଼ିଆ ଲିପି, ଭାଷା ଓ ସାହିତ୍ୟ, ଗ୍ରନ୍ଥମନ୍ଦିର, କଟକ, ୧୯୭୦

୮.	ପ୍ରଧାନ, ପିତାମ୍ବର: ଓଡ଼ିଆ ଭାଷାରେ ଦ୍ରାବିଡ଼ ଭାଷାର ପ୍ରଭାବ, ଓଡ଼ିଶା ରାଜ୍ୟ ପାଠ୍ୟପୁସ୍ତକ ଓ ପ୍ରଣୟନ ସଂସ୍ଥା, ଭୁବନେଶ୍ୱର, ସଂସ୍ଥା, ୧୯୮୧
୯.	ନନ୍ଦଶର୍ମା, ଗୋପୀନାଥ : ଓଡ଼ିଆ ଭାଷାତତ୍ତ୍ୱ, ନିଉ ଷ୍ଟୁଡ଼େଣ୍ଟସ୍ ଷ୍ଟୋର, କଟକ, ୧୯୬୪
୧୦.	ପ୍ରହରାଜ ଗୋପାଳଚନ୍ଦ୍ର : ପୂର୍ଣ୍ଣଚନ୍ଦ୍ର ଓଡ଼ିଆ ଭାଷାକୋଷ, ପୁନଃ ସଂପାଦନ, ଲାର୍କ ବୁକ୍ସ, ଭୁବନେଶ୍ୱର, ୨୦୦୫
୧୧.	ମିଶ୍ର, ବିନାୟକ : ଓଡ଼ିଆ ଭାଷାର ଇତିହାସ, କଟକ ଷ୍ଟୁଡେଣ୍ଟ ଷ୍ଟୋର, କଟକ, ୧୯୬୨
୧୨.	ଭର୍ତ୍ତୃହରି: ବାକ୍ୟ ପଦୀୟ, ଚୌଖମ୍ବା, ବାରାଣସୀ, ୧୯୭୮
୧୩.	ପ୍ରାକୃତ ସର୍ବସ୍ୱ, ମାର୍କଣ୍ଡେୟ, ଚୌଖମ୍ବା, ବାରାଣସୀ, ୧୯୮୨
୧୪.	ତ୍ରିପାଠୀ, ପ୍ରଫୁଲ୍ଲ କୁମାର : ବ୍ୟାକରଣ କୋଷ, ଅକ୍ଷର, ୨୦୧୩
15.	A Progressive grammar of the Tamil language, New Delhi, 1976
16.	A Comparative grammar of Middle Indo-Aryan, 1968
୧୭.	ହେମଚନ୍ଦ୍ର: ଦେଶୀ ନାମମାଳା, ଚୌଖମ୍ବା, ବାରାଣସୀ, ୧୯୭୭
୧୮.	ମିଶ୍ର, ହରପ୍ରସାଦ: ଓଡ଼ିଆ ଭାଷାତାତ୍ତ୍ୱିକ ପ୍ରବନ୍ଧ ଓ ଆଲୋଚନା, ଅଗ୍ରଦୂତ, ୨୦୧୧
19.	Mahapatra B.P. : A Syncharonic Grammar of Oriya (Standard Spoken and Written), CIIL, Manasagangotri, Mysore, 2007
୨୦.	ତ୍ରିପାଠୀ, କୁଞ୍ଜବିହାରୀ : ଓଡ଼ିଆ ଭାଷାତତ୍ତ୍ୱ ଓ ଲିପିର ବିକାଶ, ରାଜ୍ୟ ପାଠ୍ୟପୁସ୍ତକ ଓ ପ୍ରଣୟନ ସଂସ୍ଥା, ଭୁବନେଶ୍ୱର, ୧୯୭୭
୨୧.	ଦାଶ, ସୂର୍ଯ୍ୟନାରାୟଣ : ଭାଷାବୋଧ ଓଡ଼ିଆ ବ୍ୟାକରଣ, ଉତ୍କଳ ସାହିତ୍ୟ ପ୍ରେସ୍, କଟକ, ୧୯୩୯
22.	Arnold, T.K.: Basic English Grammar, Goodwill, 1996
୨୩.	ମହାପାତ୍ର, ବିଜୟ ପ୍ରସାଦ: ପ୍ରଚଳିତ ଓଡ଼ିଆ ଭାଷାର ଏକ ବ୍ୟାକରଣ, ବିଦ୍ୟାପୁରୀ, କଟକ, ୨୦୦୭
୨୪.	ତ୍ରିପାଠୀ, ସନ୍ତୋଷ : ଓଡ଼ିଆ ବ୍ୟାକରଣ କଳନା, ନାଳନ୍ଦା, କଟକ, ୨୦୦୯
୨୫.	ମହାପାତ୍ର, ଧନେଶ୍ୱର: ଆଧୁନିକ ଓଡ଼ିଆ ବ୍ୟାକରଣ, କିତାବ ମହଲ, ୨୦୧୩
୨୬.	ମିଶ୍ର, ହରପ୍ରସାଦ: ରୂପସୀ ଓଡ଼ିଆର ରୂପଚର୍ଚ୍ଚା, ବିଜୟିନୀ, କଟକ, ୨୦୧୬
୨୭.	ଦାସ, ନୀଳକଣ୍ଠ : ଓଡ଼ିଆ ବ୍ୟାକରଣ, ନୀଳକଣ୍ଠ ସ୍ମୃତି ସଂସଦ, ଭୁବନେଶ୍ୱର, ୧୯୯୭
୨୮.	ଦଳାଇ, ଉପେନ୍ଦ୍ର ପ୍ରସାଦ: ଭାଷାତତ୍ତ୍ୱ ସମୀକ୍ଷା, ଏ.କେ. ମିଶ୍ର, ୧୯୮୪

ପଞ୍ଚମ ଅଧ୍ୟାୟ

ବିଶେଷ୍ୟ ଓ ଅନ୍ୟାନ୍ୟ ପଦ

୫.୧ ଓଡ଼ିଆ ଭାଷାର ବ୍ୟାକରଣିକ ଶୃଙ୍ଖଳା ମଧ୍ୟରେ ବିଶେଷ୍ୟପଦକୁ ଛାଡ଼ିଦେଲେ ଆହୁରି ଚାରୋଟିପଦ ପରିଲକ୍ଷିତ ହୁଏ। ଯଥା- ବିଶେଷଣ, ସର୍ବନାମ, ଅବ୍ୟୟ ଏବଂ କ୍ରିୟାପଦ। ବିଶେଷ୍ୟପଦର ପ୍ରୟୋଗ ଯେତେବେଳେ ବାକ୍ୟରେ କରାଯାଏ, ସେତେବେଳେ ଉପରୋକ୍ତ ଚାରୋଟିଯାକ ପଦ ବିଶେଷ୍ୟ ପଦକୁ ଆଧାର ପଦ ଭାବେ ଘେନି ଭାବାର୍ଥ ସଂପାଦନ କରିଥାନ୍ତି।

ପ୍ରଥମତଃ ବାକ୍ୟରେ ବିଶେଷ୍ୟପଦର ଗୁରୁତ୍ୱ ବୃଦ୍ଧି ନିମନ୍ତେ ବିଶେଷଣପଦର ବ୍ୟବହାର କରାଯାଇଥାଏ। କେବଳ ଗୁରୁତ୍ୱ ବୃଦ୍ଧି ନୁହେଁ, ବରଂ ବିଶେଷ୍ୟପଦର ଗୁଣ ଓ ଅବସ୍ଥା, ସଂଖ୍ୟା ଓ ପରିମାଣ ସମ୍ପର୍କରେ ମଧ୍ୟ ଏହି ବିଶେଷଣ ସୂଚନା ପ୍ରଦାନ କରିଥାଏ।[୧] ବିଶେଷଣ ପଦଗୁଡ଼ିକ ବିଶେଷ୍ୟର ଅନପେକ୍ଷାରେ ସୁପ୍ରଯୁକ୍ତ ହୋଇନପାରନ୍ତି ବୋଲି ଏଗୁଡ଼ିକ ବିଶେଷ୍ୟାଧୀନ ଅଟନ୍ତି। ଯଥା- ବଡ଼ଘର, ହଳଦିଆଫୁଲ, ପିନ୍ଧାଲୁଗା, ଗୁଆଘିଅ ଇତ୍ୟାଦି ପଦଗୁଡ଼ିକୁ ଆଲୋଚନା କଲେ ଜଣାଯାଏ ଯେ – 'ବଡ଼ଘର' ଶବ୍ଦଟିରେ 'ଘର' ପଦଟିକୁ ବଡ଼ ବିଶେଷିତ କରୁଛି। ଏବଂ କେବଳ ଯଦି 'ବଡ଼' ବିଶେଷଣ ପଦଟିକୁ ଉଚ୍ଚାରଣ କରାଯାଏ, ତେବେ ପୂର୍ଣ୍ଣ ଓ ଅର୍ଥ ପ୍ରକାଶନିମିତ୍ତ ଉକ୍ତ ପଦଟି 'ଘର' ପଦର ଅପେକ୍ଷାରେ ରହେ। ଅତଏବ ବଡ. ହଳଦିଆ, ପିନ୍ଧା, ମାଣେ ଇତ୍ୟାଦି ପଦଗୁଡ଼ିକ ବିଶେଷଣ ପଦ ଅଟନ୍ତି।

ସୁତରାଂ ବିଶେଷ୍ୟର ଭଲମନ୍ଦ, ଉତ୍କର୍ଷଅପକର୍ଷ, ଉଚ୍ଚନୀଚ ଆଦି ଭାବାର୍ଥର ବିଶେଷଣ ବା ବାଚକତ୍ୱର ପ୍ରଭେଦାନୁସାରେ ବିଶେଷଣ ପ୍ରାୟତଃ ଆଠପ୍ରକାର। ଯଥା – (୧) ବ୍ୟକ୍ତିବାଚକ, (୨) ବସ୍ତୁବାଚକ, (୩) କାଳବାଚକ, (୪) ଗୁଣବାଚକ, (୫) ଅବସ୍ଥାବାଚକ, (୬) ପରିମାଣ ବାଚକ, (୭) କ୍ରିୟାବାଚକ, (୮) ସଂଖ୍ୟାବାଚକ।[୨]

(୧) ଯାହାଦ୍ୱାରା କୌଣସି ବ୍ୟକ୍ତି ବା ମନୁଷ୍ୟର ବିଶେଷ୍ୟସୂଚକ ପଦର ଗୁଣ, କ୍ରିୟା, ନାମାଦି ଜଣାଯାଏ, ସେ ବ୍ୟକ୍ତିବାଚକ ବିଶେଷଣ। ଯଥା- ମିଛୁଆ, ଖଟୁଆ, ନାଟୁଆ, ବଡ଼ିମା (ଲୋକ) ଇତ୍ୟାଦି।

(୨) ଯାହାଦ୍ୱାରା କୌଣସି ବସ୍ତୁ ବା ପଦାର୍ଥ ବାଚକ ବିଶେଷ୍ୟ ସମ୍ପର୍କରେ ଜଣାଯାଏ, ତାକୁ ବସ୍ତୁବାଚକ ବିଶେଷଣ କୁହାଯାଏ। ଯଥା – ବନାରସୀ (ଲୁଗା), କାଶ୍ମିରୀ (ସାଲ), କଟକୀ (ପିନ୍ଧା), ବିଲାତି (ଆଳୁ) ଇତ୍ୟାଦି।

(୩) ଯାହାଦ୍ୱାରା କୌଣସି ପ୍ରକାର ସମୟସୂଚକ ବିଶେଷ୍ୟ ପଦର ଗୁରୁତ୍ୱ ଜଣାଯାଏ, ତାକୁ କାଳବାଚକ ବିଶେଷଣ କୁହାଯାଏ। ଯଥା- କାଲି, ଆଜି, ସକାଳ, ସଞ୍ଜ, ପାହାନ୍ତି ଇତ୍ୟାଦି।

(୪) ଯେଉଁ ପଦ ବା ଶବ୍ଦ ଦ୍ୱାରା କୌଣସି ପ୍ରକାର ବିଶେଷ୍ୟର ଗୁଣ ସମ୍ପର୍କରେ ତଥ୍ୟ ମିଳେ ତାକୁ ଗୁଣବାଚକ ବିଶେଷଣ କୁହାଯାଏ। ଯଥା – କଳା, ଧଳା, ହଳଦିଆ, ମିଠା, ଖଟା, ପିତା, ସାନ, ବଡ଼, ଖସଡା, ଗଡାଣ ଇତ୍ୟାଦି।

(୫) ଯେଉଁ ପଦ ବିଶେଷ୍ୟ ପଦର କୌଣସି ଅବସ୍ଥା ସମ୍ପର୍କରେ ସୂଚନା ଦିଏ ତାକୁ ଅବସ୍ଥାବାଚକ ବିଶେଷଣ କୁହାଯାଏ। ଯଥା - ପିଲା, କାଲା, ଭେଣ୍ଡା, ଧେଣ୍ଡା, ବୁଢ଼ା, କୁଜା, କଣା, ଛୋଟା, ଭଙ୍ଗା, ଦଦରା, ପାଣିଆ, ବହଳ, ଏମନ୍ତ, ଯେମନ୍ତ, ତେମନ୍ତ ଇତ୍ୟାଦି।

(୬) ଯାହାଦ୍ୱାରା ବିଶେଷ୍ୟ ପଦର ପରିମାଣ ଜଣାଯାଏ ତାକୁ ପରିମାଣବାଚକ ବିଶେଷଣ କୁହାଯାଏ। ଯଥା – ସେରେ, ମହଣେ, ମାଣେ, ହାତେ, ଏଡେ ଇତ୍ୟାଦି।

(୭) ଯାହାଦ୍ୱାରା କୌଣସି ପ୍ରକାର କ୍ରିୟାର ନାମସୂଚକ ବିଶେଷ୍ୟର ଗୁଣାତ୍ମକ ଅର୍ଥ ପ୍ରକାଶ ପାଏ ତାହା କ୍ରିୟାଦି ବିଶେଷ୍ୟ। ଭାବବାଚ୍ୟ ଭିନ୍ନ ଅନ୍ୟାନ୍ୟ ବାଚ୍ୟରେ ନିଷ୍ପନ୍ନ କୃଦନ୍ତ ପଦଗୁଡ଼ିକ କ୍ରିୟାବାଚକ ବିଶେଷଣ ହୁଅନ୍ତି। ଯଥା – ଦେବା (ଲୋକ), ପଢ଼ିବା (ପିଲା), ଚଳନ୍ତା (ଶଗଡ଼), ଗଲା (ଲୋକେ) ଇତ୍ୟାଦି।

(୮) ଯାହାଦ୍ୱାରା ବିଶେଷ୍ୟର ସଂଖ୍ୟା ଜଣାଯାଏ ତାକୁ ସଂଖ୍ୟାବାଚକ ବିଶେଷଣ କୁହାଯାଏ। ଯଥା - ଦୁଇ, ତିନି, ଚାରି, କୋଡ଼ିଏ ଇତ୍ୟାଦି।

ସଂଖ୍ୟାବାଚକ ବିଶେଷଣ ସଂଖ୍ୟାର୍ଥକ, ସଂଖ୍ୟେୟାର୍ଥକ ଓ ପରିମାଣାର୍ଥକ ଏପରି ତ୍ରିବିଧ। କିନ୍ତୁ ଓଡ଼ିଆ ଭାଷାରେ ଉକ୍ତ ତ୍ରିବିଧାତ୍ମକ ବିଶେଷଣମାନଙ୍କର ରୂପଭେଦ ହୁଏ ନାହିଁ। ମାତ୍ର କେତେକ ସଂଖ୍ୟେୟାର୍ଥକ ବିଶେଷଣ କେବଳ ଯଦି ବ୍ୟକ୍ତିକୁ ବୁଝାନ୍ତି ତେବେ କେତେକ ସ୍ଥଳରେ ରୂପଭେଦ ଦେଖାଯାଏ। ଯଥା - ଦୁହେଁ, ତିନିହେଁ, ଚାରିହେଁ। ଓଡ଼ିଆ ଭାଷାରେ ସମଗ୍ର ସଂଖ୍ୟା ଶବ୍ଦମାନେ ପ୍ରାକୃତରୁ କେବଳ ଆସିଛନ୍ତି। ବିଶେଷଣଗୁଡ଼ିକ ବିଶେଷ୍ୟ ପଦର ପୂର୍ବରୁ ବସି ତା' ସହିତ ମିଶି ଗୋଟିଏ ପଦ ବି ସୃଷ୍ଟି କରିପାରେ। ଯଥା- ଅସମାୟ ମଣିଷ / ଦୁଷ୍ଟ ପିଲାମାନେ।

୫.୨ ବିଶେଷଣ ସଂସ୍ଥାପନ କ୍ରମ:

ବିଶେଷ୍ୟ ପଦର ବାକ୍ୟଭିତ୍ତିକ ସ୍ଥିତିକୁ ଭିତ୍ତିକରି ଓଡ଼ିଆରେ ବିଶେଷଣ ପଦ ଯୋଜିତ ହୋଇଥାଏ। ଅର୍ଥାତ୍ ଓଡ଼ିଆ ଭାଷାରେ ବିଶେଷଣ ପଦ ପ୍ରାୟତଃ ବିଶେଷ୍ୟ ପଦର ପୂର୍ବରେ ବସେ, କିନ୍ତୁ କେତେକ ସ୍ଥଳରେ ପ୍ରୟୋଗ ଭଙ୍ଗୀବଶତଃ ପରେ ମଧ୍ୟ ସ୍ଥାପିତ ହୋଇପାରେ। ଯଥା-

୧. ହରି ବଳୁଆ ଅଟେ, ୨. ରାମ ବୁଦ୍ଧିଆ ଅଟେ। ଏଠାରେ ବଳୁଆ, ବୁଦ୍ଧିଆ ଇତ୍ୟାଦି ବିଶେଷ୍ୟପଦ 'ହରି' ବିଶେଷ୍ୟପଦ ପରେ ଅବସ୍ଥାପିତ ହୋଇଛି।

୨. ସ୍ତ୍ରୀଲିଙ୍ଗ ବିଶେଷ୍ୟପଦର ବିଶେଷଣ ସ୍ତ୍ରୀଲିଙ୍ଗ ଓ ଶ୍ରୁତିସୁଖାଦି କାରଣବଶତଃ ପୁଲିଙ୍ଗ ହୋଇପାରେ। ମାତ୍ର ପୁଲିଙ୍ଗପଦର ବିଶେଷଣ ସ୍ତ୍ରୀଲିଙ୍ଗ ହୋଇନପାରେ। ଅର୍ଥାତ୍ – ଗୁଣବତୀ ବାଳିକାଗଣ, ସୌଭାଗ୍ୟବତୀ ରମଣୀଗଣ ଇତ୍ୟାଦି। ସୁନ୍ଦର ଝିଅ, ଭଲ ଗାଈ, ମାତ୍ର ସୁନ୍ଦରୀ ପୁଅ, ଉତ୍ତମା ପିତା – ଏପରି ହେବ ନାହିଁ।

୩. କେତେକ ସ୍ଥଳରେ ବିଶେଷ୍ୟମାନେ ବିଶେଷଣତ୍ୱ ଅଙ୍ଗୀକାର କରିଥାନ୍ତି। ଯଥା – ସୁନାମାଳି, ପିତ୍ତଳଡାଲ, କଂସାଗିଲା, ଲୁହାବାଡି ଇତ୍ୟାଦି। ସଂସ୍କୃତରେ ମଧ୍ୟ ଏପରି ଦେଖିବାକୁ ମିଳେ। ଯଥା- ସ୍ୱର୍ଣ୍ଣବଳୟଃ, କାଂସ୍ୟପାତ୍ରଂ, ଲୌହଦଣ୍ଡଂ ଏପରି ସ୍ଥଳ ମାନଙ୍କରେ ସ୍ୱର୍ଣ୍ଣ, କାଂସ୍ୟ, ଲୌହ ପ୍ରଭୃତି ବିଶେଷ୍ୟ ପଦମାନେ ବଳୟ, ପାତ୍ର, ଦଣ୍ଡାଦି ବିଶେଷ୍ୟପଦର ବିଶେଷଣ ସ୍ୱରୂପ ହୁଅନ୍ତି। ସୁନାପିଲା, ରୂପାଜହ୍ନ, ତମ୍ବାରଙ୍ଗ – ଏଠାରେ ବିଶେଷ୍ୟ ବିଶେଷଣାନୁରୂପ।

୪.	କେତେକ ସ୍ଥଳରେ ଆନ୍ୟୋନ୍ୟ ସମ୍ବନ୍ଧ ଦୁଇଗୋଟି ବିଶେଷ୍ୟପଦ ଏକତ୍ର ବ୍ୟବହୃତ ହେଲେ ପୂର୍ବସ୍ଥପଦ ବିଶେଷଣ ସ୍ୱରୂପ ହୁଏ। ଯଥା – ଚମ୍ପାଫୁଲ, ଶେଉଳମାଛ, କଦଳୀଗଛ, ଧାନ ଗଛ, ଟଙ୍କାପଇସା, ସୁଖଦୁଃଖ, ରୀତିଦିନ...।

ଏଠାରେ ଚମ୍ପା, ଶେଉଳ, କଦଳୀ, ଧାନ ଇତ୍ୟାଦି ବିଶେଷ୍ୟପଦ ମାନେ ତତ୍ପରସ୍ଥ ବିଶେଷ୍ୟପଦର ବିଶେଷଣ ରୂପ ଅଟନ୍ତି। ମାତ୍ର ଗଠନ ଓ ମୂଳରୂପ ଦିଗରୁ ଏଗୁଡ଼ିକ ଏକ ଏକ ବିଶେଷ୍ୟ।

**୫.୩	ବିଧେୟ ବିଶେଷଣ / ଉଦ୍ଦେଶ୍ୟ ବିଶେଷଣ:**

ବାକ୍ୟରେ ଉଦ୍ଦେଶ୍ୟ ପଦ ହେଉଛି ଯାହାକୁ ନେଇ ଭାବକରଣ ଘଟିଥାଏ। ଅର୍ଥାତ୍ କର୍ତ୍ତା ଓ କର୍ମ ପଦ ହିଁ ବିଶେଷ୍ୟ ପଦ ହୋଇଥାଏ। ଏହି ମୁଖ୍ୟ ବିଶେଷ୍ୟ ପଦର ପୂର୍ବରୁ ବିଶେଷଣ ବସିଲେ ତାହାକୁ ଉଦ୍ଦେଶ୍ୟ ବିଶେଷଣ ଓ ବିଶେଷ୍ୟ ପଦର ବିଶେଷଣ ବସିଲେ ତାହା ବିଶେଷ୍ୟର କର୍ମ ପ୍ରଖ୍ୟାପକ ବିଧେୟ ବିଶେଷଣ କୁହାଯାଏ। ଏହିପରି ବିଶେଷଣ ପଦ ମଧ୍ୟ ବିଶେଷ୍ୟାନୁସାରୀ ହୋଇ ଓଡ଼ିଆରେ ବ୍ୟବହୃତ ହୁଏ।[୩]

ଓଡ଼ିଆରେ ବିଶେଷଣର ପ୍ରୟୋଗ ବିଶେଷ୍ୟ ଅନୁସାରେ ଓ ବିଶେଷ୍ୟ ପଦର ନିୟନ୍ତ୍ରଣରେ ହୋଇଥାଏ।[୪] ଦୃଷ୍ଟାନ୍ତଗୁଡ଼ିକୁ ଲକ୍ଷ୍ୟ କରାଯାଇପାରେ;

**କ)	ପ୍ରଥମେ ବିଶେଷଣ ପରେ ବିଶେଷ୍ୟ (ବିଶେଷଣ ଓ ବିଶେଷ୍ୟ):**

ବିଶେଷଣ + ବିଶେଷ୍ୟ	=	**ବିଶେଷଣାତ୍ମକ ରୂପଲିଖନ/ ବିଶେଷ୍ୟାନୁସାରୀ ଏକରୂପ**
ମାଟି + ଘର	=	ମାଟିଘର / ମାଟିଘର
ଭଲ + ମଣିଷ	=	ଭଲ ମଣିଷ / ଭଲମଣିଷ
ଦୁଷ୍ଟ + ଲୋକ	=	ଦୁଷ୍ଟ ଲୋକ / ଦୁଷ୍ଟଲୋକ
ହାତେ + ଲୁଗା	=	ହାତେ ଲୁଗା / ହାତେଲୁଗା
ଧୂସର + ପୃଥିବୀ	=	ଧୂସର ପୃଥିବୀ / ଧୂସରପୃଥିବୀ
କପଟ + ପଶା	=	କପଟ ପଶା / ପକଟପଶା

ଏଗୁଡ଼ିକୁ ବିଶେଷ୍ୟମୂଳକ ବା ବିଶେଷ୍ୟ ଆଧାରିତ ବିଶେଷଣ କୁହାଯାଏ। ବିଶେଷ୍ୟାନୁସାରୀ ବିଶେଷଣ ଲାଗିଲାଗି ଲେଖାଯାଏ ଏକ ଏକ ଗୋଟିଏ ଗୁଣାତ୍ମକ ଓ ବିଶେଷତ୍ୱମୂଳକ ବିଶେଷ୍ୟର ନାମ ହୋଇଥାଏ।[୫]

**ଖ)	ବିଶେଷଣ + ବିଶେଷଣ + ବିଶେଷ୍ୟ:**

ସିରି + ସିରି + ପବନ = ସିରିସିରି ପବନ / ସିରିସିରିପବନ

ଅତି + ମନ୍ଦ + ଗତି = ଅତି ମନ୍ଦଗତି

ଧୀର + ସ୍ଥିର + ଚାଲି = ଧୀରସ୍ଥିର ଚାଲି ।

ଗ) **ବିଶେଷ୍ୟର ବିଶେଷଣାତ୍ମକ ପ୍ରୟୋଗ:**

ସୁନା + ପିଲା = ସୁନା ପିଲା / କାଚ + ଘର = କାଚଘର

କାଠ + କଣ୍ଢେଇ = କାଠକଣ୍ଢେଇ / ଶିବ + ପୁତ୍ର = ଶିବପୁତ୍ର

ଏହିପରି - ମାଟିଘର, ପଥର ଛାତି, ରାମରାଜ୍ୟ, ପବନଘର ଇତ୍ୟାଦି ଗଠିତ ।

ଘ) ବିଶେଷଣରେ ପର ପ୍ରତ୍ୟୟ ବା ପରଯୋଗ ଭିତ୍ତିରେ ଓଡ଼ିଆରେ ବିଶେଷ୍ୟ ପଦ ଗଠିତ ହୋଇପାରିଥାଏ ।[୬] ଯଥା-

ବିଶେଷଣ + ପରପ୍ରତ୍ୟୟ	=	**ବିଶେଷ୍ୟ ପଦ**
ସାମାଜିକ + ତା—	=	ସାମାଜିକତା
ମୌଳିକ + ତା	=	ମୌଳିକତା
ଦୂର + ତା	=	ଦୂରତା
ମୂଳ + ତ୍ୱ	=	ମୂଳତ୍ୱ
ନିଜ + ତ୍ୱ	=	ନିଜତ୍ୱ
ବଡ଼ + ପଣ	=	ବଡ଼ପଣ
ହାକିମ + ଇ	=	ହାକିମି
ବାହାଦୂର + ଇ	=	ବାହାଦୂରୀ
ହରି + ଆ	=	ହରିଆ
ନାଆ + ଉରିଆ	=	ନାଉରିଆ
ବ୍ୟଗ୍ର + ତା	=	ବ୍ୟଗ୍ରତା

ଏଠାରେ ଉଲ୍ଲେଖଯୋଗ୍ୟ ପର ପ୍ରତ୍ୟୟଗୁଡ଼ିକ ମୁଖ୍ୟତଃ ଶବ୍ଦ ପ୍ରତ୍ୟୟ । ଶବ୍ଦ ପ୍ରତ୍ୟୟ ସିଧାସଳଖ ବିଶେଷ୍ୟ ପଦ ବା ସଂଜ୍ଞା ପଦ ସହିତ ମିଶି ନୂତନ ଶବ୍ଦ ଗଠନ କରେ ।[୭]

ତଦ୍ଧିତ ପ୍ରକ୍ରିୟାରେ ବିଶେଷଣରୁ ବିଶେଷ୍ୟ ରୂପାନ୍ତର:

ଅନେକ କ୍ଷେତ୍ରରେ ଏକ ମୁକ୍ତରୂପର ପରେ ପ୍ରତ୍ୟୟ ଯୋଗ କରାଯାଇ ଓଡ଼ିଆରେ ବିଶେଷ୍ୟ ପଦ ଗଠିତ ହୋଇଥାଏ । କିନ୍ତୁ କେତେକ କ୍ଷେତ୍ରରେ ଦେଖାଯାଏ ମୂଳରୂପରୁ ସୃଷ୍ଟ ଶବ୍ଦ ପରେ ପରପ୍ରତ୍ୟୟ ଯୋଗ ହୋଇ ବିଶେଷଣ ଓ ତହିଁରୁ ବିଶେଷ୍ୟ ପଦ ଗଠିତ ହୋଇଥାଏ ।[୮] ସାମାଜିକତା / ଆଧୁନିକତା / ଆନ୍ତରିକତା / ପୂର୍ଣ୍ଣତ୍ୱ / ଧାର୍ମିକ/ନାବିକ ପରି ଇତ୍ୟାଦି ବିଶେଷ୍ୟ ପଦ ଗଠିତ ହୋଇଥାଏ । ତଦ୍ଧିତ ପ୍ରକ୍ରିୟାରେ

ବିଶେଷଣରୁ ବିଶେଷ୍ୟ ପଦ ଓଡ଼ିଆରେ ମିଳିତ ହୁଏ। ଓଡ଼ିଆ ରୂପତତ୍ତ୍ୱର ବିଶେଷତ୍ୱ ହେଉଛି – ବିଶେଷ୍ୟରୁ ପରପ୍ରତ୍ୟୟ ଯୋଗରେ ପ୍ରତ୍ୟକ୍ଷ ଭାବେ ବିଶେଷଣ ପଦ ଗଠିତ ହୁଏ ମାତ୍ର ବିଲୋପ ରୀତିରେ ବିଶେଷଣରୁ ବି ବିଶେଷ୍ୟ ଗଠିତ ହୁଏ।[୯] କେତେକ ଉଦାହରଣ ସାଧାରଣତଃ ଯ, ଅ, ତା, ତ, ତ୍ୱ, ବାମା, ବାମି, ଏଇ ଇତ୍ୟାଦି ପରପ୍ରତ୍ୟୟ ଯୋଗହୋଇ ବିଶେଷଣରୁ ବିଶେଷ୍ୟ ରୂପ ଉତ୍ପନ୍ନ ହୁଏ। ଉଦାହରଣ ସ୍ୱରୂପ––

ବିଶେଷଣ + ପ୍ରତ୍ୟୟ	**=**	**ବିଶେଷ୍ୟ ପଦ**
ପଣ୍ଡିତ + ଯ	=	ପାଣ୍ଡିତ୍ୟ
ଲଳିତ + ଯ	=	ଲାଳିତ୍ୟ
ବିଷମ + ତା	=	ବିଷମତା
ପଣ୍ଡିତ+ ପଣ + ଇଆ	=	ପଣ୍ଡିତପଣିଆ
ଗୁଣବାନ + ତା	=	ଗୁଣବତ୍ତା
ସ୍ଥାୟୀ + ତ୍ୱ	=	ସ୍ଥାୟୀତ୍ୱ
ଦାୟୀ + ତ୍ୱ	=	ଦାୟୀତ୍ୱ
ସମ + ତା	=	ସମତା
ଠକ + ଆମି	=	ଠକାମି
ଦୁଷ୍ଟ + ଆମି	=	ଦୁଷ୍ଟାମି
ରକ୍ତ + ଇମା	=	ରକ୍ତିମା
ଗୁରୁ + ଇମା	=	ଗରିମା

ବିଶେଷ୍ୟ ପଦରେ ବି ପ୍ରତ୍ୟୟ ଯୋଗ ହୋଇ ନୂତନ ବିଶେଷ୍ୟ ପଦ ରୂପପାଏ। ଯଥା–

ବିଭବ + ଅ = ବୈଭବ / ନାସା + ଇକ (ଆ) = ନାସିକା

ବାଳ + ଅକ = ବାଳକ / ମନ + ଅସ୍ = ମାନସ।

୫.୪ ସର୍ବନାମ ଓ ବିଶେଷ୍ୟ:

ସ୍ଥାବର ଜଙ୍ଗମାତ୍ମକ ଚତୁର୍ବିଧ ପଦାର୍ଥରୁ ଯେକୌଣସି ବିଶେଷ୍ୟର ପରିବର୍ତ୍ତେ ବା ଯେଉଁ ନାମ ବିଶେଷ୍ୟ ପରିବର୍ତ୍ତେ ବସେ ତାହାକୁ ସର୍ବନାମ ପଦ କୁହାଯାଏ। ବିଶେଷତଃ ଯେକୌଣସି ନାମର ବା ବିଶେଷ୍ୟ ପଦର ପୁନଃପୁନଃ ଉଚ୍ଚାରଣଜନିତ ଶ୍ରୁତିକଟୁ ଦୋଷ ନିବାରଣାର୍ଥେ ସର୍ବନାମର ବ୍ୟବହାର ହୁଏ। ସ୍ତ୍ରୀଲିଙ୍ଗ ଓ ପୁଂଲିଙ୍ଗ ଭେଦରେ ସର୍ବନାମର ରୂପଭେଦ ହୁଏନାହିଁ। କିନ୍ତୁ ବିବକ୍ଷାବଶତଃ କାରକ ପରିବର୍ତ୍ତିତ

ହୁଏ। ମାତ୍ର ଅନ୍ୟପଦର ପରିବର୍ତ୍ତେ ବ୍ୟବହାର କରାଯାଉଥିବାରୁ ସର୍ବନାମମାନଙ୍କରେ ସମ୍ବୋଧନ ପ୍ରଥମା ହୁଏ ନାହିଁ। ଯଥା- ''ଅଭିଜ୍ଞ ଲେଖକମଣ୍ଡଳୀ ସାହିତ୍ୟର ଉତ୍କର୍ଷ ସାଧନ କରନ୍ତି, ସେମାନଙ୍କୁ ସମ୍ମାନ କରିବା ଉଚିତ୍।'' ଏଠି ବିଶେଷ୍ୟ ରୂପୀ କର୍ତ୍ତା ପଦର ଗୁରୁତ୍ୱ ଥାଏ।

ଏଠାରେ ଲେଖକମାନେ ପୁଂଲିଙ୍ଗ ଓ ବହୁବଚନ ଥିବାରୁ ତତ୍‌ଶବ୍ଦର ପଦ ତଦ୍‌ନୁସାରୀ ହୋଇଛି। କିନ୍ତୁ କର୍ତ୍ତାକାରକ ପରିବର୍ତ୍ତେ ଆବଶ୍ୟକ ହେତୁ କର୍ମକାରକରେ ଦ୍ୱିତୀୟା ହୋଇଛି। ସର୍ବନାମଗୁଡ଼ିକର ଲିଙ୍ଗ ଭେଦ ନ ଥିବ। ପ୍ରାକୃତାନୁକରଣରୁ ଅନୁସାରେ ଘଟିଅଛି। ପ୍ରାକୃତ ଉପରେ ସର୍ବନାମର ଲିଙ୍ଗଭେଦ ରହେ ନାହିଁ।

ସଂସ୍କୃତରେ ଯେତେଗୁଡ଼ିଏ ବିଶେଷ୍ୟ ବିକଳ୍ପୀ ପଦ ସର୍ବନାମର ବ୍ୟବହାର ହୁଏ, ସେସବୁ ଓଡ଼ିଆ ଭାଷାରେ ବ୍ୟବହୃତ ହୁଏନାହିଁ। ଯଥା– 'ଯଦ୍' ଶବ୍ଦ। 'ଯଦ୍'ଶବ୍ଦ ଓଡ଼ିଆରେ ପ୍ରଥମା ଏକବଚନରେ ଯେ, ଯିଏ, ଯେହି, ଯେଉ, ଯେହୁ, ଯେଉଁ, ଯହିଁ, ଯା, ଯାହା, ଯୋ ଇତ୍ୟାଦି ରୂପକୁ ଧାରଣ କରେ। ଏଥିମଧ୍ୟରେ ଯେ ଓ ଯା ପ୍ରଧାନ।

'ଯେ' ସଂସ୍କୃତର ପ୍ରଥମା ଏକବଚନରେ 'ଯୋ' ଶବ୍ଦ ପ୍ରଥମେ ପ୍ରାକୃତରେ 'ଜେ' (ଯେ) ହୋଇ ପରେ ଓଡ଼ିଆକୁ ଆସିଛି।

ଓଡ଼ିଆ ଭାଷାରେ ବ୍ୟବହୃତ ସର୍ବନାମଗୁଡ଼ିକ ମୂଳ ରୂପଠାରୁ ଭିନ୍ନ ଏବଂ ପରିବର୍ତ୍ତନଶୀଳ। ସର୍ବନାମଗୁଡ଼ିକର ମୂଳ ପ୍ରକୃତି ହେଉଛି ପ୍ରଥମା ବିଭକ୍ତିର ରୂପ। ଏହି ରୂପକୁ ମୂଳରୂପ ବା 'ରଜୁରୂପ' କୁହାଯାଏ। ଏହି ରଜୁରୂପ ବା ମୂଳ ସରଳରୂପ ଯେଉଁ ରୂପରେ ଥାଏ ତାହା ଅନ୍ୟ ବିଭକ୍ତି ମୂଳକ ହୋଇ ଅନ୍ୟ ବିଭକ୍ତିସୂଚକ ଚିହ୍ନ ସମ୍ପର୍କରେ ଆସି ଭିନ୍ନରୂପ ଧାରଣ କରନ୍ତି। 'ଏପ୍ରକାର' ବିବର୍ତ୍ତିତ ରୂପକୁ 'ତିର୍ଯ୍ୟକ ରୂପ' କୁହାଯାଏ। ଉଦାହରଣ ସ୍ୱରୂପ 'ଯେ' ଏକ ସର୍ବନାମ। ପ୍ରଥମା ବିଭକ୍ତିର ସରଳରୂପ ଏହି 'ଯେ'କୁ ଦ୍ୱାରା, ଠୁଁ, ର, ରେ ଇତ୍ୟାଦି ଅନ୍ୟାନ୍ୟ ବିଭକ୍ତି ଚିହ୍ନ ସଂଯୁକ୍ତ ହେବା ଦ୍ୱାରା ଏକ ପରିବର୍ତ୍ତିତ କୁଟିଳ ରୂପଧାରଣ କରେ। 'ଯେ'ର ଯେଉଁମାନେ ଯା'କୁ, ଯାହା, ଯାହାର, ଯେଉଁମାନଙ୍କଠାରେ, ଯେମାନଙ୍କୁ, ଯାହା ଦ୍ୱାରା ଇତ୍ୟାଦି ରୂପାନ୍ତରିତ ରୂପକୁ ତିର୍ଯ୍ୟକ ରୂପ ଭାବରେ ଗ୍ରହଣ କରାଯାଏ। ଅନୁରୂପ ଭାବରେ ପ୍ରଥମ ପୁରୁଷ ପ୍ରଥମାବିଭକ୍ତି ଏକବଚନର ମୂଳ ସରଳ / ରଜୁରୂପଟି ହେଉଛି 'ମୁଁ' ଓ ବହୁବଚନ ରୂପଟି ଆମେ / ଆମ୍ଭେ, ଆମକୁ ଇତ୍ୟାଦି ବିଭକ୍ତି, ପ୍ରତ୍ୟୟାନ୍ତ ପଦରୂପ ଧାରଣକରିବାବେଳେ ମୂଳ 'ମୁଁ' ଓ 'ଆମେ' ମୋ, ମୋହ, ମୋତେ, ମତେ, ଆମ ଇତ୍ୟାଦି ତିର୍ଯ୍ୟକ ସ୍ୱରୂପକୁ ଆଶ୍ରୟ କରି ପ୍ରକାଶ ପାଇଥାଏ। ଓଡ଼ିଆ ଭାଷାରେ କେତେକ କୃତ୍ ପ୍ରତ୍ୟୟାନ୍ତ ଓ ତଦ୍ଧିତ ପ୍ରତ୍ୟୟାନ୍ତ ପଦ ପ୍ରତ୍ୟାୟାନୁସାରୀ ଧ୍ୱନିଗତ ବିକାର ଅନୁସାରେ ବିବର୍ତ୍ତିତ ରୂପ

ଗ୍ରହଣ କରିଥାନ୍ତି। ଯଥା- ଐତିହାସିକ, ସାମ୍ରାଜ୍ୟ, ପିପାସା। ମାତ୍ର ସର୍ବନାମ ତିର୍ଯ୍ୟକ ରୂପକରି ଏଗୁଡ଼ିକ ପର୍ଯ୍ୟାପ୍ତ ଓ ମୌଳ ନୁହଁନ୍ତି। ମୁଖ୍ୟତଃ ବାକ୍ୟରେ ଥିବା କର୍ତ୍ତା / ଶ୍ରୋତାର ନାମ ବା ବିଶେଷ୍ୟ ପଦାତ୍ମକ ସତ୍ତା ବିକଳ୍ପରେ ସର୍ବନାମ ବସିଥାଏ।

ବିଶେଷ୍ୟ ପଦର ସରଳ ପ୍ରକୃତିରେ ବିଭକ୍ତି ଲାଗିଲେ ତାହାର ଆକୃତି ପୂର୍ବପରି ରୁହେ। ମାତ୍ର ସର୍ବନାମ ପଦ ବିଶେଷ୍ୟ ବଦଳରେ ବସୁଥିଲେ ମଧ୍ୟ ବିଭକ୍ତିଯୁକ୍ତ ହେବାଦ୍ୱାରା ଆକୃତିରେ ପରିବର୍ତ୍ତିତ ହୋଇଯାଇଥାଏ। ଯଥା –

ବ୍ୟକ୍ତିବାଚକ ବିଶେଷ୍ୟ	**ବିଭକ୍ତିସଂଯୁକ୍ତ ରୂପ**	**ବ୍ୟକ୍ତିବାଚକ ସର୍ବନାମ**	**ବିଭକ୍ତିଯୁକ୍ତ ସର୍ବନାମ**
ମଧୁ	ମଧୁକୁ, ମଧୁପାଇଁ, ମଧୁର, ମଧୁଠାରେ	ସେ	ତାକୁ, ତାହାକୁ, ତା' ପାଇଁ, ତା'ଠାରୁ
ଅବ୍ୟକ୍ତିବାଚକ ବିଶେଷ୍ୟ			
ଗଛ	ଗଛକୁ, ଗଛଦ୍ୱାରା, ଗଛରୁ, ଗଛର, ଗଛରେ	ଗ / ଏହା	ଏହାକୁ, ତାକୁ, ତା' ପାଇଁ, ତା'ର, ଏହାର, ଏହାଠୁଁ

୨. ମୂଳ ବିଶେଷ୍ୟ ଅନୁଯାୟୀ ସର୍ବନାମର ସମାନଲିଙ୍ଗ ଓ ବଚନ ହୋଇଥାଏ।

୩. ଓଡ଼ିଆରେ ପୁଂଲିଙ୍ଗ ଓ ସ୍ତ୍ରୀଲିଙ୍ଗ ସର୍ବନାମର ରୂପଗତ ପାର୍ଥକ୍ୟ ନାହିଁ। ମାତ୍ର କ୍ଲୀବଲିଙ୍ଗରେ ବା ବସ୍ତୁବାଚକ ବିଶେଷ୍ୟରେ ସର୍ବନାମରେ ପାର୍ଥକ୍ୟ ଦେଖାଯାଏ। ଯଥା- ତାହାଙ୍କୁ ଦେଖିଥିଲି। ତାଙ୍କୁ ଦେଖିଥିଲି (ଉଭୟ ସ୍ତ୍ରୀଲିଙ୍ଗ ଓ ପୁଂଲିଙ୍ଗରେ ସମ ରୂପରେ) ବ୍ୟବହୃତ ହୁଏ। କିନ୍ତୁ କ୍ଲୀବଲିଙ୍ଗ ପାଇଁ (ସେଇଟାକୁ, ତାହାକୁ, ତାକୁ, ତା'ଟା) ଦେଖିଥିଲିର ବ୍ୟବହାର ହୁଏ।

୪. ସର୍ବନାମ ଦ୍ୱାରା ବସ୍ତୁକୁ ମାନବୀକରଣ ଓ ମାନବକୁ ବସ୍ତୁକରଣ କରାଯାଇପାରେ। ଯଥା – ଚ୍ୟାର ଟେବୁଲ୍, ସୋଫା, ଖଟମାନେ ବି ଘରର ସଭ୍ୟ। ସେମାନଙ୍କର ବି ଯତ୍ନ ନେବାକୁ ପଡ଼େ। ସାଧାରଣତଃ ବସ୍ତୁବାଚକ ପାଇଁ ସେଗୁଡ଼ିକ / ସେସବୁର ଆଦି ସର୍ବନାମ ଲଗାଯାଇଥାଏ। ଏଠାରେ ବସ୍ତୁବାଚକ ବିଶେଷ୍ୟ ପ୍ରତିବଦଳରେ ବ୍ୟବହୃତ 'ସେମାନଙ୍କର' ସର୍ବନାମ ପଦଟିର ମାନବୀକରଣ ହୋଇଛି। ସେହିପରି 'ହରି ପାତ୍ରଙ୍କ ପିଲାମାନେ' ପାଠଶାଠ ପଢ଼ିଲେ ନାହିଁ। ସେଗୁଡ଼ାକ / ଏଗୁଡ଼ାକ ବାପର ନାଁ ପକାଇଲେ। ଏଠାରେ 'ହରି ପାତ୍ରଙ୍କ ପିଲାମାନେ' ବଦଳରେ ସେଗୁଡ଼ାକ

/ଏଗୁଡ଼ାକ ସର୍ବନାମପଦର ପ୍ରୟୋଗ ହୋଇଛି। ଏ ଉଭୟ ସର୍ବନାମ ବସ୍ତୁବୋଧକ ଏବଂ ବ୍ୟକ୍ତିବାଚକ ବିଶେଷ୍ୟର ଭାବାର୍ଥକୁ ଅନାଦର ହେତୁ ବସ୍ତୁକରଣ ବ୍ୟଞ୍ଜନାଧର୍ମରେ ପ୍ରକାର କରୁଅଛି। ସର୍ବନାମ ବ୍ୟକ୍ତିବାଚକ ବିଶେଷ୍ୟ ପଦର ବିକଳ୍ପାୟନୀ ପଦ ରୂପେ ବସିଥାଏ।

୫. 'ସର୍ବନାମ'ର ପ୍ରୟୋଗ ଦ୍ୱାରା ବାକ୍ୟ ପୌନଃପୁନିକ ପଦ ବ୍ୟବହାର ଦୋଷରୁ ମୁକ୍ତ ହୋଇଥାଏ ଏବଂ ସଂକ୍ଷିପ୍ତ ହୋଇଥାଏ।

୬. ସର୍ବନାମର ଶବ୍ଦରୂପ ମୂଳବିଶେଷ୍ୟ ପଦ ଅନୁରୂପ ହୋଇଥାଏ।

୫.୪.୧ ସର୍ବନାମର ପ୍ରକାର ଭେଦ:

ଓଡ଼ିଆ ଭାଷାରେ ବ୍ୟବହୃତ ସର୍ବନାମଗୁଡ଼ିକୁ ବ୍ୟାବହାରିକ ଓ ଭାବଗତ ସମ୍ବନ୍ଧ ଦିଗରୁ ଦୁଇଭାଗରେ ବିଭକ୍ତ କରାଯାଏ। ଯଥା - ବ୍ୟକ୍ତିବାଚକ ଓ ଅବ୍ୟକ୍ତିବାଚକ ବିଶେଷ୍ୟାନୁସାରେ ଏଗୁଡ଼ିକ ପ୍ରାଣୀ/ଅପ୍ରାଣୀ ଏ ପଦରେ ରୂପ ପାଇଥାଏ।।

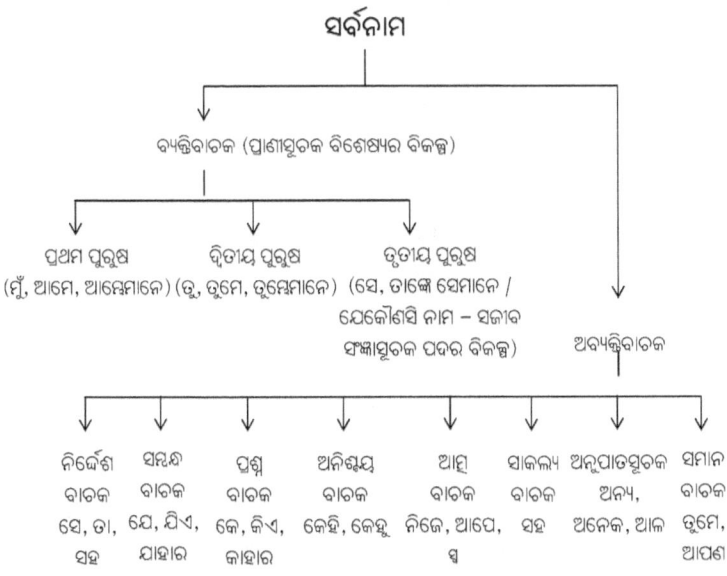

(ଏଗୁଡ଼ିକ ଅପ୍ରାଣୀସୂଚକ ବିଶେଷ୍ୟର ବିକଳ୍ପ)

ପ୍ରଥମ ପୁରୁଷ ସର୍ବନାମ:

ଯେ କହେ ବା ଯେଉଁମାନେ କହନ୍ତି, ସେମାନେ ବକ୍ତା। ବକ୍ତା ବା ବକ୍ତାମାନଙ୍କ ନାମ ପରିବର୍ତ୍ତେ ମୁଁ, ମୁହିଁ, ଆମେ, ଆମ୍ଭେ, ଆମେମାନେ ଇତ୍ୟାଦି

ସର୍ବନାମ ବ୍ୟବହୃତ ହୁଏ। ଏହି ବକ୍ତୃମୂଳକ ବ୍ୟକ୍ତିବାଚକ ସର୍ବନାମଗୁଡ଼ିକୁ 'ପ୍ରଥମପୁରୁଷ ସର୍ବନାମ' ଭାବରେ ଅଭିହିତ କରାଯାଏ।

ଦ୍ୱିତୀୟ ପୁରୁଷ ସର୍ବନାମ:

ବାକ୍ୟରେ ବକ୍ତା ବ୍ୟତୀତ ଅନ୍ୟ ବ୍ୟକ୍ତି ବା ବ୍ୟକ୍ତିମାନେ ଉଦ୍ଦେଶିତ ହେଲେ ସେମାନଙ୍କୁ ଦ୍ୱିତୀୟ ପୁରୁଷ ଭାବରେ ଗ୍ରହଣ କରାଯାଏ। ଯାହାକୁ ବା ଯାହାଙ୍କୁ ବକ୍ତବ୍ୟ କୁହାଯାଏ ତାଙ୍କ ନାମ ପରିବର୍ତ୍ତେ ସର୍ବନାମ ରୂପରେ ତୁ, ତୁମେ, ତୁମ୍ଭେ, ତୁମ୍ଭେମାନେ ଆଦି ବସିଥାଏ।

୫.୪.୨ ତୃତୀୟ ପୁରୁଷ ସର୍ବନାମ:

ଯାହା ବିଷୟ ବା ସମ୍ବନ୍ଧରେ କୁହାଯାଏ ସେ ତୃତୀୟ ପୁରୁଷ ଅଟେ। ତୃତୀୟ ପୁରୁଷ ନାମ ବଦଳରେ 'ସେ' ସର୍ବନାମ ରୂପ ହୁଏ। ଦୂର ନିର୍ଦ୍ଦେଶକ ଓ ସହ ସମ୍ବନ୍ଧବାଚକ ସର୍ବନାମ ଭାବରେ ଏହାକୁ ଗ୍ରହଣ କରାଯାଏ। ଉକ୍ତ ସର୍ବନାମକୁ ଚାରି ଭାଗରେ ବିଭକ୍ତ କରାଯାଇଛି। ଯଥା –

- ବିଶେଷ୍ୟସୂଚକ ତୃତୀୟ ପୁରୁଷ ସର୍ବନାମ: ସୀତା ଯେପରି କଲେ ସେ ସେପରିବି କରିଥାଏ। ଏଠାରେ ସୀତା ବିଶେଷ୍ୟପଦର ପ୍ରାତିନିଧିକ ସର୍ବନାମପଦ ଭାବରେ 'ସେ' ବସିଛି।
- ବିଶେଷଣ ସୂଚକ ତୃତୀୟ ପୁରୁଷ ସର୍ବନାମ: ନରି, ହରି, ବରି, ତିହିହେଁ ମିଛୁଆ। ସେମାନଙ୍କ ପରି ତମେ ମଧ୍ୟ ତାହାଅଟ। ଏଠାରେ 'ମିଛୁଆ' ବିଶେଷଣ ପରିବର୍ତ୍ତେ 'ତାହା' ବିଶେଷଣ ସୂଚକ ସର୍ବନାମ ଭାବରେ ବ୍ୟବହୃତ ହୋଇଛି।
- ଅବ୍ୟୟ ସୂଚକ ସର୍ବନାମ: 'ତୁମେ କାମକଲେ କୁହ, ସମସ୍ତଙ୍କୁ ଏହା ଭଲ ଲାଗିବ।' ଏଠାରେ କାମ ବଦଳରେ 'ଏହା' ସର୍ବନାମର ବ୍ୟବହାର ହୋଇଛି।
- ବାକ୍ୟାର୍ଥ ସୂଚକ ଅବ୍ୟୟ: 'ଗାଁରେ ସେ ଗୋଟିଏ ନାରଦ, ଏହା ସମସ୍ତଙ୍କୁ ଜଣାଅଛି।' ଉକ୍ତ ବାକ୍ୟରେ 'ଏହା' ସର୍ବନାମ ପଦଅଟେ।

୫.୪.୩

ଅବ୍ୟକ୍ତିବାଚକ ସର୍ବନାମ ପଦମୁଖ୍ୟତଃ ଅପ୍ରାଣୀବାଚକ ବିଶେଷ୍ୟର ପ୍ରତିନିଧିତ୍ୱ କରେ। ସ୍ଥାନ, ଭାବ, ସମ୍ବନ୍ଧ, ନିଶ୍ଚିତ, ଅନିଶ୍ଚିତ, ନିର୍ଣ୍ଣୟ, ପ୍ରଶ୍ନ, ନିର୍ଦ୍ଦେଶ, ସମୂହ ଓ ଅବସ୍ଥା ଇତ୍ୟାଦି ଅର୍ଥବୋଧକ ଏବଂ ଅପ୍ରଶିବାଚକ ପଦ କ୍ଷେତ୍ରରେ ଯେଉଁ ସର୍ବନାମଗୁଡ଼ିକ ବିଶେଷ୍ୟ ସୂଚକ ପଦ ବଦଳରେ ବସିଥାଏ ତାକୁ ଅବ୍ୟକ୍ତିବାଚକ

ସର୍ବନାମ କୁହାଯାଏ। କେ, କିଏ, କେଉଁମାନେ, ଏ, ଏହା, ଏଇ, ଯେ, ଯେଉଁ, ଆପେ, ସମସ୍ତେ ଇତ୍ୟାଦି ସର୍ବନାମଗୁଡ଼ିକ ଅବ୍ୟକ୍ତିବାଚକ ସର୍ବନାମ ଭାବରେ ବହୁଳ ପ୍ରଚଳିତ ହୋଇଥାନ୍ତି। ଯଥା –

ଏ ଆମ୍ବଟି ଭଲ ଲାଗିବ, ଏଇଆ ଭାବି ସେ ଆଣିଥିଲେ।

ଏହି କ୍ଷଣି ସେ ଏଇଠି ଥିଲା, ଏଇ ଘଣ୍ଟାଏ ହେବ ସେ କୁଆଡ଼େଗଲା।

ଏ ମାଟିଘର ଆମ ଘର, ଏଇଥିରେ ଚଉରିପୁରୁଷ ରହିଲୁଣି।

ପ୍ରଥମ ବାକ୍ୟରେ ଏ, ଦ୍ୱିତୀୟ ବାକ୍ୟରେ 'ଏହି', ତୃତୀୟ ବାକ୍ୟରେ 'ଏ' ତିନୋଟି ନିକଟ ନିର୍ଦ୍ଦେଶକ ସର୍ବନାମକ ବିଶେଷଣ ପଦ।

୫.୪.୪ ସମ୍ବନ୍ଧବାଚକ ସର୍ବନାମ (ଯେ / ଯହିଁ):

ବାକ୍ୟରେ ଅର୍ଥପ୍ରକାଶ ନିମନ୍ତେ କେତେକ ସର୍ବନାମ ପଦ ପରସ୍ପରକୁ ଅପେକ୍ଷା କରିଥାନ୍ତି। ଗୋଟିଏ ବ୍ୟତୀତ ଅନ୍ୟଟି ଭାବାର୍ଥ ପ୍ରତିପାଦନରେ ଅସମର୍ଥ ହୋଇଥାଏ। ଗୋଟିଏ ବାକ୍ୟରେ ଏକାଧିକ ସର୍ବନାମ ସାପେକ୍ଷିକ ସମ୍ବନ୍ଧ ରଖି ଅର୍ଥ ପ୍ରକାଶ କଲେ ତାହାକୁ ସମ୍ବନ୍ଧ ବାଚକ ପଦ କୁହାଯାଏ।

ଯାହାର-ତାହାର, ଯେ-ଯେପରି, ସେ-ସେପରି, ଯେଉଁମାନେ-ସେଇମାନେ, ଯାହା-ତାହା, ଯାହାକୁ-ତାହାକୁ, ଯାହାର-ତାହାର, ଯହିଁ-ତହିଁ ଇତ୍ୟାଦି ସମ୍ବନ୍ଧିତ ସର୍ବନାମ ଅଟନ୍ତି। ସଂସ୍କୃତ 'ଯଦ୍' ଶବ୍ଦରୂପ ଅନୁସାରେ ଓଡ଼ିଆରେ ଯେ, ଯେପରି, ଯେଉଁ, ଯଉଁ, ଯା, ଯାହା, ଯୋ ଇତ୍ୟାଦି ସମ୍ବନ୍ଧସୂଚକ ସର୍ବନାମ ପଦ ବ୍ୟବହୃତ ହୋଇଥାଏ। ଏହି 'ଯ'କୁ 'ଯେ' କର୍ତ୍ତୃକ ସର୍ବନାମଗୁଡ଼ିକ ମୂଳପଦ ଭାବରେ ଅନ୍ୟସର୍ବନାମକୁ ସମ୍ବନ୍ଧିତ କରି ଅର୍ଥନିଷ୍ପାଦକ ହୋଇଥାନ୍ତି। ଏ ସର୍ବନାମଗୁଡ଼ିକ ଉଭୟ ବସ୍ତୁବାଚକ ଓ ବ୍ୟକ୍ତିବାଚକ ହୋଇ ବ୍ୟବହୃତ ହୋଇଥାନ୍ତି। ଯଥା –

- ଯେମିତି ଠାକୁରଙ୍କୁ ସେମିତି ପୂଜା।
- ଯା'ମନ ଯେଡେ, ତା'ପ୍ରଭୁ ସେଡେ ଇତ୍ୟାଦି।

୫.୪.୫ ପ୍ରଶ୍ନବାଚକ ବା ଅନିଶ୍ଚୟବାଚୀ ସର୍ବନାମ:

ଅନିଶ୍ଚିତ ମନୋଭାବରୁ 'ପ୍ରଶ୍ନ'ର ସୃଷ୍ଟିହୁଏ। ପ୍ରଶ୍ନ କୌଣସି ବିଷୟ, ବ୍ୟକ୍ତି, ବସ୍ତୁ ବା ସମ୍ବନ୍ଧ ପାଇଁ ଆଗତ କରାଯାଏ। ପ୍ରଶ୍ନ ଅନିଶ୍ଚୟ ବା ଆଶଙ୍କାମୂଳକ ବା ଜିଜ୍ଞାସାଭିତ୍ତିକ ଉତ୍ତରର ଅପେକ୍ଷା ରଖେ। ପ୍ରାକ୍ ଆବଶ୍ୟକତାକୁ ଓ ଇପ୍‌ସିତ ଉତ୍ତରକୁ ଲୋଡ଼ିଥାଏ ଓ ସମାଧାନର ବିଜ୍ଞପ୍ତି କାରକ ହୁଏ, ଏହି ମର୍ମରେ କି, କ'ଣ, କାହାକୁ, କାହିଁକି ଇତ୍ୟାଦି ପ୍ରଶ୍ନ ସୂଚକପଦ ମାଧ୍ୟମରେ ବାକ୍ୟରେ ଅନ୍ୟପଦର ଅର୍ଥ ଅନିଶ୍ଚୟ ଓ ଅନିଶ୍ଚୟରୁ ନିଶ୍ଚୟ ଅବସ୍ଥାକୁ ଆସିଥାଏ। ଏସବୁ ସର୍ବନାମ ଦ୍ୱାରା ପ୍ରଶ୍ନ ନିର୍ଦ୍ଦିଷ୍ଟ ହୁଏ ଓ ଜଣା ଯାଇଥାଏ।

ସୁତରାଂ କ'ଣ, କିଏ, କାହାକୁ, କେଉଁ, କିପରି, କାହିଁକି ଇତ୍ୟାଦି ପଦଗୁଡ଼ିକ ଯେତେବେଳେ ବାକ୍ୟରେ ଅନ୍ୟପଦ ନିମନ୍ତେ ଜିଜ୍ଞାସାକାରକ ହୋଇ ବ୍ୟବହୃତ ହୁଅନ୍ତି, ସେହି ପଦଗୁଡ଼ିକୁ ସେତେବେଳେ ପ୍ରଶ୍ନବାଚକ ବା ଅନିଶ୍ଚୟବାଚକ ସର୍ବନାମ କୁହାଯାଏ। ଯଥା –

କିଏ ପିଲାମାନଙ୍କୁ ମାଡଦେଲା ? – 'ସାର୍'

ପିଲାମାନେ କାହିଁକି କାନ୍ଦିଲେ ଇତ୍ୟାଦି ? ମାଡ଼ଖାଇବାରୁ

ପ୍ରଥମ ଉଦାହରଣରେ 'କିଏ' ପ୍ରଶ୍ନବାଚକ ସର୍ବନାମଟି 'ସାର୍'ଙ୍କ ପାଇଁ ବ୍ୟବହୃତ ହୋଇଛି। ଦ୍ୱିତୀୟ ଦୃଷ୍ଟାନ୍ତରେ ପ୍ରଶ୍ନବାଚକ ସର୍ବନାମ 'କାହିଁକି'ର ବ୍ୟାକରଣର ଦୁଇଟି ଦିଗ 'ବିଶେଷ୍ୟ ଓ ସର୍ବନାମ' ପଦକୁ ଉତ୍ତର ଅର୍ଥରେ ଅପେକ୍ଷା କରୁଛି।

୫.୪.୬ ଆତ୍ମବାଚକ / ଅର୍ଥକ ସର୍ବନାମ (ଆପେ / ଆପଣା / ନିଜେ / ଛାଏଁ):

ବକ୍ତା ବାକ୍ୟରେ ଆପଣାର ମୂଲ୍ୟ ଆପେ ନିର୍ଦ୍ଧାରଣ କରିବା ନିମନ୍ତେ ବ୍ୟବହାର କରୁଥିବା ଆପେ / ଆପଣା / ନିଜେ / ଛାଏଁ / ସ୍ୱୟଂ ଇତ୍ୟାଦି ସର୍ବନାମଗୁଡ଼ିକୁ 'ସ୍ୱବାଚକ' ବା 'ଆତ୍ମବାଚକ' ସର୍ବନାମ ଭାବରେ ଗ୍ରହଣ କରାଯାଇଥାଏ। ବକ୍ତା ବା ବ୍ୟକ୍ତିବିଶେଷ ପ୍ରଥମ ପୁରୁଷ ଭାବରେ ନିଜ ପରିବର୍ତ୍ତେ ବା ଦ୍ୱିତୀୟ / ତୃତୀୟ ପୁରୁଷର ପରିବର୍ତ୍ତେ ଏପ୍ରକାର ଆତ୍ମବାଚକ ସର୍ବନାମ ବ୍ୟବହାର କରିଥାଏ। ସ୍ୱଅର୍ଥକ ସର୍ବନାମ ବ୍ୟବହାର ଆପେ / ଆପଣାକୁ / ଆପଣ ଦ୍ୱାରା / ଆପଣାଦେହି / ଆପଣାରୁ / ନିଜେ / ନିଜକୁ / ନିଜଦ୍ୱାରା / ନିଜପାଇଁ / ଛାଁ / ଛାଏଁ / ଛାଁରେ ଇତ୍ୟାଦି ରୂପରେ କରାଯାଇଥାଏ। ଏପ୍ରକାର ସର୍ବନାମ ବ୍ୟବହାରରେ ବକ୍ତା ନିଜ ଉପରେ ବା ଆତ୍ମମୂଲ୍ୟ ପ୍ରକାଶକ ବିଶେଷ୍ୟ ବା ଅନ୍ୟପଦ ଉପରେ ଗୁରୁତ୍ୱ ଦେଇଥିବାରୁ ଏହାକୁ ଗୁରୁତ୍ୱାରୋପକ ସର୍ବନାମ କୁହାଯାଏ। ଯଥା –

(୧) ହରି ନିଜ ଦୋଷ <u>ନିଜେ</u> ମାନିଛି।

(୨) <u>ଆମର</u> କାମ ଆମେ କରିବୁ।

(୩) <u>ଆପଣା</u> ମହତ <u>ଆପେ</u> ରଖିବାକୁ ପଡ଼ିବ।

(୪) <u>ଆପଣା</u>କୁ ଆପେ ବିଚାର

(୫) <u>ନିଜେ ନିଜେ</u> ଯାଅ।

ମାନ୍ୟାର୍ଥରେ 'ଆପଣ' ସର୍ବନାମ ପଦଟି ସଂସ୍କୃତ 'ଭବାନ୍' ଅନୁସାରେ ବ୍ୟବହୃତ ହୋଇଥାଏ ଆପେ / ଆପଣ / ଅପାଣା ସର୍ବନାମ ତ୍ରୟ ଯଥାକ୍ରମେ ସଂସ୍କୃତଶବ୍ଦ ଆତ୍ମନ୍ / ଆତ୍ମନଂ / ଆତ୍ମନଃରୁ ଉତ୍ପନ୍ନ ହେଉଛି। ଯଥା –

ଆତ୍ମନ୍ / ଆତ୍ମା > ଅପ୍ପ > ଆପ + ଏ = ଆପେ (ପ୍ରଥମା ବିଭକ୍ତି)

ଆତ୍ମାନଂ > ଅପ୍‌ପଉ > ଅପ୍‌ପ > ଆପ + ଏ = ଆପେ।

ଆତ୍ମା > ଅପ୍‌ପଣା > ଆପଣା। ଯଥା – ବରିଷ୍ଠ ସମ୍ମାନସ୍ପଦ ବ୍ୟକ୍ତିଙ୍କ ନିମନ୍ତେ 'ଆପଣ' ଶବ୍ଦଟିର ପ୍ରୟୋଗ ହୋଇଥାଏ। ଯଥା – 'ଆପଣଙ୍କର କ'ଣ କ୍ଷତି ହେଉଛି' ଇତ୍ୟାଦି।

୫.୪.୭ ସଂଖ୍ୟାବାଚକ ସର୍ବନାମ:

ପ୍ରାକୃତ ଭାଷା ଅନୁସାରେ ଓଡ଼ିଆର ଦୁଇ / ତିନି / ଚାରି ସଂଖ୍ୟାରେ ବିଭକ୍ତି ଯୋଗ କରାଯାଇ ସର୍ବନାମ ପଦ ଭାବରେ ବ୍ୟବହାର କରାଯାଏ। ସଂସ୍କୃତ ଦ୍ୱୌ / ତ୍ରେ / ଚୈ / ପ୍ରାକୃତରେ ଦୋହିଂ / ଦୋହିଁ, ତୀଶହିଁ / ତୀଣହିଁ / ତାରହିଁ ଭାବରେ ବ୍ୟବହୃତ ହୋଇଥାଏ। ଏହାହିଁ / ତୀଶହିଁ / ତାହହିଁ ଓଡ଼ିଆରେ ଏ ସଂଯୁକ୍ତ ହୋଇ ଧ୍ୱନି ଭିନ୍ନାକୃତି ହୋଇ ଦୁହେଁ / ତିନିହେଁ / ଚାରିହେଁ ଭାବରେ ପ୍ରଚଳିତ ହେଉଛି। ଯଥା –

ରୀତା, ଗୀତା ଓ ହରି – ତିନିହେଁ ବିଦ୍ୟାଳୟକୁ ବାହାରିଗଲେ। ତିନିଙ୍କଠାରେ ଗାଁର ସମସ୍ତଙ୍କ ଆଖି ଲାଖି ରହିଥାଏ।

ରାମ ଶ୍ୟାମ, ଦୁହେଁ ଦୁହିଁଙ୍କି ନଚି।

ଓଡ଼ିଆ ଭାଷାରେ ବେନିଏଁ / ଉଭୟ / ଅନେକ / ପ୍ରତ୍ୟେକ ଆଦିକୁ ଗଣନାବାଚକ ସର୍ବନାମ ଭାବରେ ବ୍ୟବହାର କରାଯାଏ।

ଯଥା – ବେନିଏଁ ସମଦଶାରେ ପଡ଼ିଛନ୍ତି।

ଆମେରିକା ଓ ଇଂଲଣ୍ଡ, ଉଭୟଙ୍କ ଚିନ୍ତାଧାରା ସ୍ୱତନ୍ତ୍ର।

ଏତଦ୍‌ବ୍ୟତୀତ ଓଡ଼ିଆ ଭାଷାରେ ଓଗେର, ଏହା, କାହା, ତାହା, ମୋ, ତୋ, ଏଥି, ଅଧିକାଂଶ ଇତ୍ୟାଦିକୁ ବିଶେଷ୍ୟପଦର ବିକଳ୍ପପଦ ବା ସର୍ବନାମ ପଦ ଭାବରେ ଗ୍ରହଣ କରାଯାଏ।

୫.୪.୮ ସର୍ବନାମ, ବିଶେଷ୍ୟ ଓ ବିଭକ୍ତିମୂଳକ ସର୍ବନାମ ରୂପ:

ସାଧାରଣତଃ ସର୍ବ ଅର୍ଥାତ୍ ସବୁପ୍ରକାରର ବିଶେଷ୍ୟ ପଦ ସ୍ଥାନରେ ପୁନରୁଲ୍ଲେଖର ଆବଶ୍ୟକତା ଅନୁସାରେ ବିଶେଷ୍ୟ ବା ନାମବାଚକ ପଦର ବିକଳ୍ପ ଭାବରେ ଯେଉଁ ପଦ ବାକ୍ୟରେ ବ୍ୟବହୃତ ହୁଏ ତାହାକୁ ସର୍ବନାମ କୁହାଯାଏ। ସୁତରାଂ ବ୍ୟକ୍ତିବାଚକ, ବସ୍ତୁବାଚକ, ଜାତିବାଚକ, ଉଦ୍ଦେଶ୍ୟବାଚ. ପ୍ରଶ୍ନବାଚକ ଆଦି ବିଶେଷ୍ୟର ବିକଳ୍ପରୂପ ହେଉଛି ସର୍ବନାମ। ସାଧାରଣତଃ ବିଶେଷ୍ୟଗୁଡ଼ିକ ଏକରୂପାତ୍ମକ ଅଟନ୍ତି। ମାତ୍ର ସର୍ବନାମଗୁଡ଼ିକ ଏକରୂପାତ୍ମକ ହେବା ସଙ୍ଗେ ସଙ୍ଗେ ବହୁଳ ଭାବରେ ଦ୍ୱି-ରୂପ-ବିଶେଷ୍ୟ ବିକଳ୍ପ ହୋଇ ବ୍ୟବହୃତ ହୋଇଥାଏ। ଯଥା– ଏଇଟା ବିଜ୍ଞାନ ବହି। ଏଇଟା କୋଡ଼ିଏ ଟଙ୍କା ପଡ଼ିଲା। ଏହା ଏକରୂପାତ୍ମକ ସର୍ବନାମ ଅଟେ।

ସେଇଟି ମୋର ଚୁଡ଼ି । ତା'ର ଦାମ ଦୁଇଲକ୍ଷ ଟଙ୍କା । (ଦ୍ୱିରୂପାତ୍ମକ ସର୍ବନାମ)

ଦ୍ୱିରୂପାତ୍ମକ ସର୍ବନାମ ମଧ୍ୟରୁ ପ୍ରଥମଟି କେବଳ ପ୍ରଥମା ବିଭକ୍ତି ରୂପ ଗ୍ରହଣ କରିଥାଏ । ଅନ୍ୟରୂପଟି ଅନ୍ୟ ବିଭକ୍ତିରୂପ ଗ୍ରହଣ କରି ବାକ୍ୟରେ ବ୍ୟବହୃତ ହୋଇଥାଏ । ସାଧାରଣତଃ ସର୍ବନାମର ଦ୍ୱିତୀୟ ରୂପଟି ବା ଅନ୍ୟ ବିଭକ୍ତି ସୂଚକ ରୂପଟି ସମ୍ବନ୍ଧପଦ (ର / ଙ୍କ / ଙ୍କର) ମାଧ୍ୟମରେ ପ୍ରକାଶ ପାଇଥାଏ । ଯଥା –

ଏଇଟି ଆମର ପଢ଼ିବା ଘର ଅଟେ ।

ରାମବାବୁଙ୍କର ରୋଷେଇ ଘରଟି ଖୁବ୍‌ବଡ଼ ।

ତାଙ୍କ ଭଳି ଲୋକ ଆଉ କେହି ନାହାନ୍ତି ।

ସୁତରାଂ 'ସର୍ବନାମ' ପଦଟି ବିଶେଷ୍ୟ ପଦର ପ୍ରତିଶବ୍ଦ ଅଟେ ଓ ବିକଳ୍ପ ସୂତ୍ରରେ ବ୍ୟବହୃତ ହୁଏ । ଓଡ଼ିଆ ବିଶେଷ୍ୟ ପଦ ସର୍ବଦା ପ୍ରତ୍ୟକ୍ଷ ରୂପରେ ପ୍ରକାଶପାଏ ଏବଂ ସର୍ବନାମର ତିର୍ଯ୍ୟକ ରୂପଥାଏ । ବାକ୍ୟରେ ବିଶେଷ୍ୟଗୁଡ଼ିକ ଏକ ଆକାର ବିଶିଷ୍ଟ ହୋଇ ବ୍ୟବହୃତ ହୋଇଥାଏ ମାତ୍ର ବିଶେଷ୍ୟର ବିକଳ୍ପ ପଦ ସର୍ବନାମ ଦ୍ୱି-ଆକାର ବିଶିଷ୍ଟ ହୋଇ ବ୍ୟବହୃତ ହୋଇଥାଏ । ଏବେ ସର୍ବନାମ ଓ ବିଶେଷ୍ୟ ପଦ ମଧ୍ୟରେ ଥିବା ସମ୍ବନ୍ଧକୁ ନିମ୍ନମତେ ବିଚାର କରାଯାଉଅଛି ।

- ମୂଳ ବିଶେଷ୍ୟ ପଦର ଏକ କ୍ଷୁଦ୍ର ଉପଶ୍ରେଣୀ ବା ବିକଳ୍ପ ରୂପ ହେଉଛି 'ସର୍ବନାମ' ।
- ବିଶେଷ୍ୟର ପ୍ରତିନିଧିତ୍ୱ କରୁଥିବାରୁ ଏହା ବିଶେଷ୍ୟ ପଦର ବିଭକ୍ତିକୁ ଧାରଣ କରେ । ବିଶେଷ୍ୟ ପରି ବିଭକ୍ତି ଗ୍ରହଣ କରେ । ଯଥା- ଆମେମାନେ / ତୁମଠାରୁ / ତାହାପାଇଁ / ଏଇଟିର / ସେଇଟାକୁ... ଇତ୍ୟାଦି ।
- ବ୍ୟକ୍ତିବାଚକ ସର୍ବନାମ ଦ୍ୱି-ମୂଳ ବିକଳ୍ପୀ ବିଶେଷ୍ୟ ଧର୍ମର । ପ୍ରଥମ ରୂପଟି ପ୍ରଥମା ବିଭକ୍ତିର ଓ ଅନ୍ୟଗୁଡ଼ିକ ଷଷ୍ଠ ବିଭକ୍ତିମୂଳକ । ଯଥା-

ବିଶେଷ୍ୟ	ପ୍ରଥମା ବିଭକ୍ତି	ଅନ୍ୟ ବିଭକ୍ତିର ମୂଳରୂପ
ରାମ/ସନା/ରାଧୁ...	ମୁଁ	ମୋ
	ତୁ	ତୁମ, ତୋ
	ସେ	ସିଏ, ସେ
	ଇଏ	ୟା
	ଏ	ଇଏ
	ତୁମେ	ତୁମର

■ ସର୍ବନାମ ମୂଳ ବିଶେଷ୍ୟର ବିଭକ୍ତି ଚିହ୍ନଗୁଡ଼ିକୁ ଓ ସୂଚକଗୁଡ଼ିକୁ ଅବିକଳ ଗ୍ରହଣ କ ରେ। ଯଥା-

ରାମଟା	ମୋ'ଟା, ତୋ'ଟା, ତାଙ୍କଟା, ତା'ଟା, ସେଇଟା, ଏଇଟା, ତୁମଟା (ଟା-ସୂଚକ)
ବାଳକଟି	ସେଇଟି, ଏଇଟି, ତୁମଟି, ତାଙ୍କଟି, ତା'ଟି (ଟି-ସୂଚକ)
ସନାପାଇଁ	ତା'ପାଇଁ, ମୋପାଇଁ, ଆଙ୍କପାଇ
ନଈଠାରେ / ନଈରେ	ଏଠାରେ, ତାହାରେ, ଆପଣାରେ, ମୋଠାରେ, ତୋଠାରେ, ସେମାନଙ୍କଠାରେ

■ ଓଡ଼ିଆ ଭାଷାରେ ପ୍ରାଣୀଅପ୍ରାଣୀ ବିଶେଷ୍ୟ ପଦ ପାଇଁ ବିକଳ୍ପରେ ନିମ୍ନମତେ ପ୍ରଶ୍ନସୂଚକ ସର୍ବନାମ ପ୍ରଚଳିତ ହୁଏ।[୧୧] ଯଥା –
ସଜୀବ ବିଶେଷ୍ୟ ପାଇଁ – କିଏ / କାହା / କେତେ
ନିର୍ଜୀବ ବିଶେଷ୍ୟ ପାଇଁ – କ'ଣ / କେତେ
ଉଭୟ ସଜୀବନ ନିର୍ଜୀବ ପାଇଁ କେଉଁ / ଯେଉଁ / କେଉଁମାନେ / ଯେଉଁମାନେ / କେଉଁଗୁଡ଼ିକ / କେଉଁଗୁଡ଼ାକ ଇତ୍ୟାଦି

୫.୫ ଅବ୍ୟୟପଦ:

ଯେଉଁ ଶବ୍ଦଗୁଡ଼ିକର ରୂପ ବିଭକ୍ତି ଓ ଲିଙ୍ଗର ନିୟମାନୁସାରେ ପରିବର୍ତ୍ତିତ ହୁଏ ନାହିଁ ଅର୍ଥାତ୍ ସମସ୍ତ ବିଭକ୍ତି ଓ ଉଭୟ ଲିଙ୍ଗରେ ସମାନ ରହେ, ସେଗୁଡ଼ିକର ନାମ ଅବ୍ୟୟ।[୧୨] ସଂସ୍କୃତ ଭାଷା ପରି ଓଡ଼ିଆ ଭାଷାରେ ମଧ୍ୟ ଅବ୍ୟୟ ଅସଂଖ୍ୟ ଅଟନ୍ତି। ସଂସ୍କୃତରେ ଅବ୍ୟୟମାନଙ୍କ ମଧ୍ୟରୁ କେତେକ ଏକାର୍ଥ ପ୍ରତିପାଦକ ଏବଂ କେତେକ ନାନାର୍ଥ ପ୍ରତିପାଦକ ଅଟନ୍ତି। ଓଡ଼ିଆ ଅବ୍ୟୟର ପ୍ରୟୋଗ କ୍ଷେତ୍ରରେ ମଧ୍ୟ ତାହାହିଁ ପରିଲକ୍ଷିତ ହୋଇଥାଏ। ବ୍ୟବହାରିକ ବୈଚିତ୍ର୍ୟ ଦୃଷ୍ଟିରୁ ଓଡ଼ିଆ ଅବ୍ୟୟଗୁଡ଼ିକ ବିଭିନ୍ନ ଶ୍ରେଣୀର ଅଟନ୍ତି।

ଯେଉଁ ଅବ୍ୟୟଗୁଡ଼ିକ ଏକପଦ ସଙ୍ଗରେ ଅନ୍ୟ ବିଶେଷ୍ୟାଶ୍ରିତ ପଦକୁ ବା ଏକବାକ୍ୟ ସହିତ ଅନ୍ୟବାକ୍ୟକୁ ସଂଯୋଗ କରନ୍ତି, ସେଗୁଡ଼ିକୁ ସଂଯୋଜକ ଅବ୍ୟୟ କୁହନ୍ତି।[୧୩] ଗୀତା ଓ ରୀତା। ଏ ସ୍ଥଳରେ ଏକପଦକୁ ଅନ୍ୟପଦ ସଙ୍ଗେ ଯୋଗ କରିବାରୁ 'ଓ' ଶବ୍ଦ ସଂଯୋଜକ ଅବ୍ୟୟ ଅଟେ। 'ଓ' ବ୍ୟତୀତ ଏବଂ ପୁଣି, ଆହୁରି, ଯେ, ବି, ସୁଦ୍ଧା ଇତ୍ୟାଦି ସଂଯୋଜକ ଅବ୍ୟୟ ଅଟନ୍ତି।

୨) ବିଯୋଜକ ଅବ୍ୟୟ:

ଯେଉଁ ଅବ୍ୟୟ ପୂର୍ବବର୍ତ୍ତୀ ପଦ ବା ବାକ୍ୟରୁ ପରବର୍ତ୍ତୀ ପଦ ବା ବାକ୍ୟକୁ

ପୃଥକ କରେ ତାହାକୁ ବିଯୋଜକ ଅବ୍ୟୟ କୁହନ୍ତି।[୧୪] ଯଥା - ନା, ନାହିଁ, ନୁହେଁ, ନହେଲେ, କିବା, ଅବା, କି ଇତ୍ୟାଦି ବିଯୋଜକ ଅବ୍ୟୟ ଅଟନ୍ତି।

୩) ତୁଲ୍ୟାର୍ଥବୋଧକ ଅବ୍ୟୟ:

ଯାହାଦ୍ୱାରା ତୁଳନା କରାଯାଏ, ତାକୁ ତୁଲ୍ୟାର୍ଥବୋଧକ ଅବ୍ୟୟ କୁହାଯାଏ। ଯଥା – ଏମନ୍ତ, ଯେମନ୍ତ, ତେମନ୍ତ, କେମନ୍ତ, ଯିମିତି, ସିମିତି, ଯେସନ, ତେସନ, କେସନ, ଯେହ୍ନେ, ତେହ୍ନେ, ପରି, ଏପରି, ସର, ଇତ୍ୟାଦି ତୁଲ୍ୟାର୍ଥ ଅବ୍ୟୟ ପଦଗୁଡ଼ିକ ତୁଳନାତ୍ମକ ଭାବ ପ୍ରକାଶ ନିମନ୍ତେ ବ୍ୟବହୃତ ହୋଇଥାନ୍ତି।

୪) ବିଭକ୍ତ୍ୟାର୍ଥକ ଅବ୍ୟୟ:

ଯେଉଁ ଅବ୍ୟୟମାନଙ୍କ ଦ୍ୱାରା ଦ୍ୱିତୀୟାଦି ଯେକୌଣସି ବିଭକ୍ତିର ଅର୍ଥ ପ୍ରକାଶପାଏ ସେଗୁଡ଼ିକୁ ବିଭକ୍ତି ପ୍ରତିରୂପକ ଅବ୍ୟୟ କୁହାଯାଏ। ଯଥା – ବିନୁ, (ନିମନ୍ତେ, ନିମିତ୍ତ), ଲାଗି, ପାଇଁ, ଏଥ, ଏଥୁ, ଘେନି ଇତ୍ୟାଦି ବିଭକ୍ତ୍ୟାର୍ଥକ ଅବ୍ୟୟ ଅଟନ୍ତି।

୫) ପ୍ରଶ୍ନ, ସମ୍ଭାବନା ଓ ନିଶ୍ଚୟାର୍ଥକ ଅବ୍ୟୟ:

କିସ, କ'ଣ, କଅଣ, କି, ନା, କିନା ଓ ନିକି ଅବ୍ୟୟ ବିଶେଷତଃ ପ୍ରଶ୍ନାର୍ଥଦ୍ୟୋତକ ଥିବାରୁ ଏଗୁଡ଼ିକୁ ପ୍ରଶ୍ନାର୍ଥକ ଅବ୍ୟୟ କହିବା ଉଚିତ।

୬) 'ଆହା'- ସଂସ୍କୃତର ଅଦ୍ଭୁତ ଓ ଖେଦାଦି ଅର୍ଥବୋଧକ 'ଅହହ' ଅବ୍ୟୟ ଏହାର ପ୍ରକୃତି। ଯଥା - ଆହା କେଡେ ସୁନ୍ଦର ସକାଳ – ଏଠାରେ 'ଆହା' ଅଦ୍ଭୁତ ଅର୍ଥକୁ ପ୍ରକାଶ କରୁଛି।

୭) 'ଓ' – ସଂସ୍କୃତରେ ଓଂ ଅବ୍ୟୟ ପ୍ରଥମେ ପ୍ରାକୃତରେ 'ଓ' ହୋଇ ପରେ ଓଡ଼ିଆରେ ପ୍ରବେଶକରି ମୂଳ ପ୍ରକୃତିର ଅର୍ଥାନୁସାରେ ବହୁପ୍ରକାର ଅର୍ଥ ସୃଷ୍ଟିକରୁଛି।

୮) ତୁନି, ତୁହ୍ନି – ସଂସ୍କୃତର ତୂଷ୍ଣୀ ଅବ୍ୟୟ ପ୍ରାକୃତରେ ତୁହଣି ଓ ତୁଣ୍ହି ହୋଇଛି। ଏହି ପ୍ରାକୃତରୂପର ଅନୁକରଣରେ ଓଡ଼ିଆରେ ତୁନି ଓ ତୁହ୍ନି ଶବ୍ଦର ସୃଷ୍ଟି ହୋଇଛି। ପ୍ରାକୃତରେ ତୁଣହି ଓ ତୁହ୍‌ଣି ଏପରି ଦ୍ୱିରୂପ ହୁଏ ବୋଲି ଓଡ଼ିଆରେ ତୁନି ଓ ତୁହ୍ନି ହୋଇଛି।

ତୁଣ୍ହି = ତୁନି (ଏଠାରେ ଅନ୍ତ୍ୟହକାରର ଲୋପ ଘଟିଛି)

୯) 'ବୋଲି' – 'ଘେନି' ଅବ୍ୟୟର ଅନୁକ୍ରମରେ 'ବୋଲି' ଅବ୍ୟୟଟି (ପ୍ରାକୃତଧାତୁ) 'ବୋଲ୍‌' ଧାତୁର ଅସମାପିକା କ୍ରିୟାରୂପ ମାତ୍ର। କିନ୍ତୁ ତାହା ଅବ୍ୟୟପଦ ବାଚ୍ୟ।

୧୦) ନିଷେଧାର୍ଥକ ଅବ୍ୟୟ:

ବାକ୍ୟରେ ନିଷେଧାର୍ଥକ ଚିନ୍ତାଧାରା ପ୍ରକାଶିତ ହେଲେ ତାକୁ ନିଷେଧାର୍ଥକ ଅବ୍ୟୟ କୁହାଯାଏ।[୧୫] ଯଥା - ନ, ନା, ନି, ଅଣ, ନାଇଁ, ନଚେତ୍ ଇତ୍ୟାଦି।

୧୧) ସମ୍ମତିସୂଚକ ଅବ୍ୟୟ:

ଯେଉଁ ଅବ୍ୟୟ ଦ୍ୱାରା ବକ୍ତାର ସହମତି ଭାବ ପ୍ରକାଶ ପାଇଥାଏ ତାହାକୁ ସମ୍ମତି ସୂଚକ ଅବ୍ୟୟ କୁହାଯାଏ। ଯଥା – ହଁ, ହଉ, ଆଜ୍ଞା, ଅବଧାନ, ଅବଶ୍ୟ, ନିଶ୍ଚୟ, ସିନା, ହେଲା ଇତ୍ୟାଦି।

୧୨) ବୃତ୍ତି ବା ଭାବସୂଚକ ଅବ୍ୟୟ:

ଯେଉଁ ଅବ୍ୟୟ ଶବ୍ଦର ପ୍ରୟୋଗରେ ଆନନ୍ଦ, ବିଷାଦ, ବିରକ୍ତି, ଘୃଣା, ନିବତା ଶିଷ୍ଟତା, ପ୍ରଶଂସା, ନିନ୍ଦା ଇତ୍ୟାଦି ମାନସିକ ବୃତ୍ତି ବା ଭାବ ପ୍ରକାଶପାଏ ତାହାକୁ ବୃତ୍ତିସୂଚକ ବା ଭାବବାଚକ ଅବ୍ୟୟ ଭାବରେ ଗ୍ରହଣ କରାଯାଏ। ଆସ୍ତିବାଚକ ଓ ସମ୍ମତିସୂଚକ ମନୋଭାବ ପାଇଁ ଓ, ହଁ, ହଉ, ଆଚ୍ଛା, ଓଲୋ, ହାଁ ଇତ୍ୟାଦି ବ୍ୟବହୃତ ହେଉଥିବାବେଳେ ଓଃ, ଆଃ, ଆହେ, ଆହୋ, ଆରେ ଇତ୍ୟାଦି ଅବ୍ୟାୟ ଖେଦ ଓ ବିସ୍ମୟ ସୂଚକ ଭାବ ପ୍ରକାଶ ନିମନ୍ତେ ପ୍ରୟୋଗ ହୋଇଥାଏ।

୧୩) ସର୍ଗାତ୍ମକ ଅବ୍ୟୟ:

ଅନୁସର୍ଗ ଓ ପରସର୍ଗର ଗଠନଧର୍ମ ଓ ଅର୍ଥବିଶେଷକୁ ଆଧାର କରି ଓଡ଼ିଆ ଭାଷାରେ କେତେକ ଅବ୍ୟୟ ସଂସ୍କୃତ ଓ ପ୍ରାକୃତ ଭାଷା ଅନୁସାରେ ପ୍ରଚଳିତ ହୋଇଥାନ୍ତି। ଏପ୍ରକାର ପୂର୍ବ ପ୍ରତ୍ୟୟ ଓ ପର ପ୍ରତ୍ୟୟ ବିଶିଷ୍ଟ ଅବ୍ୟୟକୁ ଅନୁସର୍ଗାତ୍ମକ ଅବ୍ୟୟ ଭାବରେ ବିବେଚନା କରାଯାଇପାରେ।[୧୬] ଯଥା - ଅତ୍ର+ତସ୍ = ଅତ୍ରତଃ, ଫଳ+ତସ୍ = ଫଳତଃ, କୁପ୍ର+ଅପି = କୁପ୍ରାପି, ଅତ୍ର+ଅପି = ଅତ୍ରାପି। ଏତଦ୍‌ବ୍ୟତୀତ ବିନୁ, ବିନା, ସହ, ଛଡ଼ା, ପ୍ରତି, ଭିତରେ, ମଧ୍ୟରେ ସୁଦ୍ଧା ଓ ବ୍ୟତୀତ ଆଦି ପରସର୍ଗାତ୍ମକ ଅବ୍ୟୟ ଓଡ଼ିଆ ଭାଷାରେ ବିଶେଷତଃ ବ୍ୟବହୃତ ହୋଇଥାନ୍ତି।

୧୪) ପଦ ବିକାରୀ ଅବ୍ୟୟ:

ଓଡ଼ିଆ ଭାଷାରେ ବକ୍ତବ୍ୟକୁ ଆକର୍ଷଣୀୟ ଓ ଶାବ୍ଦିକ ସମ୍ବନ୍ଧରେ ଅନୁରଣିତ କରିବାପାଇଁ କେତେକ ପଦ ବିକୃତ ଆକାରରେ ମୂଳପଦ ସହିତ ଯୁକ୍ତ ହୋଇ ସେହି ରଜୁ ବିଶେଷ୍ୟ ପଦର ଅର୍ଥକୁ ନୂତନ ରୂପ ଦେଇଥାନ୍ତି। ମୂଳ ବିଶେଷ୍ୟ ପଦ ସହିତ ସଂଯୁକ୍ତ ସମଧ୍ୱନ୍ୟାତ୍ମକ ପଦର ଅନେକ କ୍ଷେତ୍ରରେ କୌଣସି ଅର୍ଥ ନଥାଏ। ଏପ୍ରକାର ପଦ ଯୋଜନା ଓ ବ୍ୟବହାରରୀତିକୁ ପଦବିକାର ମୂଳକ ପ୍ରୟୋଗ ଏବଂ ଏ ଧରଣର ପ୍ରୟୋଗ ଦ୍ୱାରା ସିଦ୍ଧ ଅବ୍ୟୟକୁ 'ପଦବିକାରୀ ଅବ୍ୟୟ' କୁହାଯାଇଥାଏ।[୧୭] ଯଥା-

ଗୁଡେଇ ତୁଡେଇ / ଝଟାପଟା / ଅତିଫଟି / ଘକରବାକର / ଦିଅବାଢି / ଫନ୍ଦିଫିକର ଇତ୍ୟାଦି।

୧୫) କେତୋଟି ବହୁ ପ୍ରଚଳିତ ଅବ୍ୟୟ(ବିଶେଷ୍ୟ ପଦକୁ ଅବଶ୍ୟାନୁସାରୀ କରି ଦେଉଥିବା) :

ଅବ୍ୟୟପଦ	ରୂପ	ଅର୍ଥ	ପ୍ରାୟୋଗିକ ଅର୍ଥ
ଅଂଶତଃ	(ଅଂଶ+ତସ୍)	ଅଂଶରେ / ଅଂଶହେତୁ	ପରିମାଣ ସୂଚକ
ଅଗ୍ରତଃ	ଅଗ୍ର+ତସ୍	ସର୍ବାଗ୍ରେ / ଆଗରୁ	ଅବସ୍ଥାସୂଚକ ସ୍ତର
ଅତଏବ	ଅତଃ+ଏବ	ଏଣୁ, ଏହି, ମୋଟ ଉପରେ	ଏଥିଯୋଗୁଁ, ହେତୁସୂଚକ
ଅଥଚ	ଅଥ+ଚ	ତଥାପି, ପୁନଶ୍ଚ,କନ୍ତୁ, ଆହୁରି	ପରବର୍ତ୍ତୀ ସୂଚକ
ଅଥବା	ଅଥ+ବା	ବିକଳ୍ପାର୍ଥକ, ବା, କିମ୍ବା	ବିକଳ୍ପାର୍ଥକ
ଲାଗେଲାଗେ	ଦେଶଜ	ପଛକୁ ପଛ, କ୍ରମାନ୍ୱୟରେ	ପୌନଃ ପୁନିକତା ସୂଚକ
ହୁସିଆର	ଯାବନିକ	ସମାଧାନ ହୁଅ	ସତର୍କସୂଚକ

୫.୬ ସଂସ୍କୃତ ଓ ପ୍ରାକୃତାନୁସାରୀ ଅବ୍ୟୟ:

ଓଡ଼ିଆ ଭାଷାର ଶବ୍ଦଧାରାରେ ପ୍ରଚଳିତ ଅଧିକାଂଶ ଅବ୍ୟୟ ପଦର ମୂଳ ଉତ୍ସକୁ ସଂସ୍କୃତ ଓ ମଧ୍ୟକାଳୀନ ଭାରତୀୟ ଆର୍ଯ୍ୟଭାଷା ପ୍ରାକୃତର ଶବ୍ଦଭଣ୍ଡାରରେ ଲକ୍ଷ୍ୟ କରାଯାଏ। ଅନେକ ଅବ୍ୟୟ ସିଧାସଳଖ ଉଭୟ ରୂପ ଓ ଅର୍ଥ ଭିତ୍ତିରେ ଓ ଅନେକ କେବଳ ରୂପ ଭିତ୍ତିରେ ସଂସ୍କୃତାନୁରୂପ ହୋଇ ଓଡ଼ିଆରେ ବ୍ୟବହୃତ ହେଉଛନ୍ତି। ଅନେକ ମଧ୍ୟ ସଂସ୍କୃତରୁ ପ୍ରାକୃତ ବାଟ ଦେଇ ସାମାନ୍ୟ ରୂପ ଓ ଧ୍ୱନିଗତ ପରିବର୍ତ୍ତନ ମଧ୍ୟରେ ଓଡ଼ିଆରେ ରୂପାନ୍ତରିତ ଅବ୍ୟୟ ଭାବରେ ବ୍ୟବହୃତ ହେଉଛନ୍ତି। ଯଥା –

କ) ଅବିକୃତ ସଂସ୍କୃତାନୁସାରୀ ଅବ୍ୟୟ:

ତଃ (ତସ୍), ତ୍ର, ଥା, ଦା, ଧା, ଶଃ (ଶସ୍) ଇତ୍ୟାଦି ପ୍ରତ୍ୟୟ ସଂଯୁକ୍ତ ପାରସର୍ଗିକ ଅବ୍ୟୟ ପଦଗୁଡ଼ିକ ଅବିକୃତ ଭାବରେ ସଂସ୍କୃତ ଅନୁସାରେ ଓଡ଼ିଆରେ ପ୍ରଚଳିତ ହୋଇଥାଏ। ଯଥା - ଅଂଶତଃ (ଅଂଶ+ତସ୍), ଅଗ୍ରତଃ (ଅଗ୍ର+ତସ୍), ମୂଳତଃ (ମୂଳ+ତସ୍), ପ୍ରଧାନତଃ, ତତ୍ର, ସର୍ବଧା, ଯଥା, ତଥା, ଏକଦା, ଏକଧା, କ୍ରମଶଃ (କ୍ରମ+ଶସ୍) ଇତ୍ୟାଦି।

ଖ) ତଦ୍ଭବମୂଳା ଅବ୍ୟୟ:

କେତେକ ଓଡ଼ିଆ ଅବ୍ୟୟ ସଂସ୍କୃତରୁ ଈଷତ୍ ବିକୃତ ହୋଇ ଓଡ଼ିଆ ଭାଷାରେ

ପ୍ରଚଳିତ ହେଉଛନ୍ତି। ମୂଳ ସଂସ୍କୃତ ଶବ୍ଦରେ ସାମାନ୍ୟ ପରିବର୍ତ୍ତନ ଘଟି ଓଡ଼ିଆ ଭାଷାରେ ଏଗୁଡ଼ିକ ତତ୍ସମମୂଳା ବା ଅର୍ଦ୍ଧତତ୍ସମମୂଳକ ଅବ୍ୟୟ ଭାବରେ ପରିଚିତ ପାଇଛନ୍ତି। ଯଥା –

ମୂଳସଂସ୍କୃତ	>	ଓଡ଼ିଆରେ
ପୁନଃ	>	ପୁଣି
ନାସ୍ତି	>	ନାହିଁ, ନାଁ
ପ୍ରାୟ	>	ପରା, ପରି
ଯତ୍ର	>	ଯହୁଁ, ଯହିଁ
ସମ୍ମୁଖ	>	ଛାମୁ

ଗ) ତଦ୍‌ଭବମୂଳକ ଅବ୍ୟୟ / ପ୍ରାକୃତାନୁସାରୀ ଅବ୍ୟୟ:

ଉତ୍ପତ୍ତି ଉତ୍ସ ଦିଗରୁ ବିଚାର କଲେ ଦେଖାଯିବ ଯେ କେତେକ ଅବ୍ୟୟ ସଂସ୍କୃତରୁ ପ୍ରାକୃତ ବାଟଦେଇ ଓ କେତେକ ପ୍ରାକୃତରୁ ଅବିକଳ ଓ ଈଷତ୍‌ବିକାରୀ ହୋଇ ଓଡ଼ିଆରେ ବ୍ୟବହୃତ ହୋଇଥିବାର ଦେଖିବାକୁ ମିଳେ। ଏସବୁ ତଦ୍‌ଭବମୂଳକ ବା ପ୍ରାକୃତାନୁସାରୀ ଅବ୍ୟୟ କୁହାଯାଏ। ଯଥା

ମୂଳସଂସ୍କୃତ	>	ପ୍ରାକୃତ ରୂପ	>	ଓଡ଼ିଆରୂପ
ଅପର	>	ଅରୁ	>	ଆର
ମିଶ୍ର	>	ମିସସ	>	ମିଶା
ଲଗ୍ନ	>	ଲାଗି	>	ଲାଗି

ଘ) ରୂପାନ୍ତରିତ ଓଡ଼ିଆ ଅବ୍ୟୟ:

ସଂସ୍କୃତ ଓ ପ୍ରାକୃତ ଭାଷାରୁ ବ୍ୟୁତ୍ପତ୍ତିତ ଅବ୍ୟୟ ମଧ୍ୟରୁ କେତେକ ଓଡ଼ିଆ ଭାଷାରେ ଏ, ତ, ମ, କ, କା, କି, କେ, ହିଁ, ହେଁ, ତକ, ଲୋ, ମିତି, ନି, ଟି ଇତ୍ୟାଦି ନିରର୍ଥକ ବର୍ଣ୍ଣ ଓ ବର୍ଣ୍ଣସମଷ୍ଟି ଦ୍ୱାରା ସଂଯୁକ୍ତ ହୋଇ ପାରସର୍ଗିକ ଅବ୍ୟୟ ଭାବରେ ଭିନ୍ନ ରୂପଧାରଣ କରି ପରସୂଚକ ପଦପରି ବ୍ୟବହୃତ ହୋଇଥାଆନ୍ତି।

ଏପ୍ରକାର ପରିବର୍ତ୍ତିତ ରୂପକୁ ନେଇ ସୃଷ୍ଟି ହେଉଥିବା ଅବ୍ୟୟକୁ ରୂପାନ୍ତରିତ ଅବ୍ୟୟ କୁହାଯାଏ। ଯଥା - ନୁହେଁ+ତ = ନୁହେଁତ, ଏବେ+ତ =ଏବେତ, ସେବେ+ତ = ସେବେତ, କେବେ+ବି = କେବେବି, ଏବେ+ବି = ଏବେବି।

କେତେକ ଏକାକ୍ଷର ବିଶିଷ୍ଟ ଅବ୍ୟୟ ସିଧାସଳଖ ପ୍ରାକୃତରୁ ଅବିକୃତ ଭାବରେ ଓଡ଼ିଆ ଭାଷାରେ ବ୍ୟବହୃତ ହେଉଛି ଏଥିରେ ସାମାନ୍ୟ ଧ୍ୱନିଗତ ପରିବର୍ତ୍ତନ ହୋଇଛି। ଯଥା – ଥୁ, ଛେ, ହୁଁ, ହେ, ଇ, ଯେ ଇତ୍ୟାଦି ପ୍ରାକୃତ ଅବ୍ୟୟ ଅବିକୃତ ଭାବରେ ଓଡ଼ିଆରେ ପ୍ରଚଳିତ ହୋଇଥାଏ।

ଙ) ପୁନରାର୍ଥକ ଅବ୍ୟୟ:

ସଂସ୍କୃତ ଓ ପ୍ରାକୃତ ଭାଷାରୁ ସୃଷ୍ଟି ହୋଇଥିବା ଓଡ଼ିଆ ଅବ୍ୟୟର ରୂପତାତ୍ତ୍ୱିକ ସମ୍ବନ୍ଧମୂଳ ଅବ୍ୟୟ ସହିତ ନିଶ୍ଚିତ ଭାବରେ ରହିଛି। ମାତ୍ର ଅର୍ଥ ଓ ପ୍ରାୟୋଗିକ ସମ୍ପର୍କ କେତେକ ସ୍ଥଳରେ ମୂଳ ଅବ୍ୟୟଠାରୁ ଭିନ୍ନାର୍ଥ ସୂଚାଇଥାଏ। ଏପରିକି ମୂଳଅର୍ଥ ଓ ପ୍ରାୟୋଗିକ ବିଶେଷତ୍ୱଠାରୁ ଦୂରେଇଯାଇ ଏପ୍ରକାର ଅବ୍ୟୟ ଭିନ୍ନ ଅର୍ଥ ପ୍ରଦାନ କରୁଥିବାରୁ ଏ ପ୍ରକାରକୁ 'ପୁନରାର୍ଥକ ଅବ୍ୟୟ' ବା 'ଅର୍ଥବିକାରୀ ଅବ୍ୟୟ' ଭାବରେ ଗ୍ରହଣ କରାଯାଇପାରେ। ଯଥା –

ମୂଳ ସଂସ୍କୃତ ଅବ୍ୟୟ >	ବ୍ୟୁତ୍ପନ୍ନ ଅବ୍ୟୟ
ପୁନଃ > ପୁଣି	ହାର୍ଦ୍ଦ > ହାଦେ
ନାସ୍ତି > ନା	ପ୍ରାପ୍ତି > ପାଇଁ

ଚ) ବୈଦେଶିକ ଓ ଆଗନ୍ତୁକ:

ଅବ୍ୟୟ ବ୍ୟବହାର କ୍ଷେତ୍ରରେ ଆଗନ୍ତୁକ ବା ବୈଦେଶିକ ପ୍ରତ୍ୟୟ ଭାବରେ ଆମ ଭାଷାରେ ପ୍ରାୟତଃ ଯାବନିକ ଇଂରାଜୀ, ପର୍ତ୍ତୁଗୀଜ୍ ଅବ୍ୟୟ ପ୍ରଚଳିତ ହୋଇଥାଏ। ଅପରପକ୍ଷରେ ଓଡ଼ିଶାର ବିଭିନ୍ନ ଅଞ୍ଚଳରେ ବିଶେଷତ୍ୱକୁ ଆଧାର କରି ଲୋକକଥିତ ବା ପ୍ରାକୃତ ଭାଷା ଏବଂ ଆଦିଓଡ଼ିଶା-ଅଧିବାସୀଙ୍କ (ଅଷ୍ଟ୍ରିକ୍ ଜନଜାତି) ଭାଷାଭିତ୍ତିରେ କେତେକ ଦେଶଜ ଅବ୍ୟୟ ବ୍ୟବହୃତ ହୋଇଥାଏ। ପ୍ରତିବେଶୀ ସମ୍ବନ୍ଧ କ୍ରମେ ଦ୍ରାବିଡ଼, ବଙ୍ଗଳା, ହିନ୍ଦୀ ଭାଷାରୁ ମଧ୍ୟ କିଛି ଆଗନ୍ତୁକ ଅବ୍ୟୟ ଭାବରେ ବ୍ୟବହୃତ ହୋଇଥାଏ। ଯଥା –

ଅବିକୃତି	ବ୍ୟବହାରିକ ଅର୍ଥ
ଅମଲ	ଜୀବନକାଳ, ସମୟ, ଜୀବଦ୍ଦଶା
ଫେର୍	ପୁଣି, ଆଉ
ବେଅନ୍ଦାଜ	ଅସଂଖ୍ୟ, ଅନୁମାନ ବାହାରେ
ଖତମ୍	ଶେଷ
ତଫାତ୍	ଫରକ, ଅଲଗା, ଭିନ୍ନ
କାବା	ଆଶ୍ଚର୍ଯ୍ୟ ସୂଚକ।

ଉପରୋକ୍ତ ଯାବନିକ ନିପାତ / ଅବ୍ୟୟ / ବିଶେଷଣାତ୍ମକ, କ୍ରିୟାବିଶେଷଣାତ୍ମକ ଅବ୍ୟୟଗୁଡ଼ିକକୁ ପ୍ରାୟୋଗିକ ପ୍ରୟୋଜନ ଦିଗରୁ ବିଚାର କରାଯାଇପାରେ।

- କାଳାର୍ଥକ ଅବ୍ୟୟ: ଅମଲ, ଯମାନା, ଉମର, ଅବ, ଫୌରନ, ଅତଗବି, ଜଲ୍‌ଦି, ହମେସା।

- ନିଶ୍ଚୟାର୍ଥକ ଅବ୍ୟୟ: ଅଲବତ, ଅସଲ, ହକ୍, ବେଶ୍।
- ନିର୍ଦ୍ଦେଶାତ୍ମକ ଅବ୍ୟୟ: କାଟ୍, କାବାର୍, ଅବ୍।
- ସାଦୃଶ୍ୟବାଚକ ଅବ୍ୟୟ: ଇରକମ, ଅଜବୀ, ଇକିସମ, ନକଲି, ଅସଲି।
- ବିକଳ୍ପାର୍ଥକ ଅବ୍ୟୟ: ଅଗର, ଫେର, ଓରଫ, ମାର୍ଫତ, ବାଦ୍, ବେଗର
- ଅବସ୍ଥାସୂଚକ ଅବ୍ୟୟ: ହାଲ୍, ଏହାଲ୍, ଏରକମ୍, ମାମୁଲି, ବେଦମ, ଖୋର, ରଦି, ଖାର୍ଦ, ଫତେ, ସାଫ।

ଛ) ଦେଶଜ ଅବ୍ୟୟ:

ଓଡ଼ିଆ ଭାଷାରେ ବାକ୍ୟରେ ଅବିକାରୀ ପଦ ଭାବରେ ଅବ୍ୟୟର ବ୍ୟବହାର ବିଶେଷ୍ୟ- କ୍ରିୟା / ବିଶେଷ୍ୟ-ବିଶେଷ୍ୟ / ବିଶେଷଣ –ବିଶେଷଣ / ବିଶେଷ୍ୟ-ବିଶେଷଣ-ବିଶେଷ୍ୟ / ବିଶେଷଣ-ବିଶେଷ୍ୟ-କ୍ରିୟା / କ୍ରିୟା-କ୍ରିୟା / ସର୍ବନାମ-କ୍ରିୟା / ବାକ୍ୟ-ବାକ୍ୟ / ଶବ୍ଦ-ଶବ୍ଦ ମଧ୍ୟରେ ନିର୍ଦ୍ଦିଷ୍ଟ ଅର୍ଥାନ୍ୱିତ ପ୍ରକାର୍ଯ୍ୟ ପୂର୍ବପଦ, ପରପଦ ଓ ବିଶେଷ କରି ମଧ୍ୟପଦ ଭାବରେ ହୋଇଥାଏ। କେବଳ ସଂସ୍କୃତ ପ୍ରାକୃତ ନୁହେଁ ବରଂ ଦେଶଜ ଭାଷାରେ ମଧ୍ୟ ଏହି ଅବ୍ୟୟର ବ୍ୟବହାର ଦେଖାଯାଇ ମିଳିଥାଏ। ଯଥା-

୧. ସର୍ବନିମ୍ନ କୋଷର ମୁକ୍ତରୂପିମ ବିଶିଷ୍ଟ ଅବ୍ୟୟ: ଯେ, ଏଁ (ବିସ୍ମୟବୋଧକ), ଅଃ (ଯନ୍ତ୍ରଣା ଓ ଘୃଣାସୂଚକ), ଆଃ (ପ୍ରଶଂସା ସୂଚକ), ଯା (ପ୍ରତ୍ୟାଖ୍ୟାନ ସୂଚକ), ନା, ନି, ନ (ନାସ୍ତିବାଚକ), କି, ନା, ବା (ବିକଳ୍ପାର୍ଥକ) ଇତ୍ୟାଦି।

୨. ଇସ୍ / ଆହା / କିସ / ଟିକେ / ବେଳେ, ଏବେ, ଇଖା, ହାଦେ, ଥରେ, ସେବେ, ଆଲୋ, ଏଇ, ହଇ, ଇଲୋ, କାଳେ, ଆର, ଆଉ, ଇତ୍ୟାଦି।

ଅବ୍ୟୟ ପ୍ରୟୋଗର ଧାରା:

(୧) ଅନେକ ବିଶେଷ୍ୟ ଓଡ଼ିଆରେ ଅବ୍ୟୟ ଭାବରେ ବ୍ୟବହୃତ ହୋଇଥାନ୍ତି। ଯଥା – ସାକ୍ଷାତ୍, ହଁ, ନାଁ, ହାଁଜୀ, ଅଦ୍ୟ, ଖାଇବାଟା, ଅନୁମାନଟା, ସବୁବେଳେ, ସରସା, ସରି, ସମ, ସହଳ।

(୨) କେତେକ ଅବ୍ୟୟ ମଧ୍ୟ ବିଭକ୍ତ୍ୟର୍ଥକ ବିଶେଷ୍ୟ ପଦାନୁରୂପ ବ୍ୟବହୃତ ହୁଅନ୍ତି। ଯଥା- ଯତ୍ର (ଯେଉଁଠାରେ), ତତ୍ର (ସେଠାରେ), ଅତ୍ର (ଏଠାରେ), କୁତ୍ର (କେଉଁଠାରେ), ଇତସ୍ତତଃ (ଏଣେତେଣେ), ଅନ୍ୟତ୍ର (ଅନ୍ୟଠାରେ), ସର୍ବଥା (ସବୁଠାରେ), ସର୍ଭେଁ (ସମସ୍ତେ)।

୫.୭ ଅବ୍ୟୟ ଓ ବିଶେଷ୍ୟ:

ବାକ୍ୟରେ ବିଶେଷ୍ୟ ପଦ ଓ ବିଶେଷ୍ୟ ଆଧାରିତ ଉଦ୍ଦେଶ୍ୟ ଓ ବିଧେୟ ଅଂଶର ଭାବାର୍ଥକୁ ଅବ୍ୟୟ ପଦ ସହଯୋଗୀ ଭାବରେ ସଂଯୁକ୍ତ, ବିଯୁକ୍ତ, ବିସ୍ତାରିତ,

ବିକଳ୍ପବୋଧକ ଆଦି ଲକ୍ଷଣରେ ଅର୍ଥନିଷ୍ଠ କରି ପ୍ରକାଶ କରିବାରେ ସାହାଯ୍ୟ କରେ। ଏହାଦ୍ୱାରା ବିଶେଷ୍ୟ-ବିଶେଷ୍ୟ ଭିତରେ ଭେଦ ଓ ପ୍ରତ୍ୟେକ ନିର୍ଦ୍ଦିଷ୍ଟ ଗୁରୁତ୍ୱବୋଧ ହୁଏ। ଅବ୍ୟୟକୁ 'ବିଶେଷ୍ୟ ବୋଧ' ରୂପେ ଗ୍ରହଣ କରାଯାଏ।[୧୮]

ନିମ୍ନ ସାରଣୀକ୍ରମେ ଅବ୍ୟୟ ଓ ବିଶେଷଣର ସଂପୃକ୍ତିକୁ ଲକ୍ଷ୍ୟ କରିପାରିବା।

ମୁଖ୍ୟତଃ ଗଣନୀୟ ବିଶେଷ୍ୟ କ୍ଷେତ୍ରରେ ଅବ୍ୟୟ ବିକଳ୍ପୀ ଅର୍ଥ ଓ ଅଗଣନୀୟ ବିଶେଷ୍ୟ କ୍ଷେତ୍ରରେ ଆନୁରୂପ୍ୟ ଅର୍ଥ ଭେଦ ଓ ତଫାତ୍‌କୁ ସୂଚେଇ ଦେବାରେ ସହଯୋଗ କରେ। ପୁନଶ୍ଚ ବିଶେଷ୍ୟ ପରେ ଅବ୍ୟୟ ପଦ ସମ୍ବନ୍ଧସୂଚକ ହୋଇ ବିଶେଷ୍ୟ ପଦର

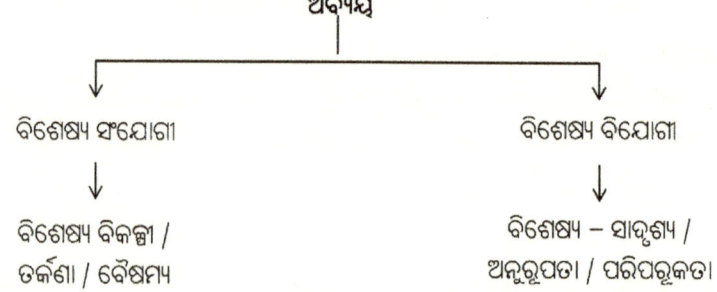

ଅବ୍ୟୟ

- ବିଶେଷ୍ୟ ସଂଯୋଗୀ
  - ବିଶେଷ୍ୟ ବିକଳ୍ପୀ / ତର୍କଣା / ବୈଷମ୍ୟ
- ବିଶେଷ୍ୟ ବିଯୋଗୀ
  - ବିଶେଷ୍ୟ – ସାଦୃଶ୍ୟ / ଅନୁରୂପତା / ପରିପରୂକତା

ନିର୍ଦ୍ଦିଷ୍ଟତାକୁ, ଅନିଶ୍ଚିତତାକୁ, ଅନିର୍ଦ୍ଦିଷ୍ଟତା ଓ ସଂଭାବନା ଆଦି ଭାବାର୍ଥକୁ ସୂଚେଇ ଦେବାରେ ସାହାଯ୍ୟ କରେ। ବିଶେଷ୍ୟ ପରେ ରହି ଅବ୍ୟୟ ମଧ୍ୟ ବାକ୍ୟଭଙ୍ଗୀ ଓ ବିଶେଷ୍ୟର ଭାବଭଙ୍ଗୀକୁ ତା'ର ସ୍ୱର ଓ ଅର୍ଥ ପରିବର୍ତ୍ତନ ନିମିତ୍ତ ସାହାଯ୍ୟ କରେ। ଯଥା –

କ) ଖାଇବାଟା ହେଲା।
- ଯିବାଟି ନୋହିଲା।
- ରାମଟି ଭଲ।
- ଫଳଟେ ଆଣ।
- ସନାପରା ଗଲା।
- ତୁମେ ତ କହିଲ।
- ଦନେଇ ବି ଯିବ।
- ରାମ ସିନା ଆସିବ।
- ସୋମ ତ ସୋମ, ଦାମ ବି ଫୁସ୍।

ବିଶେଷ୍ୟ ନିମିତ୍ତ ଭଙ୍ଗୀମୂଳକ ସାହାଯ୍ୟକାରୀ ଅବ୍ୟୟ

ଖ) • ସନା <u>ଅପେକ୍ଷା</u> କାହ୍ନୁ ବଡ଼।

• ଶିକ୍ଷକ <u>କର୍ତ୍ତୃକ</u> ପିଲା ଭଲ ପଢ଼ନ୍ତି।

• ରାତି <u>ନିମିତ୍ତ</u> ଚନ୍ଦ୍ର।

• ଭାତ <u>ବିନା</u> ଜୀବନ।

• ରାମ <u>ହେତୁ</u> ଅଯୋଧ୍ୟା।

• ଛାତ୍ରଙ୍କ <u>ସକାଶେ</u> ବିଦ୍ୟାଳୟ।

୫.୮ ଓଡ଼ିଆ କ୍ରିୟା-ବିଧାନ:

ମୁଖ୍ୟତଃ ବାକ୍ୟରେ କର୍ତ୍ତାପଦ ଏକ ବିଶେଷ୍ୟପଦ। ବିଶେଷ୍ୟପଦ ଦ୍ୱାରା ସାଧିତ ଏକ କାର୍ଯ୍ୟବୋଧକ ପଦ ହେଉଛି କ୍ରିୟାପଦ। କ୍ରିୟାର ମୂଳଉପାଦାନ ହେଉଛି ଧାତୁ। ଧାତୁ କ୍ରିୟାର ମୂଳରୂପ ବା ପ୍ରକୃତି ଅଟେ। ଧାତୁଗୁଡ଼ିକ ଏକ ଏକ ସୂକ୍ଷ୍ମ ଆଧାର ପିଣ୍ଡ। ଧାତୁର ନିର୍ଦ୍ଦିଷ୍ଟ ଅର୍ଥସୂଚକ ରୂପକୁ କ୍ରିୟା କୁହାଯାଏ। ଧାତୁର ପ୍ରତ୍ୟୟ ଯୋଗହୋଇ କ୍ରିୟାପଦ ଗଠିତ ହୋଇଥାଏ। କ୍ରିୟାର ମୂଳରୂପ ଧାତୁ ସହିତ କାଳସୂଚକ ଚିହ୍ନିତ ପୁରୁଷ –ବଚନ ସୂଚକ ଭେଦମୂଳକ ପ୍ରତ୍ୟୟ ଯୋଗହେବା ଦ୍ୱାରା କ୍ରିୟାପଦ ଗଠିତ ହୁଏ। ଏ ଦିଗରୁ କ୍ରିୟା ପଦରେ ଧାତୁ ମୂଳ ପ୍ରକୃତି ରୂପରେ ଥାଏ। ମୂଳ ପ୍ରକୃତିରେ କାଳ ଅନୁସାରେ ପ୍ରତ୍ୟୟ ଯୋଗ ହୋଇ କ୍ରିୟାପଦ ଗଠିତ ହୋଇଥାଏ। ଯଥା

(କ) ମୂଳଧାତୁ+କାଳସୂଚକ ପ୍ରତ୍ୟୟ = କ୍ରିୟାପଦ।

କହ୍+ଏ = କହେ (ବର୍ତ୍ତମାନକାଳ) / ଉଠ୍+ଉଛି = ଉଠୁଛି (ବର୍ତ୍ତମାନକୀତ)

ଖା+ଇଲି = ଖାଇଲି (ଅତୀତକାଳ) / ହସ୍+ଇବ = ହସିବ (ଭବିଷ୍ୟତକୀତ)

ଦେଖ୍+ଅନ୍ତା = ଦେଖନ୍ତା (ସମ୍ଭାବନା କାଳ)

(ଖ) ମୂଳଧାତୁ + ପୁରୁଷସୂଚକ ପ୍ରତ୍ୟୟ = କ୍ରିୟାପଦ। ଯଥା –

ପଢ୍+ଇଲି = ପଢ଼ିଲି (ମୁଁ ପଢ଼ିଲି / ପ୍ରଥମ ପୁରୁଷ ସୂଚକ)

ପଢ୍+ଇଲୁ = ପଢ଼ିଲୁ (ତୁ ପଢିଲୁ / ଦ୍ୱିତୀୟ ପୁରୁଷ ସୂଚକ)

ପଢ୍+ଇଲା,ଇଲେ = ପଢିଲା, ପଢିଲେ

(ସେ ପଢ଼ିଲା, ସେ ପଢ଼ିଲେ / ତୃତୀୟପୁରୁଷ ସୂଚକ)

(ଗ) ମୂଳଧାତୁ - ପ୍ରକୃତି+ବଚନ ସୂଚକ ପ୍ରତ୍ୟୟ = କ୍ରିୟାପଦ। ଯଥା –

ଖା+ଇବି = ଖାଇବି (ମୁଁ ଖାଇବି / ଏକବଚନ ସୂଚକ)

ଖା+ଇବୁ = ଖାଇବୁ (ଆମ୍ଭେମାନେ ଖାଇବୁ / ବହୁବଚନ ସୂଚକ)

ସୁତରାଂ ପୁରୁଷ ସୂଚକ ପ୍ରତ୍ୟୟ ଯୋଗ ନହୋଇ ବ୍ୟବହୃତ ହେଉଥିବା କାର୍ଯ୍ୟ ସାଧନମୂଳକ ପ୍ରକୃତି ହିଁ ଧାତୁ। ଯଥା – କର୍, ପଢ୍, ଦେଖ୍, ଶୁଣ୍, ଜଳ୍

ଇତ୍ୟାଦି। ମୂଳଧାତୁ ଓ ତାହା ସହିତ ସଂଯୁକ୍ତ ପ୍ରତ୍ୟୟ ଯୋଗେ ପୁରୁଷ-ବଚନ-କାଳ ସୂଚକ ହୋଇ ଯେଉଁପଦ ଗଠତ ହୋଇଥାଏ ତାହାକୁ 'ସାଧକ୍ରିୟା' କୁହାଯାଏ।[୧୯] ସାଧକ୍ରିୟା ହିଁ ବାକ୍ୟରେ କ୍ରିୟାପଦ ରୂପେ ବ୍ୟବହୃତ ହୋଇଥାଏ। ଅନେକ କ୍ଷେତ୍ରରେ ମୂଳଧାତୁରେ ପ୍ରତ୍ୟୟ ଯୋଗ ହୋଇଥାଏ। ଏ ପ୍ରକାର ପ୍ରତ୍ୟୟଯୁକ୍ତ ଧାତୁ ଗଠିତ ପଦକୁ କୃଦନ୍ତମୂଳକ ବିଶେଷ୍ୟ ବା କ୍ରିୟାବାଚକ ବିଶେଷ୍ୟ କୁହାଯାଏ। ଯଥା – ହସ୍+ଅ = ହସ୍ / ଚଲ୍+ଅନ୍ = ଚଳନ / ଶୁଣ୍+ଇବା = ଶୁଣିବା। ଏପ୍ରକାର ଧାତୁମୂଳକ କ୍ରିୟାବାଚକ ବିଶେଷ୍ୟ ପଦକୁ ସିଦ୍ଧକ୍ରିୟା କୁହାଯାଏ। ସିଦ୍ଧକ୍ରିୟାଗୁଡ଼ିକ ବାକ୍ୟରେ ଭାବାର୍ଥ ପ୍ରକାଶପାଇଁ ସାଧକ୍ରିୟାର ଆଶ୍ରୟ ନେଇଥାନ୍ତି। ମୂଳଧାତୁ ପ୍ରକୃତିରେ ବିଭକ୍ତମୂଳକ ହୋଇ କାଳସୂଚକ ପ୍ରତ୍ୟୟ ଯୋଗ ଦ୍ୱାରା ନିଷ୍ପାନ୍ତ ପଦ ହିଁ କ୍ରିୟାପଦ ଅଟେ। କାଳସୂଚକ ପଦ କ୍ରିୟାବାଚକ ବିଶେଷ୍ୟ ବା କ୍ରିୟାଜ ବିଶେଷଣ ହୋଇଥାଏ। ଯଥା –

(କ) ମନ୍+ତବ୍ୟ = ମନ୍ତବ୍ୟ / ଗମ୍+ତବ୍ୟ = ଗନ୍ତବ୍ୟ / ଗମ୍+ତି = ଗତି / ନେ+ଅନ୍ = ନେଣ (କ୍ରିୟାବାଚକ ବିଶେଷ୍ୟର ଦୃଷ୍ଟାନ୍ତ)।

(ଖ) ଉଡ୍+ଅନ୍ତା = ଉଡନ୍ତା / ଗଡ୍+ଆ+ଣିଆ = ଗଡାଣିଆ (କ୍ରିୟାବିଶେଷ ପଦର ଦୃଷ୍ଟାନ୍ତ)

ସୁତରାଂ କାର୍ଯ୍ୟ ସଂପନ୍ନ ଅସଂପନ୍ନ ସମ୍ପର୍କରେ ସୂଚନା ଦେଇଥିବା ପଦକୁ କ୍ରିୟାପଦ କୁହନ୍ତି।

୫.୯ ଓଡ଼ିଆ କ୍ରିୟାପଦର ରୂପତାତ୍ତ୍ୱିକ ବୈଶିଷ୍ଟ୍ୟ:

ଓଡ଼ିଆ କ୍ରିୟାପଦ ରୂପତାତ୍ତ୍ୱିକ ଦୃଷ୍ଟିରୁ ଦୁଇ ଭାଗରେ ବିଭକ୍ତ। କେତେକ କ୍ଷେତ୍ରରେ ମୂଳ ପ୍ରକୃତି ଏକ ରୂପିମ ବିଶିଷ୍ଟ ଓ କେତେକ କ୍ଷେତ୍ରରେ ଏକାଧିକ ରୂପିମ ମିଶ୍ରିତ ହୋଇଥାଏ। ଏକ ରୂପିମ ବିଶିଷ୍ଟ କ୍ରିୟାପିଣ୍ଡକୁ ମୌଳିକ ଧାତୁ ଓ ଏକାଧିକ ରୂପିମଯୁକ୍ତ ରୂପକୁ ବ୍ୟୁତ୍ପନ୍ନମୂଳକ ଧାତୁ କୁହାଯାଇଥାଏ। ଆସ୍, ଯା, ପା, ଖା, ଶୁଣ୍, ପଢ୍, ଜଳ୍, ବାଣ୍ଟ୍ ଇତ୍ୟାଦି ଏକ ରୂପିମ ବିଶିଷ୍ଟ ଧାତୁ। ଏଥିରେ କାଳସୂଚକ, ପୁରୁଷବାଚକ, ବଚନଭିତ୍ତିକ ଓ ସଂଖ୍ୟାମୂଳକ ପ୍ରତ୍ୟୟ ଯୋଗ କରାଯାଇ କ୍ରିୟାପଦ ଗଠନ କରାଯାଏ। ଯଥା – ଦେଖ୍+ଏ = ଦେଖେ, ନେ+ବ = ନେବ, ଦେ+ବ୍+ଏ = ଦେବେ।

ଅନେକ ଏକ ରୂପିମ ବିଶିଷ୍ଟ ମୌଳିକ ଧାତୁରେ ପ୍ରତ୍ୟୟ ଯୋଗ ହେବା ଦ୍ୱାରା ତା'ର ମୂଳ ପ୍ରକୃତି ବା ରୂପରେ ପରିବର୍ତ୍ତନ ଘଟିଥାଏ। ସୁତରାଂ ଧାତୁ ବିଭକ୍ତମୂଳକ କ୍ରିୟାପଦଗୁଡ଼ିକ ମୂଳ ପ୍ରକୃତିର ତିର୍ଯ୍ୟକ ଆକୃତିରେ ଆତ୍ମପ୍ରକାଶ କରିଥାଏ।[୨୦]

୨ଦେ, ନେ, ଶୋ, ଧୋ, ଯା– ଏପରି କେତେକ ଧାତୁରୂପ ସାଧିକ୍ରିୟା ପଦରେ ପରିବର୍ତ୍ତିତ ହେବାବେଳେ ସେଗୁଡ଼ିକର ରୂପତତ୍ତ୍ୱରେ ତିର୍ଯ୍ୟକ ପରିବର୍ତ୍ତନ ଘଟିଥାଏ। ଯଥା –

ମୂଳଧାତୁ ପ୍ରକୃତି	**କାଳସୂଚକ ବିଭକ୍ତିଯୋଗ**	**ସାଧିତ ତିର୍ଯ୍ୟକ କ୍ରିୟାପଦ**
ଦେ	ଅନ୍ତ+ଇ (ବର୍ତ୍ତମାନ ସୂଚକ)	ଦିଅନ୍ତି-ଦେ-ଦି
ନେ	ଅନ୍ତ+ଇ (ବର୍ତ୍ତମାନ ସୂଚକ)	ନିଅନ୍ତୁ-ନେ-ନି
ଶୋ	ଏ (ବର୍ତ୍ତମାନ ସୂଚକ)	ଶୁଏ / ଶୋ-ଶୁ
ଧୋ	ଏ/ଅନ୍ତ+ଇ (ବର୍ତ୍ତମାନ ସୂଚକ)	ଧୁ / ଧୁଅନ୍ତୁ / ଧୋ-ଧୁ
ଯା	ଲ୍+ଇ (ଅତୀତକାଳ ସୂଚକ)	ଗଲି-ଯା-ଗ
ହେ	ଏ (ବର୍ତ୍ତମାନ ସୂଚକ)	ହୁଏ / ହେ – ହୁ

ବିଶେଷ୍ୟ ଓ ବିଶେଷଣପଦ ଏବଂ କେତେକ ମୌଳିକ ଧାତୁର 'ଆ' ପ୍ରତ୍ୟୟ ଯୋଗହୋଇ ଓଡ଼ିଆ ଭାଷାରେ ବ୍ୟୁତ୍ପନ୍ନ କ୍ରିୟାପଦ ଗଠିତ ହୁଏ। ଯଥା –

(କ) ବିଶେଷ୍ୟପଦ + ଆ = କ୍ରିୟାପଦ - କାନ+ଆ+ଏ = କାନାଏ, ମୁଣ୍ଡ୍+ଆ+ଏ = ମୁଣ୍ଡାଏ

(ଖ) ବିଶେଷଣପଦ+ଆ = କ୍ରିୟାପଦ- ଛୋଟ+ଆ+ଏ = ଛୋଟାଏ, ଛୋଟଉଛି, ଛେଟେଇଲା, ଆଗ+ଆ+ଉ = ଆଗାଉ, ଆଗାଏ, ଆଗେଇଲେ। ଏଠାରେ ମଧ୍ୟ ଆ – ଏ, ଅରେ, ରୂପାନ୍ତରିତ ହୋଇ କାଳସୂଚକ କ୍ରିୟାପଦ ଗଠନ କରୁଛି। ଏଠାରେ 'ଏ' ଓ 'ଅ' ହେଉଛି 'ଆ' ପ୍ରତ୍ୟୟର ଏକ ଏକ ସଂରୂପ।

(ଗ) କେତେକ ମୌଳିକ ଧାତୁରେ 'ଆ' ପ୍ରତ୍ୟୟ ଯୋଗହୋଇ ଉତ୍ପନ୍ନ ଧାତୁ ଓ ତହିଁରୁ ଉତ୍ପନ୍ନ କ୍ରିୟାପଦ ଗଠିତ ହୁଏ। ଏପ୍ରକାର ଗଠିତ ଧାତୁ 'ପ୍ରେରଣାର୍ଥକ ବା ପ୍ରଯୋଜକ ଧାତୁ' କୁହାଯାଏ। ଧାତୁର ଉତ୍ତରରେ 'ଆ' ପ୍ରତ୍ୟୟ ଯୋଗହୋଇ ଯେଉଁ କ୍ରିୟାପଦ ଉତ୍ପନ୍ନ ହୁଏ ତାହାକୁ 'ପ୍ରଯୋଜକ କ୍ରିୟା ବା ଣିଜନ୍ତକ୍ରିୟା' କୁହାଯାଏ। ଅତଏବ ମୌଳିକଧାତୁ ପ୍ରକୃତି + ଆ = ଣିଜନ୍ତ କ୍ରିୟାପଦ / ପ୍ରେରଣାର୍ଥକ କ୍ରିୟା।

ଦେଖ୍ + ଆ = ଦେଖା

ନାଚ୍ + ଆ = ନଚା

ଶୋ + ଆ = ଶୁଆ

ଏ ପ୍ରକାର ପ୍ରେରଣାର୍ଥକ କ୍ରିୟା ଗଠନବେଳେ ଧାତୁର ମୂଳ ପ୍ରକୃତିରେ ଥିବା

ଆ-ଏ, ଅ, ଉ ଇତ୍ୟାଦିରେ ଏବଂ ଏ-ଆ, ଇ / ରେ ରୂପାନ୍ତରିତ ହୋଇଥାଏ। ଓଡ଼ିଆରେ ପ୍ରୟୋଜନମୂଳକ କ୍ରିୟାଦି ନିର୍ମାଣରେ ମୂଳ ଧାତୁର ଆକୃତିରେ ପରିବର୍ତ୍ତନ ଘଟେ। ଯଥା –

ଆ / ଅ - ଆଣ / ଅଣ / ଅଣ+ଆ = ଆଣ, ଅଣାଉଛି / ଅଣାଇଲେ।

ନାଚ୍+ଆ - ନଚା, ନଚାଇଲେ, ନଚାଇବା

ଆ/ଏ – ହାଣ୍ / ହଣା / ହଣେ = ହଣେଇଲା, ହଣେଇବା।

ଆ / ଉ-ଖା / ଖୁଆ, ଖୁଆଏ, ଖୁଆଇଲା, ଖୁଆଉଛି।

'ଆ' ପ୍ରତ୍ୟୟ କ୍ରିୟାପଦ ଗଠନ କ୍ଷେତ୍ରରେ ଏହାର ଉପରୂପ 'ଏ / ଅ' ବ୍ୟବହାର ମଧ୍ୟ ହୋଇଥାଏ। ଯଥା – କରାଏ – କରେ – କରାଇଛି – କରେଇଛି। ମଡା – ମଡାଇଛି – ମଡେଇଛି ଇତ୍ୟାଦି (ଆ / ଏ)

୫.୧୦ କ୍ରିୟାର ମୂଳପିଣ୍ଡ – 'ଧାତୁ':

ଯେଉଁ ଅର୍ଥକାରୀ ମୂଳ ଉପାଦାନଗୁଡ଼ିକ କ୍ରିୟାର ବା ସାଧକାର୍ଯ୍ୟର ବାଚକ ହୋଇଥାନ୍ତି ସେଗୁଡ଼ିକୁ 'ଧାତୁ' କୁହାଯାଏ, ଏଗୁଡ଼ିକ କ୍ରିୟାର ମୂଳ ଅଭିଧା ପ୍ରକୃତି।[୨୧] ଏକ ବାକ୍ୟରେ ଅନ୍ୟାନ୍ୟ ପଦ ସହିତ ମିଶି ଅଭିଧାମୂଳକ ଧାତୁ ବଚନ ପୁରୁଷ କାଳ ଅନୁସାରେ ବିବିଧ ରୂପ ଗ୍ରହଣ କରେ। ଯଥା- 'ଖେଳ୍' ଏକ ଅଭିଧାମୂଳକ ଧାତୁ ପ୍ରକୃତି। ଏଥିରୁ କାଳ, ବଚନ ଓ ପୁରୁଷ ଅନୁସାରେ ଇ, ଆ, ଏ, ବ, ଇବ, ଅନ୍ତ ଆଦି ଯୋଗ ହୋଇ କ୍ରିୟାପଦ ସାଧନ କରିଛି। ଯଥା – ଖେଳ୍ + ଅ = ଖେଳ, ଖେଳା, ଖେଳେ, ଖେଳିବ ଇତ୍ୟାଦି।

ଉତ୍ପତ୍ତି ଓ ବ୍ୟବହାର ଦିଗରୁ ଓଡ଼ିଆ ଧାତୁକୁ ମୌଳିକ ବା ପ୍ରାଥମିକ ଧାତୁ ଏବଂ ବ୍ୟୁତ୍ପନ୍ନ ଧାତୁ ଏପରି ଦୁଇଭାଗରେ ବିଭକ୍ତ କରାଯାଇପାରେ। ପ୍ରାଥମିକ ଧାତୁକୁ ଉପଦିଷ୍ଟ ଧାତୁ କୁହାଯାଏ। ଉପଦିଷ୍ଟ ଧାତୁଗୁଡ଼ିକ ପ୍ରତ୍ୟକ୍ଷ କ୍ରିୟାବାଚକ ହୋଇଥାଏ। ବ୍ୟୁତ୍ପନ୍ନ ଧାତୁକୁ 'ଅତିବିଷ୍ଟ' ଧାତୁ କୁହାଯାଏ। ମୂଳ ପ୍ରକୃତି ସହିତ ପ୍ରତ୍ୟୟ ଯୋଗ ହେଲେ 'ଅତିଦିଷ୍ଟ' ଧାତୁ ହୁଏ। ଅଭିଧା ଧାତୁରୁ ଗଠନ କରାଯାଇଥିବାରୁ ଏହାକୁ ବିଶେଷ ପ୍ରକ୍ରିୟାରେ ଉତ୍ପନ୍ନ ହୋଇଥିବା ବ୍ୟୁତ୍ପନ୍ନ ଧାତୁ କୁହାଯାଏ।

୫.୧୧ ଓଡ଼ିଆ ମୌଳିକ ଧାତୁ:

ଓଡ଼ିଆ ଭାଷାରେ ବ୍ୟବହୃତ ମୌଳିକ ଧାତୁକୁ ଚାରିଭାଗରେ ବିଭକ୍ତ କରାଯାଏ। ଯଥା-୧. ସଂସ୍କୃତାନୁସାରୀ, ୨. ପ୍ରାକୃତାନୁସାରୀ ଧାତୁ, ୩. ବୈଦେଶିକଧାତୁ, ୪. ଦେଶଜ ଧାତୁ।

ବ୍ୟୁତ୍ପନ୍ନ ଧାତୁ ଓ କ୍ରିୟାପଦ:

ପ୍ରତ୍ୟୟଯୋଗେ ଧାତୁରୁ ସାଧିତ, ବିଶେଷ୍ୟ-ବିଶେଷଣ-ଅବ୍ୟୟ ଆଦି ଶବ୍ଦରୁ ସାଧିତ ଓ ଧାତୁ ସହିତ ଧାତୁ ବା ଶବ୍ଦ ସହିତ ଧାତୁର ମିଶ୍ରଣରୁ ସାଧିତ ଧାତୁକୁ 'ବ୍ୟୁତ୍ପନ୍ନ ଧାତୁ' କୁହାଯାଏ। ବ୍ୟୁତ୍ପନ୍ନ ଧାତୁ ଏକାଧିକ ରୂପିମ ବିଶିଷ୍ଟ ହୋଇଥାଏ। ଧାତୁ ପ୍ରକୃତି ପଦରେ ଯୋଗ ହୋଇ କ୍ରିୟାପଦ ବା କୃଦନ୍ତ-ବିଶେଷଣ / କ୍ରିୟାଜ ବିଶେଷଣ ପଦ ନିର୍ମାଣକରେ। ସୁତରାଂ

- କ୍ରିୟାପଦ ହେଉ କି ନାମପଦ ହେଉ ପ୍ରତ୍ୟେକ ପଦର ଗଠନ ମୂଳରେ ଥାଏ ମୌଳିକ ପ୍ରାତିପାଦିକ।
- ପ୍ରତ୍ୟୟ ନଥିବା ଅର୍ଥ କରଣକ୍ଷମ ମୂଳ ଶବ୍ଦ ସ୍ୱରୂପ ହିଁ ପ୍ରାତିବାଦିକ।
- କ୍ରିୟାପଦର ପ୍ରାତିପଦିକକୁ 'ଧାତୁ' କୁହାଯାଏ। ଧାତୁ ପ୍ରାତିପଦିକ ସହିତ ପ୍ରତ୍ୟୟ ଯୋଗହୋଇ ବ୍ୟୁତ୍ପନ୍ନଧାତୁ ଗଠିତ ହୁଏ। ପ୍ରଥମ ସ୍ତରରେ ଥାଏ ମୂଳଧାତୁ ଏବଂ ଦ୍ୱିତୀୟ ସ୍ତରରେ ଥାଏ ଧାତୁ ବିଭକ୍ତି – ଇ, ଆ, ଏ, ଅ।

ବ୍ୟୁତ୍ପନ୍ନ ଧାତୁରେ କାଳ-ବଚନ-ପୁରୁଷ ସୂଚକ ପ୍ରତ୍ୟୟ ଯୋଗ ହୋଇ କ୍ରିୟାପଦ ଗଠିତ ହୁଏ।

ଓଡ଼ିଆ ଭାଷାରେ ପ୍ରଚଳିତ ବ୍ୟୁତ୍ପନ୍ନ ଧାତୁମୂଳକ କ୍ରିୟାପଦ ମଧ୍ୟରେ ପ୍ରେରଣାର୍ଥକ କ୍ରିୟାପଦ, ନାମଧାତୁ କ୍ରିୟାପଦ ଓ ମିଶ୍ର କ୍ରିୟାପଦ ଉଲ୍ଲେଖଯୋଗ୍ୟ। ଏଥିମଧ୍ୟରୁ ମୌଳିକ ଧାତୁରୁ ବିଶେଷ୍ୟ ପଦ ଓ ନାମରୁ କ୍ରିୟାପଦ ଗଠିତ ହୋଇଥାଏ। ଧାତୁ ଓ ନାମ ଉଭୟ ବିଶେଷ୍ୟ / ବିଶେଷ୍ୟାଶ୍ରିତ କ୍ରିୟାପଦ ହୋଇପାରିଥାଏ।

ଧାତୁର ଅଭିଧା ଅର୍ଥ ଦ୍ୱାରା କର୍ତ୍ତା ନିଜେ କାର୍ଯ୍ୟ ନକରି ଅନ୍ୟକୁ କାର୍ଯ୍ୟରେ ପ୍ରବର୍ତ୍ତନା ବା ପ୍ରେରଣାର୍ଥକ ଧାତୁ କୁହାଯାଏ। କର୍ତ୍ତା ଏ ପ୍ରକାରଧାତୁ, ଦ୍ୱାରା ପ୍ରୟୋଜନ ସାଧନ କରୁଥିବାରୁ ଏହାକୁ 'ପ୍ରୟୋଜନାତ୍ମକ' ଧାତୁ ବୋଲି ମଧ୍ୟ କୁହାଯାଏ।

(୧) ରୂପତାତ୍ତ୍ୱିକ ଲକ୍ଷଣ ଦୃଷ୍ଟିରୁ ଓଡ଼ିଆ ପ୍ରେରଣାର୍ଥକ ଧାତୁଗୁଡ଼ିକ 'ଆ' କାରାନ୍ତ ଅଟେ। ଅର୍ଥାତ୍ ମୂଳଧାତୁରେ 'ଆ' ପ୍ରତ୍ୟୟ ଯୋଗକରି ପ୍ରୟୋଜନ ବା ପ୍ରେରଣାତ୍ମକ ଧାତୁ ବ୍ୟୁତ୍ପନ୍ନ ହୋଇଥାଏ। ପେରଣାର୍ଥକ ଧାତୁ ଏକ ରୂପାନ୍ତରିତ ବ୍ୟୁତ୍ପନ୍ନ ଧାତୁ ଅଟେ।

ମୂଳଧାତୁ (ପ୍ରକୃତି) + ଧାତୁ ପ୍ରତ୍ୟୟ = ପ୍ରେରଣାର୍ଥକ ଧାତୁ

ଖୋଲ୍ + ଆ = ଖୋଲା   ଉଠ୍ + ଆ = ଉଠା

(୨) ଏଠାରେ ଖୋଲ୍, ଉଠ୍ ଇତ୍ୟାଦି ପ୍ରଥମ ସ୍ତରର ମୂଳଧାତୁ। ଏହି ଧାତୁ ପ୍ରକୃତିରେ 'ଆ' ଯୋଗ ହେବାପରେ ଦ୍ୱିତୀୟ ସ୍ତରରେ ଧାତୁ, ଖୋଲା,

ଉଠା ଇତ୍ୟାଦି ବ୍ୟୁତ୍ପନ୍ନ ହୋଇଛି । ପ୍ରତ୍ୟକ ପ୍ରେରଣାର୍ଥକ ଧାତୁ ଓଡ଼ିଆରେ ଏକ ଏକ ବ୍ୟୁତ୍ପନ୍ନ ବା ଦ୍ୱିତୀୟ ଧାତୁ ଅଟନ୍ତି ।

(୩) କୌଣସି କାର୍ଯ୍ୟକୁ କର୍ତ୍ତା ନିଜେ ନକରି ଅନ୍ୟ ଦ୍ୱାରା କରାଇବାର ପ୍ରୟୋଜନ ଅର୍ଥକୁ ବୁଝାଇବା ନିମନ୍ତେ ଯେଉଁ କ୍ରିୟାର ପ୍ରୟୋଗ ପ୍ରେରଣାର୍ଥକ ଧାତୁ ଆଶ୍ରିତ ହୋଇ କରାଯାଇଥାଏ ତାହାକୁ ପ୍ରେରଣାର୍ଥକ କ୍ରିୟା କୁହାଯାଏ ।

ଓଡ଼ିଆ ବାକ୍ୟରେ ପ୍ରେରଣାର୍ଥକ କ୍ରିୟାର ପ୍ରୟୋଗ ଦୃଷ୍ଟିରୁ କ୍ରିୟାକୁ କର୍ତ୍ତାର ବ୍ୟବହାର ଅନୁସାରେ ତିନୋଟି ଭାଗରେ ବିଭକ୍ତ କରାଯାଇପାରେ ବା ତିନି ପ୍ରକାରରେ ବ୍ୟବହାର କରାଯାଇପାରେ । ଯଥା –

୧. କର୍ତ୍ତା ଯେତେବେଳେ କାର୍ଯ୍ୟଟିକୁ ନିଜେ ସଂପନ୍ନ କରେ ଅର୍ଥାତ୍ କ୍ରିୟାର ପ୍ରତ୍ୟକ୍ଷ ବ୍ୟବହାର କର୍ତ୍ତାଦ୍ୱାରା କରାଯାଏ, ସେତେବେଳେ ତାକୁ <u>ସାଧାରଣ କ୍ରିୟା</u> କୁହାଯାଏ । ଯଥା – ମୁଁ ମହାବିଦ୍ୟାଳୟକୁ ପଢ଼ିବାକୁ ଯାଏ । ଏଠାରେ କର୍ତ୍ତା 'ମୁଁ' ନିଜେ କ୍ରିୟା ସାଧନ କରୁଛି ।

୨. କର୍ତ୍ତା ଯେତେବେଳେ କାର୍ଯ୍ୟସାଧନ ନିମିତ୍ତ ଅନୁଜ୍ଞା ବା ଆଦେଶ ଉପଦେଶାଦି ଛଳରେ ପ୍ରେରଣା ଦେବାକୁ ଯାଇ ପ୍ରୟୋଜନ ଅର୍ଥରେ କ୍ରିୟାର ବ୍ୟବହାର କରେ, ସେତେବେଳେ ଏ ପ୍ରକାର କ୍ରିୟାକୁ ଅନୁଜ୍ଞାସୂଚକ କ୍ରିୟା କୁହାଯାଏ । ଯଥା- (କ) ତୁ ଖାଇକରି ବସି ପାଠ ପଢ, (ଖ) ପାଠ ଭଲକରି ପଢ଼, (ଗ) ସବୁ କରିସାରି ମୋ ପାଖକୁ ଆଣ୍ ।

ଏଠାରେ ପଢ଼, ଆଣ୍ ଇତ୍ୟାଦି ଅବ୍ୟୁତ୍ପନ୍ନ କ୍ରିୟା ରୂପରେ ଅବିକଳ ମୂଳଧାତୁ ପ୍ରକୃତିର ଅନୁରୂପ ହୋଇ ବାକ୍ୟର ଯୋଗ୍ୟତା ଲାଭ କରିଛି ।

୩. କର୍ତ୍ତା ନିଜେ କାର୍ଯ୍ୟ ସଂପାଦନ ନକରି ଅନ୍ୟଦ୍ୱାରା କରାଇବା ଉଦ୍ଦେଶ୍ୟରେ ଯେଉଁ କ୍ରିୟାପଦର ପ୍ରୟୋଗ କରେ ତାହାକୁ ପ୍ରେରଣାର୍ଥକ କ୍ରିୟା କୁହାଯାଏ । ଯଥା – ରାମ ଶାରୀରିକ ସ୍ତରରେ ଅସୁସ୍ଥ ଥିବାହେତୁ ତା'ର ମା ତାକୁ ଖୁଆଇ ଦେଉଛନ୍ତି । ଏଠାରେ 'ଖୁଆଇ' ପ୍ରେରଣାର୍ଥକ କ୍ରିୟାପଦ ଅଟେ ।

ଓଡ଼ିଆ ବ୍ୟାକରଣରେ ପ୍ରେରଣାର୍ଥକ ଧାତୁରୁ ନିଷ୍ପନ୍ନ କ୍ରିୟାପଦଗୁଡ଼ିକ ଅନେକ ସ୍ଥଳରେ <u>କ୍ରିୟାବାଚକ ବିଶେଷ୍ୟ</u> ପଦ ରୂପରେ ବିଭକ୍ତିମୂଳକ ହୋଇ ବ୍ୟବହୃତ ହୋଇଥାନ୍ତି ।[୨୨] ଯଥା-

ମୂଳଧାତୁ + ପ୍ରେରଣାର୍ଥକ ଧାତୁ = ପ୍ରେରଣାର୍ଥକ + ବିଭକ୍ତି ସାଧିତ କ୍ରିୟାପଦ ପ୍ରତ୍ୟୟ = <u>ବିଶେଷ୍ୟ</u>

ଉଠ୍ – ଉଠ୍ + ଆ = ଉଠା – ଉଠାଇବା + ରୁ = ଉଠାଇବା-ରୁ

ପଢ୍ - ପଢ୍ + ଆ = ପଢା - ପଢାଇବା + ଦ୍ୱାରା = ପଢାଇବା-ଦ୍ୱାରା

କେତେକ ଧାତୁ ସାଧାରଣ ରୂପରେ ଭିନ୍ନ ହୋଇ ଓ ପ୍ରେରଣାର୍ଥକ ଦୁଇ / ତିନି ପ୍ରକାରରେ (ରୂପତତ୍ତ୍ୱ ଦିଗରୁ) ବ୍ୟବହୃତ ହୋଇଥାଏ। ଯଥା –

ମୂଳଧାତୁ	ରୂପ-୧ / ପଦ	ରୂପ-୨ / ପଦ	ରୂପ-୩ / ପଦ
କାଢ୍	(କାଢ(ଅ)/କାଢନ୍ତୁ	କଢା(ଆ) କଢାଇବା	କାଢି(ଇ) କାଢିବା
ଗଢ୍	ଗଢ୍(ଅ) ଗଢନ୍ତୁ	ଗଢା(ଆ) ଗଢାଇବା	ଗଢି(ଇ) ଗଢିବା

ଅତଏବ ଗୋଟିଏ ନିର୍ଦ୍ଦିଷ୍ଟ ପ୍ରେରଣାର୍ଥକ ଧାତୁରୁ ବିଭିନ୍ନ ରୂପର ଧାତୁ ଗଠିତ ହୋଇ ଭିନ୍ନ ଭିନ୍ନ ଆକୃତିର କ୍ରିୟାପଦ ଗଠିତ ହୋଇଥାଏ।

ପ୍ରେରଣାର୍ଥକ ହେଲେ ସକର୍ମକ କ୍ରିୟା ଦ୍ୱିକର୍ମକ ହୋଇ ବାକ୍ୟରେ ବ୍ୟବହୃତ ହୁଏ। ଯଥା –

(୧) ପିଲାଟି ପାଠ ପଢୁଛି (ସକର୍ମକ କ୍ରିୟା ପଦଯୁକ୍ତ ବାକ୍ୟ)

(୨) ପିଲାଟିକୁ ପାଠ ପଢାଯାଉଛି (ଦ୍ୱିକର୍ମକ ପ୍ରେରଣାର୍ଥକ କ୍ରିୟାଯୁକ୍ତ ବାକ୍ୟ)

ଅକର୍ମକ କ୍ରିୟା ପ୍ରେରଣାର୍ଥକ କ୍ରିୟାରୂପ ହେଲେ ସକର୍ମକ ହୋଇଥାଏ। ଯଥା –

୧. ସୀତା ଖାଉଛି। (ଅର୍କମକ ପ୍ରେରଣାର୍ଥକ କ୍ରିୟାଯୁକ୍ତ ବାକ୍ୟ)

୨. ମା' ସୀତାକୁ ଭାତ ଖୁଆଉଛନ୍ତି। (ସକର୍ମକ ପ୍ରେରଣାର୍ଥକ କ୍ରିୟାଯୁକ୍ତ ବାକ୍ୟ)

୫.୧୨ ନାମଧାତୁ କ୍ରିୟାପଦ:

କେତେକ ସ୍ଥଳରେ ଭାବବିନିମୟ ପାଇଁ ସାଧାରଣ କ୍ରିୟାପଦ ସମର୍ଥ ହୋଇ ନଥାଏ। ସୁତରାଂ ବିଶେଷ୍ୟ, ବିଶେଷଣ ଓ ଅବ୍ୟୟାଦି ପଦକୁ ମୂଳଧାତୁ ପ୍ରକୃତି ବା ଧାତୁ ପ୍ରାତିପଦିକ ରୂପେ ଆଧାର କରି ଯେଉଁ ନୂତନ ଧାତୁ ଗଠିତ ହୋଇଥାଏ, ତାକୁ ନାମଧାତୁ କୁହାଯାଏ।[୨୩]

'ନାମଧାତୁ' ପଦରେ କାଳ-ପୁରୁଷ-ବଚନାଦି ସୂଚକ ପ୍ରତ୍ୟୟ ବା କ୍ରିୟାବିଭକ୍ତି ମିଶି ନାମଧାତୁ କ୍ରିୟାପଦ ବ୍ୟୁତ୍ପନ୍ନ ହୁଏ। ସୁତରାଂ ନାମଧାତୁ ଓଡ଼ିଆ ଭାଷାରେ ନାମଧାତୁମୂଳକ ବ୍ୟୁତ୍ପନ୍ନ କ୍ରିୟାପଦ ନିମନ୍ତେ ଚାରିପ୍ରକାର ଶବ୍ଦରୁ ମୂଳଧାତୁ ପ୍ରକୃତି ଗ୍ରହଣ କରାଯାଇଥାଏ।

୧. ତତ୍ସମମୂଳକ ନାମଧାତୁ – ବିଶେଷ୍ୟାତ୍ମକ

ହସ – ହସେଇବା, ରାଗ – ରଗେଇବା, ରଙ୍ଗ – ରଙ୍ଗେଇବା।

ବିଶେଷଣାତ୍ମକ: ଉଷୁମ – ଉଷୁମେଇବା, ଉଛ – ଉଛେଇବା, ଭଙ୍ଗା – ଭଙ୍ଗାଇବା

୨. ତଦ୍‌ଭବମୂଳକ ନାମଧାତୁ – ବିଶେଷ୍ୟାତ୍ମକ

ନାକ - ନାକେଇବା, ଗୋଡ – ଗୋଡେଇବା, ଅଣ୍ଟ - ଅଣ୍ଟେଇବା,

ବିଶେଷଣାତ୍ମକ: ଛୋଟ – ଛୋଟେଇବା, ଟାଣ – ଟାଣେଇବା, ଆଗ - ଆଗେଇବା

୩. ଦେଶଜମୂଳକ ନାମଧାତୁ – ବିଶେଷଣାତ୍ମକ

ଗୋଡ – ଗୋଡ଼େଇବା, ଲଟା – ଲଟେଇବା, ପେଟ – ପେଟେଇବା, ପଛ - ପଛେଇବା।

ବିଶେଷଣାତ୍ମକ: ଗଜା – ଗଜେଇବା, ଗେହ୍ଲା-ଗେହ୍ଲେଇବା, ଗୁଣ୍ଡ – ଗୁଣ୍ଡେଇବା।

ରୂଢ଼ିମୂଳକ – ଗଡ୍‌ଗଡ୍ – ଗଡଗଡେଇବା, ଚକ୍‌ଚକ୍ – ଚକଚକାଇବା, ଥଲ୍‌ଥଲ୍ – ଥଲଥଲେଇବା।

୪. ଅନ୍ୟାନ୍ୟ ନାମଧାତୁ: ପାର୍ଶି, ଇଂରାଜୀ, ହିନ୍ଦୀ, ଆରବୀ, ପର୍ତ୍ତୁଗୀଜ ଓ ଫରାସୀ ଆଦି ଭାଷାର ବହୁ ଶବ୍ଦ ଓଡ଼ିଆରେ ପ୍ରଚଳିତ ହେଉଥିଲେ ବି କେବଳ ଯାବନିକ ଶବ୍ଦକୁ ଛାଡ଼ିଦେଲେ ଅନ୍ୟ ଭାଷାର ଶବ୍ଦରୁ ନାମଧାତୁ ତିଆରି ହୋଇ ଓଡ଼ିଆ ଭାଷାଗୁଣରେ ବିଶେଷ ବ୍ୟବହାର ହୋଇନାହିଁ। ଯଥା – ଜମା - ଜମେଇବା, ବଦଳ – ବଦଳାଇବା, ଧପ୍‌ପା - ଧପ୍ପେଇବା, କିଲ୍ଲ – କିଲ୍ଲେଇବା ଇତ୍ୟାଦି।

୫.୧୩ ସମାପିକା ଓ ଅସମାପିକା କ୍ରିୟାପଦ:

ବାକ୍ୟରେ ଉଦ୍ଦିଷ୍ଟ ଭାବାନୁସାରୀ ପ୍ରକାର୍ଯ୍ୟ (କାର୍ଯ୍ୟସାଧନ ଦିଗରୁ) କ୍ରିୟାପଦକୁ ଦୁଇଭାଗରେ ବିଭକ୍ତ କରାଯାଏ। ଯଥା- (୧) ସମାପିକା, (୨) ଅସମାପିକା।

ସୁତରାଂ ଯେଉଁ କ୍ରିୟାପଦ ଦ୍ୱାରା ବାକ୍ୟର ପ୍ରତିପାଦ୍ୟ ଭାବ ଓ ଅର୍ଥର ସଂପୂର୍ଣ୍ଣତା ବୁଝାଯାଏ ତାହାକୁ 'ସମାପିକା' କ୍ରିୟା କୁହାଯାଏ। ଏହି କ୍ରିୟାପଦ ମାଧ୍ୟମରେ ବାକ୍ୟାର୍ଥର ପରିପୂର୍ଣ୍ଣତା (ସଂପୂର୍ଣ୍ଣ ଅର୍ଥ) ସୂଚିତ ହୁଏ। କାର୍ଯ୍ୟର ସଂପୂର୍ଣ୍ଣ ଓ ସଂପନ୍ନ ଅର୍ଥ ପାଇଁ ଏ କ୍ରିୟାପଦ ଅନ୍ୟ କ୍ରିୟାପଦର ସାହାଯ୍ୟକୁ ଅପେକ୍ଷା କରେ ନାହିଁ। ଅତଏବ ସମାପିକା କ୍ରିୟା ନଥିଲେ ବାକ୍ୟର ପରିସମାପ୍ତି ହୋଇପାରେ ନାହିଁ। ଯଥା – 'ପିଲାଟି କଥାକହୁ କହୁ ତଳେ ପଡିଗଲା'। ଉକ୍ତ ବାକ୍ୟରେ 'ପଡ଼ିଗଲା' ଏକ ସମାପିକା କ୍ରିୟା ହୋଇଥିବାବେଳେ 'କହୁ କହୁ' ଏକ ଅସମାପିକା କ୍ରିୟା ଅଟେ।[୨୪]

ଅତଏବ ଯେଉଁ କ୍ରିୟା ଦ୍ୱାରା ବାକ୍ୟାର୍ଥ ଓ ଭାବାର୍ଥ ଅସମାପ୍ତ ରହିବାର ଜଣାଯାଏ ତାହା ଅସମାପିକା କ୍ରିୟା। ଯେଉଁ କ୍ରିୟାପଦର ବ୍ୟବହାର ସତ୍ତ୍ୱେ ବାକ୍ୟର ଅର୍ଥ ସଂପୂର୍ଣ୍ଣ ପ୍ରକାଶ ନପାଇ ଅନ୍ୟ କ୍ରିୟାର ସମାପ୍ତି ପାଇଁ ଅପେକ୍ଷା ରଖେ, ତାହା 'ଅସମାପିକା' କ୍ରିୟା ଅଟେ।

ସମାପିକା କ୍ରିୟା ବାକ୍ୟର ନିୟନ୍ତକ ପଦ। ଅନ୍ୟାନ୍ୟ ପଦ ଏହି କ୍ରିୟାପଦ ସହିତ ଅନ୍ୱିତ ହୋଇ ବାକ୍ୟାର୍ଥ ପ୍ରକାଶରେ ଯୋଗ୍ୟ ହୋଇଥାଏ। ତେଣୁ ସମାପିକା କ୍ରିୟା ସ୍ୱାଧୀନ, ସ୍ୱୟଂ ସାପେକ୍ଷ ଓ ସଂପନ୍ନ ଅର୍ଥକାରୀଣ ଅଟେ। ଅସମାପିକା କ୍ରିୟାର ଅସପଂନ୍ନ ଓ ଖଣ୍ଡିତ ଭାବ ସମାପିକା କ୍ରିୟା ମାଧ୍ୟମରେ ପ୍ରକାଶ ପାଇବାକୁ ଅପେକ୍ଷା ରଖେ। ଯଥା – ସେ 'ଗ୍ଭଲିଗ୍ଭଲି' ଏତେବାଟ ଆସିଛି। ଏଠାରେ 'ଗ୍ଭଲିଗ୍ଭଲି' ଏକ ଅସମାପିକା କ୍ରିୟା ଅଟେ।

୫.୧୪ ବିଶେଷ୍ୟ ଓ କ୍ରିୟାପଦର ସମ୍ବନ୍ଧ:

କ) ବାକ୍ୟରେ କର୍ତ୍ତା ଓ କର୍ମପଦ ଉଦ୍ଦେଶ୍ୟ ଓ ବିଧେୟ ପଦ ଭାବରେ ମୁଖ୍ୟ ଭୂମିକା ନିର୍ବାହ କରିଥାଏ। ପ୍ରତ୍ୟେକ କର୍ତ୍ତା ଓ କର୍ମପଦ ସାଧାରଣତଃ ଗୋଟିଏ ଗୋଟିଏ ବିଶେଷ୍ୟ।

ବିଶେଷ୍ୟ ପଦ କର୍ତ୍ତା ଭାବରେ ଯାହା କରେ ତାହା 'କର୍ମ'। କର୍ମ ଯେପରି ସାଧନ କରେ ତାହା କ୍ରିୟା। କର୍ତ୍ତା ଦ୍ୱାରା କ୍ରିୟାଟି ସିଦ୍ଧ ହେଲେ ସିଦ୍ଧକ୍ରିୟା। ସିଦ୍ଧକ୍ରିୟା ପଦଗୁଡ଼ିକ କ୍ରିୟାଜ ବିଶେଷ୍ୟ ଭାବରେ ବାକ୍ୟରେ କର୍ମ ରୂପରେ ଆସନ୍ତି।

ଯଥା- ପିଲାଟି <u>କାନ୍ଦୁଛି</u> – କ୍ରିୟା

ପିଲାଟି <u>କ୍ରନ୍ଦନ</u> କରୁଛି – ବିଶେଷ୍ୟ

ସନା <u>ଖେଳିଲା</u> – କ୍ରିୟା

ସନା ଭଲ <u>ଖେଳଟେ</u> ଦେଖାଇଲା – ବିଶେଷ୍ୟ

ଖ) ବାକ୍ୟରେ କ୍ରିୟାପଦ ସମାପିକା ଓ ଅସମାପିକା ଭାବରେ ବିଶେଷ୍ୟର ସାଧନ ପ୍ରକ୍ରିୟାକୁ ଅର୍ଥନିଷ୍ଠ କରେ। ସମାପିକା ହେଉ କି ଅସମାପିକା ହେଉ କ୍ରିୟା ମୁଖ୍ୟତଃ କର୍ତ୍ତା ଓ କର୍ମରୂପୀ ବିଶେଷ୍ୟ ପଦ ଦ୍ୱାରା ହେଉଥିବା କାର୍ଯ୍ୟ ପ୍ରକ୍ରିୟା। ସୁତରାଂ କ୍ରିୟାର ବ୍ୟବହାର ବିଶେଷ୍ୟକୁ ନେଇ, ବିଶେଷ୍ୟର ଓ ବିଶେଷ୍ୟ ପାଇଁ ହୋଇଥାଏ।

ଯଥା - ହରି <u>ଗାଉଗାଉ</u> <u>ରହିଗଲା</u>

ଏଠାରେ – ଖାଉଖାଉ - ଅସମାପିକା କ୍ରିୟା

ଏ କ୍ରିୟାର ଅସଂପନ୍ନତା ହରି ଦ୍ୱାରା ହେଉଛି। ହରି ଏକ ନାମବାଚକ

ବିଶେଷ୍ୟ (କର୍ତ୍ତାପଦ)। ସେହିପରି 'ରହିଗଲା' – ଏକ ସମାପିକା କ୍ରିୟା। ଏହି କ୍ରିୟାର ସଂପନ୍ନ ପ୍ରକ୍ରିୟା ହରି କରିଛି।

ସୁତରାଂ – କ୍ରିୟାପଦ ବିଶେଷ୍ୟକୁ ଅନ୍ୱିତ କରେ ଓ ବିଶେଷ୍ୟ ଦ୍ୱାରା ସାଧିତ ହୁଏ।

ଗ) କ୍ରିୟାପଦ ସକର୍ମକ ହୁଏ। ଦ୍ୱିକର୍ମକ ବି ହୋଇଥାଏ।

ଯଥା – ସୀତା ବହି ପଢୁଛି।

ସୀତାଦ୍ୱାରା ବହି ପଢ଼ା ଯାଉଛି।

ଅଥବା- ଭାଗବତ ବହିଟିଏ ଆଣ

ଭାଗବତ ବହିଟିଏ ବଜାରରୁ କିଣି ଆଣ।

ପ୍ରଥମ ଉଦାହରଣରେ 'ବହି' – ଏକ ବିଶେଷ୍ୟ ପଦ ଓ କର୍ମପଦ ଭାବରେ ବ୍ୟବହୃତ। 'ପଢୁଛି' କର୍ମପଦ ବହିକୁ ନେଇ ଏକ ସକର୍ମକ କ୍ରିୟା।

ଦ୍ୱିତୀୟ ଉଦାହରଣରେ – ବହିଟିଏ – କର୍ମପଦ। ବହିଟିଏ / ବଜାରରୁ – ଏପରି ଦୁଇଟି କର୍ମପଦ ତଳ ବାକ୍ୟରେ ରହିଛି। ପ୍ରଥମ ବାକ୍ୟଟି ସକର୍ମକ ଓ ଦ୍ୱିତୀୟ ବାକ୍ୟଟି ଦ୍ୱାରା ଅନ୍ୱିତ। ଦ୍ୱିକର୍ମକ ଏକ ଆଣ / ପଢୁଛି / ଯାଉଛି କ୍ରିୟା ପ୍ରତ୍ୟେକ ଉଦାହରଣର କର୍ମପଦ (ବହି, ପଢ଼ା, ବଜାର ଆଦି ପଦ) ଗୋଟିଏ ଗୋଟିଏ ବିଶେଷ୍ୟ ପଦ। ଉଭୟ କର୍ମସୂଚକ ଓ କର୍ତ୍ତାସୂଚକ ଅବ୍ୟୟ ଅନୁସାରେ କ୍ରିୟାର ରୂପ ହୋଇଥାଏ। ଏଥିରୁ ଜଣାଗଲା ବାକ୍ୟରେ କ୍ରିୟାପଦ କର୍ତ୍ତା ଓ କର୍ମରୂପୀ ବିଶେଷ୍ୟ ପଦ ଅନୁସାରେ ବ୍ୟବହୃତ ହୋଇଥାଏ।

ଘ) ପୂର୍ବରୁ ଆଲୋଚିତ କ୍ରିୟାପଦର ବିବିଧ ପ୍ରକାରକୁ ଲକ୍ଷ୍ୟ କଲେ ଦେଖାଯିବ ପ୍ରତ୍ୟେକ ପ୍ରକାରର କ୍ରିୟା ବିଶେଷ୍ୟ ନିର୍ଦ୍ଦେଶିତ ହୋଇଥାଏ। ଅନେକ କ୍ଷେତ୍ରରେ ବିଶେଷ୍ୟ ବା 'ନାମ' ଏ-ଆ- ସଂଯୁକ୍ତ ହୋଇ ନାମଧାତୁ କ୍ରିୟା ଗଠନ କରନ୍ତି। ବିଶେଷ୍ୟ କ୍ରିୟାରେ ରୂପାନ୍ତରିତ ହୁଏ। ଯଥା –

ବିଶେଷ୍ୟ / ନାମ	ଏ / ଆ ସୂଚକ ସଂଯୁକ୍ତି	=	ନାମଧାତୁ କ୍ରିୟା ରୂପ
ଗୋଡ଼	ଗୋଡ଼େ / ଗୋଡ଼ା	=	ଗୋଡ଼େଇବା / ଗୋଡ଼ାଇଲା
ହାତ	ହାତେ	=	ହାତେଇବା
ମୁଣ୍ଡ	ମୁଣ୍ଡେ / ମୁଣ୍ଡା	=	ମୁଣ୍ଡେଇଛି / ମୁଣ୍ଡାଉଛି
ବାଙ୍କ	ବାଙ୍କେ / ବଙ୍କା	=	ବାଙ୍କେଇବ / ବଙ୍କାଇବ
ଛୋଟ	ଛୋଟେ / ଛୋଟା	=	ଛୋଟେଇବା / ଛୋଟାଇବା
ଲଟା	ଲଟେ / ଲଟ	=	ଲଟାଉଛି / ଲଟାଇନି

ଙ)　ବିଶେଷ୍ୟ କର୍ତ୍ତାପଦ ଭାବରେ କ୍ରିୟା ସାଧନ କରେ। ତା'ର କ୍ରିୟାସାଧନ ସରଳ ପ୍ରକ୍ରିୟାରେ ବା ଯୌଗିକ ପ୍ରକ୍ରିୟାରେ ହୋଇପାରେ। ସରଳ ପ୍ରକ୍ରିୟାରେ ବିଶେଷ୍ୟ ପଦାନୁସାରୀ କ୍ରିୟା ଏକକ କ୍ରିୟା ହୁଏ। ଯୌଗିକ ପ୍ରକ୍ରିୟାରେ ବିଶେଷ୍ୟ ଏକାଧିକ ପ୍ରକ୍ରିୟାରେ କାର୍ଯ୍ୟ ସାଧନ କଲେ କ୍ରିୟା ଯୌଗିକ ହୁଏ। ଯଥା –

ବିଶେଷ୍ୟର ସରଳ କ୍ରିୟାସାଧନ	**ବିଶେଷ୍ୟର ଯୌଗିକ କ୍ରିୟାସାଧନ**
ରମା ଉଠିଲା	ରମା ପଢ଼ିସାରିଥିଲା।
ରମା ଚାଲିଛି	ରମାର ଦେବାନେବା ଚାଲିଛି।
ଭଲରେ ସେ ଦିନ କାଟିଦେଲେ	ଭଲରେ ସେ ଦିନ ହସିଖେଳି କାଟିଦେଲେ।
ସବୁଦିନେ ସେ ଆସିଥା'ନ୍ତି	ସବୁଦିନେ ସେ ସାଇକେଲରେ ଯାଇଆସିଥା'ନ୍ତି।

ଚ)　ଅନେକ ସମୟରେ ଓଡ଼ିଆ ଭାଷାରେ ଚତୁର୍ଥୀ ବିଭକ୍ତିର ବା ସମ୍ବନ୍ଧସୂଚକ ସର୍ବନାମ ପଦ ବାକ୍ୟରେ ବିଶେଷଣ ବତ୍ ବିଶେଷ୍ୟ ପଦର ଗୁରୁତ୍ୱ ନିର୍ଣ୍ଣୟ କରିଥାଏ। ଯଥା-

ମୋ ଘର / ତା ବହି / କାହା କଥା / କେଉଁ ଜମି / ତାଙ୍କ ଗପ / କେଉଁମାନଙ୍କ ମତ ଓ ମନ୍ତବ୍ୟ / ଯେଉଁମାନଙ୍କ ବିଚାର / କେଉଁ ଗଛ...।

ଛ)　ଓଡ଼ିଆ ସଂଖ୍ୟାସୂଚକ ଗଣକ ପଦଗୁଡ଼ିକ ମଧ୍ୟ ବିଶେଷ୍ୟ ପଦ ପୂର୍ବରୁ ଉଦ୍ଦେଶ୍ୟ ବିଶେଷଣ ଭାବରେ ବସି ବିଶେଷ୍ୟକୁ ସ୍ୱତନ୍ତ୍ର ଅର୍ଥ ନିଷ୍ପତ୍ତିରେ ପ୍ରତିଷ୍ଠିତ କରାନ୍ତି। ଯଥା-

ହଳେ ବଳଦ / ଶହେ ବରଷ / ଅସରାଏ ବର୍ଷା / କିଲେ ଚାଉଳ / ବୁନ୍ଦେ ରକ୍ତ / ଟୋପାଏ ସିନ୍ଦୁର / ମୁଣ୍ଡାଏ ସୁନା...।

ଜ)　ଦୁଇଟି ବିଶେଷ୍ୟ ପଦକୁ ସଂଯୁକ୍ତ କରି ରହୁଥିବା ଅବ୍ୟୟ ରୂପ। ବିଭକ୍ତି ପ୍ରତ୍ୟୟ ଓ ସୂଚକ ଚିହ୍ନ ଆଦିର ବିଲୋପ ଘଟି ଓଡ଼ିଆରେ ଯୌଗିକ ବା ଯୁଗ୍ମ ବିଶେଷ୍ୟ ପଦ ଗଠିତ ହୁଏ।[୨୫] ଯଥା –

- ଓ – ଲୋପ - ପୋକ ଓ ଜୋକ = ପୋକଜୋକ (ସଂଯୁକ୍ତ ରୂପ)
- କୁ – ଲୋପ - ଘରକୁ ବାହୁଡ଼ା = ଘରବାହୁଡ଼ା
- ଙ୍କ / ପାଇଁ – ଲୋପ - ଦିଅଙ୍କ ପାଇଁ ଘର = ଦିଅଁଘର
- ଦ୍ୱାରା – ଲୋପ - ହାତ ଦ୍ୱାରା ତିଆରି = ହାତତିଆରି
- ର – ଲୋପ - ଫଳର ରସ = ଫଳରସ
- ରେ – ଲୋପ - ରାତିରେ ପିନ୍ଧା = ରାତିପିନ୍ଧା

■ ନିମିତ୍ତ - ଲୋପ - ପିଇବା ନିମନ୍ତେ ପାଣି = ପିଇବାପାଣି

ଝ) ଓଡ଼ିଆରେ ମୂଳ ଶବ୍ଦ ବା କ୍ରିୟାପଦର ପରେ ଅଥବା ପୂର୍ବରୁ ଉପସର୍ଗ – କୃଦନ୍ତ - ତଦ୍ଧିତ ପ୍ରତ୍ୟୟ ଯୋଗ କରାଯାଇ ଜଟିଳ ଓ ଯୌଗିକ ବିଶେଷ୍ୟ ପଦ ଗଠିତ ହୋଇଥାଏ।[୨୬]

ଯଥା – ଆଧୁନିକତା, ପ୍ରତ୍ୟାବର୍ତ୍ତନ, ଅଣଜାଳେଣି / ବିଜୟିନୀ / ବୈୟାକରଣିକ / ଐତିହାସିକ / କର୍ତ୍ତବ୍ୟ / ପ୍ରତ୍ୟୁତ୍ତର / ଅତୃପ୍ତିକର୍ତ୍ତୃକ।

ଲକ୍ଷ୍ୟ କରାଯାଉ – କାଲି ଯେଉଁ ବହି କିଣା ହୋଇଥିବା ବହିକୁ ପଢ଼ାଯାଉଛି। କାଲି କିଣା ହୋଇଥିବା ବହିଟିକୁ - ପଢ଼ାଯାଉଛି। ଏହି ବାକ୍ୟରୂପକ ବାଖ୍ୟାନଟିକୁ 'ସେଇ ବହି' ବିଶେଷ୍ୟ ପଦଟି ବୁଝାଇପାରୁଛି। ଏ ପ୍ରକାର ବିଶେଷ୍ୟକୁ ବ୍ୟାଖ୍ୟାନ ବିଶେଷ୍ୟ କୁହାଯାଏ। ଆଉ କେତେକ ଉଦାହରଣ –

■ ତୁମେ କାଲି ଯେଉଁ ୫ଟି କଥା କହିଥିଲ; ସେ କଥାଗୁଡ଼ିକୁ ଆଜି କହିଲି।

■ ଦାମ, ଶ୍ୟାମ ଓ କାମ, ଏ ତିନିହେଁ ଯେଉଁ କାର୍ଯ୍ୟ କରିଥିଲେ ସେଇ କାମକୁ ଅସ୍ୱୀକାର କରାଗଲା।

ଞ) ଓଡ଼ିଆରେ ଆଉ ଏକ ବିଶେଷ୍ୟ ପଦ ବିଶେଷଣାଶ୍ରିତ ହୋଇ ଆଖ୍ୟାନ ବିଶେଷ୍ୟ ରୂପେ ପ୍ରଚଳିତ।[୨୭] ଉଦାହରଣଟିକୁ ଲକ୍ଷ୍ୟ କରାଯାଉ – କାଲି ଯେଉଁ ବହି କିଣା ହୋଇଥିଲା ସେଇ ବହିକୁ ପଢ଼ାଯାଉଛି।

ବହିଟିକୁ - ପଢ଼ାଯାଉଛି। ଏହି ବାକ୍ୟାରୂପକ ବାଖ୍ୟାନଟିକୁ 'ସେଇ ବହି' ବିଶେଷ୍ୟ ପଦଟି ବୁଝାଇପାରୁଛି। ଏ ପ୍ରକାର ବିଶେଷ୍ୟକୁ ବ୍ୟାଖ୍ୟାନ ବିଶେଷ୍ୟ କୁହାଯାଏ। ଆଉ କେତେକ ଉଦାହରଣ –

■ ତୁମେ କାଲି ଯେଉଁ ୫ଟି କଥା କହିଥିଲା; ସେ କଥାଗୁଡ଼ିକୁ ଆଜି କହିଲି।

■ ଦାମ, ଶ୍ୟାମ ଓ କାମ ଏ ତିନିହେଁ ଯେଉଁ କାର୍ଯ୍ୟ କରିଥିଲେ _ ଅସ୍ୱୀକାର କରାଗଲା।

ଟ) ଓଡ଼ିଆରେ ଗୋଟିଏ ବିଶେଷ୍ୟ ପଦ ଭାବକୁ ନେଇ କ୍ରିୟା, ବିଶେଷଣ ଓ ଏପରିକି ଅବ୍ୟୟ ସୂଚକ ଅର୍ଥନିଷ୍ପତ୍ତି ମଧ୍ୟ କରିଥାଏ। ଯଥା–

■ ଘର (ବିଶେଷ୍ୟ) – ଘରୁ ଆଲୋକ (ବିଶେଷଣ)
ଘରକରଣା (କ୍ରିୟା)
ଘରଘର (ଅବ୍ୟୟସୂଚକ)
ପ୍ରତିଘର (ସମାସଗର୍ତ୍ତକ)

■ ପେଟ (ବିଶେଷ୍ୟ) – ସେ ଜଣେ ପେଟ ମଣିଷ (ବିଶେଷଣ)
ପେଟୁଆ ପିଲା (ବିଶେଷ୍ୟ)
ପେଟେଇଲାଣି (କ୍ରିୟା)

■ ସ୍ଥୂଳ – ତା'ର ସ୍ଥୂଳ ଶରୀର (ବିଶେଷଣ)
ସ୍ଥୂଳୀକରଣ (କ୍ରିୟାସୂଚକ)
ସ୍ଥୂଳତା (ବିଶେଷଣ)
ସ୍ଥୂଳତଃ (ଅବ୍ୟୟ)

ଠ) ବିଶେଷ୍ୟର ମୂଳରୂପ ବା ମୁକ୍ତରୂପିମରୁ ଅନେକ ଶବ୍ଦପୁଞ୍ଜ ବା ପାରିବାରିକ ସଗୋତ୍ରୀ ପଦ ବା ରୂପିମ ଗଠିତ ହୋଇପାରେ। ଯଥା– ଯନ୍ତ୍ର - ଯନ୍ତ୍ର, ଯନ୍ତ୍ରୀ, ଯାନ୍ତ୍ରିକ, ଯନ୍ତ୍ରାୟନୀ, ଯନ୍ତ୍ରତନ୍ତ୍ର, ଯନ୍ତ୍ରମଣିଷ, ଯନ୍ତ୍ରାୟିତ, ଯନ୍ତ୍ରଣା...

■

ସଂକେତ ସୂଚୀ:

୧. ମହାରଣା, ଚନ୍ଦ୍ରମୋହନ (ସ୍ୱର୍ଗତ): ଓଡ଼ିଆ ବ୍ୟାକରଣ, ଚନ୍ଦ୍ରମୋହନ ଗ୍ରନ୍ଥାବଳୀ, ୨୦୧୪, ପୃ.୨୯୧

୨. ତତ୍ରୈବ, ପୃ.୧୯୩

୩. ମିଶ୍ର, ହରପ୍ରସାଦ: ରୂପସୀ ଓଡ଼ିଆର ରୂପଚର୍ଚ୍ଚା, ବିଜୟିନୀ ପବ୍ଲିକେଶନ, କଟକ, ୨୦୧୨, ପୃ.୧୮୧

୪. ମହାପାତ୍ର, ବିଜୟ ପ୍ରସାଦ: ପ୍ରାଥମିକ ଓଡ଼ିଆ ବ୍ୟାକରଣ, ବିଦ୍ୟାପୁରୀ, ୨୦୦୭, ପୃ.୬୨-୬୩ (ଦ୍ରଷ୍ଟବ୍ୟ)

୫. ମହାପାତ୍ର, ବିଜୟ ପ୍ରସାଦ : ପ୍ରଚଳିତ ଓଡ଼ିଆ ଭାଷାର ଏକ ବ୍ୟାକରଣ, ବିଦ୍ୟାପୁରୀ, କଟକ, ୨୦୦୭, ପୃ.୭୪-୭୫

୬. ତତ୍ରୈବ

୭. ତ୍ରିପାଠୀ, ସନ୍ତୋଷ: ଓଡ଼ିଆ ବ୍ୟାକରଣ କଳନା, ନାଳନ୍ଦା, ୨୦୦୭, ପୃ.୩୦୫

୮. ତତ୍ରୈବ, ପୃ.୩୦୮

୯. ଦାସ, ନୀଳକଣ୍ଠ : ଓଡ଼ିଆ ବ୍ୟାକରଣ, ପଦବିଚାର, ୧୯୯୭, ପୃ.୩୫-୩୬ (ଦ୍ରଷ୍ଟବ୍ୟ)

୧୦. ତତ୍ରୈବ, ପୃ.୩୮

୧୧. ମିଶ୍ର, ହରପ୍ରସାଦ: ବ୍ୟାବହାରିକ ଓଡ଼ିଆ ବ୍ୟାକରଣ, ପ୍ରାଚୀ ପ୍ରତିଷ୍ଠାନ, କଟକ,୨୦୦୭, ପୃ.୮୪-୮୭ (ଦ୍ରଷ୍ଟବ୍ୟ)

୧୨. ମିଶ୍ର, ହରପ୍ରସାଦ: ରୂପସୀ ଓଡ଼ିଆର ରୂପଚର୍ଚ୍ଚା, ବିଜୟିନୀ ପବ୍ଲିକେଶନ, କଟକ, ୨୦୧୨, ପୃ.୧୯୯

୧୩. ଦଳାଇ, ଉପେନ୍ଦ୍ର ପ୍ରସାଦ: ଓଡ଼ିଆ ବ୍ୟାକରଣ ଓ ଏହାର ବ୍ୟାବହାରିକ ଦିଗ, ଏ.କେ. ମିଶ୍ର, କଟକ, ୨୦୧୩, ପୃ.୬୮

୧୪. ତତ୍ରୈବ, ପୃ.୬୯

୧୫. ଦାଶ, ସୂର୍ଯ୍ୟନାରାୟଣ : ଭାଷାବୋଧ ଓଡ଼ିଆ ବ୍ୟାକରଣ, ଉତ୍କଳ ସାହିତ୍ୟ ପ୍ରେସ୍‌ରେ ମୁଦ୍ରିତ, କଟକ, ୧୯୩୯, ପୃ.୯୫

୧୬. ତତ୍ରୈବ, ପୃ.୯୬

୧୭. ତତ୍ରୈବ, ପୃ.୯୭

୧୮. ତତ୍ରୈବ, ପୃ.୯୯

୧୯. ମହାପାତ୍ର, ଧନେଶ୍ୱର : ଓଡ଼ିଆ ଭାଷାତତ୍ତ୍ୱ : ବିଚାର ବିଶ୍ଳେଷଣ, ବିଜୟିନୀ ପବ୍ଲିକେଶନ, କଟକ, ୨୦୦୩, ପୃ.୫୮-୬୦

୨୦. (କ) ତତ୍ରୈବ, ପୃ.୧-୫

(ଖ) ଆଧୁନିକ ଓଡ଼ିଆ ବ୍ୟାକରଣ, କବିତା ମହଲ, କଟକ, ପଞ୍ଚମ ସଂସ୍କରଣ, ୨୦୧୩, ପୃ.୨୩

୨୧. ତତ୍ରୈବ, ପୃ.୫୮-୫୯

୨୨. (କ) ତତ୍ରୈବ, ପୃ.୨୩

(ଖ) ମିଶ୍ର, ହରପ୍ରସାଦ: ରୂପସୀ ଓଡ଼ିଆର ରୂପଚର୍ଚ୍ଚା, ବିଜୟିନୀ ପବ୍ଲିକେଶନ, କଟକ, ୨୦୧୨, ପୃ.୭୯

୨୩. ତ୍ରିପାଠୀ, ସନ୍ତୋଷ: ଓଡ଼ିଆ ବ୍ୟାକରଣ କଳନା, ନାଳନ୍ଦା, ୨୦୦୭, ପୃ.୩୦୫

୨୪. ମହାପାତ୍ର, ବିଜୟ ପ୍ରସାଦ: ପ୍ରାଥମିକ ଓଡ଼ିଆ ବ୍ୟାକରଣ, ବିଦ୍ୟାପୁରୀ, ୨୦୦୭, ପୃ.୭୦-୭୧

୨୫. ଦଳାଇ, ଉପେନ୍ଦ୍ର ପ୍ରସାଦ: ଓଡ଼ିଆ ବ୍ୟାକରଣ ଓ ଏହାର ବ୍ୟାବହାରିକ ଦିଗ, ଏ.କେ. ମିଶ୍ର, କଟକ, ୨୦୧୩, ପୃ.୭୭

୨୬. ଦାସ, ନୀଳକଣ୍ଠ : ଓଡ଼ିଆ ବ୍ୟାକରଣ, ୧୯୯୭, ପୃ.୯

ଉପସଂହାର

(ବିଶେଷ୍ୟ ପଦର ନିଷ୍କର୍ଷାୟିତ ବିଚାର)

୧. ଶବ୍ଦ, ପଦ ଓ ପଦର ଭିତ୍ତି:

ଆମେ ଆଗରୁ ଜାଣିଛେ ଯେ ଆମ ଓଡ଼ିଆ ଭାଷାରେ କେତେଗୁଡ଼ିଏ ଧ୍ୱନି ସଂକେତ ଆମ ସଂରଚନା ପଦ୍ଧତି ଅନୁସାରେ ପଦ୍ଧତିବଦ୍ଧ ହୋଇ ନିର୍ଦ୍ଦିଷ୍ଟ ଅର୍ଥ ପ୍ରକାଶ କଲେ ତାହାକୁ ଶବ୍ଦ କୁହାଯାଏ। ଶବ୍ଦର ଆଭିଧାନିକ ଅର୍ଥ ରହିଛି। ଭାଷାର ସର୍ବନିମ୍ନ ଅର୍ଥ ପ୍ରଦାନକାରୀ ରୂପକୁ 'ରୂପିମ' (Morpheme) କୁହାଯାଏ। ରୂପିମ ଦ୍ୱିବିଧ, ଅନ୍ୟ କାହାରି ସାହାଯ୍ୟ ନ ନେଇ ଅର୍ଥ ପ୍ରକାଶ କରୁଥିବା ସର୍ବନିମ୍ନ ଏକକ ରୂପିମକୁ 'ମୁକ୍ତ ରୂପିମ' କୁହାଯାଏ। ଯଥା– ଗଛ, ନଈ, ଗାଈ, ପାଣି ଇତ୍ୟାଦି। ଏଗୁଡ଼ିକ ସ୍ୱାଧୀନ ଭାବରେ ସ୍ୱତନ୍ତ୍ର ଅର୍ଥ ପ୍ରଦାନ କରନ୍ତି। ଅନ୍ୟର ସାହାଯ୍ୟ ନେଇ ଅର୍ଥ କାରକ ହେଉଥିବା ରୂପିମକୁ 'ଯୁକ୍ତ ରୂପିମ / ବଦ୍ଧରୂପିମ' କୁହାଯାଏ। ଯଥା –ଗଛ+ରେ = ଗଛରେ / ପାଣି+ଆ = ପାଣିଆ / ଗାଈ+ଆଳ = ଗାଈଆଳ। ଏଠାରେ ମୁକ୍ତରୂପିମ ଗଛ, ପାଣି, ଗାଈ ଇତ୍ୟାଦିରେ ରେ, ଆ, ଆଳ ଯୁକ୍ତ ହୋଇ ବ୍ୟାବହାରିକ ଓ ପ୍ରୟୋଜନ ଅର୍ଥ ନିର୍ଦ୍ଧାରଣ କରାଯାଇଛି। ତେଣୁ ଶବ୍ଦର ମୂଳ ରୂପରେ କେତେକ ଆଧାର ରୂପ ଗ୍ରହଣ ଓ ସଂଯୁକ୍ତ କରାଯାଇ ଆବଶ୍ୟକୀୟ ଅର୍ଥରେ ଶବ୍ଦ ତିଆରି କରାଯାଏ। ଯେଉଁ ରୂପିମ ମାଧ୍ୟମରେ ଶବ୍ଦ ତିଆରି କରାଯାଏ ସେଗୁଡ଼ିକ ଚାରିଭାଗରେ ବିଭକ୍ତ ପ୍ରକୃତି, ପ୍ରତ୍ୟୟ, ବିଭକ୍ତି ଓ ଅବ୍ୟୟ।

୨. ପ୍ରକୃତି:

ଶବ୍ଦର ମୂଳରୂପକୁ ପ୍ରକୃତି କୁହାଯାଏ। ପ୍ରକୃତି ମୁକ୍ତ ରୂପିମ ବା ଯୁକ୍ତ ରୂପିମ ହୋଇପାରେ। ଏକ ରୂପିମ ବିଶିଷ୍ଟ ପ୍ରକୃତିକୁ ସରଳ ପ୍ରକୃତି ଓ ଏକାଧିକ ରୂପିମଯୁକ୍ତ ପ୍ରକୃତିକୁ ବ୍ୟୁତ୍ପନ୍ନ ପ୍ରକୃତି କୁହାଯାଏ। ଯଥା- 'ଖେଳ୍' ଏକ ପ୍ରକୃତି। ଏଥିରେ ଆଳି ଯୋଗ କରାଗଲା – ଖେଳ+ଆଳି = ଖେଳାଳି – ଏହା ଏକ ସରଳ ପ୍ରକୃତି ଏବଂ ଯୁକ୍ତ ରୂପିମମୂଳା ସରଳ ପ୍ରକୃତି। 'ଖେଳାଳି' ସରଳ ପ୍ରକୃତିରେ 'ମାନେ' ଯୋଗ କରାଗଲା ପରେ ଗୋଟିଏ ନୂଆ ପ୍ରକାର ଶବ୍ଦ ଗଠିତ ହେଲା- ଖେଳାଳି+ମାନେ = ଖେଳାଳିମାନେ।

'ଖେଳ' ମୂଳ ପ୍ରକୃତିରୁ ଆଳି ଓ ମାନେ ସଂଯୁକ୍ତ ହୋଇ 'ଖେଳାଳିମାନେ' ଶବ୍ଦଟି ବ୍ୟୁତ୍ପାଦିତ ହେବାରୁ ଏହାକୁ 'ବ୍ୟୁତ୍ପନ୍ନ ପ୍ରକୃତି' କୁହାଯାଏ। ମୂଳ ପ୍ରକୃତିକୁ 'ପ୍ରାତିପଦିକ'କୁ କୁହାଯାଏ। ଯଦି ଶବ୍ଦର ମୂଳ ରୂପ କ୍ରିୟାସୂଚକ ହୋଇଥାଏ ତାହାକୁ 'ଧାତୁ' କୁହାଯାଏ।

୩. ପ୍ରତ୍ୟୟ:

ମୂଳ ପ୍ରକୃତି ବା ପ୍ରାତିପଦିକରେ ଅ, ଆ, ଇନ୍, ଇକ, ଯ, ଇ, ଈ, ତ, ଆଳ ଇତ୍ୟାଦି ଅର୍ଥହୀନ ଯୋଜନୀୟ ବର୍ଣ୍ଣ ଓ ବର୍ଣ୍ଣ ସମଷ୍ଟି ମିଶି ନୂଆ ଶବ୍ଦ ତିଆରି କରନ୍ତି। ଏଗୁଡ଼ିକ ମୂଳ ପ୍ରକୃତି ବା ସରଳ ପ୍ରକୃତିରେ ଯୋଗ ହେଉଥିବାରୁ ଏଗୁଡ଼ିକ ବଦ୍ଧରୂପିମ ବା ଯୁକ୍ତରୂପିମ କୁହାଯାଏ। ସରଳ ପ୍ରକୃତି ସହିତ ଯୁକ୍ତ ହୋଇ ଏଗୁଡ଼ିକ ବ୍ୟୁତ୍ପନ୍ନ ପ୍ରକୃତିର ଶବ୍ଦ ନିର୍ମାଣ କରନ୍ତି। ଯଥା –

ସରଳ ପ୍ରକୃତି	+	ପ୍ରତ୍ୟୟ	= ନୂଆଶବ୍ଦ / ବ୍ୟୁତ୍ପନ୍ନ ପ୍ରକୃତି
ଗାତ	+	ଉଆ	= ଗାତୁଆ
ଦେଖ୍	+	ଆ	= ଦେଖା
ଧର୍	+	ଆଳି	= ଧରାଳି
ସୁନ୍ଦର	+	ଯ	= ସୌନ୍ଦର୍ଯ୍ୟ

୪. ବିଭକ୍ତି:

ମୂଳ ପ୍ରତିପାଦିକ ଶବ୍ଦ ଅଥବା ଧାତୁ ଯେଉଁ ନିରର୍ଥକ ଯୋଜନୀୟ ବର୍ଣ୍ଣ ସଂଯୋଗରେ ଆସି ପ୍ରକୃତ ସ୍ୱରୂପରେ ପରିବର୍ତ୍ତନ ଘଟାଇଥାନ୍ତି ତାହାକୁ 'ବିଭକ୍ତି' କୁହାଯାଏ। ବିଭକ୍ତି ପ୍ରତ୍ୟୟପରି ବଦ୍ଧରୂପମ, ପ୍ରାତିପାଦିକ ସହିତ ବା ସରଳ / ବ୍ୟୁତ୍ପନ୍ନ ପ୍ରକୃତି ସହିତ କୁ, ଙ୍କୁ, ରେ, ପରେ, ଧିରେ, ମାନେ, ମାନଙ୍କୁ, ର ଇତ୍ୟାଦି ନିରର୍ଥକ ବିଭକ୍ତିବାଚକ ଯୋଜନୀୟ ଗୁଡ଼ିକ ଯୋଗ ହୋଇ ନୂଆ ଶବ୍ଦ ଗଠନ କରନ୍ତି। ସେହିପରି ବଦ୍ଧ ପ୍ରକୃତି ବା ଧାତୁ ସହିତ ଇବ, ଉଅଛି, ଇଲ, ଇଥିଲି, ଲା, ଲେ ଇତ୍ୟାଦି ଯୋଜନୀୟ ପ୍ରତ୍ୟୟ ଦ୍ୱାରା କ୍ରିୟାବାଚକ ଶବ୍ଦ ଗଠିତ ହୋଇଥାଏ। ଯଥା –

ମୂଳ ପ୍ରାତିପଦିକ / ବଦ୍ଧ ପ୍ରକୃତି	ବିଭକ୍ତି ଯୋଜନୀୟ ବର୍ଣ୍ଣ	ଶବ୍ଦବିଭକ୍ତି / ଧାତୁମୂଳକ ବିଭକ୍ତି ମୂଳକ ନୂଆଶବ୍ଦ
ପିଲା	ମାନଙ୍କୁ	ପିଲାମାନଙ୍କୁ
ଗଛ	ରୁ	ଗଛରୁ
ଦେଖା	ଆଳି+କୁ	ଦେଖାଳିକୁ
ଖା	ଇଲ / ଇଲା	ଖାଇଲ / ଖାଇଲା
ଭବ୍	ଇବ / ଇଲା	ଭାବିବ / ଭାବିଲା

୫. ଅବ୍ୟୟ:

ଭାବବିନିମୟ ଓ ବକ୍ତା ଶ୍ରୋତାଙ୍କ ଯୋଗାଯୋଗ କ୍ଷେତ୍ରରେ ଭାଷା ପଦ୍ଧତିରେ କେତେକ ଶବ୍ଦ କୌଣସି ଅବସ୍ଥାରେ ପରିବର୍ତ୍ତନକୁ ସ୍ୱୀକାର ନକରି ଅପରିବର୍ତ୍ତିତ ଧର୍ମରେ ବ୍ୟବହୃତ ହୋଇଥାନ୍ତି। ଏଗୁଡ଼ିକ 'ଅବ୍ୟୟ' କୁହାଯାଏ। ଯଥା –ଯଦି, ଓ, ଆଉ, ବି, ଅବା, ନା, ବିନା, କି, ଇତ୍ୟାଦି।

୬. ଏଠାରେ ସ୍ମରଣଯୋଗ୍ୟ:

- ମୂଳ ପ୍ରକୃତିରେ (ସରଳ ପ୍ରକୃତି / ବ୍ୟୁତ୍ପନ୍ନ ପ୍ରକୃତି / ବଦ୍ଧ ପ୍ରକୃତି / ମୁକ୍ତ ପ୍ରକୃତି) ବିଭକ୍ତି ଯୋଗ ହୋଇ ଶବ୍ଦ ଗଠିତ ହୁଏ।
- ଯେଉଁ ବର୍ଣ୍ଣ ବା ବର୍ଣ୍ଣ ସମଷ୍ଟି କାର୍ଯ୍ୟ / କ୍ରିୟା ସୂଚକ ହୋଇଥାଏ ତାହାକୁ 'ଧାତୁ' କୁହାଯାଏ।
- ଧାତୁରେ ବିଭକ୍ତି ଯୋଗ ହୋଇ ନୂଆ ଶବ୍ଦ ଗଠିତ ହେଲେ ତାହାକୁ 'ଧାତୁ ବିଭକ୍ତି' ଓ ପ୍ରତ୍ୟୟ ଯୋଗ ହୋଇ ଶବ୍ଦ ଗଠିତ ହେଲେ ତାହାକୁ 'କୃଦନ୍ତ' କୁହାଯାଏ।
- ପ୍ରାତିପଦିକ ବା ମୁକ୍ତ ପ୍ରକୃତିଗୁଡ଼ିକ ସର୍ବଦା ବିଶେଷ୍ୟ / ବିଶେଷଣ ଓ ସର୍ବନାମ ହୋଇଥାନ୍ତି ଓ ବଦ୍ଧ ପ୍ରକୃତିଗୁଡ଼ିକ 'ଧାତୁ' ହୋଇଥାନ୍ତି।
- ପ୍ରାତିପଦିକରେ ବିଭକ୍ତି ଯୋଗ ହୋଇ ନୂଆ ଶବ୍ଦ ଗଠିତ ହେଲେ ତାହାକୁ ବିଭକ୍ତିମୂଳ ଶବ୍ଦ ବା ଶବ୍ଦବିଭକ୍ତି କୁହାଯାଏ। ପ୍ରାତିପଦିକ ବା ମୁକ୍ତ ପ୍ରକୃତିରେ ପ୍ରତ୍ୟୟ ଯୋଗ ହେଲେ ତାହାକୁ 'ତଦ୍ଧିତ' କୁହାଯାଏ।
- ସମଷ୍ଟିଗତ ପଦ୍ଧତିରେ ନ ରହି ଏକକ ଭାବରେ ଅର୍ଥଯୁକ୍ତ ହୋଇରହିଥିବା ଏସବୁ ମୂଳ ପ୍ରକୃତି ଓ ବ୍ୟୁତ୍ପନ୍ନ ପ୍ରକୃତି କେବଳ 'ଧାତୁ' / 'ଶବ୍ଦ' ଭାବରେ ଅଭିହିତ ହୁଅନ୍ତି।
- ବିଭକ୍ତିଯୁକ୍ତ ହୋଇ ଧାତୁ ଓ ଶବ୍ଦରୂପ ବାକ୍ୟରେ ଭାବାନୁସାରୀ ହୋଇ ବ୍ୟବହୃତ ହେଲେ 'ପଦ' ବାଚ୍ୟ ହୋଇଥାଏ।
- ଶ୍ରୀକ୍ଷେତ୍ର, ଶ୍ରେଷ୍ଠ, ଚାରି, ଧାମ, ମଧ୍ୟରେ – ଏସବୁ କେବଳ ଗୋଟିଏ ଗୋଟିଏ ଶବ୍ଦ। 'ଶ୍ରୀକ୍ଷେତ୍ର ଚାରିଧାମ ମଧ୍ୟରେ ଶ୍ରେଷ୍ଠ' – ଏହାଏକ ବାକ୍ୟ ଓ ବାକ୍ୟରେ ଏହି ଶବ୍ଦଗୁଡ଼ିକ ପରସ୍ପର ସହ ସମ୍ବନ୍ଧ ସୂତ୍ରରେ ରହି ପୂର୍ଣ୍ଣଭାବ ପ୍ରକାଶ କରୁଥିବାରୁ ଏକ ଏକ ପଦ ରୂପରେ ଗ୍ରହଣ ଯୋଗ୍ୟ ହୋଇଥାଏ।

୭. ପଦ ବିଭାଗ:

ଆମେ ଭାବବିନିମୟବେଳେ ଆମ ଭାଷାରେ ଯେତେ ପ୍ରକାର ବାକ୍ୟ ଓ ବାକ୍ୟରେ ଯେତେ ପ୍ରକାର ପଦ ବ୍ୟବହାର କରିଥାଉ ସେସବୁ ପଦକୁ ପାଞ୍ଚ ଭାଗରେ

ବିଭକ୍ତ କରାଯାଏ। ଯଥା- ବିଶେଷ୍ୟ, ସର୍ବନାମ, ବିଶେଷଣ, କ୍ରିୟା ଓ ଅବ୍ୟୟ। ବାକ୍ୟରେ ଏସବୁ ପଦ ଗୁଣ ଦୃଷ୍ଟିରୁ ବିଭିନ୍ନ ଭାବରେ (କର୍ତ୍ତା / କର୍ମ / କ୍ରିୟା / ସଂଯୋଜକ / ବିଶେଷତ୍ୱକରଣ) ବ୍ୟବହୃତ ହୋଇଥାଏ।

୮. **ବିଶେଷ୍ୟ ପଦ:**

ବାକ୍ୟରେ ବ୍ୟବହୃତ ପଦ କୌଣସି ପ୍ରକାର ସଂଜ୍ଞା ସଂକେତ ହୋଇଥାଏ ବା ନାମକୁ ବୁଝାଏ, ତେବେ ତାହାକୁ 'ବିଶେଷ୍ୟ ପଦ' କୁହାଯାଏ। ବାକ୍ୟସ୍ଥ ବିଶେଷ୍ୟ ପଦଗୁଡ଼ିକ ମୁଖ୍ୟତଃ ପ୍ରାତିପଦିକ। ଏ ପ୍ରକାର ପଦ ପ୍ରଥମା ବିଭକ୍ତିରୁ ସପ୍ତମୀ ବିଭକ୍ତି ପର୍ଯ୍ୟନ୍ତ ପ୍ରତ୍ୟେକ ବିଭକ୍ତିର ଭାବ ଓ ପ୍ରତ୍ୟୟକୁ ଗ୍ରହଣ କରି ଅର୍ଥନିଷ୍ଠ ହୋଇଥାଏ। ଯଥା – ପିଲାଟି / ପିଲାଟିକୁ / ପିଲାଟି ଦ୍ୱାରା / ପିଲାଟିଠାରୁ / ପିଲାଟିର / ପିଲାଟିଠାରେ। ବିଶେଷ୍ୟ ପଦକୁ ବାକ୍ୟରେ ଏହାର ପ୍ରାୟୋଗିକ ଭାବାର୍ଥ ଦୃଷ୍ଟିରୁ ପାଞ୍ଚ ଭାଗରେ ବିଭକ୍ତ କରାଯାଏ। ଯଥା –

(କ) ନିର୍ଦ୍ଦିଷ୍ଟ ଭାବରେ ଜଣକର ବା ଗୋଟିକର (ମନୁଷ୍ୟ / ପ୍ରାଣୀ / ଜଡ ସ୍ୱରୂପ) ନାମ ବୁଝାଇଲେ – ବ୍ୟକ୍ତିବାଚକ / ପ୍ରାଣୀବାଚକ / ସଂଜ୍ଞାବାଚକ ବିଶେଷ୍ୟ କୁହାଯାଏ / ପୁରୀ, ମହାଭାରତ, ଶ୍ରୀଜଗନ୍ନାଥ, ଉତ୍କଳ, କପିଳାସ, ହଳଦୀବସନ୍ତ, କୋଣାର୍କ।

(ଖ) ବସ୍ତୁର ନାମ ବୁଝାଇଲେ ତାହାକୁ 'ବସ୍ତୁବାଚକ ବିଶେଷ୍ୟ' କୁହାଯାଏ। ସୁନା, ମାଟି, ଲୁହା, ତେଲ।

(ଗ) ଜାତିର ନାମ (ବର୍ଗ / ସମୂହ / ପ୍ରଜାତିକ) ବୁଝାଗଲେ 'ଜାତିବାଚକ ବିଶେଷ୍ୟ' ହୁଏ। ପର୍ବତ, ଗ୍ରାମ, ଦେଶ, ପଶୁ, ନଦୀ, ବହି। ଏଠାରେ ସ୍ମରଣ ଯୋଗ୍ୟ – 'ଜାତି' ନିର୍ଦ୍ଦିଷ୍ଟକୁ ନ ବୁଝାଇ ସମୂହକୁ ବୁଝାଏ। ନାମବାଚକ ନିର୍ଦ୍ଦିଷ୍ଟକୁ ବୁଝାଏ। ବସ୍ତୁକୁ ଯେତେ ଭାଗ ଭାଗ କଲେ ବି ତା'ର ନାମ ଅପରିବର୍ତ୍ତିତ ହୁଏ। ଜାତିବାଚକ ବିଶେଷକୁ ଟିକିଟିକି ବା ଭାଗ ଭାଗ କଲେ ତା'ର ନାମ ପରିଚିତ ବଦଳିଯାଏ।

(ଘ) ଭଲ ହେଉ ବା ମନ୍ଦ ହେଉ ନିର୍ଦ୍ଦିଷ୍ଟଗୁଣ ବା ଅବସ୍ଥାର ନାମକୁ ବୁଝାଇଲେ ଗୁଣବାଚକ ବିଶେଷ୍ୟ ହୁଏ। ଦୟା, ଭକ୍ତି, କ୍ଷମା, ଦୁଷ୍ଟାମୀ, ସୁଖ, ଦୁଃଖ, ସୌନ୍ଦର୍ଯ୍ୟ ଇତ୍ୟାଦି।

(ଙ) କୌଣସି ପଦ କ୍ରିୟା ନ ହୋଇ କ୍ରିୟା ସଂପାଦନ ନ କରି କ୍ରିୟାର କାର୍ଯ୍ୟଭିତ୍ତିକ ନାମ ପ୍ରକାଶ କଲେ ତାହା 'କ୍ରିୟାବାଚକ ବିଶେଷ୍ୟ' ହୁଏ। ପହଁରିବା, ଦଉଡ଼ିବା, ପାଠ, ଖିଆପିଆ, ଦେବା, ଗତି, କାଣିବା, ଗମନ, ଗଢଣ।

■ ଏଠାରେ ସ୍ମରଣଯୋଗ୍ୟ - ପ୍ରୟୋଗ ଅନୁସାରେ କ୍ରିୟାର ଭାଗବତ ସ୍ଥାନ ଏହାକୁ ବିଶେଷ୍ୟ ବା କେବଳ କ୍ରିୟାପଦ କରିଦିଏ। ଯଥା - ଦଉଡ଼ିବାଠାରୁ ଭଲ ବ୍ୟାୟାମ ନାହିଁ। କ୍ରିୟାବାଚକ ବିଶେଷ୍ୟ। ଆମେ ସାଙ୍ଗହୋଇ ଦଉଡିବା – କ୍ରିୟାପଦ।

■ ସାଧାରଣତଃ ଯେଉଁ କ୍ରିୟା ସାଧନଯୋଗ୍ୟ ବା ସାଧ୍ୟ ତାହା କ୍ରିୟାପଦ ଏବଂ ଯାହା ସାଧିତ ହୋଇଛି ବା ସିଦ୍ଧ କ୍ରିୟା ତାହା କ୍ରିୟାବାଚକ ବିଶେଷ୍ୟ।

୯. **ବିଶେଷ୍ୟର ବ୍ୟାବହାରିକ ଦିଗ:**

ପ୍ରତ୍ୟେକ ବିଶେଷ୍ୟପଦ ବାକ୍ୟରେ ତୃତୀୟପୁରୁଷ ହୁଏ। ଏଗୁଡ଼ିକର ଏକବଚନ ରୂପ ବହୁବଚନ ରୂପ ହେଲେ ତିର୍ଯ୍ୟକ ରୂପ ହୋଇଥାଏ। ବିଶେଷ୍ୟ ପୂର୍ବରୁ, ସବୁ, ସମସ୍ତ, ସର୍ବ, ସକଳ ଏବଂ ପରେ, ଏ, ମାନେ, ମାନ, ଗୁଡ଼ିଏ, ଗୁଡ଼ିକ, ବୃନ୍ଦ, ଗଣ, ଚୟ, ସମୂହ ଇତ୍ୟାଦି ଯୋଗ ହେଲେ ତାହା ବହୁବଚନ ହୋଇଯାଏ। ଗଛ – ସବୁଗଛ – ଗଛଗୁଡ଼ିକ।

■ ବିଶେଷ୍ୟ ପୁନଃପୁନଃ ବ୍ୟବହୃତ ହେଲେ ବା ଦ୍ୱିତ୍ୱ ହେଲେ ବହୁବଚନ ହୁଏ। ଘରଘର / ଗ୍ରାମଗ୍ରାମ / ଜଣଜଣ / ମଣିଷମଣିଷ।

■ କ୍ରିୟାପଦ ବହୁ ବଚନାନ୍ତ ହୋଇଥିଲେ ବିଶେଷ୍ୟର ପୂର୍ବରୁ ବା ପରେ ବହୁବଚନାର୍ଥକ ପ୍ରତ୍ୟୟ ଲାଗେ ନାହିଁ। ଯଥା - ପିଲା ଆସୁଛନ୍ତି, ଗୋରୁ ଚରୁଛନ୍ତି।

■ ନଦୀ, ଗଛ, ସ୍କୁଲ, ବସ୍, ଗାୟକ ଇତ୍ୟାଦି ବିଶେଷ୍ୟ ପଦ ଦେଖାଯାଉଥିବାରୁ ଏଗୁଡ଼ିକୁ 'ମୂର୍ତ୍ତ ବିଶେଷ୍ୟ' ଓ ନମ୍ରତା, କରୁଣା, ଶାନ୍ତି, ଚିନ୍ତା, ଦାରିଦ୍ର୍ୟ, ଶ୍ରବଣ ଇତ୍ୟାଦି ଗୁଣବାଚକ, ଅବସ୍ଥା ବାଚକ ବିଶେଷକୁ ଦେଖି ହେଉନଥିବାରୁ ଏଗୁଡ଼ିକୁ 'ଅମୂର୍ତ୍ତ ବିଶେଷ୍ୟ' କୁହାଯାଏ।

■ ସମଷ୍ଟିବାଚକ ପଦଗୁଡ଼ିକର 'ବିଶେଷ୍ୟ' ରୂପକ ବ୍ୟବହାରରେ ବହୁବଚନାନ୍ତ ପ୍ରତ୍ୟୟ ଲାଗେ ନାହିଁ। ଜନତା, ସେନା, ବୃଷ୍ଟି, ପଲ, ପୁଂଜ।

■ ସମସ୍ତ ପ୍ରକାର ବିଶେଷ୍ୟକୁ ପ୍ରାଣୀବାଚକ ଓ ଅପ୍ରାଣୀବାଚକ – ଏପରି ଦୁଇଭାଗରେ ଗ୍ରହଣ କରାଯାଇପାରେ।

୧୦. ବିଶେଷ୍ୟ ସମ୍ବନ୍ଧୀ ମୀମାଂସା ପରିସର: ଉପର୍ଯ୍ୟୁକ୍ତ ଆଲୋଚନାରୁ ଏହା ସ୍ପଷ୍ଟ ହୁଏ ଯେ -

■ ଆମ ଭାଷାରେ ବ୍ୟବହୃତ ତଥା ଆଭିଧାନିକ ସ୍ୱୀକୃତିପ୍ରାପ୍ତ ୨ଲକ୍ଷ ୩୦ ହଜାରରୁ ଅଧିକ ଶବ୍ଦ ମଧ୍ୟରେ ବିଶେଷ୍ୟ ପଦର ବ୍ୟବହାର ସବୁଠାରୁ ଗୁରୁତ୍ୱପୂର୍ଣ୍ଣ ଓ ଅଧିକ।

- ପ୍ରାଧାନ୍ୟ, ବିସ୍ତାରକ ଓ କର୍ତ୍ତୃତ୍ୱ ପ୍ରତିପାଦକ ବିଶେଷ୍ୟ ପଦକୁ ବ୍ୟକ୍ତି, ପ୍ରାଣୀ, ବସ୍ତୁ, ଅବସ୍ଥା, କର୍ମ, ସ୍ମୃତି, ଚିନ୍ତା, କ୍ରିୟା, ଗୁଣ, ଓ ଭାବାନୁସାରେ ଆମେ ଏକ ଏକ ସଂଜ୍ଞା ପ୍ରଦାନ କରି ବ୍ୟବହାର କରିଥାଉ।
- ପୁନଶ୍ଚ ଏଗୁଡ଼ିକ ବିଭକ୍ତିଯୁକ୍ତ ହୋଇ ବହୁପାକ୍ଷିକ ଅର୍ଥକାରକ ହୋଇଥାନ୍ତି।
- ପରିମାଣ, ସଂଖ୍ୟା, ଜାତି, ଅବସ୍ଥା, ବସ୍ତୁକୁ ନେଇ ଏଗୁଡ଼ିକୁ ସଜୀବ ଓ ନିର୍ଜୀବ / ପ୍ରାଣୀବାଚକ ଓ ଅପ୍ରାଣୀବାଚକ / ଗଣନୀୟ ଓ ଅଗଣନୀୟ ବିଶେଷ୍ୟ ରୂପେ ପ୍ରଚଳନ କରାଯାଇଥାଏ।
- ବିଶେଷ୍ୟଗୁଡ଼ିକ ଅନ୍ୟ ପଦ (କ୍ରିୟା, ସର୍ବନାମ, ବିଶେଷଣାଦି) ସହିତ ମଧ୍ୟ ସଂପୃକ୍ତ ହୋଇପାରନ୍ତି।
- ବିଶେଷ୍ୟର ନାସ୍ତିବାଚକ ଓ ଅସ୍ତିବାଚକ ବ୍ୟବହାର ବି ରହିଛି।
- ବିଶେଷ୍ୟ ଅନ୍ୟ ବିଶେଷ୍ୟ ସହିତ ସାପେକ୍ଷ ଓ ବିପରୀତ ଧର୍ମରେ ବି ମିଶିପାରେ।

ଓଡ଼ିଆ ଭାଷା ଆଲୋଚନା କ୍ଷେତ୍ରରେ ଆମ୍‌ସ୍‌ସର୍ଟନଙ୍କଠାରୁ ଆରମ୍ଭ କରି 'କୀରମୋହନ, ରାଧାନାଥ, ଚନ୍ଦ୍ରମୋହନ, ନୀଳକଣ୍ଠ, ଗୋପୀନାଥ, ସୂର୍ଯ୍ୟନାରାୟଣ, କହ୍ନେଇଚରଣ, କୁଞ୍ଜବିହାରୀ, ବେଣୀମାଧବ, ବିଜୟ ପ୍ରସାଦ, ଦେବୀପ୍ରସନ୍ନ, ଗଗନେନ୍ଦ୍ର ନାଥ, ପଞ୍ଚାନନ, ପ୍ରଫୁଲ୍ଲ, ଉପେନ୍ଦ୍ର, ହରପ୍ରସାଦ ଓ ସନ୍ତୋଷଙ୍କ ପର୍ଯ୍ୟନ୍ତ ପ୍ରତ୍ୟେକ ବ୍ୟାକରଣକାର ଓ ଭାଷାବିତ୍ ବିଶେଷ୍ୟପଦର ଶୃଙ୍ଖଳା ସମ୍ପର୍କରେ ଆଲୋଚନା କରିଛନ୍ତି। ଏମାନଙ୍କ ଆଲୋଚନାକୁ ଆଧାର କରି ଓଡ଼ିଆ ଭାଷାର ବିଶେଷ୍ୟ ପଦର ଗୁଣାତ୍ମକ, ପରିମାଣାତ୍ମକ ଓ ପ୍ରୟୋଗାତ୍ମକ ଆଲୋଚନା ଏଥିରେ ଗବେଷଣାତ୍ମକ ଦୃଷ୍ଟିକୋଣରୁ ସାଧିତ ହୋଇଛି। ଅଧିକାଂଶ ଭାଷାବିଦ୍ୱାନ ଓ ବ୍ୟାକରଣକାର ବିଶେଷ୍ୟ ପଦର ପରିଭାଷା, ପ୍ରକାରଭେଦ ଏବଂ ଏହାର ବାକ୍ୟାଶ୍ରିତ ପ୍ରଚଳନ ସମ୍ବନ୍ଧରେ ବିସ୍ତର ଆଲୋଚନା ନିର୍ଦ୍ଦିଷ୍ଟ କରିଛନ୍ତି। ଏମାନେ ଆଲୋଚନାକୁ ଆଧାର କରି ଓଡ଼ିଆ ଭାଷାର ବିଶେଷ୍ୟ ପଦର ଗୁଣାତ୍ମକ, ପରିମାଣାତ୍ମକ, ବ୍ୟାବହାରିକ, ସଂରଚନାତ୍ମକ ଓ ପ୍ରୟୋଗାତ୍ମକ ଦିଗକୁ ଏହି ପ୍ରକଳ୍ପାୟିତ ସନ୍ଦର୍ଭରେ ନିର୍ଣ୍ଣୟାତ୍ମକ ସିଦ୍ଧାନ୍ତ ନିର୍ଦ୍ଧାରଣ କରାଯାଇଛି। ଏହା ଯେ ପୂର୍ଣ୍ଣାଙ୍ଗ ତାହା ନୁହେଁ। ଭବିଷ୍ୟତରେ ଓଡ଼ିଆ ବିଶେଷ୍ୟ ପଦ ବିସ୍ତର ଓ ବାଖ୍ୟାତ୍ମକ ମୀମାଂସା ଧାରାରେ ଏହି ଗବେଷଣାତ୍ମକ ସନ୍ଦର୍ଭ ପଥିକୃତ ପ୍ରେରଣାଟିଏ ଦେବ।

ଏକ ମର୍ମରେ ଓଡ଼ିଆ ବିଶେଷ୍ୟପଦ ସମ୍ପର୍କରେ କେତେକ ନିଷ୍କର୍ଷାୟିତ ମନୋଜ୍ଞ ଧାରଣା ପ୍ରଦାନ କରାଯାଉଅଛି।

୧୧. ବିଶେଷ୍ୟ ସମ୍ବନ୍ଧୀୟ ନିଷ୍କର୍ଷ:

ଓଡ଼ିଆ ଭାଷାର ନାସ୍ତିବାଚକ / ଅସ୍ତିବାଚକ / ପ୍ରଶ୍ନବାଚକ / କର୍ତ୍ତୃ-କର୍ମ

ସୂଚକ ଓ କ୍ରିୟାସାଧନ ପ୍ରକ୍ରିୟା ଭିତ୍ତିକ ହୋଇ ଯେତେଗୁଡ଼ିଏ ଶବ୍ଦ ବ୍ୟବହୃତ ହୁଏ ତାହାର ବାକ୍ୟ ଅଂଶୀ ରୂପକୁ ପଦ (Part of speech) କୁହାଯାଏ। ବିଶେଷଣ, ଅବ୍ୟୟ, କ୍ରିୟା, ସର୍ବନାମ ଆଦି ସମସ୍ତ ପ୍ରକାର ପଦକୁ ସ୍ୱ-ଶୃଙ୍ଖଳାରେ ଅନୁବନ୍ଧିତ କରି ବିଶେଷ୍ୟ (Noun) ପଦ ବା କର୍ମ, ବୃତ୍ତି, ଜାତି, ଗୁଣ, ଭାବ, ଅବସ୍ଥାଦିର ସଂଜ୍ଞାବାଚକ ନାମ ବା ସାଂକେତିକ ପଦ ଭାବରେ ଆପଣାର ଗୁରୁତ୍ୱ ପ୍ରତିପାଦନ କରିଆସିଛି। ସବୁ ପଦକୁ ନିୟନ୍ତ୍ରଣରେ ରଖୁଥିବାରୁ ବିଶେଷ୍ୟ ପଦ ମୁଖ୍ୟ ପଦର ଗୌରବ ପାଇଛି। କୌଣସି ଗୋଟିଏକୁ ସ୍ୱତନ୍ତ୍ର ଭାବରେ ଓ ସମଷ୍ଟିଗୁଣରେ ନିର୍ଦ୍ଦିଷ୍ଟ କରି ସୂଚାଇବାର ଭାଷିକ ଅଧ୍ୟୟନକୁ ଅଙ୍କନ ପଦ୍ଧତି ଓ ଏହାର ଶୃଙ୍ଖଳିତ ମୀମାଂସାକୁ ସଂଜ୍ଞାସୂଚକ ଭାଷିକ ସମୀକ୍ଷା (Notational system / Name study) କୁହାଯାଏ। ଏହି ନାମ ସୂଚକ ଅଧ୍ୟୟନ ବିଧାନ ଓ ଅନୁବିଧି ଦିଗରୁ ବିଶେଷ୍ୟକୁ ବ୍ୟକ୍ତି, ସ୍ଥାନ, ବସ୍ତୁ, ଭାବାଦିର ସାଂକେତିକ ଅର୍ଥକର୍ତ୍ତୃକ ନାମକୁ ବା ସଂଜ୍ଞାକୁ ବୁଝାଏ। ରୂପାତ୍ମକ ଦିଗରୁ ବିଶେଷ୍ୟ ବଚନ ଓ ଲିଙ୍ଗ ଅନୁସାରେ / ମୂର୍ତ୍ତ-ଅମୂର୍ତ୍ତ ଅନୁସାରେ / ପ୍ରାଣୀ-ଅପ୍ରାଣୀ ଅନୁସାରେ / ଗଣନୀୟ - ଅଗଣନୀୟ ଅନୁସାରେ ପ୍ରଭେଦ କ୍ରମରେ ପ୍ରଚଳିତ ହୁଏ। ପ୍ରଭେଦଗୁଡ଼ିକୁ ଓଡ଼ିଆ ଭାଷାରେ ବ୍ୟକ୍ତି-ଜାତି-ବସ୍ତୁ-ସମଷ୍ଟି-ସମୂହ-ଗୁଣ-ଅବସ୍ଥା-କ୍ରିୟାବାଚକ ସାଂକେତିକ ନାମ ଭାବରେ ବା ବିଶେଷ୍ୟ ଶୀର୍ଷକରେ ବୁଝାଯାଇଥାଏ। ସୂର୍ଯ୍ୟ-ଅସୂର୍ଯ୍ୟ / ମାପିତ-ଅନମାପିତ / ଗଣନୀୟ-ଅଗଣନୀୟ / ଇନ୍ଦ୍ରିୟଗତ- ଇନ୍ଦ୍ରିୟ ବହିର୍ଭୁତ ହୋଇ ପରିଦୃଷ୍ଟ ପ୍ରତ୍ୟେକ ବିଶେଷ୍ୟ ପଦ ବଚନ, ଲିଙ୍ଗ, ପୁରୁଷ, ବିଭକ୍ତି, କାଳାଦି ସୂଚକକୁ ଗ୍ରହଣ କରିଥାନ୍ତି। ବିଭକ୍ତି ଚିହ୍ନ ଗ୍ରହଣ କରିଥିବାରୁ ବାକ୍ୟର ଭାବାର୍ଥ କାରକ (ଶବ୍ଦମେଳିର) ଗୋଟିଏ ପଦ ଅନ୍ୟପଦଠାରୁ ଅଲଗା ଜାଣି ହୋଇଯାଏ। ଏବେ ଓଡ଼ିଆ ବିଶେଷ୍ୟ ପଦର କେତେକ ବୈଶିଷ୍ଟ୍ୟ ବା ପ୍ରଧାନ ଲକ୍ଷଣ ସମ୍ପର୍କରେ ଜଣାଇ ଦିଆଯାଉଛି।

୧୨. ବିଶେଷ୍ୟର ବିଶେଷତ୍ୱ:

୧୨.୧ ବିଶେଷ୍ୟ ନିମିତ୍ତ ସର୍ବନାମ ପଦ ବିକଳ୍ପରେ ବସିଥାଏ।

୧୨.୨ ବିଶେଷ୍ୟ ପଦ ବା ନାମ ଧାତୁରୂପେ କ୍ରିୟାର ମୂଳପ୍ରକୃତି ସ୍ୱରୂପ ହୋଇ ନାମଧାତୁ କ୍ରିୟାପଦ ସୃଷ୍ଟି କରେ। (ଗୋଡ଼ାଇବା / ମଠାଇବା / ହାତେଇଲା / ପିଠେଇବ / କାନେଇଲାଣି ...)।

୧୨.୩ ବିଶେଷ୍ୟ ପଦ ଏକବଚନ / ବହୁବଚନ ଗ୍ରହଣ କରିଥାଏ। ପ୍ରାଣୀବାଚକ ବିଶେଷ୍ୟ ଏ /ଙ୍କ / ମାନେ ଇତ୍ୟାଦି ବିଭକ୍ତି ଓ ବଚନ ଚିହ୍ନ ପ୍ରକାଶ କରିବା ବେଳେ ଓଡ଼ିଆରେ ଅପ୍ରାଣୀ ବାଚକ ବିଶେଷ୍ୟ ଗୁରାକ / ଗୁଡାକ / ଗୁଡ଼ିଏ

ଇତ୍ୟାଦିକୁ ଗ୍ରହଣ କରେ। ଯଥା - ପିଲାଏ/ ପିଲାଙ୍କୁ / ପିଲାମାନେ / ଧାତୁଗୁଡ଼ା / ଧାତୁଗୁଡ଼ାକ / ଧାତୁଗୁଡ଼ିଏ / ଦାସେ / ଲୋକେ ଇତ୍ୟାଦି।

୧୨.୪ ପ୍ରାଣୀବାଚକ ବିଶେଷ୍ୟ ସେ, ମୁଁ, ତୁ, ତା, ତାଙ୍କ, ଆଙ୍କ, ଆମ ଇତ୍ୟାଦି ସର୍ବନାମ ପ୍ରକାଶ କରିବାବେଳେ ଅପ୍ରାଣୀବାଚକ ବିଶେଷ୍ୟ ତାହା, ଏହା, ଏଗୁରା, ସେଗୁରା, ସେଇ, ଏହି ଇତ୍ୟାଦି ସର୍ବନାମକୁ ସମର୍ଥନ କରେ। ପ୍ରାଣୀବାଚକ ବିଶେଷ୍ୟ ସମଷ୍ଟି ପରେ ପ୍ରମୁଖ / ପ୍ରଭୃତି ଲାଗିବାବେଳେ ଅପ୍ରାଣୀବାଚକରେ ଆଦି, ଇତ୍ୟାଦି ଲାଗିଥାଏ।

୧୨.୫ ଓଡ଼ିଆରେ ଅନାଦର ଅର୍ଥରେ ପ୍ରାଣୀବାଚକ ବିଶେଷ୍ୟରେ ଅପ୍ରାଣୀବାଚକ ବଚନ ଚିହ୍ନ ଯୋଗହୁଏ ଓ ଆଦର ତଥା ମାନ୍ୟତା ଅର୍ଥରେ ଅପ୍ରାଣୀବାଚକ ବିଶେଷ୍ୟ ପ୍ରାଣୀବାଚକ ସୂଚକ ଗ୍ରହଣ କରେ। ଯଥା -

(କ) ଅନାଦର ଅର୍ଥରେ - ପିଲାଗୁରାକ / ଛେଳିଗୁଡ଼ିକ / ନେତାଗୁଡ଼ାଏ।

(ଖ) ନଈମାନେ / ବହିମାନେ / ପାହାଡ଼ମାନଙ୍କୁ / ବିଦ୍ୟାଳୟଙ୍କ ଇତ୍ୟାଦି।

୧୨.୬ ଓଡ଼ିଆରେ ନାମବାଚକ ବିଶେଷ୍ୟ (Proper noun) ପରେ ବହୁବଚନର ପ୍ରୟୋଗ ମଧ୍ୟ ଦେଖାଯାଏ। ଯଥା- ଆଜିକାଲି ରାବଣମାନଙ୍କ ଅତ୍ୟାଚର ବଢ଼ିଲାଣି / ଦୁର୍ଯ୍ୟୋଧନମାନେ ଓ ଶକୁନୀମାନେ ଠୁଳ ହେଲେଣି / ବଳିମାନଙ୍କ ସଂଖ୍ୟା କମିଗଲାଣି।

୧୨.୭ ଓଡ଼ିଆ ଭାଷାରେ ବ୍ୟାକରଣିକ ଲିଙ୍ଗ ନଥିଲେ ମଧ୍ୟ ବିଶେଷ୍ୟ ପଦର ସହଜାତ ଜୈବିକ ଲିଙ୍ଗରୂପ ରହିଛି। ଯଥା –

(କ) ପୁଂଲିଙ୍ଗ ବିଶେଷ୍ୟ - ପୁରୁଷ, ଭେଣ୍ଡିଆ, ଅଣ୍ଡିରା, ମିଣିପ, ଗଞ୍ଜା, ଖାସୀ, ଯୁବକ, ପୁଅ, ପିତା, ସ୍ୱାମୀ, ଦିଅର, ବାପା, ଅଜା, କକା, ମଉସା. ପିଇସା, ମାମୁଁ, ଭାଇ ପ୍ରମୁଖ।

(ଖ) ସ୍ତ୍ରୀବାଚକ ବିଶେଷ୍ୟ - ନାରୀ, ସ୍ତ୍ରୀ, ମାଇପ, ମାଇକିନିଆ, ଆଈ, ରାଣୀ, ବୋଉ, ବୋହୂ, ଝିଅ, ଭଉଣୀ, ଶାଳୀ, ଖୁଡ଼ୀ, ନାନୀ, ଦେବୀ, ଶାଶୁ, ନଣନ୍ଦ, ପେଣ୍ଠୀ, ଗାଈ, ପକ୍ଷିଣୀ, ହରିଣୀ, ବାଘୁଣୀ, ଛଡ଼ା, ମାତା, ଜନନୀ, ପିଇସୀ, ମାଉସୀ ପ୍ରମୁଖ।

(ଗ) ଉଭୟ ସ୍ତ୍ରୀ-ପୁଂ ବାଚକ ଅର୍ଥକାରକ ବିଶେଷ୍ୟ ପଦ ବି ଓଡ଼ିଆରେ ପ୍ରଚଳିତ ହୁଏ। ଯଥା - ପିଲା / ବିଦ୍ୟାର୍ଥୀ / ଜନତା / ଛେଳି / ପଶୁ / ପକ୍ଷୀ / ବିଲେଇ / ଲୋକ ପ୍ରମୁଖ।

(ଘ) ପୁଂଲିଙ୍ଗ ବାଚକ ପଦ ବା ଶବ୍ଦରୂପରେ ପ୍ରତ୍ୟୟ ନଥାଏ। ମାତ୍ର ପୁଂ-ବାଚକ

ଶବ୍ଦରେ ଆଣୀ, ଣୀ, ଉଣୀ, ଆ, ଇ-ଆ, ଈ ଇତ୍ୟାଦି ପ୍ରତ୍ୟୟଯୋଗ ହୋଇ ଅଥବା ପୂର୍ବରୁ ମାଈ-ଅଣ୍ଡିରା, ପୁରୁଷ-ନାରୀ ଇତ୍ୟାଦି ପୂର୍ବ ଉପପଦ ବସାଯାଇ ନାରୀବାଚକ, ପୁରୁଷବାଚକ ବିଶେଷ୍ୟ ଓଡ଼ିଆରେ ଲିଙ୍ଗାନୁସାରୀ ହୋଇ ଗଠିତ ଓ ବ୍ୟବହୃତ ହୁଏ। ଉଦାହରଣ ସ୍ୱରୂପ - ହାଡ଼ି-ହାଡ଼ିଆଣୀ / ଧୋବ-ଧୋବଣୀ / ଖେର-ଖେରଣୀ / ଦୁଷ୍ଟ-ଦୁଷ୍ଟା / ସଭ୍ୟ-ସଭ୍ୟା / ସାଧକ-ସାଧିକା / ବାଳକ-ବାଳିକା / ନର-ନାରୀ / ପାଗଳ-ପାଗଳୀ / ମାଈଛେଳି-ଅଣ୍ଡିରାଛେଳି / ପୁରୁଷପକ୍ଷୀ-ମାଈପକ୍ଷୀ / ମାଆପକ୍ଷୀ-ବାପପକ୍ଷୀ ...।

୧୨.୮ ଓଡ଼ିଆରେ ବିଶେଷ୍ୟ ପଦର ମୂଳ ବା ପ୍ରତ୍ୟକ୍ଷ ରୂପର ପରେ ବିଭକ୍ତି ଚିହ୍ନ ଲାଗେ ଓ ଚିହ୍ନଯୁକ୍ତ ହୋଇ ବିଶେଷ୍ୟ ପଦ ବିଭିନ୍ନ ଅର୍ଥଭେଦକ ରୂପ ଗ୍ରହଣ କରନ୍ତି। ଏସବୁକୁ କାରକମୂଳକ ରୂପ କୁହାଯାଏ। କାରକ ସୂଚକ ବିଭକ୍ତି ଚିହ୍ନ ଗ୍ରହଣ କରୁଥିବାରୁ ବିଶେଷ୍ୟ ପଦ ବାକ୍ୟରେ ମୁଖ୍ୟ କର୍ତ୍ତାପଦ ଓ କର୍ମପଦ ଭାବରେ ବସିଥାଏ। ଦୃଷ୍ଟାନ୍ତ ସ୍ୱରୂପ:

କର୍ତ୍ତାକାରକ - ପିଲା+ଏ = ପିଲାଏ / ରାମ / ନଈ / ମହାନଦୀ / ନଦୀଏ

କର୍ମକାରକ - ପିଲା-ଙ୍କୁ / ପିଲା-କୁ / ରାମ-କୁ / ନଈ-କୁ।

କରଣକାରକ - ପିଲାପାଇଁ / ପିଲାଦ୍ୱାରା / ହାତରେ / ସୀତା-ଦେଇ।

ସଂପ୍ରଦାନ କାରକ - ପିଲାକୁ / ଦେବତାମାନଙ୍କୁ

ଅପାଦାନକାରକ - ପିଲାଠାରୁ / ପିଲାଠୁ / ଦେବତାଙ୍କଠାରୁ / ନଈଠୁ / ଗଛରୁ।

ସମ୍ବନ୍ଧସୂଚକ - ପିଲାର / ପିଲାଙ୍କର / ପିଲାମାନଙ୍କର / ନଈର / ଗଛର

ଅଧିକକରଣ ସୂଚକ – ବରଷରେ / ଗଛରେ / ନଈରେ / ପାହାଡ଼ର / ରାମଠାରେ / ଗାଁରେ / ଏକାଳେ / ସେକାଳେ / ସେବେ।

୧୨.୯ ଓଡ଼ିଆ ଭାଷାରେ ବିଶେଷ୍ୟ ପଦ କେବଳ ତୃତୀୟ ପୁରୁଷରେ ସୀମିତ। ଶ୍ରୋତା-ବକ୍ତାକୁ ଛାଡ଼ି ଯାହାକୁ ନେଇ ଭାବ ପ୍ରକାଶପାଏ ସେହି ନାମଗୁଡ଼ିକ ତୃତୀୟ ପୁରୁଷ ଭାବେ ବିଶେଷ୍ୟ ପଦ ରୂପରେ ବ୍ୟବହୃତ ହୋଇଥାଏ। ଏକାରଣରୁ ରାମ, ନଈ, ଗଛ, ରୂପା, ପିତ୍ତଳ, ସୌଭାଗ୍ୟ, ସୁଖ, ଭଲ, ମନ୍ଦ, ଗରିବ ଆଦି ବିଶେଷ୍ୟ ପଦଗୁଡ଼ିକ ତୃତୀୟ ପୁରୁଷ ବିକଳ୍ପରେ ସେ, ଏ, ସେମାନେ, ଏମାନେ, ଏହା, ତାହା, ଏଇଟି, ସେଇଟି, ତା ଇତ୍ୟାଦି ସର୍ବନାମ ଅନୁସାରେ ବିକଳ୍ପାୟିତ ହୋଇ ବାକ୍ୟରେ ବ୍ୟବହୃତ ହୁଏ।

୧୨.୧୦ ଓଡ଼ିଆରେ କ୍ରିୟାରୁ ବିଶେଷ୍ୟପଦ ସୃଷ୍ଟି ହୋଇଥାଏ। ଏଗୁଡ଼ିକ କ୍ରିୟାବାଚକ ବିଶେଷ୍ୟ ରୂପେ (Verbal / gerund Noun) କର୍ତ୍ତା ଭାବରେ ଓ କର୍ମ ଭାବରେ

ବାକ୍ୟରେ ବ୍ୟବହୃତ ହୋଇଥାଏ । ଯଥା – ଛିଙ୍କିବା ଶୁଭ / ଦେଖିବା ନୋହିଲା / ପଢ଼ା ସରିଲା / ଗୀତଟି ମଧୁର / ଖାଇବାଠାରୁ ଉଠିଆସିଲା ।

୧୨.୧୧ ଆଦେଶାତ୍ମକ (Imperative Verb) କ୍ରିୟାର ବ୍ୟବହାରରେ ବିଶେଷ୍ୟ ପଦ ବକ୍ତା ଓ ଶ୍ରୋତା ରୂପରେ ରହିଥାଏ । ବକ୍ତା ଆଦେଶାତ୍ମକ କ୍ରିୟାର ନିୟନ୍ତକ ଓ ଶ୍ରୋତା ନିୟନ୍ତ୍ରିତ ହୋଇଥାଏ । ଅର୍ଥାତ୍ ବିଶେଷ୍ୟ ପଦ ଆଦେଶାତ୍ମକ ବା ଅନୁଜ୍ଞାସୂଚକ କ୍ରିୟାପଦର ନିୟନ୍ତକ ଓ ନିୟନ୍ତ୍ରିତ ଧର୍ମ ରକ୍ଷାକରେ । ଯଥା – ଗଗନ ଉଠ୍ / ଶିକ୍ଷକ ସ୍କୁଲକୁ ସକାଳୁ ଯାଆନ୍ତୁ / ଏ, ପିଲା ଏଠିବସ୍ / ସନାତନ ଏଠାକୁ ଆସ୍ ।

୧୨.୧୨ ବିଶେଷଣ ପଦରେ ପ୍ରତ୍ୟୟ ଯୋଗ ହୋଇ ଓଡ଼ିଆରେ ବିଶେଷ୍ୟ ପଦ ଗଠିତ ହୋଇଥାଏ । ଏହା ଉଭୟ କ୍ରିୟାମୂଳକ ଓ ଶବ୍ଦମୂଳକ ହୋଇପାରିଥାଏ । ଶବ୍ଦମୂଳକ ବିଶେଷ୍ୟର ପରିମାଣ ସର୍ବାଧିକ । ଯଥା –

ଚଗଲା + ଆମି = ଚଗଲାମି । (ବିଶେଷଣ+ପ୍ରତ୍ୟୟ = ବିଶେଷ୍ୟ)

ସୁନ୍ଦର + ପଣ = ସୁନ୍ଦରପଣ

ପଣ୍ଡିତ + ପଣିଆ = ପଣ୍ଡିତ ପଣିଆ

ସାହିତ୍ୟ + ଇକ = ସାହିତ୍ୟିକ

ଇତିହାସ + ଇକ = ଐତିହାସିକ

ଧର୍ମ + ଙ୍କ = ଧର୍ମଙ୍କ

ଗଙ୍ଗା + ଏୟ = ଗାଙ୍ଗେୟ

କର୍ମ + ଠ = କର୍ମଠ

ଶକ୍ତି + ଅ = ଶାକ୍ତ

ସୁନ୍ଦର + ଯ = ସୌନ୍ଦର୍ଯ୍ୟ

ବହୁଳ + ତା = ବହୁଳତା

ଦରିଦ୍ର + ଯ = ଦାରିଦ୍ର୍ୟ

ନିପୁଣ + ତା = ନୁପୁଣତା

ଦମ୍ଭ + ଇକ + ତା = ଦାମ୍ଭିକତା

ଦୁର୍ଦ୍ଦମ + ଅନୀୟ + ତା = ଦୁର୍ଦ୍ଦମନୀୟତା

ପୁନଶ୍ଚ ଓଡ଼ିଆରେ ବିଶେଷଣ ପଦ ପ୍ରତ୍ୟୟ ଗ୍ରହଣ କରି ବିଶେଷ୍ୟରେ ରୂପାନ୍ତରିତ ହୋଇଥାଏ । ଯଥା- ସାମାଜିକ- ତା = ସାମାଜିକତା / ପରିଚ୍ଛନ୍ନ ପରିଚ୍ଛନ୍ନତା ।

ବିଶେଷଣ ବି ଅନେକ ସ୍ଥଳରେ ବିଭକ୍ତି ଚିହ୍ନ ଗ୍ରହଣ କରି ବିଶେଷ୍ୟ ହୋଇଥାଏ । ଯଥା-ସୁନ୍ଦରେ ତୃପ୍ତିର (ସୁନ୍ଦର + ଏ= ସୁନ୍ଦରେ) । ଉଡ଼ନ୍ତାକୁ ବାନ୍ଧିବ କେ (ଉଡ଼ନ୍ତା + କୁ) ।

ଏପରିକି ଓଡ଼ିଆରେ ଲେଖନୀୟ ଚାତୁରୀ ଓ କଥନର ଭଙ୍ଗୀରେ ଅବ୍ୟୟ ପଦକୁ ବି ବିଭକ୍ତି ଆଶ୍ରିତ କରାଯାଇ ବିଶେଷ୍ୟ ରୂପ ଦିଆଯାଇ ବ୍ୟବହାର କରାଯାଏ। ଯଥା- ଏଠି ଆଉ କିନ୍ତୁକୁ ରଖନ୍ତୁ ନାହିଁ। ଏଠାରେ ତଥାପିର ସ୍ଥାନ ନାହିଁ। ପୁନଶ୍ଚରେ କି ଲାଭ। କିନ୍ତୁକୁ / ତଥାପିର / ପୁନଶ୍ଚରେ- ଏକଏକ ଅବ୍ୟୟମୂଳକ ବିଶେଷ୍ୟ।

୧୨.୧୩ ଓଡ଼ିଆ ବାକ୍ୟରେ କର୍ତ୍ତୃସମ୍ବନ୍ଧୀ କାର୍ଯ୍ୟ (Subjective Function) ବିଶେଷ୍ୟ ପଦ ବସିଥାଏ। କ୍ରିୟାନୁସାରୀ ହୋଇ ବାକ୍ୟରେ ପଦଗୁଡ଼ିକ କର୍ତ୍ତାର ବା ବିଶେଷ୍ୟ ପଦର ନିୟନ୍ତ୍ରଣରେ ତା ଅନୁଯାୟୀ ଭାବାର୍ଥ ପ୍ରକାଶ କରିଥାଏ। ପ୍ରଶ୍ନସୂଚକ ହେଉ / ନାସ୍ତିସୂଚକ ହେଉ / ନିର୍ଦ୍ଦେଶବାଚୀ ହେଉ / ବିଧେୟ ସମ୍ବନ୍ଧୀ ହେଉ / ଅନୁଜ୍ଞାସୂଚକ ହେଉ ପ୍ରତ୍ୟେକ ଧରଣର ବାକ୍ୟରେ ବିଶେଷ୍ୟ ନିୟନ୍ତ୍ରକ ପଦ (Contact term) ହୋଇଥାଏ। ଯଥା – ରାମ କୁଆଡ଼େ ବହି ପାଇଁ ଗଲା ? ଭାରତ ପରମାଣୁ ବ୍ୟବହାର ଆଗେ କରିବ ନାହିଁ। ଯୁଧିଷ୍ଠିର କହିବାରୁ ଭୀମ ଚୁପ୍ ହେଲେ।

ଏଠାରେ ରାମ / ବହି / ଭାରତ / ପରମାଣୁ / ଯୁଧିଷ୍ଠିର ସ୍ମରଣଯୋଗ୍ୟ ବାକ୍ୟର ଉଦ୍ଦେଶ୍ୟ ଅଂଶରେ (କର୍ତ୍ତୃବାଚ୍ୟ)ରେ (Noun cluse / Phrase) ବିଶେଷ୍ୟ ଅସପନ୍ନ ଭାବରେ ମୁଖ୍ୟପଦ। ବାକ୍ୟର ବିଧେୟ ଅଂଶରେ (Predicate Phrase) ବିଶେଷ୍ୟ କର୍ମପଦ (Object-term) ଭାବରେ ଭୂମିକା ସଂପାଦନ କରିଥାଏ। ବାକ୍ୟରେ ବିଶେଷ୍ୟ କର୍ତ୍ତୃ ସମ୍ବନ୍ଧୀ କାର୍ଯ୍ୟ (Subjective Function) ସାଧନ କରେ।

୧୨.୧୪ ବିଶେଷ୍ୟ ରୂପ ଓ ସଂରଚନା ଶୃଙ୍ଖଳା: ଓଡ଼ିଆରେ ବିଶେଷ୍ୟ ବ୍ୟକ୍ତି, ଜୀବ, ପଦାର୍ଥ, କ୍ରିୟା, ଗୁଣକୁ ନେଇ କେବଳ ଏକ ନାମ ବା ସଂଜ୍ଞା। ଯଥା –

- ବ୍ୟକ୍ତି – ସନା, ମୁନା, ଦନେଇ, ମାଳତୀ
- ଜୀବ – ଗାଈ, ଘୋଡ଼ା, ବଳଦ, ସାପ
- ପଦାର୍ଥ – ଲୁହା, ସୁନା, କାଗଜ, ମାଟି
- କ୍ରିୟା - ପଢ଼ା, ଦର୍ଶନ, ଭୋଜନ
- ଗୁଣ - ଆଳସ୍ୟ, ସୌଭାଗ୍ୟ, ସୁଯୋଗ, ଈର୍ଷା
- ଜାତି – ସହର, ଗଛ, ଭାଷା, ନଦୀ
- ସ୍ଥାନ - କଟକ, ଭୁବନେଶ୍ୱର, ମସ୍କୋ, କଲମ୍ବୋ
- ସମଷ୍ଟି – ଭିଡ, ଜନତା, ଦଳ, ଗୋଷ୍ଠୀ
- ସଂଖ୍ୟା – ଏକ, ଚାରି, ସାତ, ଆଠ, ଦଶ

■ ଦ୍ରବ୍ୟ – ବହି, ଖଡ଼ି, କଲମ, ଚୂଡ଼ା, ଚାଉଳ

ଓଡ଼ିଆରେ ବିଶେଷ୍ୟ ଥିବା ଉପବାକ୍ୟଟିଏ ବି ସର୍ବନାମ ଗ୍ରହଣ କରେ।

ଯଥା –

<u>ଆଜି ତୁମେ ଆସିବ</u>, <u>ଏହା</u> ମୁଁ ଜାଣିଥିଲି।

ଓଡ଼ିଆରେ ବିଶେଷ୍ୟ ପରେ କ୍ରିୟାପଦ ବସି ନୂତନ ବିଶେଷ୍ୟ ଗଠିତ ହୁଏ।

ଯଥା – କନିଆ ଦେଖ / ବରଧରା / ନଈପହଁରା / ରଥଟଣା / ମାଛଭଜା / ଗଛଚଢ଼ା / ଫୁଲତୋଳା / ଯାତ୍ରାଦେଖା – କଦଳୀବିକା ...।

୧୨.୧୫ ପ୍ରତ୍ୟେକ ବିଶେଷ୍ୟ ପଦ ପ୍ରଥମେ ଏକ ସାଧାରଣ ନାମସଂକେତ ଦିଏ ଏବଂ ତାହାପରେ ପ୍ରୟୋଗାନୁସାରେ ପ୍ରୟୋଜନ / ଇଙ୍ଗିତ / ବାଚନିକ

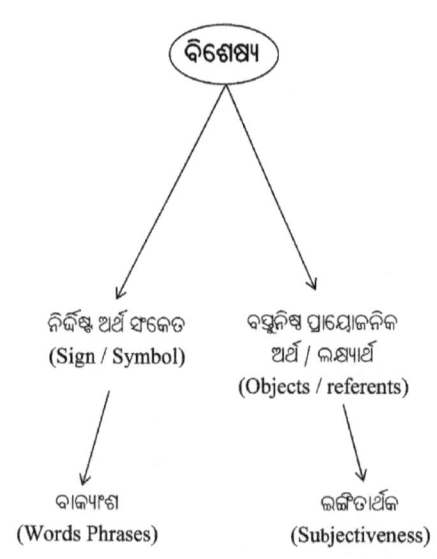

ଯଥା – <u>ବଳଦ</u> = ଗୋଟିଏ ସାଧାରଣ ସଂକେତ ଓ ପଶୁର ନାମ ସୂଚକ ଶବ୍ଦ

↓

ତୁ ଗୋଟେ <u>ବଳଦ</u> - (Objective referent) ଏଠାରେ ବଳଦ ପ୍ରୟୋଜନ କ୍ରମେ ମୂଳ ଅର୍ଥଠୁ ଦୂରେଇ ଆରୋପିତ ଲକ୍ଷ୍ୟାର୍ଥ ହେଉଛି।

↓

ସେମାନେ ବଳଦ ପାଲଟିଯିବେ ନାହିଁ। (ଏଠାରେ ଇଙ୍ଗିତାତ୍ମକ ଅର୍ଥ ଦ୍ୟୋତନାରେ ବ୍ୟବହୃତ)

ଅର୍ଥ କ୍ରମେ ବିବିଧ ଧାରଣା ମଧ୍ୟ ଦେଇପାରିଥାଏ। ବିଶେଷ୍ୟ ପଦର ଅର୍ଥ ପ୍ରତୀତ ଏହିପରି ହୋଇଥାଏ:

୧୩.୧ ଓଡ଼ିଆରେ ବ୍ୟକ୍ତିବାଚକ ବିଶେଷ୍ୟପଦ ପୁରୁଷ ଓ ସ୍ତ୍ରୀ କ୍ରମରେ ବଦଳିଯାନ୍ତି। ସହଯୋଗୀ ଶବ୍ଦ ନାରୀ ବା ପୁରୁଷ ବାଚକ ଶବ୍ଦରେ ଉପନାମ / ସାଙ୍ଗିଆ ବା ଜାତିସୂଚକ ପଦବୀ ରୂପରେ ବସିବା ଦ୍ୱାରା ମୂଳ ବିଶେଷ୍ୟ ପଦର ରୂପାନ୍ତର ଘଟେ। ଯଥା –

ସ୍ତ୍ରୀବାଚକ ଶବ୍ଦ	>	ମଧ୍ୟଯୋଗ ଉପଶବ୍ଦ	>	ନୂତନପୁରୁଷ ବାଚକ ବିଶେଷ୍ୟପଦ
ରାଧା	>	କାନ୍ତ	>	ରାଧାକାନ୍ତ
ରମା	>	କାନ୍ତ	>	ରମାକାନ୍ତ
ବାମା	>	ପଦ	>	ବାମାପଦ

ପୁରୁଷବାଚକ ଶବ୍ଦ	ମଧ୍ୟଯୋଗ	ନୂତନ ନାରୀବାଚକ ବିଶେଷ୍ୟ
କୃଷ୍ଣ	ପ୍ରିୟା	କୃଷ୍ଣପ୍ରିୟା
ହର	ପ୍ରିୟା	ହରପ୍ରିୟା
ସୂର୍ଯ୍ୟ	କାନ୍ତି	ସୂର୍ଯ୍ୟକାନ୍ତି।

ଅନେକ କ୍ଷେତ୍ରରେ ଜାତିବାଚକ ଏ ଭାବ ବାଚକ ବିଶେଷ୍ୟରେ କଳା / ଲତା / ବତୀ / ରାଣୀ / ମଣୀ ଇତ୍ୟାଦି ଶବ୍ଦ ସଂଯୁକ୍ତ ହୋଇ ନାରୀବାଚକ ନାମ ବା ବିଶେଷ୍ୟପଦ ଗଠିତ ହୋଇଥାଏ। ଯଥା – ଲୀଳାବୀତ / ପ୍ରଭାବତୀ / ଯଶୋବନ୍ତୀ / ନେତ୍ରମଣୀ / ଉଷାରାଣୀ / ରେଣୁବାଳା / ଅଙ୍ଗୁରମାଳା / ମନ୍ଦାରମାଳା / ପୁଷ୍ପଲତା / ହେମମାଳା ....।

୧୩.୨ ବସ୍ତୁକାରକ ବିଶେଷ୍ୟ (Concnete Noun) : ଗଣନୀୟ ଓ ଅଗଣନୀୟ କ୍ରମେ ଓଡ଼ିଆରେ ବସ୍ତୁପରକ ବିଶେଷ୍ୟ ପଦ ବ୍ୟବହୃତ ହୁଏ। ଏଗୁଡ଼ିକ ଏକବଚନ ଓ ବହୁବଚନର ହୁଅନ୍ତି। ଯଥା –

୧୩.୨.୧ ଗଣ୍ୟବାଚକ ବିଶେଷ୍ୟ – ଗୋଟିଏ ବଳଦ / ଦୁଇଟି ଫୁଲ / ଜଣେ ବ୍ୟକ୍ତି / ପକ୍ଷୀଟିଏ / ମୁଦିଗୋଟେ / ବହୁଲୋକ / ପଲେଗାଈ / ମଳାଏ ପୁମ୍ପୁଡ଼ି / ଗଦାଏଧାନ / ଗୋଠେ ଗାଈ / ପୁଞ୍ଜାଏ ନଡ଼ିଆ / ଫାଳେ ନଡ଼ିଆ / ଚିରୁଡ଼ାଏ କମଳା / ଦ୍ୱିପେନ୍ଥା ଫୁଲ / କାନ୍ଦିଏ କଦଳୀ / ଫେଣାଏ କଦଳୀ .... / ସବୁ ମଣିଷ / ସମସ୍ତ ଜିନିଷ / ପ୍ରତ୍ୟେକ ଘର / ଦଳେ ଲୋକ।

୧୩.୨.୨ ଅଗଣ୍ୟବାଚକ ବିଶେଷ୍ୟ (Non-countable noun) – ଗଣି ହେଉନଥିବା ଓଡ଼ିଆ ବିଶେଷ୍ୟ ପଦ ସର୍ବଦା ଏକବଚନର ହୁଏ। ଯଥା – ଟୋପେ ତେଲ / ମାଠିଆଏ ପାଣି / ଖଣ୍ଡେ କାଠ / ହାତେ ବାଲି / ଗ୍ଲାସେ ଦହି।

କେତେକ କ୍ଷେତ୍ରରେ ଓଡ଼ିଆ ଅଗଣନୀୟ ଓ ଅମୂର୍ତ୍ତବାଚକ ବିଶେଷ୍ୟ ପଦ ବି (ଗୁଣବାଚକ / ଅବସ୍ଥାବାଚକ / ଭାବବାଚକ / ଅଗଣ୍ୟ ବାଚକ) ଗଣ୍ୟବାଚକ ଓ ସମଷ୍ଟି ବାଚକ ବିଶେଷ୍ୟର ରୂପାନ୍ତରିତ ହୋଇ ସେହି ପ୍ରକାର ଅର୍ଥ ପ୍ରଦାନ କରିଥାଏ। ଯଥା –

ଅଗଣ୍ୟବାଚକ ବିଶେଷ୍ୟ	**ଗଣ୍ୟବିଶେଷ୍ୟ / ସମଷ୍ଟିସଳଚକ ବିଶେଷ୍ୟରେ ରୂପାନ୍ତର**
▪ କଥା	ସେ ଗୋଟେ କଥା କହିଲେ।
▪ ଭାଗ୍ୟ	ଭାଗ୍ୟମାନଙ୍କ ହଠାତ୍ ଆଗମନ ହୁଏ।
▪ ଅସୁବିଧା	ସେ ବହୁ ଅସୁବିଧାରେ ପଡ଼ିଲେ।
▪ ଦୁଃଖ	ମୁଁ ଜୀବନରେ ପାଞ୍ଚୋଟି ବଡ଼ ଦୁଃଖ ପାଇଛି।
▪ ସୁଯୋଗ	ଗୋଟିଏ ନୁହଁ, ମାଳତୀ ଚାରୋଟି ସୁଯୋଗ ହାତଛଡ଼ା କରିଛି।
▪ ତେଲ	ଅଧିକ ତେଲ ପଡ଼ିଗଲା / ସବୁତକ ତେଲ ସରିଗଲା।
▪ ପାଣି	ବହୁତ ପାଣି ନଈରେ ଆସିଲା / ବେଶି ପାଣି ଦିଅନି।

୧୩.୩ ବିଶେଷ୍ୟ ପଦର ବ୍ୟବହାର:

ପ୍ରାଣୀବାଚକ ବିଶେଷ୍ୟ ପଦ ସମସ୍ତ / ଉଭୟ / ପ୍ରତ୍ୟେକ / କୌଣସି / ଯେଉଁ / କେହି / କାହାକୁ ଆଦି ଅନ୍ତର୍ଭାବୀ ଅର୍ଥକାରକ ପଦକୁ --(inclusive meaning) ଗ୍ରହଣ କରନ୍ତି। ଯଥା- ସମସ୍ତ ଲୋକ / ପ୍ରତ୍ୟେକ ପିଲା / କୌଣସି ଲୋକ / କେହି ଜଣେ ପିଲା / କେଉଁ ଛାତ୍ର...।

୧୩.୪ ଓଡ଼ିଆ ବିଶେଷ୍ୟ ପଦ ନିଶ୍ଚୟ / ଅନିଶ୍ଚୟ / ନିର୍ଦ୍ଦିଷ୍ଟ / ଅନିର୍ଦ୍ଦିଷ୍ଟ ସୂଚକ ଚିହ୍ନ ଧାରଣ କରିଥାଏ। ଯଥା- ପିଲାଟି / ପିଲାଟେ / ପିଲାଟିଏ।

୧୩.୫ ଅର୍ଥ ନିଷ୍ପତ୍ତି କ୍ଷେତ୍ରରେ ଓଡ଼ିଆ ବିଶେଷ୍ୟ ପଦ ବିପରୀତ ଅର୍ଥରେ ଉପସର୍ଗ ଗ୍ରହଣ କରି ଭିନ୍ନ ରୂପ ଗ୍ରହଣ କରିଥାଏ। ଯଥା –

ମୂଳ ବିଶେଷ୍ୟ	**ବିପରୀତ ଅର୍ଥକ ରୂପାନ୍ତରିତ ବିଶେଷ୍ୟ**
କ୍ରୟ	ବିକ୍ରୟ
ନମ୍ର	ବିନମ୍ର
ବ୍ୟୟ	ଅପବ୍ୟୟ
ଗନ୍ଧ	ଦୁର୍ଗନ୍ଧ

ଯୋଗ	ବିଯୋଗ
କର୍ମ	ଅକର୍ମ
ପୁତ୍ର	କୁପୁତ୍ର
ନ୍ୟାୟ	ଅନ୍ୟାୟ
ପୁରୁଷ	ଅଣପୁରୁଷ
ସଫଳ	ବିଫଳ
ନାମ	ବଦନାମ
ଟାଇମ୍	ବେଟାଇମ୍
ମଞ୍ଜୁର	ନାମଞ୍ଜୁର
ବାଳିକା	ନାବାଳିକା

ମୋଟ ଉପରେ ବିଶେଷ୍ୟ ପ୍ରକରଣ ସଂପର୍କରେ ଓଡ଼ିଆ ଭାଷାକୁ ଭିତ୍ତିକରି ଏହି ସନ୍ଦର୍ଭର ପାଞ୍ଚଗୋଟି ଅଧ୍ୟାୟକୁ ନେଇ ଏହି ନିଷ୍କର୍ଷରେ ଉପନୀତ ହେବାକୁ ପଡ଼େ ଯେ;

- ଓଡ଼ିଆରେ ପ୍ରଚଳିତ ବାଚନିକ ଅଭିଧା ଲକ୍ଷଣର ଅର୍ଥବୋଧକ ଶବ୍ଦ ମଧ୍ୟରୁ ପ୍ରାୟତଃ ୭୦% ଭାଗ ଶବ୍ଦ ବିଶେଷ୍ୟ ପଦମୂଳକ ହୋଇ ବ୍ୟବହୃତ ହୋଇଥାଏ।
- ବ୍ୟକ୍ତି, ପୁରୁଷ, ବସ୍ତୁ, ଭାବ, ଗୁଣ, ଅବସ୍ଥା, ସ୍ଥାନ, ସମଷ୍ଟି, ମୂର୍ତ୍ତ, ଅମୂର୍ତ୍ତ, ଗଣନୀୟ ଓ ଅଗଣନୀୟ ହୋଇ ବିଶେଷ୍ୟ ପଦଗୁଡ଼ିକ ଓଡ଼ିଆରେ ବିବିଧ ପ୍ରଜାତିର ହୋଇଥାଏ।
- ବାକ୍ୟର ମୁଖ୍ୟ ପଦ ଭାବରେ ପ୍ରାଥମିକ ଉଦ୍ଦେଶ୍ୟ ଅଂଶକୁ ବିଶେଷ୍ୟ ନିୟନ୍ତ୍ରଣରେ ରଖିଥାଏ।
- ବାକ୍ୟରେ ବିଶେଷ୍ୟ ପଦ ଅନୁସାରେ କ୍ରିୟା ସାଧନ ହୋଇଥାଏ।
- ଏଗୁଡ଼ିକ ଏକବଚନ ଓ ବହୁବଚନ କ୍ରମେ ବାକ୍ୟର ଭାବାର୍ଥ ନିର୍ଦ୍ଧାରଣ କରିଥାଏ।
- ବିଶେଷ୍ୟଗୁଡ଼ିକ ମୂଳତଃ ପ୍ରାତିପଦିକ ଓ ଧାତୁ ପ୍ରକୃତିକୁ ନେଇ ରୂପ ପାଏ। ପ୍ରାତିପାଦିକ ଭାବରେ ଏହା ଶବ୍ଦର ମୁକ୍ତରୂପ ଏବଂ ଏଥିରେ କିଛି ବି ଲାଗି ନ ଥାଏ। ଧାତୁ ଭାବରେ ଏଥିରେ କିଛି ଲାଗିଥାଏ ଏବଂ ଲାଗିବା ଦ୍ୱାରା ଧାତୁ ବିଭକ୍ତିଯୁକ୍ତ ହୋଇ କ୍ରିୟାବାଚକ ବିଶେଷ୍ୟ ରୂପ ନିଏ। ସମସ୍ତ ପ୍ରକାର ବିଶେଷ୍ୟ ଶବ୍ଦମୂଳକ। ଶବ୍ଦମୂଳକ ଓଡ଼ିଆ ବିଶେଷ୍ୟରେ ପୂର୍ବାପର ପ୍ରତ୍ୟୟ ଯୋଗ କରାଯାଇ ନୂତନ ଶବ୍ଦଭଣ୍ଡାର ସୃଷ୍ଟି କରାଯାଇପାରେ।

ସହାୟକ ଗ୍ରନ୍ଥସୂଚୀ

୧. ଗାଁଣ ଅନାଦିଚରଣ : କଥିତ ଓ ବ୍ୟାବହାରିକ ଓଡ଼ିଆ ବ୍ୟାକରଣ, ଅଗ୍ରଦୂତ, ବାଙ୍କାବଜାର, କଟକ, ୨୦୦୭

୨. ଚ୍ଚଟାର୍ଜୀ ଏସ୍. କେ: ଆର୍ତ୍ତବଲ୍ଲଭ ମହାନ୍ତି ମେମୋରିଆଲ୍ ଲେକ୍‌ଚରସ୍, ଓଡ଼ିଶା ସାହିତ୍ୟ ଏକାଡ଼େମୀ, ୧୯୬୬

୩. ତ୍ରିପାଠୀ କୁଞ୍ଜବିହାରୀ : ଓଡ଼ିଆ ଭାଷାତତ୍ତ୍ୱ ଓ ଲିପିର ବିକାଶ, ରାଜ୍ୟ ପାଠ୍ୟପୁସ୍ତକ ଓ ପ୍ରଣୟନ ସଂସ୍ଥା, ଭୁବନେଶ୍ୱର, ସଂଶୋଧିତ ସଂସ୍କରଣ, ୨୦୦୬

୪. ତ୍ରିପାଠୀ, ପ୍ରଫୁଲ୍ଲ କୁମାର: ବ୍ୟାକରଣ କୋଷ, ଅକ୍ଷର, ୨୦୧୩

୫. ତ୍ରିପାଠୀ ସନ୍ତୋଷ : ସଂଯୋଗ ଅନୁବିଧି, କଟକ, ୨୦୦୬

୬. ଦଳାଇ ଉପେନ୍ଦ୍ର ପ୍ରସାଦ:
   - ଓଡ଼ିଆ ଭାଷାର ସୃଷ୍ଟି ଓ ବିକାଶ, ନିଉ ଏଜ୍ ପବ୍ଲିକେଶନ୍, କଟକ, ୨୦୦୯
   - ଓଡ଼ିଆ ବ୍ୟାକରଣ ଓ ଏହାର ବ୍ୟାବହାରିକ ଦିଗ, କଟକ, ୨୦୧୩

୭. ଦାଶ ଗଗନେନ୍ଦ୍ର ନାଥ : ଓଡ଼ିଆ ଭାଷା ଚର୍ଚ୍ଚାର ପରମ୍ପରା, ଓଡ଼ିଆ ଗବେଷଣା ପରିଷଦ, କଟକ, ୧୯୮୩

୮. ଦାସ ଇନ୍ଦୁଲତା : 'ଭାଷା ଓ ବ୍ୟାକରଣ', ବସନ୍ତ ପବ୍ଲିକେସନ, କଟକ, ୨୦୦୨

୯. ଦାସ ନୀଳକଣ୍ଠ : ଓଡ଼ିଆ ଭାଷା ଓ ସାହିତ୍ୟ, ନିଉ ଷ୍ଟୁଡ଼େଣ୍ଟ ଷ୍ଟୋର, କଟକ, ୧୯୫୮

୧୦. ଦାସ ସତ୍ୟପ୍ରସାଦ : ଦକ୍ଷିଣ ଓଡ଼ିଶାର କଥିତ ଓଡ଼ିଆ ଭାଷା, ଓଡ଼ିଶା ସାହିତ୍ୟ ଏକାଡ଼େମୀ, ଭୁବନେଶ୍ୱର, ଦ୍ୱିତୀୟ ପ୍ରକାଶ, ୨୦୦୮

୧୧. ଧଳ ଗୋଲୋକ ବିହାରୀ :

- ମଣିଷର ଭାଷା, ନିଉ ଷ୍ଟୁଡେଣ୍ଟସ୍ ଷ୍ଟୋର, କଟକ, ତୃତୀୟ ସଂସ୍କରଣ, ୧୯୭୦
- ଇଂରେଜୀ ଉଚ୍ଚାରଣ ଶିକ୍ଷା, ଫ୍ରେଣ୍ଡସ୍ ପବ୍ଲିଶର୍ସ, କଟକ, ଦ୍ୱିତୀୟ ମୁଦ୍ରଣ, ୧୯୭୨
- ଓଡ଼ିଆ କେବେ ?, ଫ୍ରେଣ୍ଡସ୍ ପବ୍ଲିଶର୍ସ, କଟକ, ତୃତୀୟ ସଂସ୍କରଣ, ୧୯୯୫
- ଧ୍ୱନି ବିଜ୍ଞାନ, ଓଡ଼ିଶା ରାଜ୍ୟ ପାଠ୍ୟପୁସ୍ତକ ପ୍ରଣୟନ ଓ ପ୍ରକାଶନ ସଂସ୍ଥା, ଭୁବନେଶ୍ୱର, ପଞ୍ଚମ ମୁଦ୍ରଣ, ୨୦୦୧
- ଭାଷାଶାସ୍ତ୍ର ପରିଚୟ, ଓଡ଼ିଶା ରାଜ୍ୟ ପାଠ୍ୟପୁସ୍ତକ ପ୍ରଣୟନ ଓ ପ୍ରକାଶନ ସଂସ୍ଥା, ପୁସ୍ତକ ଭବନ, ଭୁବନେଶ୍ୱର, ପୁନଃମୁଦ୍ରଣ, ୨୦୦୪

୧୨. ନନ୍ଦଶର୍ମା ଗୋପୀନାଥ : ଓଡ଼ିଆ ଭାଷାତତ୍ତ୍ୱ, ନିଉ ଷ୍ଟୁଡ଼େଣ୍ଟସ୍ ଷ୍ଟୋର, କଟକ, ୧୯୨୭

୧୩. ନନ୍ଦ ରାମକୃଷ୍ଣ : ଲେଖନୀର ପାଠଶାଳା, ସୌଦାମିନୀ ପ୍ରକାଶନୀ, ୧୯୯୨

୧୪. ନାୟକ ରଥ : କ୍ରିୟାବିଚାର, ଏଜୁଜଇ ପବ୍ଲିକେଶନ, ଭୁବନେଶ୍ୱର, ପ୍ରଥମ ପ୍ରକାଶ, ୨୦୦୨

୧୫. ପଟ୍ଟନାୟକ ଦେବୀ ପ୍ରସନ୍ନ :

- ପ୍ରାୟୋଗିକ ଭାଷା ବିଜ୍ଞାନର ଦିଗ ବିଦିଗ, ରାଜ୍ୟ ପାଠ୍ୟପୁସ୍ତକ ପ୍ରଣୟନ ଓ ପ୍ରକାଶନ ସଂସ୍ଥା, ଭୁବନେଶ୍ୱର, ୧୯୮୦ (ଅନୁବାଦ : ଶରତ ଚନ୍ଦ୍ର ପ୍ରଧାନ)
- ଓଡ଼ିଆ ଭାଷା ଓ ଭାଷା ବିଜ୍ଞାନ, ଗ୍ରନ୍ଥମନ୍ଦିର, କଟକ, ପରିମାର୍ଜିତ ନୂତନ ସଂସ୍କରଣ, ୨୦୦୭

୧୬. ପାଢ଼ୀ ବେଣୀମାଧବ : ଓଡ଼ିଆ ଭାଷାର ରୂପତତ୍ତ୍ୱ, ପୁସ୍ତକ ଭଣ୍ଡାର, ବ୍ରହ୍ମପୁର, ୧୯୭୨

୧୭. ମହାପାତ୍ର ଖଗେଶ୍ୱର:

- ଓଡ଼ିଆ ଲିପି ଓ ଭାଷା, ଗ୍ରନ୍ଥମନ୍ଦିର, କଟକ, ୧୯୮୧
- ଦକ୍ଷିଣାଞ୍ଚଳୀୟ ଓଡ଼ିଆ, ରାଜ୍ୟ ପାଠ୍ୟପୁସ୍ତକ ପ୍ରଣୟନ ଓ ପ୍ରକାଶନ ସଂସ୍ଥା, ଭୁବନେଶ୍ୱର, ୧୯୭୬

୧୮. ମହାନ୍ତି ଦେବେନ୍ଦ୍ର ଚନ୍ଦ୍ର : ଓଡ଼ିଆ ଶବ୍ଦ ସମ୍ଭାର, ଫ୍ରେଣ୍ଡସ୍ ପବ୍ଲିଶର୍ସ, କଟକ, ୧୯୭୯

୧୯. ମହାନ୍ତି ପଞ୍ଚାନନ : ବୃତ୍ତି ଏ ମୋ ପୋଷେ କୁଟୁମ୍ବ, ପି. ମହାନ୍ତି, ଭୁବନେଶ୍ୱର, ୨୦୦୭

୨୦. ମହାନ୍ତି ବଂଶୀଧର :

- ଓଡ଼ିଆ ଭାଷାତତ୍ତ୍ୱର ଭୂମିକା, ଓଡ଼ିଶା ସାହିତ୍ୟ ଏକାଡ଼େମୀ, ଭୁବନେଶ୍ୱର, ୧୯୬୯
- ଓଡ଼ିଆ ଭାଷାର ଉତ୍ପତ୍ତି ଓ କ୍ରମବିକାଶ, ଫ୍ରେଣ୍ଡସ୍ ପବ୍ଲିଶର୍ସ, କଟକ, ଷଷ୍ଠ ମୁଦ୍ରଣ, ୨୦୧୦

୨୧. ମହାପାତ୍ର ଧନେଶ୍ୱର :

- ଓଡ଼ିଆ ଧ୍ୱନିତତ୍ତ୍ୱ ଓ ଶବ୍ଦ ସମ୍ଭାର, ଫ୍ରେଣ୍ଡସ୍ ପବ୍ଲିଶର୍ସ, କଟକ, ଦ୍ୱିତୀୟ ସଂସ୍କରଣ, ୧୯୯୭
- ଓଡ଼ିଆ ଭାଷାତତ୍ତ୍ୱ : ବିଚାର ବିଶ୍ଳେଷଣ, କଟକ, ୨୦୦୩

୨୨. ମହାପାତ୍ର ନଗେନ୍ଦ୍ର ନାଥ : ଉତ୍ତର-ପୂର୍ବ ଉପାନ୍ତ ଓଡ଼ିଶାର ଭାଷା ସାହିତ୍ୟ ଓ ସଂସ୍କୃତି, ଓଡ଼ିଶା ସାହିତ୍ୟ ଏକାଡ଼େମୀ, ଭୁବନେଶ୍ୱର, ୧୯୯୭

୨୩. ମହାନ୍ତି ନିର୍ମଳକାନ୍ତ : ଓଡ଼ିଆ ଅକ୍ଷର, ସୃଷ୍ଟି, ଭୁବନେଶ୍ୱର, ୧୯୯୫

୨୪. ମହାପାତ୍ର ବିଜୟ ପ୍ରସାଦ :

- ଓଡ଼ିଆ ଭାଷାତାତ୍ତ୍ୱିକ ପ୍ରବନ୍ଧ, ଗ୍ରନ୍ଥମନ୍ଦିର, କଟକ, ୧୯୮୩
- ଓଡ଼ିଆ ଭାଷା ବିଭବ, ବିଦ୍ୟାପୁରୀ, କଟକ, ୧୯୯୫
- ମାତୃଭାଷା ଓଡ଼ିଆ, ଫ୍ରେଣ୍ଡସ୍ ପବ୍ଲିଶର୍ସ, କଟକ, ୧୯୯୭
- ପଣ୍ଡିତ ନୀଳକଣ୍ଠଙ୍କ ଓଡ଼ିଆ ଭାଷାତତ୍ତ୍ୱ, ଫ୍ରେଣ୍ଡସ୍ ପବ୍ଲିଶର୍ସ, କଟକ, ୧୯୯୯
- ଓଡ଼ିଆ ଭାଷା ପ୍ରସଙ୍ଗ, ଗ୍ରନ୍ଥମନ୍ଦିର, କଟକ, ୨୦୦୬
- ପ୍ରଚଳିତ ଓଡ଼ିଆ ଭାଷାର ଏକ ବ୍ୟାକରଣ, ବିଦ୍ୟାପୁରୀ, କଟକ, ୨୦୦୭

■ ପ୍ରାଥମିକ ଓଡ଼ିଆ ବ୍ୟାକରଣ, ବିଦ୍ୟାପୁରୀ, କଟକ, ୨୦୦୭

୨୫. ମହାନ୍ତି ବିଜୟଲକ୍ଷ୍ମୀ :

■ ଭାଷା ଆଲୋଚନା, ଜେ.ଏମ୍. ମହାନ୍ତି, ଭୁବନେଶ୍ୱର, ୧୯୯୩

■ ଓଡ଼ିଆ ବ୍ୟାକରଣ ବିଚାର, ଓଡ଼ିଶା ଲେଖକ ସମବାୟ ସମିତି, ଭୁବନେଶ୍ୱର, ୧୯୯୮

■ ଭାଷାଭାବନା, ବିଦ୍ୟା, ଭୁବନେଶ୍ୱର, ୨୦୦୮

■ ଭାଷା ଅନୁଶୀଳନ, ବିଦ୍ୟା, ଭୁବନେଶ୍ୱର, ୨୦୧୦

୨୬. ମିଶ୍ର (ପଣ୍ଡିତ) ଅନ୍ତର୍ଯ୍ୟାମୀ : ଓଡ଼ିଆ ଭାଷା, ଜାତି ଓ ଜାତୀୟତା, ଓଡ଼ିଶା ରାଜ୍ୟ ପାଠ୍ୟପୁସ୍ତକ ଓ ପ୍ରଣୟନ ସଂସ୍ଥା, ପୁସ୍ତକ ଭବନ, ଭୁବନେଶ୍ୱର, ପ୍ରଥମ ପ୍ରକାଶନ, ୨୦୧୨

୨୭. ମିଶ୍ର କୁମୁଦିନୀ : ପଣ୍ଡିତ ନୀଳକଣ୍ଠଙ୍କ ବିଜ୍ଞାନ ସମ୍ମତ ବିଶୁଦ୍ଧ ଓଡ଼ିଆ ବ୍ୟାକରଣ, ପଣ୍ଡିତ ନୀଳକଣ୍ଠ ସ୍ମୃତି ସମିତି, ଏ-୭୬, କଞ୍ଚନା, ଭୁବନେଶ୍ୱର-୧୪, ପ୍ରଥମ ମୁଦ୍ରଣ-୨୦୧୩

୨୮. ମିଶ୍ର ଗୋପାଳଚନ୍ଦ୍ର : ଭାଷାବିଜ୍ଞାନ ପରିଚୟ, ଫ୍ରେଣ୍ଡସ୍ ପବ୍ଲିଶର୍ସ, କଟକ, ୧୯୭୩

୨୯. ମିଶ୍ର ନୀଳମଣି : ପ୍ରଚୀନ ଓଡ଼ିଆ ଲିପି, ଭାଷା ଓ ସାହିତ୍ୟ, ଗ୍ରନ୍ଥମନ୍ଦିର, କଟକ, ୧୯୭୬

୩୦. ମିଶ୍ର ବିନାୟକ :

■ ଓଡ଼ିଆ ଭାଷାର ଇତିହାସ, କଟକ ଷ୍ଟୁଡେଣ୍ଟ ଷ୍ଟୋର, କଟକ, ୧୯୨୭

■ ଓଡ଼ିଆ ଭାଷାର ପୁରାତତ୍ତ୍ୱ, ଫ୍ରେଣ୍ଡସ୍ ପବ୍ଲିଶର୍ସ, କଟକ, ୧୯୬୫

୩୧. ମିଶ୍ର ସଚ୍ଚିଦାନନ୍ଦ : ଭାଷାତତ୍ତ୍ୱ ସମୀକ୍ଷା, କଟକ, ୧୯୭୦

୩୨. ମିଶ୍ର ହରପ୍ରସାଦ :

■ ବ୍ୟାବହାରିକ ଓଡ଼ିଆ ବ୍ୟାକରଣ, ପ୍ରାଚୀ ପ୍ରତିଷ୍ଠାନ, କଟକ, ୨୦୦୮

■ ଓଡ଼ିଆ ଭାଷାତାତ୍ତ୍ୱିକ ପ୍ରବନ୍ଧ ଓ ଆଲୋଚନା, ଅଗ୍ରଦୂତ, ୨୦୧୧

■ ରୂପସୀ ଓଡ଼ିଆର ରୂପଚର୍ଚ୍ଚା, ବିଜୟିନୀ, କଟକ, ୨୦୧୨

୩୩. ମିଶ୍ର (ଚୌଧୁରୀ) ହେମକାନ୍ତ : ଭାଷା ପରୀକ୍ଷଣ, ରାଜ୍ୟ ପାଠ୍ୟପୁସ୍ତକ ପ୍ରଣୟନ ଓ ପ୍ରକାଶନ ସଂସ୍ଥା, ଭୁବନେଶ୍ୱର, ଦ୍ୱିତୀୟ ସଂସ୍କରଣ, ୨୦୧୧

୩୪. ରଥ ଗୋପବନ୍ଧୁ : ପଶ୍ଚିମ ଓଡ଼ିଶାର କଥିତ ଓଡ଼ିଆ ଭାଷା, ଓଡ଼ିଶା ସାହିତ୍ୟ ଏକାଡ଼େମୀ, ଭୁବନେଶ୍ୱର, ଦ୍ୱିତୀୟ ସଂସ୍କରଣ, ୨୦୦୮

୩୫. ରାଜଗୁରୁ ସତ୍ୟନାରାୟଣ :

- ଓଡ଼ିଆ ଲିପିର କ୍ରମବିକାଶ, ଓଡ଼ିଶା ସାହିତ୍ୟ ଏକାଡ଼େମୀ, ଭୁବନେଶ୍ୱର, ୧୯୬୦
- ଓଡ଼ିଆ ଭାଷାର ଉପଭାଷା, ଓଡ଼ିଶା ସାହିତ୍ୟ ଏକାଡ଼େମୀ, ଭୁବନେଶ୍ୱର, ଦ୍ୱିତୀୟ ପ୍ରକାଶ, ୨୦୦୪

୩୬. ରାଜଗୁରୁ ଶ୍ୟାମସୁନ୍ଦର : ପ୍ରବନ୍ଧାବଳୀ, ଓଡ଼ିଶା ସାହିତ୍ୟ ଏକାଡ଼େମୀ, ୧୯୬୪

୩୭. ରାୟ ଗିରିଜା ଶଙ୍କର : ସରଳ ଭାଷାତତ୍ତ୍ୱ, ବାଣୀଭଣ୍ଡାର, କଟକ, ପରିମାର୍ଜିତ ତୃତୀୟ ସଂସ୍କରଣ, ୧୯୮୩

୩୮. ଶତପଥୀ ନଟବର : ଭାଷାତତ୍ତ୍ୱର ରୂପଚିତ୍ର, ଏସ୍.ବି, ପବ୍ଲିକେଶନ୍, କଟକ, ପ୍ରଥମ ପ୍ରକାଶ, ୧୯୯୪

୩୯. ସାହୁ ପରୀକ୍ଷିତ : ଓଡ଼ିଆ ବ୍ୟାକରଣ ତତ୍ତ୍ୱ ଓ ପ୍ରୟୋଗ, ବିଜୟିନୀ ପବ୍ଲିକେଶନ, କଟକ-୧୨, ଦ୍ୱିତୀୟ ସଂସ୍କରଣ-୨୦୧୨

୪୦. ସାହୁ ବାସୁଦେବ :

- ଓଡ଼ିଆ ଶବ୍ଦବ୍ୟୁତ୍ପତ୍ତି ବିଜ୍ଞାନ : ଫ୍ରେଣ୍ଡସ୍ ପବ୍ଲିଶର୍ସ, କଟକ, ୧୯୮୫
- ଓଡ଼ିଆ ଭାଷାର ଉନ୍ମେଷ ଓ ବିକାଶ, ଫ୍ରେଣ୍ଡସ୍ ପବ୍ଲିଶର୍ସ, କଟକ, ପଞ୍ଚମ ସଂସ୍କରଣ ୨୦୦୦
- ପୃଥିବୀର ଭାଷା ପରିବାର, ପରିଚୟ ଓ ପରିସର, ବିଦ୍ୟା ପ୍ରକାଶନ, କଟକ, ୨୦୦୧
- ଭାଷାବିଜ୍ଞାନର ରୂପରେଖ, ଫ୍ରେଣ୍ଡସ୍ ପବ୍ଲିଶର୍ସ, କଟକ, ସପ୍ତମ ପ୍ରକାଶ, ୨୦୦୫
- ଭାଷା ବିଜ୍ଞାନ ଓ ବିଜ୍ଞାନୀ, ଗ୍ରନ୍ଥମନ୍ଦିର, କଟକ, ପରିମାର୍ଜିତ ନୂତନ ସଂସ୍କରଣ, ୨୦୦୭

■

BLACK EAGLE BOOKS

www.blackeaglebooks.org
info@blackeaglebooks.org

Black Eagle Books, an independent publisher, was founded as a nonprofit organization in April, 2019. It is our mission to connect and engage the Indian diaspora and the world at large with the best of works of world literature published on a collaborative platform, with special emphasis on foregrounding Contemporary Classics and New Writing.

www.ingramcontent.com/pod-product-compliance
Lightning Source LLC
Chambersburg PA
CBHW060606080526
44585CB00013B/703
* 9 7 8 1 6 4 5 6 0 2 4 3 9 *